edition suhrkamp 2207

In diesem Band geht es um die gegenwärtige Situation des Wohlfahrtsstaates in offenen Weltmärkten. Die These lautet: Erst der massive Ausbau des Wohlfahrtsstaates in den zwei Jahrzehnten nach dem Zweiten Weltkrieg hat die Regierungen der westlichen Länder in die Lage versetzt, sich unkontrollierbaren äußeren Risiken zu öffnen, etwa den Folgen aus freien Gütermärkten in der EU, aus freien Kapitalmärkten und – bislang eher beschränkt – aus freien Arbeitsmärkten. Obwohl keine Regierung mit dem ausdrücklichen Ziel einer außenwirtschaftlichen Liberalisierung die sozialen Rechte ausweitete, waren diese doch eine notwendige Bedingung für jene Deregulierungen der Außenwirtschaft, die – gemeinsam mit den technischen Innovationen der Transport- und Kommunikationstechnologien – die »Globalisierung« überhaupt erst geschaffen hat. Der universalisierte Wohlfahrtsstaat ist auch die Rückversicherung einer offenen Volkswirtschaft. Sozialpolitik und Freihandel stehen in einem engen Wechselverhältnis, das immer wieder neu austariert werden muß, will man nicht in jenen Protektionismus zurückfallen, der während des Großteils des 20. Jahrhunderts die Handelspolitik gerade der am meisten entwickelten Volkswirtschaften geprägt hat. Die Globalisierung ist nicht irreversibel.

Elmar Rieger war zuletzt als Visiting Professor an der Brown University in Providence, RI, USA und ist derzeit als Wissenschaftler am Zentrum für Sozialpolitik der Universität Bremen tätig. Er arbeitet zur Theorie und Geschichte des Wohlfahrtsstaates, zur Europäischen Integration, zur internationalen Politik und zur Agrarpolitik.

Stephan Leibfried ist Professor für Sozialpolitik und Sozialverwaltung und Ko-Direktor des Zentrums für Sozialpolitik der Universität Bremen; zuletzt erschienen: *Zeit der Armut* (es 1933), *Standort Europa* (es 2011), *Time and Poverty in Western Welfare States* (1999, 2001 – mit Lutz Leisering) und *Welfare State Futures* (2001), beide Cambridge University Press.

Elmar Rieger
Stephan Leibfried

Grundlagen der Globalisierung
Perspektiven des Wohlfahrtsstaates

Suhrkamp

For us, there is only the trying.
The rest ist not our business.

Für BW und PLL

(Aus T. S. Eliot, *East Coker*, das zweite der *Four Quartets*, geschrieben 1940, abgedruckt in: *Collected Poems 1909-1962* New York u. a.: Harcourt Brace & Co. 1963, S. 189)

edition suhrkamp 2207
Erste Auflage 2001

Erstausgabe

Satz: Jung Crossmedia, Lahnau
Druck: Nomos Verlagsgesellschaft, Baden-Baden
Umschlag gestaltet nach einem Konzept von Willy Fleckhaus: Rolf Staudt
Printed in Germany

1 2 3 4 5 6 – 06 05 04 03 02 01

Inhalt

Kapitel 3
Defensive Globalisierung im Wohlfahrtsstaat. Außenwirtschaft und Sozialpolitik in den USA

Kapitel 4
Zwei Welten der Wohlfahrtsdemokratie. Weltmarkt und Sozialpolitikreform in Deutschland und den USA

Anhang

Vorwort

> »Facts and events are infinitely more fragile things than axioms, discoveries, theories, – even the most wildly speculative ones – produced by the human mind.«
>
> *Hannah Arendt* (2000 [1967]: 548)

Mit den »Grundlagen« im Titel des Buches sind einmal bestimmte Sachverhalte der Globalisierung selbst gemeint, die regelmäßig übersehen werden, wenn ihre Reichweite und ihre Durchschlagskraft für die jeweilige soziale und politische Ordnung in ihrer herkömmlichen Gestalt diskutiert werden. Diese Sachverhalte – z. B. die wirtschafts- und handelsrechtlichen Grundlagen grenzüberschreitender Austauschverhältnisse und die Allgegenwart handelspolitischer Regulierung – werden oft deshalb nicht entsprechend gewürdigt, weil so gut wie die gesamte Globalisierungsdiskussion sich allein darauf konzentriert, was die Zukunft bringen wird, und das ist meistens mit dem identisch, was sie, je nach Geschmack, über den sich bekanntlich nicht streiten läßt, bringen *soll*. Jedenfalls kommt die *kausale* Analyse *empirischer* Sachverhalte im Vergleich dazu viel zu kurz.

Auch bei den »Perspektiven des Wohlfahrtsstaates« geht es vorrangig um sozialpolitische *Sachverhalte*. Die Sozialpolitik interessiert hier aber nicht als Ordnung von Werten und Normen und auch nicht als »Theorie«, sondern als Komplex von *faktischen* Bestimmungsgründen *realen* politischen und wirtschaftlichen Handelns. *Wenn* sich Akteure auf eine bestimmte Art verhalten, *weil* sie sich an bestimmten Werten, Normen oder Theorien orientieren und an ihre Geltung *glauben*, dann interessiert dies hier allein als empirische Tatsache, *nicht* als Beweis für eine irgendwie »objektive« Richtigkeit dieser normativen Ausgangslage.

Bei beidem, den Grundlagen der Globalisierung und den Perspektiven des Wohlfahrtsstaates, geht es um sozialwissenschaftliche *Erklärungs*probleme. Es geht *nicht* darum, jene Probleme zu lösen, die sich der Sozial- und Wirtschafts*politik* stellen. Jedes Kapitel geht von einer Fragestellung aus, die sich auf die realen Probleme bezieht, denen sich die verantwortlichen Akteure in Staat, Wirtschaft und Gesellschaft im Zusammenhang mit Globalisierung und Sozialpolitik gegenübergestellt sehen und mit denen sie sich – *nolens volens* – auseinanderzusetzen haben. Es geht um die Resultate dieser Auseinandersetzungen: Welche Inhalte haben sie? Wie sind sie zustande gekommen? Und welche weiteren Folgen verbinden sich mit ihnen?

Dieser Band bietet keine Lösungen, sondern zeigt Probleme im Zusammenwirken von Globalisierung und Wohlfahrtsstaat auf. Diese Analyse will nicht der politischen Aufgabe, die Globalisierung und Wohlfahrtsstaat stellen oder auch nur zu stellen scheinen, sondern der Aufgabe der Sozialwissenschaft gerecht werden: die empirische Wirklichkeit in einer Weise denkend zu ordnen, daß ihre Ergebnisse den Anspruch, Erfahrungswahrheit zu sein, erfüllen. Es geht um die Tatsachen.

Allerdings ist das, was sich uns als Tatsache darstellt, etwas, was auch ganz anders hätte sein können. Auch aus diesem Grund sind Tatsachen weder selbstevident noch können sie für sich selbst sprechen. Sie enthüllen ihre Bedeutung durch den Kontext, in den sie gestellt werden. In diesem Band werden die Tatsachen der Globalisierung im Zusammenhang mit Sozialpolitik gesehen und die Tatsachen der Sozialpolitik in den Kontext der Globalisierung gestellt. Das Arbeitsgebiet der Sozialwissenschaft – so bereits Max Weber (1956b [1904]: 260f.) – sind nicht die irgendwie sachlichen, zeit- und kontextunabhängigen Zusammenhänge der Dinge, sondern die gedanklichen Zusammenhänge der Probleme.

Sozialwissenschaftliche Argumentationen lösen keine Probleme. Das ist Aufgabe der Politik. Politische Kämpfe sind Machtkämpfe, kein interesseloses Abwägen wissenschaftlicher Argumente. Ökonomik und Sozialphilosophie liefern den Parteien Argumente, entscheiden aber nicht den Ausgang politischer Kämpfe. Die Bekämpfung theoretischer Aussagen wegen ihrer wahrscheinlichen parteipolitischen Implikation, die inzwischen zu einem Hauptarbeitsfeld der Sozialwissenschaften geworden ist, hat weder einen Bezug zu den Realitäten noch irgendeine gesteigerte Aussicht, sie zu beeinflussen. In Platos Höhle sind die Ränge dicht besetzt, und die Fackeln wandern von einer Hand zur anderen. Deshalb gibt es auch so viel Geschrei über die Bedeutung der Schatten. Es muß, für die Sozialwissenschaft, darum gehen, die Realität zu verstehen, also das, was außerhalb der Höhle geschieht: Warum ist sie so, wie sie ist? Wie konnte sie zu dem werden, was sie jetzt ist? Warum wollen manche sie verändern und möchten andere sie so wie sie ist erhalten? Wir brauchen mehr Licht, und wir brauchen mehr Abstand zur Tagespolitik: »Theorists of international relations suffer from being too close to the events they discuss« (Keohane/Nye 1989: ix).

Die Welt ist nicht nur Wille und Vorstellung. Jedes Handeln, und ganz besonders das politische, ist von Bedingungen abhängig, die es nicht selbst geschaffen hat, die nur eingeschränkt beeinflußbar sind und die sich so mit den Interessen anderer verknüpft haben, daß Versuchen, sie zu verändern, mit einiger Wahrscheinlichkeit Widerstand entgegengesetzt wird. In diesem Band werden die Bedingungen von Politik in der Globalisierung untersucht, und deshalb stehen ihre Beschränkungen, ihre typischen Konflikte und ihre unvermeidlichen Dilemmas im Mittelpunkt unseres sozialwissenschaftlichen Interesses. »Es ist der Beruf gerade unserer Wissenschaft«, so Max Weber (1980a [1895]: 20), »zu sagen, was ungern gehört wird.« Mit welchen Themen und Fragen beschäftigt sich dieser Band im einzelnen? Die folgenden Thesen sind als Eckpunkte zu verstehen, die in den einzelnen Kapiteln näher behandelt werden.

- Was die Mehrzahl ihrer Akteure und das Massenpublikum betrifft, sind die Grundlagen der Globalisierung nach wie vor unklar, und damit verbindet sich das ernste politische Problem: Wie kann Globalisierung vor allem in den Aspekten gesichert werden, die Effizienz- und Wohlfahrtssteigerungen gebracht haben?
- Wohlfahrtsstaatlichkeit und Außenwirtschaft stehen in einer systematischen Beziehung: Es gibt bestimmte Regelmäßigkeiten, die die historischen und aktuellen Verhältnisse kennzeichnen, wie sie zwischen sozialpolitischen und handelspolitischen *policies* bestehen. Allein für dieses Verhältnis – also die Bedingungen und Möglichkeiten gegenseitiger institutionenpolitischer Austauschbarkeit von Handels- und Sozialpolitik – werden hier unmittelbare Zusammenhänge behauptet, nicht aber für die Auswirkungen dieser Politiken, also für die effektiven Sicherheitsniveaus bzw. die tatsächlichen Veränderungen in den Risikolagen sozialer Gruppen. Es ist auch eine ganz andere Frage, welche Wirkungen – z. B. für die Unternehmen eines Lan-

des – auf welche Weise mit mehr oder weniger Wohlfahrtsstaatlichkeit für die Weltmarktverflechtung einer Volkswirtschaft verbunden sind.

- Auch die positiven wirtschaftlichen Wirkungen der Globalisierung sind, schaut man sich die gegenwärtigen sozialpolitischen Bedingungen an, aller Wahrscheinlichkeit nach nicht von Dauer. Die neuen Raumverhältnisse von Wirtschaft und Gesellschaft vergrößern zwar sowohl innerhalb wie zwischen den Staaten die Chancen für kooperative und produktive Lösungen der altbekannten Probleme der Bewirtschaftung knapper Ressourcen, aber sie laden auch zu unkooperativem Verhalten ein. Die heute fast allgemein von einem demokratischen und damit auch einem exklusiv nationalstaatlichen Massenpublikum abhängigen Regierungen mögen versuchen, die hauptsächlich wirtschaftspolitischen Probleme einer *global governance* zu lösen, sie sind aber gleichzeitig noch ganz anderen, wesentlich sozialpolitischen Forderungen ausgesetzt, ohne daß sie auch eine durchgehende oder immer ausreichende Fähigkeit hätten, die Richtung und die Inhalte ihres Handelns selbst zu bestimmen.
- Regierungen kümmern sich nicht um »die Globalisierung« selbst, sondern nur um jene ihrer Auswirkungen, die sie bei der Erfüllung der Aufgaben, auf die sie ihr nationalstaatliches Publikum eingeschworen haben, unmittelbar berühren. Es gibt, was zwischenstaatliche Politik betrifft, nur in einem sehr eingeschränkten Sinn eine mit den funktionalen Erfordernissen einer Weltmarktordnung kompatible nationale Agenda der Globalisierung und ihrer Steuerung.
- Mit der Revolutionierung der Raummaßstäbe wirtschaftlichen, sozialen und politischen Handelns nimmt die zwischenstaatliche Interdependenz zu und verbinden sich weitgesteckte Erwartungen eines radikalen, von den neuen Umständen erzwungenen Umbaus der bisherigen Grundlagen von Staat, Wirtschaft und Gesellschaft: Wohlfahrtsstaatliche Einkommensgarantien sollen reduziert, soziale Regulierungen der Betriebe abgebaut und die fiskalische Belastung »produktiven« Kapitals gesenkt werden. Diese Erwartungen haben sich jedoch bislang nicht erfüllt, und es ist unwahrscheinlich, daß sie sich tatsächlich erfüllen werden. Aber anders als es diese Reformdiskussion vermuten läßt, bleiben Regierungen, Parlamente und Gerichte nicht passiv, sondern setzen sich mit der »Globalisierung« auseinan-

der. Nur findet diese Auseinandersetzung hauptsächlich in nationalen Arenen statt. Dort werden die Instrumente nationalen Regierens verändert, die oft eine neue, extraterritoriale Dimension bekommen, und manche Ergebnisse sehen auch ganz anders als erwartet aus: Die internationale Freizügigkeit wird eingeschränkt, und Grenzen werden verstärkt, ein aggressiver Merkantilismus dominiert die Handelspolitik, und die verteilungspolitischen Rückwirkungen der Globalisierung geben wohlfahrtsstaatlichen Reaktionsmustern ein größeres Gewicht. Deshalb wird diese – in den verschiedenen nationalen Kontexten oft sehr unterschiedlich verlaufende – Auseinandersetzung auch kaum wahrgenommen, geschweige denn in ihren eigentlichen Ursachen, ihren verschiedenen Formen und ihren Konsequenzen beschrieben und erklärt.

- Für Regierungen hat die zwischenstaatliche Interdependenz zwei Seiten: einmal die Autonomieverluste staatlichen Handelns durch ihre absehbaren Rückwirkungen und die Einschränkungen staatlicher Souveränität durch die Verrechtlichung der internationalen Beziehungen, dann aber auch die gesteigerten Möglichkeiten, auf andere Gesellschaften einzuwirken und Druck auszuüben, also Machtgewinn. Außerdem intervenieren Regierungen in andere Gesellschaften bereits dadurch, wie sie die sozialen und wirtschaftlichen Verhältnisse der eigenen Gesellschaft zu regeln versuchen. Beispielsweise haben die oft rein parteipolitisch motivierten oder auf Besonderheiten der innergesellschaftlichen Verhältnisse zurückgehenden Ansätze der amerikanischen Konjunkturpolitik genauso wie die dortigen Reformen der bundesstaatlichen Einkommenssicherung unmittelbare und häufig auch recht einschneidende Konsequenzen für die Mitglieder von Gesellschaften in ganz anderen Teilen der Welt.

- Regierungen sind in ihren Handlungsmöglichkeiten gleichermaßen von »Globalisierung« abhängig wie »Globalisierung« auch durch Regierungshandeln bestimmt wird. Aber aus diesem Sachverhalt allein ergeben sich weder sozialwissenschaftliche »Theorien« noch eindeutige politische Lehren. Auch eine schnell zunehmende Interdependenz von Volkswirtschaften und Regierungen führt noch nicht von allein zu sozial- und wirtschaftspolitischer Konvergenz oder einer internationalen Koordination von Wirtschafts- und Sozialpolitik.

- Globalisierung wirkt nicht außerhalb und gegen, sondern immer durch lokale Verhältnisse. Deshalb ist es so wichtig zu wissen, wie sich diese lokalen Verhältnisse im einzelnen gestalten und was sich daraus für das gesellschaftliche wie das individuelle Globalisierungsschicksal ergibt.

Kapitel 1

Die nichtglobalen Bedingungen der Globalisierung und die materialen Tatsachen der Wohlfahrtsdemokratie

»Motorcars are travelling faster than they otherwise would, *because* they are provided with brakes.«

Joseph A. Schumpeter (1950: 87f. – Hervorhebung im Original)

I. Politische Probleme und sozialwissenschaftliche Orientierung

Alles, was die räumliche Bewegung von Ideen, Gütern und Menschen erleichtert, beschleunigt auch den Gang der Geschichte – und verursacht dadurch politische Probleme. Die durch Fortschritte der Technik ermöglichte Erweiterung einer effektiven Nutzung und Beherrschung räumlicher Distanzen wirkt sich deshalb zunächst immer störend und zersetzend auf die eingelebten Formen sozialer Ordnung aus. Die Fähigkeit zur Ortsveränderung, zum physischen Ausweichen vor politischem Druck, wird zu einem erstrangigen und deshalb auch bestrittenen Machtmittel, weil die Mitglieder unterschiedlicher sozialer Gruppen verschieden stark von den Leistungen staatlicher Organisation und damit von der Effizienz einer Gebietsherrschaft abhängig sind. Konflikte ergeben sich in dieser Situation bereits deshalb, weil es nicht zu vermeiden ist, daß die veränderten Raumverhältnisse institutionelle Rückwirkungen haben.

Was inzwischen als »Globalisierung« bezeichnet und weiter unten noch näher beschrieben wird, ist sehr weitgehend ein zufälliges Nebenprodukt der wohlfahrtsdemokratischen Revolutionierung der institutionellen Ordnung der meistentwickelten Nachkriegsgesellschaften. Sie wirkt jedoch wieder zurück, indem sie dieser sozialpolitischen Ordnung den Schein des Selbstverständlichen nimmt und vor allem deshalb ihre Kosten, ihre einschränkenden Wirkungen sichtbar machen kann, weil ihre Ursprünge und ihre Entwicklung von ganz anderen, inzwischen verschwundenen Raumbedingungen geprägt worden sind. Raumverhältnisse als Bedingung sozialer Ordnung und politischen Handelns werden gerade deshalb kaum wahrgenommen und nur selten in ihrer Bedeutung gewürdigt, weil ihr Wandel eher diskontinuierlich ist, sich nur in größeren Sprüngen bemerkbar macht und lange Ruhe- und Anpassungsphasen hat, in denen ihr politischer Stellenwert in Vergessenheit geraten kann. Schließlich wird in der »Schule des Raumes« (Friedrich Ratzel) nicht nur um die richtige Lehre gestritten, es braucht dann auch Politik, um sie umzusetzen – und das ist wieder ein eigenes Problem.[1]

Technischer Fortschritt als Fortschritt der Beherrschung des Raumes und die darauf aufbauenden organisatorischen Möglichkeiten einer Nutzung der neuen Raumverhältnisse sind eine notwendige, aber keine zureichende Bedingung der sich inzwischen abzeichnenden Weltmarktwirtschaft und weltumspannenden Informationsgesellschaft. Die wohlfahrtsstaatlichen Strukturen der entwickelten Nachkriegsgesellschaften waren und sind eine kritische Variable für die Ausbildung der Globalisierung. Entstehungsbedingungen sind aber nicht dasselbe wie Existenz- und Funktionsbedingungen, und sie sind erst recht keine Entfaltungsbedingungen. Die bloße Nachfrage nach *global governance* oder ihre gesteigerte, »funktionale« Notwendigkeit garantiert noch kein entsprechendes Angebot institutioneller Lösungen (Keohane 1982; Axelrod/Keohane 1985), und internationale Organisationen sind »powerless by design« (Feher 2000). In der Globalisierung ist auch die internationale Wirtschaftspolitik eine Funktion wohlfahrtsdemokratischer und damit nationalstaatlicher Kräfteverhältnisse. Die sozialen und institutionellen Rückwirkungen von Globalisierung als zunächst unbeabsichtigter Wirkung wesentlich innenpolitischer Entwicklungen, die unterschiedlichen Auswirkungen dieser Rückwirkungen auf die nationale Handels- und internationale Wirtschaftspolitik und schließlich dann wiederum deren Folge-

1 Ratzel (1923, 1940) bietet auch heute noch aufschlußreiche Analysen des Zusammenhangs von Raumverhältnissen, sozialer Ordnung und politischen Konflikten. Zu Ratzels geopolitischem Denken vgl. Weigert (1941, 1942), Farinelli (2000) und Parker (2000). Für zwei neuere Überblicksdarstellungen einer politischen Geographie vgl. Burnett/Taylor (1981) und Taylor (1993).

wirkungen auf die Bedingungen und Möglichkeiten der nationalen Sozialpolitik – diese wechselseitigen Verhältnisse und Zusammenhänge stehen im Mittelpunkt der hier versammelten Untersuchungen.

Die zwei Grundprobleme einer global governance

Eine erste zentrale politische Schwierigkeit im effektiven Umgang mit der Globalisierung besteht darin, daß die neue Lage einer »komplexen Interdependenz« (Keohane/Nye)[2] das unbeabsichtigte Nebenergebnis des Handelns von Regierungen ist, die Gesellschaften vorstehen, in denen kritische Veränderungen der inneren Verhältnisse – Einkommenslagen, Beschäftigungsmöglichkeiten, der Verteilungsrelationen sowohl zwischen Individuen wie zwischen sozialen Gruppen – absolute Priorität vor jeder problembearbeitenden Koordinierung internationaler Politik genießen. Die Grundlage jener nationalen Deregulierung der Außenwirtschaft und ihrer internationalen liberalen Reregulierung im Rahmen des GATT – also von

2 Auf Keohane/Nye und andere Autoren ist im Zusammenhang mit »komplexer Interdependenz« schon deshalb hinzuweisen, weil ihre Arbeiten zeigen, daß diese Lage so neu nicht ist. Bereits in den 1950er und 1960er Jahren gab es eine Diskussion »transnationaler Integration«, die der heutigen zum Verwechseln ähnlich ist. Die mit den Folgen der ersten Ölkrise von 1971 verbundene neomerkantilistische Absetzbewegung von Freihandel und Weltmarktintegration brachte das Thema »komplexe Interdependenz« in der Theorie internationaler Beziehungen wieder zum Verschwinden. Der Begriff wurde bereits von Small (1900: 628) in seiner Diskussion soziologischer Methodik verwendet. Rothschild (1947: 306) weist in seiner Untersuchung oligolopolistischer Preisbildung darauf hin, daß von Neumanns und Morgensterns *Theories of Games and Economic Behavior* (1944) einen wegweisenden Versuch darstellten, Probleme komplexer Interdependenz zu untersuchen. Knorr (1947a: 36; 1947b) führt den Begriff für die Untersuchung internationaler Beziehungen ein: »Only if teaching practice focuses on the complex interdependence of domestic and international politics can the International Relations student understand the flux of national foreign policies in juxtaposition, their diverse elements of insistence, vacillation and contradiction, and their capacity for adaptive response« (1947b: 556). Keohane/Nye verwendeten den Begriff zuerst 1974 (S. 56) und gaben ihm in dem 1977 in erster Auflage und inzwischen (2000) in dritter und überarbeiteter Auflage erschienenen Lehrbuch *Power and Interdependence* eine zentrale analytische und theoretische Bedeutung.

dem, was dann die wirtschaftliche Globalisierung zur Folge hatte – waren die wohlfahrtsstaatlichen Verhältnisse, die in der unmittelbaren Nachkriegszeit zur Sicherung der Demokratie und als zentrales Werbemittel in der Systemkonkurrenz des kalten Krieges geschaffen wurden. Was noch in den 1950er und 1960er Jahren als endgültige Absage an eine freie Marktwirtschaft galt – der Aufstieg der Sozialpolitik von einem interventionistischen Notbehelf zu einer systematischen Gestaltung von Lebenslagen und damit zur Signatur von gesellschaftlicher Modernität überhaupt –, wurde zur entscheidenden Voraussetzung, in einem internationalen Rahmen die Marktwirtschaft freizusetzen.

Aber was bedeutet es für die Chancen einer heute allgemein eingeforderten *global governance*, wenn das, was als Globalisierung bezeichnet wird, die unbeabsichtigte Folge von Entwicklungen ist, die nicht nur aus ganz anderen Gründen und mit ganz anderen Zielen verfolgt wurden, sondern sich in seiner weiteren Entwicklung gegen das zu wenden scheint, was entscheidend mitgeholfen hat, es in die Welt zu setzen? Welche Interessen kommen hier mit welchem Gewicht tatsächlich zur Geltung? Wie können die Vorteile der Globalisierung, vor allem die neuen Freiheitsgrade wirtschaftlichen und sozialen Handelns, auf eine sichere Grundlage gestellt und wie können ihre negativen Begleiterscheinungen unter Kontrolle gebracht werden? Wie können Wohlfahrtsstaaten die Herausforderungen der Globalisierung meistern, wenn das, was sie hervorzubringen halfen, auch das ist, was ihre eigene Grundlage anzugreifen droht? Schaut man sich die wohlfahrtsstaatlichen Ausgangspunkte und Grundlagen der Globalisierung genauer an, und das ist das Thema dieses Kapitels, dann wird deutlich, daß weniger der Wohlfahrtsstaat als die Globalisierung gefährdet ist.[3]

Denn eine zweite und ebenfalls wesentlich politische Schwierigkeit im Umgang mit der Globalisierung besteht darin, daß gerade dann, wenn es die institutionellen Voraussetzungen für eine

3 Diese Aussage gilt in dieser Formulierung für die entwickelten Wohlfahrtsstaaten Westeuropas und Nordamerikas. Für die anderen Länder und Erdteile gestaltet sich die Lage etwas, jedoch nicht grundsätzlich anders. Das gilt aber hauptsächlich deshalb, weil ihnen die Globalisierung – in Form von Kapitalzufluß, Zugang zu technischem *know how* und neuen Exportmöglichkeiten – mehr Nutzen bringen als Schaden zufügen kann.

effektive *global governance* geben sollte – was keineswegs ausgemacht ist –, immer noch nicht garantiert wäre, daß auch die »richtigen« Entscheidungen getroffen werden. Und mit »richtig« ist zunächst nur jene Politik gemeint, die in der Lage wäre, jene Wohlfahrtssteigerungen und wirtschaftlichen Effizienzgewinne zu sichern, die Globalisierung a u c h bedeutet. In dem Maße, in dem internationale Politik d e m o k r a t i s c h e n Maßstäben unterworfen wird, dominieren F o r m e n über I n h a l t e, und sie verliert deshalb, was ihre Ergebnisse betrifft, an Kalkulierbarkeit.[4] In der nationalstaatlichen Politik gibt es die *checks and balances* der Gewaltenteilung und der Rechenschafts-, Offenlegungs- und Öffentlichkeitsverpflichtungen demokratischen Regierens, gibt es eine umfassende Rechtsstaatlichkeit und gibt es schließlich die gegenmajoritären Blockierungsmöglichkeiten verdoppelter oder föderal aufgeteilter Legislativen.

In der internationalen Politik fehlen nicht nur diese Gegengewichte zum »demokratischen« Input des Regierungshandelns mit seinen Expansions- und Verselbständigungstendenzen, sondern in dieser besonderen Arena sind Regierungen weitgehend unter sich – und Regierungen sind, folgt man Robert Hudec (1987: 212), »complex institutions known the world over for their inability to behave like rational beings«. Die Normen internationaler Regime und Organisationen wenden sich, wenn man von der EU absieht, allein an Regierungen. Für Private – seien es Unternehmen, Konsumenten oder die Anwälte eines irgendwie »öffentlichen«, schützenswerten Interesses –, entfalten sie keine »direkte Wirkung« und können deshalb auch nicht bei noch so eklatanten Normverstößen gegen Regierungen in Anschlag gebracht werden (Berkey 1998; Kessie 2000). Sollten *Non-Governmental Organizations* (NGOs) tatsächlich in der internationalen Politik einen eigenen Einfluß ausüben, dann stellte sich das Pro-

4 Zur Dominanz der Form über den Inhalt als Kern der Demokratie schreibt Schumpeter (1950: 269): »The democratic method is that institutional arrangement for arriving at political decisions in which individuals acquire the power to decide by means of a competitive struggle for the people's vote.« Zu einer zusammenfassenden Darstellung vgl. Ricci (1970); zur wirtschaftlichen Unbestimmtheit und zur Chance einer demokratischen Grundlegung von Politik vgl. Reynolds (1995) und Wollheim (1958: 242): »It may be maintained that it is irrelevant whether Democracy does in fact maximize welfare, safeguard rights, accord with natural law, etc., for the fact is that under modern conditions it is the only working possibility.«

blem, wer der Prinzipal dieser Agenten ist: Jenseits von Markt und Staat angesiedelt, gibt es für sie keine effektive, ihr Verhalten kontrollierende Verantwortungsverpflichtung (Brody 1996; Jordan/van Tuijl 2000).

Die Schwierigkeiten internationaler Politik sind durch die Globalisierung nicht kleiner, sondern größer geworden – eben weil es durch die vergrößerten zwischenstaatlichen Reibungsflächen mehr Bedarf nach ihr gibt. Betrachtet man die tatsächlich zur Verfügung stehenden Möglichkeiten einer politischen Bewältigung globaler Problemlagen, also im wesentlichen die institutionelle Koordinierung und die rechtliche Normierung zwischenstaatlicher Kooperation, dann fällt die enorme Kluft zwischen dem inzwischen erreichten Grad gegenseitiger Abhängigkeit in der Wohlfahrt der einzelnen Menschen und den bislang in den internationalen Arenen von ihren staatlichen Agenten erzielten rechtlich-institutionellen Lösungen auf (Elazar 1998; Perrez 1998). Die mit der Revolutionierung der Raumverhältnisse verbundenen technischen und wirtschaftlichen Entwicklungen haben auf allen Gebieten des sozialen Zusammenhandelns eine große Zahl neuer Probleme hervorgerufen. Aber nur sehr wenigen von ihnen, und dann auch eher den weniger wichtigen als den wirklich entscheidenden, sind eine internationale Politik und das internationale Recht in befriedigender Weise beigekommen.[5] Ganz im Gegenteil wird immer deutlicher, daß diese Situation komplexer Interdependenz die Möglichkeiten gegenseitiger – oft unbeabsichtigter – Schädigung in einem bislang unbekannten Maße gesteigert hat und aus diesem Grund

5 Es ist deshalb auch kein Zufall, daß der politische Höhepunkt einer supranationalen Institutionenpolitik in der EU die Gemeinsame Agrarpolitik ist. Was zum Ausgang der 1950er Jahre mit dem Schuman-Plan der Montanunion und mit der Gründung der EWG zweifelsohne den Höhepunkt eines Neuansatzes in der internationalen Politik markierte, konnte Claude (1958: 51) trotzdem nicht von einer skeptischen Haltung gegenüber einer multilateralen Handelsdiplomatie abbringen: »The role of the spokesman for the international interest is still too marginal, too exceptional, too poorly defined, too grudgingly accepted.« Dieses Urteil trifft auch heute noch zu; vgl. dazu auch die folgende Charakterisierung des internationalen Rechts durch eine amerikanische Bundesrichterin: »A theoretical body of precepts and propositions, *honored only in the breach*, that has little to do with ›the real world‹« (D. Wood 1999: 97). Für eine kurze Einführung in die praktischen Probleme des internationalen Rechts vgl. D. Wood (2000).

auch zum Ausgangspunkt internationaler Machtpolitik werden konnte.

Weil Private in den Arenen internationaler Politik weder Sitz noch Stimme haben, sind sie darauf angewiesen, daß ihre Regierungen ihre Interessen vertreten. Ob Regierungen dies tun, unter welchen Bedingungen und unter Einsatz welcher Druckmittel, ist eine innen- wie außenpolitische Frage, genauso wie sich dieser Zugang zu Regierungen je nach Gruppe und politischer Lage unterschiedlich gestalten wird. Und selbst wenn Regierungen aktiv werden, ist der Ausgang ungewiß, weil das internationale Recht, das darauf zielt, kooperative Lösungen zu unterstützen und zu institutionalisieren, das schwächste aller Rechte ist. Es kennt weder eine zentrale Rechtsetzung noch eine zentrale Exekutivinstanz.[6] Auf der anderen Seite haben jedoch die Staaten selbst nicht erst heute ihre rechtlichen Instrumente ausgebaut, um wirtschaftliche Interdependenz auch in ihren unbeabsichtigten Folgen unter eigene Kontrolle zu bekommen:

> »There may be agreements made beyond our borders not intended to affect imports, which do affect them, or which affect exports. Almost any limitation of the supply of goods in Europe, for example, or in South America, may have repercussions in the United States if there is trade between the two. [...] [I]t is settled law [...] that any state may impose liabilities, even upon persons not within its allegiance, for conduct outside its borders that has consequences within its borders which the state reprehends; and these liabilities other states will ordinarily recognize.«[7]

6 Ob die jüngsten Fortschritte in der Verrechtlichung der internationalen Wirtschaftsbeziehungen – z. B. durch die Institutionalisierung des neuen Streitschlichtungsverfahrens im Rahmen der WTO – tatsächlich eine stärkere Verpflichtungskraft internationaler Normen mit sich bringen oder eher das Gegenteil bewirken, weil sich durch diese Entwicklungen für Regierungen höhere Kosten bei einer Abweichung oder Veränderung von Normen ergeben, ist derzeit noch offen. Vgl. dazu auch Heft 3 (2000) von *International Organization* bzw. Goldstein u. a. (2001), vor allem die Beiträge von Goldstein/Martin (2000) und Kahler (2000); zu den kulturellen Widersprüchen einer transnationalen Verrechtlichung vgl. L. Friedman (1996) und Peng (2000).

7 *United States v. Aluminum Co. of America et al.* (148 F.2d, S. 416ff., hier S. 443). In diesem Urteil ging es um die extraterritoriale Wirkung des *Sherman Act*, also der amerikanischen Antitrustgesetzgebung. Der Autor dieses Urteils, Learned Hand, hielt aber auch fest: »Yet when one considers the international complications likely to arise from an effort in this country to treat such agreements as unlawful, it is safe to assume that Congress certainly

Globalisierung und Interdependenz haben weder ein rechtliches Niemandsland geschaffen noch das nationale Rechtssystem – und damit auch die nationale Politik – zur Ohnmacht verurteilt. Im Gegenteil, der überwiegende Teil der neuen trans- und internationalen Konflikte wird im Rahmen des nationalen Rechts und durch nationale Gerichte entschieden. Die einschlägige rechtswissenschaftliche Literatur zeigt, wie nationale Gerichte, Regierungen und Gesetzgeber auf veränderte Raumverhältnisse, vor allem was Ortsveränderung, physische Abwesenheit und Überbrückung von Distanzen betrifft, mit neuen Vorstellungen über die extraterritoriale Reichweite des nationalen Rechts reagieren. Entsprechend verändert sich auch die Rechtspraxis: Den neuen *exit*-Möglichkeiten für bestimmte Gruppen und Akteure wird durch eine Erweiterung des *inner*staatlichen *voice* für andere begegnet (Benvenisti 1999). Margulis-Ohnuma (1999) spricht deshalb von einer »unvermeidlichen Korrelation« zwischen Nationalstaatlichkeit und extraterritorialer Rechtsgeltung im Gefolge veränderter Raumverhältnisse.[8] Das Problem internationaler politischer Koordination ist damit aber nicht erledigt,

did not intend the Act to cover them« (ebd.). Zu dem damit angesprochenen Konflikt zwischen gesetzlichen und politischen Erwägungen in der extraterritorialen Anwendung nationalen Rechts vgl. Maier (1982). Solange es kein Weltkartell- und Weltwettbewerbsrecht gibt, sind das nationale Wirtschaftsrecht und die Kooperation nationaler Wettbewerbshüter von einer kaum zu unterschätzenden Bedeutung. Welchen Nutzen haben die Vereinbarungen über Marktöffnung und den Abbau von Grenzen für Handel, Produktion und Investition, wenn Kartelle und andere marktschließende Aktivitäten Privater diese Fortschritte wieder unterlaufen (D. Wood 1989, 1994, 1996, 2000)? Aus diesem Grund hat auch in der Europäischen Integration das Wettbewerbsrecht eine zentrale Stellung für den Binnenmarkt (Goyder 1993; Ritter u. a. 2000). Der Status quo einer internationalen Wettbewerbsordnung mit nationalen Mitteln wird von D. Wood (1999:109) folgendermaßen zusammengefaßt: »Currently, most major antitrust agencies around the world agree that they have jurisdiction to combat any practices, anywhere in the world, that have a direct, substantial, and reasonable foreseeable effect on their domestic markets. Some refer to practices that are being ›implemented‹ within their own markets; some refer to practices that target their domestic markets. The terminology does not matter. The key point is that this level of agreement on the proper scope of national regulation could, if it were acknowledged everywhere, resolve most competitive problems of an international scope by using exclusively national mechanisms. «

8 Vor US-amerikanischen Gerichten gibt es z. B. eine zunehmende Zahl von Verfahren über außerhalb der Vereinigten Staaten begangene Menschen-

sondern stellt sich in verschärfter Form, weil die Streitfälle immer häufiger einen Konflikt zwischen unterschiedlichen Rechtssystemen beinhalten können.

Die ursprünglich und zunächst unbeschränkte Handlungsfähigkeit von Staaten ist die stärkste Gefährdung internationaler Kooperation, weil jede bewußt ins Werk gesetzte Ordnung vom Verhalten eines jeden einzelnen der beteiligten Staaten abhängig ist.[9] Die grundlegende Unvollkommenheit des Völkerrechts bestand und besteht schon immer darin, daß es keine mit eigenen Zwangsmitteln ausgestattete Instanz gibt, die in der Lage wäre, einmal eingegangene Vereinbarungen gegen widerstrebende Mitglieder durchzusetzen. Eine Ordnung internationaler Verhältnisse kann nur aufgrund ausdrücklicher Willenserklärungen zwischen gleichen und souverän agierenden Staaten zustande kommen. Für die Erhaltung dieser Ordnung sind alle von einem entsprechenden Verhalten jedes einzelnen Mitglieds abhängig. Jenes Mitglied, das am wenigsten an der Erhaltung der Ordnung interessiert ist, diktiert den anderen das Gesetz des Handelns.

rechtsverletzungen und Verstöße gegen Umwelt- und Sozialschutzstandards, die von Privaten gegen amerikanische Unternehmen angestrengt werden (Chibundu 1999; Kieserman 1999; Rosencranz/Campbell 1999). Die Globalisierung der Finanzmärkte wurde von einer entsprechenden extraterritorialen Ausweitung der US-amerikanischen Gerichtsbarkeit begleitet (Bensen 1999; Calhoun 1999). Diese Praxis hat in manchen Bereichen auch eine ausdrückliche, nicht nur stillschweigend vorausgesetzte gesetzliche Grundlage: »The recent prosecution of an Italian corporation, Montedison, S. p. A. by the U. S. Securities and Exchange Commission for violation of the Foreign Corrupt Practices Act based on conduct that occurred entirely in Italy, once again brings into sharp focus Congress' assertion of extraterritorial jurisdiction over foreign commercial activity« (H. L. Brown 1999: 407). In der Praxis der US-Gerichte scheint es auch keine größeren Probleme eines Schutzes der Konsumenten in dem sich rasch ausweitenden Bereich des *e-commerce* zu geben – z. T. auch deshalb, weil es im Schatten einer extraterritorialen Rechtsanwendung zu einer wirksamen Selbstregulierung gekommen ist (Puurunen 2000). Die nationale Gerichtsbarkeit scheint auch das Problem der »virtuellen Casinos« des Internet in den Griff zu bekommen, weil das Medium selbst keinen Unterschied in der Rechtslage produziert: »There is nothing about the connecting medium itself that matters here or that differs from other communication means« (Keller 1999: 1609; vgl. auch Bak-Boychuk 1999). Diese Entwicklungen beschreiben das genaue Gegenteil jener »Entstaatlichung«, die Zürn (1998) als Konsequenz von Globalisierung sieht.

9 Vgl. dazu und zum folgenden Huber (1910), Schindler (1948[1944]), Brierly (1958 [1924]), Jenks (1963) Claude (1981) und Boyle (1985: 3-74).

Deshalb kann sich trans- und internationale Interdependenz mit einer nationalen Machtpolitik verbinden. Allein schon durch diese Gefährdung, die von einzelnen Regierungen ausgehen kann, werden die anderen zu Verteidigungsmaßnahmen gezwungen, und dadurch wird eine wirksame Ordnung internationaler Politik erschwert.

Von der Gesamtheit her gesehen ist es eine Minderheit, die durch ihre partikularen Forderungen gegenüber den anderen eine Machtstellung innehat, die sie zur Verfolgung eigener Ziele ausnutzen kann. Zwar ist jeder Staat als souveränes Gemeinwesen jedem anderen gegenüber rechtlich frei. Aber die unorganisierte Freiheit aller führt zur faktischen Abhängigkeit eines jeden von demjenigen, der das geringste Interesse an einer Kooperation hat bzw., was auf dasselbe hinausläuft, sich nicht-kooperativ verhält (Gilpin 1984; Axelrod/Keohane 1985; Kindleberger 1986). Eine internationale Ordnung kann nicht anders als gemeinschaftlich geschaffen werden, sie kann aber immer von jedem einzelnen Mitglied, das über eine gewisse Macht verfügt, zerstört werden. In letzter Instanz ist, solange es keinen Weltstaat oder internationale Exekutivinstanzen mit einer autonomen Legislative gibt, die Grundlage jeder internationalen Organisation das gemeinsame Interesse ihrer Mitglieder an kooperativen Lösungen (Waltz 1962). Und deshalb ist es von entscheidender Bedeutung, zu wissen, worin die Gemeinsamkeiten der neuesten Inkarnation der Staatenwelt liegen, welches die Entstehungsbedingungen der Globalisierung waren und welche Folgen sich mit diesen sehr besonderen Entstehungsbedingungen für das weitere Schicksal der Globalisierung verbinden.

Sozialpolitik als Determinante der Globalisierung

Globalisierung ist vor allem für die Sozialpolitik ein zentrales Stichwort. Es bestimmt nicht nur die sozialpolitische Agenda der entwickelten Wohlfahrtsstaaten, sondern scheint diesen, im Interesse gesteigerter nationaler Wettbewerbsfähigkeit, Ausgabenkürzungen und marktkonforme Reformen zwingend vorzuschreiben und aufgrund der Standortkonkurrenz ein *race to the bottom* auszulösen und aufrechtzuerhalten. Ein genauerer Blick auf die Auseinandersetzungen um die Theorie und die Praxis des

Freihandels zeigt jedoch die kritische Bedeutung der sozialen – und damit nationalstaatlich verfaßter – Grundlagen einer offenen Außenwirtschaft. Es spricht einiges dafür – und es ist eine der Hauptthesen dieses Bandes –, daß die allgemeine Transformation der Industriegesellschaften zu Wohlfahrtsstaaten die Entstehungsbedingungen für eine stabile und nachhaltige Weltmarktintegration entscheidend mitgestaltet hat. In der Periode nach dem Zweiten Weltkrieg konnte der Wohlfahrtsstaat die sozialen Funktionen des Protektionismus, Sicherung von Beschäftigung und Einkommen, übernehmen und eröffnete dadurch der nationalen Handelspolitik ganz neue Möglichkeiten einer Nutzung der Vorteile einer internationalen Arbeitsteilung. Seit Mitte der 1980er Jahre mehren sich aber auch die Hinweise darauf, daß die innere Transformation der Wohlfahrtsstaaten, die Herausbildung und partei- bzw. interessenpolitische Verfestigung manifester und latenter Vergünstigungsstrukturen, eine Konstellation schuf, in der sich die positiven Wirkungen wohlfahrtsstaatlicher Einrichtungen für die außenwirtschaftliche Öffnung in ihr Gegenteil zu verkehren drohen. Wichtigster Ausdruck dieser Konstellation sind einmal die Reformschwierigkeiten der Sozialpolitik gerade der Staaten, deren Wirtschaften am weitesten in Weltmärkte integriert sind, und dann die Zunahme neoprotektionistischer Tendenzen in Staaten, in denen Sozialpolitik so reformiert wurde, daß sie nicht mehr oder nur noch unter erschwerten Bedingungen als Alternative zu Markteinkommen zur Verfügung stehen. In diesem Band werden die Bundesrepublik und die USA als zwei herausragende Beispiele für diese entgegengesetzten Reaktionen auf die gleichen Herausforderungen der Globalisierung näher untersucht.

Die Globalisierung selbst ist nicht Gegenstand der hier versammelten Untersuchungen.[10] Es wird hier auch nicht der Anspruch erhoben, die »großen Bewegungen« der internationalen Wirtschaft, einschließlich derjenigen der nationalen *terms of trade*, ließen sich mit Hilfe wohlfahrtsstaatlicher Strukturen und mit den Variationen sozialpolitischer Prozesse erklären. Auch

10 Einführungen mit genau entgegengesetzten Ausgangspunkten und Folgerungen geben Beck (1997) und von Weizsäcker (1999). Für eine Beschreibung der innergesellschaftlichen Wirkungsweisen von Globalisierung vgl. Frieden/Rogowski (1996). Zur politischen Dimension vgl. Kohler-Koch (1995, 2000).

die handelspolitischen Entscheidungen einzelner Regierungen sind nur e i n e und oft eine verhältnismäßig schwache Determinante dieser Entwicklungen. Umgekehrt aber lassen diese »großen Bewegungen« auch keine Rückschlüsse darüber zu, was sie für die nationale Wirtschafts- und Sozialpolitik bedeuten oder, normativ gewendet, irgendwie zwingend bedeuten s o l l e n. Zum ersten Punkt hatte sich bereits Ende der 1920er Jahre Franz Eulenburg in folgender Weise geäußert:

»Anders als der Gang des auswärtigen Handels selbst, der nur einen Teil der internationalen Wirtschaftsbeziehungen ausmacht, verläuft seine Politik. Sie läßt darum unmittelbar noch keine Schlüsse auf dessen Inhalt und Verlauf zu. Auch für die einzelnen Länder vollzieht sich ihre außenwirtschaftliche Entwicklung häufig genug unabhängig und sogar gegen die Lenkung ihrer Handelspolitik. Es sind Zielsetzungen, Bestrebungen, Willensrichtungen, die an sich wichtig genug erscheinen, auch wenn der Erfolg ausbleibt oder nur teilweise sich verwirklicht« (1929: 201).

Strukturen der Sozialpolitik und die mit ihr und durch sie betriebene Politik bilden jedoch im ausgehenden 20. und beginnenden 21. Jahrhundert eine Variable, die die Außenwirtschaftspolitik von Regierungen und damit die Internationalisierungschancen von Unternehmen stark beeinflußt. Andere Variablen sind internationale Regime und Kollektivorganisationen, die der Weltwirtschaft Regeln und Normen setzen und dadurch die Risiken der Weltmarktabhängigkeit und Weltmarktanfälligkeit nationaler Gemeinschaften mindern und die Sicherheit internationaler unternehmerischer Transaktionen steigern können.[11] Regelwerke wie das GATT bzw. die WTO, Einrichtungen wie der IMF oder das BIS, Konsultativmechanismen wie die G7-Treffen erhöhen die Transparenz und die Berechenbarkeit weltwirtschaftlicher Interdependenzen und domestizieren ansatzweise den Weltmarkt.[12] Diese Regelwerke können aber die binnengesellschaftlichen Funktionen der Sozialpolitik bei der Verarbeitung der sozialen Konsequenzen einer dynamischen und grundsätzlich sich selbst regulierenden Weltwirtschaft nur ergänzen,

11 Zu internationalen Regimen vgl. die Sammelwerke von Krasner (1983) und Kohler-Koch (1989). Zu den einschlägigen Funktionsänderungen des Weltwährungssystems im Gefolge des wohlfahrtsstaatlichen Systemwandels der Nachkriegszeit vgl. Eichengreen (1996a: 188-191).

12 Zu den hier und im folgenden verwendeten Abkürzungen vgl. das Verzeichnis auf den S. 409f.

nicht aber ersetzen.[13] Das Ordnungsgefüge der WTO einschließlich der Mechanismen der Streitbeilegung ist eine Antwort auf die Probleme von Regierungen mit wirtschaftlicher und vor allem mit wirtschafts- und sozialpolitischer Interdependenz, nicht von Bürgern oder Unternehmen. Die Regeln des GATT sind deshalb wesentlich von wohlfahrtsstaatlichen Strukturen bestimmt und bauen auf diesen auf. Mit einer internationalen Wirtschaftspolitik und ihren festen Einrichtungen wollen Regierungen ihr nationalstaatliches Handlungspotential – bei der immer wieder notwendig werdenden Bewältigung der sozialen Externalitäten weltwirtschaftlicher Arbeitsteilung und Integration – erweitern oder zumindest ihren bestehenden Handlungsraum absichern.[14] Deshalb kommt auch den Möglichkeiten einer legalen Nichtbefolgung von GATT- und WTO-Regeln in diesem System eine so große Bedeutung zu:

»It is not the legal bond per se that holds GATT law together. It is, rather, *the convergence between what GATT law does and what governments need.* The viability of the GATT legal system ultimately rests on maintaining that convergence« (Hudec 1999: 174 – Hervorhebung nicht im Original).

Das Problem der »Globalisierung« ist mit diesen ersten Hinweisen auf sozialpolitische Grundlagen und Bedingungen aber nicht erledigt, sondern die Fragen müssen neu und vor allem anders gestellt werden. Je nach Fragestellung werden andere Aspekte oder Dimensionen von »Globalisierung« relevant. Die Globalisierung gibt es nicht. Es wird also im folgenden immer darauf ankommen zu spezifizieren, was in den verschiedenen Untersuchungskontexten jeweils unter »Globalisierung« verstanden wird. In sozialwissenschaftlichen Diskussionen und in politischen Auseinandersetzungen wird der Begriff der Globalisierung oft ohne eine genaue Definition gebraucht. Meistens ist

13 Für eine Einführung in die Ansätze, Träger und Probleme einer »globalen« Sozialpolitik vgl. Deacon (1997). Für eine Übersicht über die sozialpolitischen Probleme eines *fair trade* und von *social clauses* in der Handelspolitik vgl. Leary (1996), Langille (1996), Brown u. a. (1996) und Elliott (2000).

14 Deshalb spielen *safeguard clauses* eine zentrale Rolle im GATT bzw. in der WTO. Vgl. dazu Deardorff (1987), Hizon (1994) und Romero (1999). Zu den sozialen *safeguards* im NAFTA-Regime vgl. Gal-Or (1999), und zur kritischen Bedeutung von *safeguards* in den Beitrittsverhandlungen Chinas zur WTO Bhala (2000).

mindestens einer der folgenden Sachverhalte damit gemeint: Erstens verschwand in den 1990er Jahren mit der Auflösung der Sowjetunion und dem Übergang der mit ihr verbundenen Staaten zu parlamentarischer Demokratie und liberaler Marktwirtschaft auch die bipolare Weltordnung der Nachkriegszeit. Zweitens, und von dieser Entwicklung nicht unbeeinflußt, gingen die Länder der Dritten Welt – nur »Ostasien« war bereits in den 1970er Jahren vorangegangen – seit den 1980er Jahren auf breiter Front von ihrer traditionellen Politik protektionistischer Importsubstitution zu einer Politik ausdrücklicher Weltmarktintegration über. Drittens begann mit den Regierungen Thatcher in Großbritannien und Reagan in den USA schon seit den 1980er Jahren eine Renaissance von Markt und Wettbewerb als den bestimmenden wirtschaftspolitischen Leitideen. Der damit verbundenen Neubewertung von Ordnungskonzepten konnten sich weder die bürgerlichen noch die sozialdemokratischen Regierungen anderer Länder – und auch nicht die EG – entziehen. Viertens wurde im Gefolge des Übergangs vom GATT zur WTO in den 1990er Jahren die genuin internationale Regulierung der Weltwirtschaft vertieft und verbreitert. Fünftens senkten Quantensprünge in der Entwicklung der Kommunikations- und Transporttechnologien kontinuierlich die Kosten grenzüberschreitenden Handels. Sechstens eröffnete – im Verein mit den technologischen Neuerungen – eine Reihe von institutionell-organisatorischen Veränderungen in Unternehmen diesen Firmen neue Möglichkeiten zur Gestaltung ihrer Wertkette und erweiterte ihre Instrumente strategischen Handelns. Politisch gewendet bedeutet dies für Unternehmen neue *exit* Spielräume und eine Aufwertung von *voice*-Chancen, also eine grundlegende Veränderung ihres Verhältnisses zu staatlichen Instanzen.

Im Begriff der Globalisierung fließen all diese – und weitere – Entwicklungen zusammen. Das Phänomen der Globalisierung kann dadurch den Eindruck einer starken Eigenmacht erwecken. Deshalb vor allem erscheint »die Globalisierung« in der Diskussion als unabhängiges Gegenüber zum National- und Wohlfahrtsstaat, als eine Kraft, die von außen auf diesen einwirkt und die Regierungspolitik bestimmt.[15] Diese Sicht ist falsch.

15 Eine wahrscheinlich nicht zu überbietende Extremposition der Globalisierung als totalitäre Veranstaltung wird von Hardt/Negri (2000) vertreten.

II. Was ist Globalisierung?

Wo es sich nicht bloß um modische Phrasen handelt, liegt allen Ausführungen über Globalisierung ein einfacher Sachverhalt zugrunde: Der wirtschaftliche Kreislauf der Güter – die Bewegung von Erzeugnissen vom Produzenten zum Konsumenten und ihre Gegenbewegung – findet nicht länger vornehmlich auf dem Gebiet der verschiedenen, zu staatlichen Einheiten zusammengefaßten Gemeinschaften statt, sondern greift in den unterschiedlichsten Formen über deren Grenzen hinaus. Die Bevölkerung keines, selbst des größten Staatsgebiets ist imstande, ihre Bedürfnisse ausschließlich mit den Erzeugnissen des eigenen Produktionsgebiets zu decken. Sie ist andererseits überall darauf angewiesen, einen mehr oder minder großen Teil ihrer Erzeugnisse, ihres Kapitals, ihrer Arbeit oder ihrer Intelligenz fremden Bevölkerungen zuzuführen. Sie ist an der Erzeugung wie an dem Konsum des Auslands im höchsten Maße interessiert und in ihrem eigenen Wohlergehen abhängig von Ereignissen in fremden Volkswirtschaften.

Dieser selbstverständliche Sachverhalt gibt aber keinen Hinweis darauf, warum sich um das Schlagwort der Globalisierung eine so heftige Debatte entwickeln konnte. Er beschreibt, was die gegenwärtige Lage betrifft, eine Normalität, und er bezeichnet eine handelspolitische Norm, die unmittelbar einleuchtet. Es handelt sich dabei auch nicht um eine revolutionäre Neuentdekkung. Tatsächlich ist der vorhergehende Absatz sehr weitgehend ein Zitat aus dem Jahr 1912, in dem das Wort Globalisierung an die Stelle von »Weltwirtschaft« gesetzt wurde (Bonn 1912: 797). Das zeigt bereits, daß die gegenwärtigen Auseinandersetzungen um die »Globalisierung« ihre Vorläufer hatten. Die heutigen Auseinandersetzungen über die Formen und die Konsequenzen der Globalisierung finden, was die westlichen Gesellschaften betrifft, in Verhältnissen statt, die als Antwort auf die damalige Internationalisierung der Wirtschaft geschaffen wurden, nämlich den demokratischen Wohlfahrtstaaten.

Die Art und Weise, wie die Auseinandersetzung um Globalisierung und Wohlfahrtsstaat geführt wird, erweckt den Anschein, als handele es sich um eine gänzlich neue Konstellation und Herausforderung.[16] Internationalisierungsbewegungen der

16 Für eine Überblicksdarstellung vgl. Held/McGrew (2000) und für eine

Abbildung 1.1: Außenhandel ausgewählter Industriestaaten, 1880-1995[1]

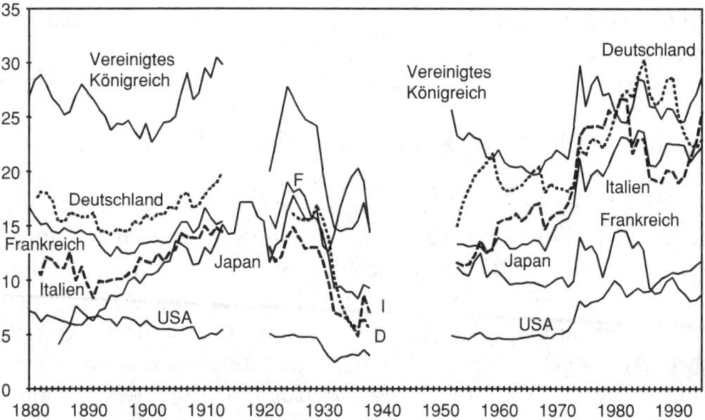

Anmerkung: [1]Durchschnitt aus Exporten und Importen (Güter und Dienstleistungen) in % des Bruttoinlandsproduktes.
Quellen: Eigene Berechnungen auf der Grundlage von EUROSTAT (1997, 1983); Statistisches Amt der Europäischen Gemeinschaften (1968); OECD (1995, 1983) und Mitchell (1995, 1993, 1992).

Wirtschaft und nationale Gegenbewegungen sind aber regelmäßig wiederkehrende Phänomene. Abbildung 1.1 zeigt zum einen, daß in dem Jahrzehnt vor dem Beginn des Ersten Weltkriegs manche Staaten in einem Umfang in Weltmärkte integriert waren, der sich durchaus mit der heute erreichten Größenordnung vergleichen läßt. Zweitens zeigt die Abbildung, daß die Globalisierungsbewegung hinsichtlich dieses Indikators ihren Höhepunkt bereits Mitte der 1980er Jahre erreicht hat. Es ist kaum zu bezweifeln, daß e i n e Ursache dieser Stagnation die Zunahme des »grauen« Protektionismus durch freiwillige Exportbeschränkung und nichttarifäre Handelshemmnisse ist (Salvatore 1993).

Das entscheidend Neue der gegenwärtigen Konstellation ist die Entwicklung des Wohlfahrtsstaates und seine innere Trans-

empirisch gehaltvolle, die historischen Kontinuitäten und Diskontinuitäten gleichermaßen berücksichtigende Darstellung vgl. Held u. a. (1999).

formation. Mit diesem Wandel veränderten sich sowohl Wahrnehmung und Bewertung der Folgen wirtschaftlicher Globalisierung in den Binnenverhältnissen entwickelter Gesellschaften als auch die Institutionen und die Organisationen der internationalen Regulierung der Wirtschaft. Die höheren Wachstumsraten des internationalen Handels, verglichen mit jenen der Produktion selbst, charakterisierten bereits die Weltwirtschaft des ausgehenden 19. Jahrhunderts (Deutsch/Eckstein 1961; H. James 1996: 1-26). Gleiches gilt für das Maß der Integration und Verflechtung der Finanzmärkte.[17] In historischer Perspektive fällt allerdings auf, daß frühere Globalisierungs- bzw. Internationalisierungsbewegungen der Wirtschaft nur relativ kurze Zeit Bestand hatten, und sehr schnell von langen Perioden allgemeiner außenwirtschaftlicher Schließung abgelöst wurden (Bairoch 1993: 16-33; Bhagwati 1998; H. James 1996: 1-26; Kindleberger 1996; Rogowski 1989). Deshalb stellen sich in der gegenwärtigen Situation vor allem zwei Fragen: Welchen Beitrag leistet die inzwischen erfolgte Entwicklung des Wohlfahrtsstaates zum Verlauf der jüngsten Globalisierungswelle des ausgehenden 20. Jahrhunderts? Zweitens, welche Rolle spielt die innere Transformation entwickelter Wohlfahrtsstaaten für die Internationalisierung von Handel, Produktion und Investition?

Der Wohlfahrtsstaat der Gegenwart ist im wesentlichen ein Produkt der Großen Depression der Zwischenkriegszeit und der Erfahrungen des Zweiten Weltkriegs. Umfassende Sozialpolitik sowie aktive Wirtschaftspolitik und Wirtschaftsplanung galten als Lösungen jener Probleme, die die europäischen Gesellschaf-

17 Das bloße Ausmaß der Globalisierung finanzwirtschaftlicher Transaktionen muß regelmäßig als Beleg für eine beispiellose Entwicklung herhalten. In historischer Perspektive ist diese Einschätzung nicht zu halten: »Some measurements of the degree of financial integration in the world economy indicate that at the beginning of the twentieth century the world was more interconnected than at any subsequent time (including the 1990s, despite the trillions of dollars of daily currency movements). These measurements examine the behavior of saving and investment levels. Investment and savings were coordinated on a global level, with the result that a surplus of investment in one area or state (that is, a balance of payments current account deficit) could be smoothly financed by the export of surplus savings from another area. Even in the highly integrated 1980s and 1990s, such transfers were much more difficult and raised many more political eyebrows than in the golden era that preceded the First World War« (H. James 1996: 12).

ten zu zerreißen drohten und auf die damals mit Schutzzöllen und Autarkiepolitik reagiert wurde: wirtschaftliche und soziale Unsicherheiten aufgrund von Massenarbeitslosigkeit, großdimensionale sektorale Umbrüche, beruflicher Abstieg für große Teile der Erwerbstätigen, sinkende Löhne und kurzfristige Beschäftigungsverhältnisse. Tatsächlich gingen aufgrund der wirtschaftlichen und politischen Katastrophen bis in die 1960er Jahre Politik- und Wirtschaftswissenschaftler wie Karl Deutsch (1972; Deutsch/Eckstein 1961), Edward Hallett Carr (1945), John Maynard Keynes (1982 [1933]), Franz Borkenau (1942), Wilhelm Röpke (1942), Lionel Robbins (1937) und Gunnar Myrdal (1957) noch davon aus, der Durchbruch und der Aufstieg des Wohlfahrtsstaates als neue soziale Ordnung der entwickelten und demokratischen Nationalstaaten schlössen es aus, das frühere Niveau weltwirtschaftlicher Verflechtung wiederzugewinnen. Vor diesem durchaus begründeten Erwartungshorizont wird eher die annähernde Gleichzeitigkeit wohlfahrtsstaatlicher Expansion und des Wachstums eines internationalen Wirtschaftssystems erklärungsbedürftig, und nicht die Globalisierungsbewegung allein.

Globalisierung oder weltwirtschaftlich verflochtene Volkswirtschaften?

Ist ein globaler Kapitalismus an die Stelle bloßer Aufsummierung von Volkswirtschaften getreten? Der Begriff der Globalisierung will genau dies suggerieren. Er soll einen selbständigen Gegenstand bezeichnen, der sich scharf von dem abhebt, was man bislang als Volkswirtschaften bezeichnet hat.

Die Tatsache der internationalen Wirtschaftsbeziehungen selbst steht nicht in Frage. Man kann sich, wenn man sich eines Bildes bedienen will, die einzelnen Volkswirtschaften als Kreise vorstellen, die sich schneiden. Die Schnittstellen stellen dann den Umfang der weltwirtschaftlichen Beziehungen dar. Globalisierung bedeutet weiter, um in diesem Bild zu bleiben, daß die Zahl der Volkswirtschaften, die an dieser Weltwirtschaft teilhaben, beträchtlich zugenommen hat und daß sich die gemeinsame Schnittfläche der einzelnen Staaten vergrößerte. Die Austauschverhältnisse wurden intensiviert, die Beziehungen erweitert und die Interdependenz zwischen den Volkswirtschaften zunehmend komplexer und damit auch überraschungsreicher.

Mit dem Begriff der Globalisierung wird aber mehr behauptet. Das, was bislang als Volkswirtschaft galt, sei zu einer Provinz der Weltwirtschaft geworden. Ihr partieller Charakter schließt es aus, daß sie ohne die Verbindung mit allen anderen Provinzen – bzw. mit dem amerikanischen Stammland – existieren kann. Unter einer globalisierten Wirtschaft wird ein arbeitsteiliges Zusammenwirken der einzelnen Volkswirtschaften verstanden, bei der jede einzelne Volkswirtschaft ihre wirtschaftliche Selbständigkeit verloren hat. Diese Sicht der Dinge führt in die Irre.

Auch bislang waren im Begriff der Volkswirtschaft die internationalen Wirtschaftsbeziehungen mit enthalten – und wurden auch vom langen Arm des Rechts kontrolliert. Die deutsche volkswirtschaftliche Gesamtrechnung schließt die Kapitaleinkünfte deutscher Bürger aus Anlagen am amerikanischen Aktienmarkt genauso ein wie das Kreuzfahrtschiff »Deutschland«, auch wenn es ausschließlich amerikanische Staatsbürger von New York in die Südsee bringt. Ohne die Berücksichtigung dieser Vorgänge wäre schon seit der Mitte des letzten Jahrhunderts das Konzept der Volkswirtschaft ein Torso, mit dem sich nicht viel anfingen ließe. Viel wichtiger ist noch, daß die globalisierte Wirtschaft ein Aggregat, eine Zusammenfassung ist, aber keine Einheit. Sie hat keine eigenen Grundlagen, keine eigene Form, die sie tatsächlich unabhängig von den Volkswirtschaften machen würde. Jede wirtschaftliche Beziehung oder Markttransaktion hat eine rechtliche Ordnung zur Grundlage und bedient sich rechtlicher Formen. Beides sind Produkte staatlicher Gesetzgebung in einer fragmentierten Welt von Territorialstaaten. Es ist diese Rückbindung, die wohlfahrtsstaatliche Verhältnisse für die nationale wie für die internationale Politik zu einer kritischen Bedingung für den Prozeß der Globalisierung machen.

Bei der Globalisierung handelt es sich also nicht um die Gegenüberstellung zweier irgendwie gleichstehender Wirtschaftsformen, wobei dann die eine die andere dominiert oder gar ablöst. Statt von einer selbständigen, globalisierten Wirtschaft zu sprechen, macht es mehr Sinn, von weltwirtschaftlich verflochtenen Volkswirtschaften auszugehen. Die globalisierten Verhältnisse setzen sich aus Vorgängen zusammen, die sich aus den einzelnen Volkswirtschaften heraus entwickeln. Bei dieser Auffassung zeigt sich denn auch, daß Staat und Politik durch die weltwirtschaftlichen Verflechtungen an Bedeutung gewonnen, nicht verloren haben. Bereits 1970 machte Kenneth Waltz darauf aufmerksam, daß wirtschaftliche Verflechtungszusammenhänge, die ihre Grundlage im *intra-industry*-Handel und inzwischen verstärkt auch im *intra-firm*-Handel haben, noch keine politische Abhängigkeit begründen:

»States are mutually dependent if they rely on each other for goods and services that cannot easily be produced at home. That kind of interdependence is difficult (costly) to break. The other kind of interdependence – sensitivity of response to variations in factor prices – may be economically more interesting; it is also politically less important« (Waltz 1970: 210).

Angesichts der in den letzten drei Jahrzehnten enormen Zunahme der wirtschaftlichen Ungleichheit zwischen den Staaten (Gylfason 2000) verdient vor allem ein Punkt mehr Aufmerksamkeit, den Waltz als »ehernes Gesetz« bezeichnet hat:

»The political elements of a state are formally differentiated according to the degrees of their authority, and their distinct functions are specified. Specification of roles and differentiation of functions characterize any state, the more fully so as the state is more highly developed. The parts of a highly developed polity are closely interdependent. [...] The domestic order is composed of heterogeneous elements; the international order is composed of homogeneous units. Each state regulates its own affairs and supplies largely out of its own resources the food, clothing, housing, transportation, and amenities consumed and used by its citizens. The international order is characterized by the coaction of like units. Since the functions of all states are highly similar, differentiation among them is principally according to their varied capabilities. Because the units that populate the international arena are the same in type, interdependence among them is low even if those units are of approximately equal size. Interdependence is further reduced by the immense disparity in the capabilities of states. This last point can be stated as an iron law: high inequality among like units *is* low interdependence« (Waltz 1970: 207 – Hervorhebung im Original).

Wegen der sich bereits damals abzeichnenden Zunahme internationaler Ungleichheit ging Waltz von einer abnehmenden Interdependenz aus (ebd.: 206). Für internationale oder weltwirtschaftliche Austausch- und Bewegungsvorgänge ist jedoch unabhängig von der Frage nach dem Grad der Interdependenz wesentlich, daß sie sich über verschiedene Staatsgebiete erstrecken und daher der Einwirkung von mindestens zwei Staaten zugänglich sind. Daraus ergibt sich ihr eminent politischer Charakter.

Es wird weiter auch von niemandem bestritten, daß die »Globalisierung« insofern staatliche Grundlagen hat, als internationale Regime und bilaterale Verträge grenzüberschreitende Bewegungen von Gütern, Dienstleistungen und Menschen gestatten oder verbieten, erschweren oder erleichtern. Durch diese Vertragswerke wurden internationale Gebiete geschaffen, innerhalb deren Güter und Menschen ähnlich ungehemmt zirkulieren können wie auf dem einer einzelnen Staatsgewalt unterstehenden Staatsgebiet. Das internationale Gebiet, für das diese Beschreibung noch am ehesten zutrifft, ist der Binnenmarkt der EU. Er hat allerdings nicht nur eine weitgehend gemeinsame Rechtsordnung zur Grundlage, die ohne Parallele in anderen Binnenmärkten oder Zollunionen bzw. Freihandelsräumen ist, sondern zeichnet sich durch eine quasi-staatliche, supranationale Verfassung aus. Trotzdem gilt auch für die EU, daß sich anders als etwa in den USA ihre »nationale« Wirtschaft (noch) nicht den Volkswirtschaften der Mitgliedstaaten als selbständige Größe gegenüberstellen läßt.

Entscheidend ist jedoch, daß mit der Vervielfachung der Berührungspunkte staatlicher Einwirkung auf die Wirtschaftskreisläufe die Regierungen nicht etwa aufgehört haben, sich eigensinnig zu verhalten und einseitig zu handeln. Der überwiegende Teil der Außenwirtschaft wird nicht durch eine international koordinierte Handelsvertragspolitik oder die Normen der internationalen Wirtschaftsregimes des GATT und des IMF reguliert, sondern ist durch einseitige Akte häufig nicht des Gesetzgebers, sondern der Verwaltungsdienststellen bestimmt.[18] Auch die Wirtschaft der EU ist nicht das exklusive Objekt einer europäischen Wirtschaftspolitik, sondern wird nach wie vor von

18 Die Ergebnisse dieser Politik machen deshalb, für sich betrachtet, nur selten Sinn. Hudec (1996: 15) beschreibt die Situation in den USA folgendermaßen: »U. S. trade legislation is replete with protean concepts like ›subsidy‹, ›cause‹, and ›injury‹, that leave room for widely varying interpretations. The government officials who administer these laws have been left free to devise all sorts of inconsistent definitions for their loosely defined concepts, and they have done so. Although Congress occasionally corrects a result here and there, *its overall approach has been to leave its trade laws in chaos, in confusion, everyone wins now and then*« (Hervorhebung nicht im Original).

einer Vielzahl nicht koordinierter mitgliedstaatlicher Aktivitäten beeinflußt und geformt. Hinzu kommt, daß bislang noch immer mit dem wachsenden Umfang von Markttransaktionen, der Vergrößerung der Marktfreiheit und der Ausdehnung marktgängiger Produkte auch stets die Marktr e g u l i e r u n g zugenommen hat (Weber 1972 [1921]: 44). Diese Entwicklung ist insofern unvermeidlich, als es sich bei Nutzleistungen genauso wie bei Gütern immer um V e r h ä l t n i s s e handelt, denen erst eine O r d n u n g jene Sicherheit gibt, die sich dann bis zur Vorstellung einer eigenständigen »Sache« verselbständigen kann (Böhm-Bawerk 1881; O. Williamson 1990; Braithwaite/Drahos 2000).

Es gibt also nichts, was mehr in die Irre führt, als den Begriff des F r e i handels mit den neuen globalisierten Wirtschaftsverhältnissen in Verbindung zu bringen. Für den Freihandel gilt das gleiche, was George Bernard Shaw, wenn nicht G. K. Chesterton, über das Christentum sagte: »The trouble is that it has never been tried.« Die heutige Außenwirtschaft ist wesentlich eine p o l i t i s c h e Ökonomie. Für die unternehmerische Praxis war dieser Punkt schon immer eine harte Tatsache. In einem Lehrbuch zur betrieblichen Außenwirtschaft heißt es, für die an dem Außenwirtschaftsverkehr teilnehmenden Betriebe ergeben sich aus dem Umstand, daß die Grenzen des nationalen Wirtschaftsgebiets überschritten werden, besondere Funktionen und Risiken, die im Binnenwirtschaftsverkehr entweder gar nicht oder nicht in vergleichbarer Art und Weise, zumindest aber nicht in vergleichbarer Intensität vorkommen:

»Durch die Maßnahmen der nationalen Außenwirtschaftspolitik entstehen künstliche Wettbewerbsbedingungen, die in den betrieblichen Planungen als Ausgangsdaten zu berücksichtigen sind (Subventionen, Einfuhrkontingente, Zölle, nicht-tarifäre Handelshemmnisse, Entwicklungshilfe). Auch währungs- und finanzpolitische Maßnahmen der Staaten verzerren den internationalen Wettbewerb und belasten ihn – wegen der jederzeit möglichen Modifizierung der Maßnahmen – mit spezifischen Risiken. Die Globalisierung der Wirtschaft bewirkt darüber hinaus, daß die staatliche Außenwirtschaftspolitik zum Wettbewerbsinstrument der Staaten untereinander umfunktioniert wird, mit dessen Hilfe dem nationalen Standort im internationalen Vergleich eine vorteilhafte Position verschafft werden soll« (Grafers 1999: 9).

Neben den nationalen Rechtsvorschriften für den Außenwirtschaftsverkehr sind es das Geflecht aus völkerrechtlich verbindlichen multilateralen und bilateralen Handelsverträgen und dann auch noch die internationalen Handelsbräuche[19], die für die Unternehmen einen sehr besonderen Handlungs- und Bedingungsrahmen ergeben. Dieser Rahmen bestimmt sowohl den Freiheitsgrad der betrieblichen Außenwirtschaft, das betriebliche außenwirtschaftliche Autonomieintervall als auch Art und Grad der Risiken, die sich der Betrieb auflädt, wenn er sich außenwirtschaftlich engagiert (ebd.: 29).

Bei Globalisierungsbewegungen von Handel, Produktion und Investition handelt es sich also, wenn man von ihren eigentlichen Trägern, den Unternehmen, ausgeht, um sehr voraussetzungsreiche Entwicklungen. Das Fehlen einer zentralen internationalen Ordnungsmacht bedeutet, daß jener institutionelle *fit*, der tatsächlich eine internationale Arbeitsteilung erlaubt, ein weitgehend unkoordiniertes Ergebnis des Zusammenwirkens einer Vielzahl von Faktoren ist.[20] Entsprechend prekär ist die Stabilität der institutionellen Grundlagen der Globalisierung. Es

19 Die wichtigsten sind die 1936 zuerst formulierten und inzwischen mehrfach überarbeiteten »Internationalen Regeln für die Auslegung handelsüblicher Vertragsformeln« (*Incoterms*), das »Wiener Kaufrecht«, das den Warenhandel praktisch aller für den Welthandel wichtigen Staaten regelt, die *Hamburg Rules* und die *Institute Cargo Clauses* für den Seefrachtverkehr und die verschiedenen Übereinkommen, die einen internationalen gewerblichen Rechtsschutz zu organisieren versuchen (Grafers 1999: 50-73).

20 In diesem Punkt unterscheiden wir uns auch von zentralen früheren Studien über den systematischen Zusammenhang zwischen binnengesellschaftlichen Verhältnissen und den Chancen einer außenwirtschaftlichen Öffnung, insbesondere den Arbeiten von Katzenstein (1984, 1985) über das Schicksal »kleiner« Staaten in der Weltwirtschaft. Er stimmt mit uns überein, wenn er im Anschluß an Richard Blackhurst und andere liberale Ökonomen (1977) hervorhebt: »The link between the case for (international) free trade and the case for (domestic) laissez-faire has been broken« (1985: 47f. – unsere Einschübe) und bereits 1980 (S. 533) feststellt: »Switzerland and the other small European states are clear exceptions to the generalization that liberalism in the international economy and interventionism in the domestic economy are incompatible.« Im Unterschied zu ihm gehen wir jedoch davon aus, daß es diese Kompatibilität auch bei den »großen« Ländern geben kann. Ferner meinen wir, daß es sich dabei nicht um einen irgendwie »notwendigen« Zusammenhang, sondern um eine Wahlverwandtschaft äußerer und innerer Strukturverhältnisse handelt, die sich einem strategischen Kalkül innenpolitischer Akteure weitgehend entzieht. Wie das Schicksal Schwedens und Österreichs in den 1990er Jahren gezeigt hat, ist auch ein »kooperativer Korporatismus« keine Garantie dafür, daß die »richtigen« Antworten auf die Schwierigkeiten einer

sind freilich die gegenseitigen Vorteile, die sich aus einer zunehmenden internationalen Teilung der Arbeit ergeben und die das neue weltwirtschaftliche System stützen. Sie hat den gewaltigen internationalen Güteraustausch und die noch sehr viel gewaltigeren globalen Geldströme hervorgerufen. Aber damit verbindet sich weder eine Eigenständigkeit noch eine irgendwie geartete politische Verteidigungsfähigkeit der inzwischen erreichten weltwirtschaftlichen Verhältnisse. Weder funktionale Zwänge noch Ideen und Programme koordinierter Reaktion bedeuten Politik.[21]

Mit der Vertiefung der internationalen Arbeitsteilung gehen bestimmte wechselseitige Abhängigkeitsverhältnisse einher. Wenn ein Land nur diejenigen Waren produziert, für die es besonders geeignet ist, andere Waren aber einführt, dann heißt das nicht, daß es seinen Bedarf an bestimmten Gütern nur mit den eingeführten Waren befriedigen kann. Es heißt nur, daß es diese Waren günstiger bekommt, wenn sie als Importe bezogen werden. Es kann, muß aber nicht diesen Preissignalen folgen. Wie früher beim »Freihandel« geht es heute bei der Globalisierung um die höchstmögliche Produktivität des nationalen Kapitals, und damals wie heute geht es um die doppelte Einsicht, daß einmal verschiedene Mengen der gleichen Ware im gleichen Land verschiedene Produktionskosten haben (*economies of scale*), und dann, daß kein Land für alle Erzeugnisse gün-

Weltmarktintegration gefunden werden. Schließlich macht Katzenstein in einem weiteren, auch für unsere Argumentation zentralen Punkt am Beispiel der Schweiz darauf aufmerksam, daß es durchaus funktionale Äquivalente zu den sozialpolitischen Instrumenten – staatliche Einkommenssicherung jenseits des Arbeitsmarktes – geben kann. Die Schweiz minderte den außenwirtschaftlichen Druck auf ihre Erwerbsbevölkerung dadurch, daß der zeitweise sehr hohe Gastarbeiteranteil auf mehr oder weniger selbständige Weise mit der Arbeitsmarktlage expandierte oder schrumpfte: »The Swiss appear to have found their (im)moral equivalent of the welfare state« (1984: 104).

21 »Policy requires politics. Ideas for solving economic problems are plentiful, but if an idea is to prevail as the actual policy of a particular government, it must obtain support from those who have political power« (Gourevitch 1986: 17). In die gleiche Richtung zielt der Einwand von Hudec (1999: 283) gegen die Kritik an den mageren Ergebnissen des internationalen Wirtschaftsrechts: »Before any more criticism is written, there first needs to be a careful examination of why the volumes of criticism already written have had so little influence.«

stigere Produktionsbedingungen aufweist als die Nachbarländer. Aus diesem doppelten Umstand ergibt sich das Interesse an wirtschaftlichem Austausch. Die internationale Arbeitsteilung hebt die Volkswirtschaften nicht auf, sondern diese »Arbeitsteilung« ergibt sich aus einer Teilung der Produktion aufgrund der unterschiedlichen Produktivitäten von Kapital und Arbeit, aber auch von Organisation. Der internationale Austausch wird von Kostenvorteilen, aber nicht von irgendwelchen Gesetzmäßigkeiten bestimmt, die von einer staatlichen Politik nicht mehr angetastet werden können. Sie bedeuten Anreize für ein bestimmtes Verhalten, aber sie determinieren es nicht. Bislang war es noch immer so, daß aus den verschiedensten Gründen – sozialen, ethischen, religiösen, militärischen – auf diese Kostenvorteile sehr schnell wieder verzichtet wurde.[22] Auf entsprechend schwachen Füßen ruht denn auch die vielbeschworene weltwirtschaftliche Interdependenz. Sie ist, um den sozialwissenschaftlichen Jargon zu benützen, eine abhängige, keine unabhängige Variable. Die Globalisierung ist nicht etwas, was nur zunimmt – sie kann auch abnehmen. Außerdem hat sie verschiedene Dimensionen, in denen sich durchaus gegenläufige Entwicklungen beobachten lassen.[23]

Wenn nun trotzdem die relativen Kostenvorteile den neuen weltwirtschaftlichen Verhältnissen ihre besondere Dynamik ver-

22 Wie das Beispiel der auch mit naturwissenschaftlicher Expertise nicht aufzulösenden handelspolitischen Auseinandersetzung um hormonbehandeltes Rindfleisch zwischen der EU und den USA zeigt, haben die möglichen kostenträchtigen »Glaubensgründe« eher noch zu- als abgenommen. Vgl. dazu Berkey (1998: 46), der eine Meldung der *Los Angeles Times* vom 12. 5. 1997 anführt: »French Agriculture Minister Vasseur went so far as to state that ›France is entirely prepared to pay penalties if that is what is needed to prevent hormone-treated American meat from gaining entry to our territory‹«.

23 Keohane/Nye (2000) unterscheiden zwischen einem wirtschaftlichen, militärischen, ökologischen und soziokulturellen Globalismus. Der wirtschaftliche Globalismus, der die Periode zwischen 1850 und 1914 beherrschte, nahm bis 1945 wieder sehr stark ab, während ein militärischer Globalismus zunahm. Die weltweite Grippeepidemie, die 1918/1919 über 30 Mio. Menschenleben forderte, hatte neben den großen transkontinentalen Truppenverschiebungen auch in der damals noch sehr viel umfangreicheren internationalen Mobilität der Arbeitskräfte ihre Ursache, die in der Folgezeit weitgehend zum Erliegen gebracht wurde. Der religiöse Fundamentalismus zum Ausgang des 20. Jahrhunderts ist als Abnahme eines soziokulturellen Globalismus zu sehen.

leihen und sich die nationale Politik diese Rationalität sehr weitgehend zu eigen macht, dann stellt sich die empirische Frage, wie dieses alles andere als selbstverständliche Ergebnis zu erklären ist. Woher kommt es, daß die neuen Realitäten der globalen Marktwirtschaft den Lehrsätzen der Außenwirtschaftslehre zu entsprechen scheinen? Und warum setzte sich die ökonomische Rationalität der Freihandelsidee so spät durch? Ist etwa die ökonomische Theorie die Ursache der Globalisierung?

Kritiker der Globalisierung scheinen dieser Meinung zu sein. Es ist aber eine Sache, wenn die neuen weltwirtschaftlichen Verhältnisse sehr weitgehend mit den theoretischen Aussagen der Außenwirtschaftslehre übereinstimmen; es ist eine völlig andere, ob diese auch tatsächlich ihre Ursache sind. Max Weber hat 1908 eine ganz ähnliche Konstellation als Kulturtatsache bezeichnet: »Die historische Eigenart der kapitalistischen Epoche [...] beruht darauf, daß – während man nicht mit Unrecht die Wirtschaftsgeschichte mancher Epoche der Vergangenheit als ›Geschichte der Unwirtschaftlichkeit‹ bezeichnet hat – unter den heutigen Lebensbedingungen jene Annäherung der Wirklichkeit an die theoretischen Sätze eine stetig zunehmende, das Schicksal immer breiterer Schichten der Menschheit in sich verstrickende, gewesen ist, und, soweit abzusehen, noch immer weiter sein wird« (1908: 555 – Hervorhebungen im Original). Ähnlich wie damals dürfte es die Leistungsfähigkeit der Ökonomik als Wirklichkeitswissenschaft sein, die diese Übereinstimmung zur Folge hat. Und genauso wie damals spricht auch heute einiges für die Vermutung, daß die weltwirtschaftlichen Verhältnisse nicht das Ergebnis eines überlegenen wirtschaftspolitischen Programms sind, sondern ganz andere Grundlagen haben und die, was ihr Ergebnis betrifft, deshalb eher zufälligen Charakter tragen. Die Globalisierung war nicht geplant, und es ist äußerst zweifelhaft, ob sie trotz verstärkter Anstrengungen einer Koordination internationaler Politik als solche gezielt beeinflußt werden kann.

Die wohlfahrtsdemokratischen Wurzeln der Globalisierung

Außer der die Entstehungsbedingungen der Globalisierung betreffenden funktionalen Beziehung zwischen der Institutionalisierung von Wohlfahrtsstaaten und ihrer außenwirtschaftlichen Öffnung gibt es noch einen zweiten Zusammenhang. Beide Entwicklungen, die Internationalisierung der Wirtschaft wie die Expansion wohlfahrtsstaatlicher Interventionen, haben insofern ein ihnen gemeinsames heimliches Programm, als ihr Fixpunkt eine Bürokratisierung des sozialen Lebens ist. Man bleibt an der Oberfläche der Dinge, wenn man glaubt, Globalisierung sei das Gegenteil oder beinhalte gar das Versprechen von weniger bürokratisierten Verhältnissen. Dem ist nicht so – und die historischen Erfahrungen mit früheren Globalisierungsbewegungen beweisen dies zur Genüge. Das Tempo der globalen Firmenzusammenschlüsse, die Größenordnung der neuen Unternehmen und vor allem der Umfang ihrer Rechtsabteilungen sprechen eine deutliche Sprache. Mit dem Blick auf den heute angeblich so »freien« Handel und die neue Beweglichkeit des Kapitals, der Güter und Dienstleistungen und schließlich auch der Informationen wird außerdem übersehen, daß große Teile dieser Transaktionen zwar die nationalen Grenzen überschreiten, aber zwischen Teilen ein und desselben Unternehmens stattfinden und damit wesentlich bürokratischer und gar nicht marktlicher Natur sind.

In der zweiten Hälfte des 19. Jahrhunderts, als durch die Herrschaft des Goldstandards der Freihandel als marktlicher Austausch von Gütern sehr viel stärker die außenwirtschaftlichen Verhältnisse prägte als das heute der Fall ist, fanden Marktwirtschaft und Demokratie keine stabile Balance. Diese erste Machtprobe ging zugunsten der Demokratie aus. Und zum Ende des 20. Jahrhunderts waren es auch nicht die demokratisch, sondern die autokratisch verfaßten Staaten, die sich durch das stärkste Wirtschaftswachstum auszeichneten, also Südkorea, Taiwan, Singapur, Malaysia, Chile und auch China. Die Sozialpolitik, die damals neben der Demokratie und der Marktwirtschaft als eigenes, drittes Ordnungselement der modernen Gesellschaft einen Ausgleich schaffen sollte, wurde schließlich im Faschismus und Nationalsozialismus gegen die wirtschaftliche *und* die politische Freiheit gerichtet. Die These von der Globalisierung als »Entstaatlichung« (Zürn 1992, 1998) übersieht, daß Staatlichkeit ein *Neben*ergebnis und nicht die Grundlage von sozialer Politik ist. Was die Wohlfahrtsd*emokratie* betrifft, den tieferen Ausgangspunkt von *Sozial*politik, kann allenfalls von einer

Veränderung ihrer Formen, aber kaum von einer Schwächung ihrer Antriebskräfte gesprochen werden. Eher ist das Gegenteil der Fall.

Bereits 1905 stellte Jacob Burckhardt fest, die Volkssouveränität sei das »ewig bewegliche Ferment der modernen Welt« (1982: 323). Unter Demokratie verstand er das »riesenhafte Eindringen der Oeffentlichkeit«; alles werde »discutabel«, und dem Staat werde ein »sociales Machtprogramm« zugemutet, das er gar nicht bewältigen könne (ebd.: 193, 262). Die »*Democratie* [...] sei eine aus tausend verschiedenen Quellen zusammengeströmte, nach Schichten ihrer Bekenner höchst verschiedene Weltanschauung, welche aber in einem consequent ist: insofern ihr nämlich die Macht des Staates über den Einzelnen nie groß genug sein kann, sodaß sie die Grenzen zwischen Staat und Gesellschaft verwischt, dem Staat Alles das zumuthet was die Gesellschaft voraussichtlich nicht mehr thun wird, ›zugleich‹ aber Alles beständig discutabel ›und beweglich‹ erhalten will und zugleich einzelne Kasten ein specielles Recht auf Arbeit und Subsistenz vindiciert« (1982: 371, Hervorhebung im Original).

Jacob Burckhardt spricht bereits alles an, was sich erst nach seiner Zeit in großem Maßstab verwirklichte: die Expansion des Wohlfahrtsstaates als Ergebnis der Demokratisierung der Gesellschaft, das systematische Überziehen der neuen Interventions- und Regulierungsmaschinerie und schließlich auch die Herausbildung wohlfahrtsstaatlicher Versorgungsklassen: »Bis in relativ kurze Zeit wird man von Stufe zu Stufe bei der Ernährungspflicht des Staates anlangen« (ebd.: 137). Die Demokratie sah er als eine bestimmte Kultur und weniger als Form von Politik: »Der Durchbruch der Democratie als Überwältigung des Staates durch die Cultur« – »die äußere Staatsform wird hiezu wenig zu sagen haben« (ebd.: 318, 137). Deshalb war für ihn auch keine Gegenkraft in Sicht, sondern nur »hie und da ein Gewimmer nach Decentralisation, Selfgovernment, nordamerikanischer Vereinfachung etc.« (ebd.: 324). Auch die Wirtschaft galt ihm zunächst nicht als Widerpart zu dieser Kulturrevolution: »Erwerb und Verkehr werden auf das Derbste und dauernd gemahnt werden, daß sie nicht das Hauptsächlichste im Menschenleben seien« (ebd.: 326).

Burckhardt hat aber noch die Globalisierung in der zweiten Hälfte des 19. Jahrhunderts auch in Basel mitbekommen: »der cosmopolitische Verkehr, [die] Weltausstellungen; das Absterben des Localen mit seinen Vortheilen und Nachtheilen; starke Abnahme selbst des Nationalen« (ebd.: 375). Und er stellte die Frage, ob »gar alles zum bloßen business werde wie in America?« (ebd.). Er sah durchaus die »Collisionen« dieser demokratischen »Gährungen« mit dem Erwerbssinn. Dieser sei »am Ende der Stärkere; die Massen wollen Ruhe und Verdienst; kann ihnen Republik oder Monarchie dieß gewähren, so halten sie mit; wo nicht, so werden die Völker, ohne lange zu fragen, die erste Staatsform befördern, die ihnen jene Vortheile verheißt« (ebd.). Diese Einsicht gibt auch einen entscheidenden Hinweis für das Verständnis der gegenwärtigen wirtschaftlichen Globalisierung: Sie hat wesentlich d e m o k r a t i s c h e Grundlagen, und sie wird auch wieder demokratischen Forderungen gefügig gemacht. Dieser Prozeß ist in vollem Gange.[24]

Das, was der Globalisierung ihre Bedrohlichkeit verleiht, der Eindruck von Kontrollverlust, ist ein bloßes Zwischenergebnis nach dem Muster des Zauberlehrlings, dem der Besen nicht mehr gehorcht. Wenn die gegenwärtige Lage des Wohlfahrtsstaates mit den »goldenen Jahrzehnten« der 1950er und 1960er Jahre verglichen wird, in denen große Reformprojekte wie Lyndon Johnsons *War on Poverty* und Adenauers Rentenreform (1957) in Angriff genommen wurden, dann ist das der falsche Maßstab.[25] Jene wirtschafts- und handelspolitischen Deregulierungen, die der Globalisierung den Boden bereiteten, waren eine Reaktion auf Verhältnisse, in denen die Marktwirtschaft ihre Wohlfahrtsversprechen nicht mehr einlösen konnte. Es galt, eine Antwort auf Politikversagen zu finden. Hohe Inflationsraten und eine zunehmende Arbeitslosigkeit prägten in allen entwickelten Volkswirtschaften die Zeit nach der Ölkrise. Es waren populistische Figuren wie Ronald Reagan und Margaret Thatcher, die antraten, ihre Gesellschaften vom Geflecht der Regulierungen zu befreien. Ihre Wirtschafts- und Sozialpolitik war alles andere als »gegen

24 Ein Beispiel vom Herbst 2000 sind die teilweise gewalttätigen und z. T. auch erfolgreichen »Konsumenten«Reaktionen von Lastkraftwagenfahrern in Europa und Nordamerika auf Benzinpreiserhöhungen (Ayres 2000; Came 2000; Josey 2000; Morton 2000).

25 »Goldene Zeiten« sind immer eine optische Täuschung im Rückspiegel. Schaut man sich diese Zeiten genauer an, dann stellt man sehr schnell fest, daß sich damals alle über das viele Gelb beschwerten.

das Volk« gerichtet, sondern berief sich ausdrücklich auf ein demokratisches Mandat. Es waren die besonderen Umstände, die ihrer Politik gegen Regulierung Legitimität und Rückhalt verliehen, nicht deren Inhalte für sich betrachtet. Und auf diese Umstände kommt es an. Unter demokratischen Bedingungen bestimmen allein sie die Inhalte von Politik. Aus diesem Grund geht es bei der Globalisierung nicht um ihre Form, sondern um ihren Umfang und vor allem um ihre wohlfahrtssteigernden Resultate. Auch die Weltmärkte werden nach ihren Ergebnissen bewertet, und das Urteil wird vom Eindruck der breiten Masse bestimmt, nicht von der Theorie einer Elite.

Jedenfalls spricht bislang nichts dafür, daß die heute angeblich herrschenden wirtschaftlichen Interessen tatsächlich die ihnen zugesprochene Macht hätten, die bürokratischen Verhältnisse zu zersetzen, in denen heute die Sozialpolitik wurzelt. Im Gegenteil, gerade die in fortwährender Umwälzung begriffenen ökonomischen Strukturen verlangten nach dem Ersten und vor allem nach dem Zweiten Weltkrieg nach neuen zweckverbandlichen Einrichtungen.[26] Genausowenig kann man davon ausgehen, diese neuen, nunmehr globalen Erwerbs- und Verwertungsinteressen würden bereits von sich aus irgendwie für »Freiheit« sorgen. Max Weber schrieb über die den gegenwärtigen frappierend ähnlichen Verhältnisse an der Wende vom 19. zum 20. Jahrhundert:

»[...] käme es nur auf die ›materiellen‹ Bedingungen und die durch sie direkt oder indirekt ›geschaffenen‹ Interessenkonstellationen an, so würde jede nüchterne Betrachtung sagen müssen: alle ökonomischen Wetterzeichen weisen nach der Richtung zunehmender ›Unfreiheit‹«. Es sei »höchst lächerlich, dem heutigen Hochkapitalismus, wie er jetzt nach Rußland importiert wird, und in Rußland besteht, dieser ›Unvermeidlichkeit‹ unserer wirtschaftlichen Entwicklung, – Wahlverwandtschaft mit ›Demokratie‹ oder gar ›Freiheit‹ (in irgend einem Wortsinn) zuzuschreiben, während doch die Frage nur lauten kann: wie sind, unter seiner Herrschaft, alle diese Dinge überhaupt auf die Dauer ›möglich‹?« (Hervorhebung im Original).

26 Das zeigt auch das schnelle Wachstum internationaler Organisationen nach dem Zweiten Weltkrieg, vgl. Rittberger (1995: 72), Zürn (1998: Teil B, 171 ff.) und Shanks u. a. (1996).

Sie seien es

»tatsächlich nur da, wo dauernd der entschlossene Wille einer Nation, sich nicht wie eine Schafherde regieren zu lassen, dahinter steht. ›Wider den Strom‹ der materiellen Konstellationen sind wir ›Individualisten‹ und Parteigänger ›demokratischer‹ Institutionen. Wer Wetterfahne einer ›Entwicklungstendenz‹ sein will, der möge, so schnell wie nur möglich, diese altmodischen Ideale verlassen. Die historische Entstehung der modernen ›Freiheit‹ hatte einzigartige, niemals sich wiederholende Konstellationen zur Voraussetzung« (Weber 1996 [1906]: 99-100).

Bürokratische Politik als Mittel und Bürokratie als Ergebnis ist den wohlfahrtsdemokratischen Antworten auf wirtschaftlichen Wandel wesentlich. Je tiefgreifender dieser Wandel sich gestaltet, desto wahrscheinlicher wird dieses wohlfahrtsdemokratische Resultat.[27] Genau aus diesem Grund können demokratische Strukturen zu mehr Markt als Antwort auf Wohlfahrtsstaatlichkeit führen.

Politische Macht oder ökonomisches Gesetz?

Ein Aspekt der Globalisierung besteht jedoch darin, daß die theoretischen Argumente ökonomischer Rationalität als politisches Argument angeführt werden und damit der politische Kampf, der jeder Demokratie wesentlich ist, zugunsten »theoretischer Wahrheit« ausgeschaltet werden soll. In politischer Perspektive sind die Wahrheitsansprüche jeder »Theorie« – und dazu zählt auch ein Großteil der Religionen – Anathema. »Wahrheit« ist keinem Abwägen unterschiedlicher Standpunkte und damit auch keinem politischen Kompromiß zugänglich. Anders ausgedrückt, die Regierenden scheinen sich den Wirtschaftsführern unterzuordnen. Dieser Eindruck wird entweder als Verlust demokratischer Bestimmung gesellschaftlicher Verhältnisse beklagt oder als Wiedereinsetzung wirtschaftlicher Vernunft in ihr Recht gefeiert. Beides trägt aber wenig zur Klärung der Probleme bei. Die Globalisierung war keine Schöpfung der Ökonomik. Sie kam aus ganz anderen, wesentlich p o l i t i s c h e n Gründen zustande. Es kann deshalb zu Recht eingewendet wer-

27 Einer der wenigen, die auf die Zunahme autoritärer Elemente im Zeitalter der Globalisierung aufmerksam machen, ist Dahrendorf (1999).

den, daß zunächst, was den Ausgangspunkt betrifft, der angebliche »Terror der Ökonomie« gar kein Problem darstellt, sondern den Ausweg aus einer selbstgeschaffenen Sackgasse beschreibt. Drei Punkte, die in der Diskussion regelmäßig zu kurz kommen, sprechen zunächst für die Einschätzung, die Globalisierungsbewegungen der Wirtschaft seien *politische* – und keine theoretischen – Antworten der Wohlfahrts*demokratie* auf das scheinbar unaufhaltsame Wachstum des Wohlfahrts*staates*.

Zweifellos hat der Markt, erstens, immer größere Bereiche, die bislang politischer Steuerung und politischem Entscheiden vorbehalten waren, seiner Ordnung unterworfen. Diese Entwicklung ist aber weniger auf eine intrinsische Überlegenheit dieser Form der Koordination von Bedürfnissen zurückzuführen als darauf, daß auch in der Wahrnehmung derer, auf die es in der Demokratie ankommt, nämlich der Wähler, Staat und Politik an die Grenzen dessen stoßen können, was sie zu leisten versprechen. Die Schwierigkeit liegt dabei weniger in einem technischen Vermögen des politisch-administrativen Systems als darin, daß die Regierenden und die, die sie mit ihren eigenen Leuten ersetzen möchten, im Kampf um die Macht Sozialpolitik entdeckten. Es ist der Wohlfahrtsstaat selbst, der im 20. Jahrhundert auf systematische Weise Bedürfnisse erzeugte und Erwartungen aufgebaut hat, die er zunehmend weniger erfüllen konnte.

Dem Wohlfahrtsstaat sind eigene Bataillone zu seiner Verteidigung zugewachsen. Seine Versicherten- und Risikoklientele umfassen zumindest in Europa im Grunde die gesamte Bevölkerung, jedenfalls aber relevante Mehrheiten (Lepsius 1979; Alber 1984; Flora 1989; Rieger 1998a). Das Problem besteht heute nicht darin, daß der Wohlfahrtsstaat zu schwach ist, um sozialpolitische Leistungsstandards zu verteidigen, sondern daß er sich vor lauter Stärke kaum noch bewegen kann. Sozialpolitik kann zu einem Opfer ihres eigenen Erfolgs werden. Die verselbständigten und dynamisierten Erwartungen der sozialen Risikogesellschaft überfordern die wohlfahrtsstaatliche Bürokratie genauso wie die Parteipolitik.[28] Es sind hauptsächlich die quasi-

28 Diese Kritik hat inzwischen eine lange Tradition (Bernhard 1912; A. Weber 1913). Für eine neutrale Analyse vgl. vor allem Achinger (1971) und Kaufmann (1997b) sowie die begriffsgeschichtliche Untersuchung von Kaufmann (2001b).

körperschaftlich verfaßten Versichertenklientele, die den sozialpolitischen Status quo festschreiben. Der demokratische Wohlfahrtsstaat existiert nach wie vor als eine sozialpolitische Bedarfsdeckung national festgeschriebener Bedürfnisse und hat genau in diesem Versprechen seine Zukunft.

Es ist deshalb noch keineswegs ausgemacht, daß die Individualisierung von Erwartungen und die Pluralisierung von Bedürfnissen, die für die wirtschaftliche Globalisierung wesentlich ist, auch zu Formen der Sozialpolitik führen wird, die sich an individuellen Bedürfnissen und nicht an kollektiver Bedarfsdeckung orientieren, so wie sie bislang vorherrschen. Die globalisierte Wirtschaft wird zwar von Kundenwünschen getrieben und von Konsumentenzufriedenheit gesteuert. Aber damit verbindet sich nicht zwangsläufig und automatisch ein sozialpolitischer Umschwung zur sozialen Sicherung nach privater Wahl und zur Abkehr von sozialer Sicherheit als wohlfahrtsstaatlicher Bedarfsdeckung. Jede Eigenverantwortung bedeutet Kosten. In streng marktwirtschaftlichen Verhältnissen fallen diese Kosten immer auf den einzelnen zurück. Nicht so in der Sozialpolitik. Die kollektivierte Fremdhilfe des Wohlfahrtsstaates enthält das Versprechen, einige der Kosten der Eigenverantwortung senken oder ganz vermeiden zu können. Die von Esping-Andersen (1985) auf die Formel *Politics Against Markets* gebrachte Marktfeindlichkeit der Sozialleistungsorganisationen des Wohlfahrtsstaates – sowohl was ihre Form als auch was ihre Wirkungen betrifft – ist nicht Unfall, sondern System.[29] Auch in der Sozialpolitik die Logik des Marktes einzuführen – also vom Kunden, vom freien Verbraucher mit eigenen Nachfragebedürfnissen auszugehen und die Produktions- und Konsumtionsverhältnisse des Wohlfahrtsstaates entsprechend zu gestalten – übersieht, daß Sozialpolitik historisch gegen den Markt gesetzt wurde und daß sie aus dem Umstand, eine kollektive Veranstaltung zu sein, auch ihre Legitimität bezog und bezieht.

Zweitens – und dieser Punkt hängt mit dem ersten notwendig zusammen – ist das, was heute als Globalisierung bezeichnet wird, nichts, was aus heiterem Himmel und als Verhängnis über die jeweilige Bevölkerung und ihre politischen Repräsentanten gekommen ist. Globalisierung hat nicht nur unter demokratisch-

29 Der *locus classicus* für dieses Argument ist Marshall (1992a [1950]).

parlamentarischen Verhältnissen ihre ordnungspolitische Form gewonnen – etwa als wirtschaftspolitische Deregulierung, handelspolitische Liberalisierung und als Multilateralismus eines internationalen Freihandelsregimes. Die Globalisierung wurde, was das Verschwinden der zweiten, sozialistischen Welt betrifft, zudem durch demokratische Revolutionen vorbereitet, in denen Konsumenteninteressen eine wesentliche Rolle spielten. Wer das Schicksal der Demokratie in der Globalisierung beklagt – und ebenso der, der nach mehr Demokratie zur Kontrolle einer scheinbar entfesselten Wirtschaft ruft –, übersieht einen wichtigen Punkt: Die Verhältnisse, die gegenwärtig als Globalisierung beschrieben werden, sind sowohl hinsichtlich ihrer institutionellen Grundlagen wie ihrer Dynamik durch parlamentarisch-demokratisch legitimierte Entscheidungen geschaffen und vorangetrieben worden. Die Globalisierung war und ist einem dauernden Plebiszit von Konsumenten und Wählern ausgesetzt und wird durch dieses laufende *plebis scitum* geformt. Auch wenn sich die These von der »McDonaldisierung der Welt« (George Ritzer) in ein sozialwissenschaftliches Gewand kleidet, ihr Kern ist die moralisierende Denunziation der Massenverbraucher durch die Träger einer Elitenkultur. Es geht deshalb an der Sache vorbei, »Demokratie« gegen Globalisierung, Wähler gegen Konsumenten stellen zu wollen (Ritzer 1997; Alfino u. a. 1998; Smart 1999). Die Globalisierung ist die neue Form der sozialen Demokratie.

Globalisierungsverlierer und Globalisierungsgewinner sind, drittens, keine geschlossenen Gruppen. Selbst diejenigen, die als niedrigqualifizierte Arbeitnehmer von Arbeitslosigkeit bedroht und deshalb am härtesten von ihr betroffen sind, können als Konsumenten gewinnen. Dazu zählen nicht nur die niedrige Inflationsrate, sondern auch die leichtere Erreichbarkeit eines größeren Kreises von Gütern, neue Berufe und Beschäftigungen und vor allem auch neue Formen der Beschäftigung. In diesem Zusammenhang zeigt sich auch die Leistungsfähigkeit des Wohlfahrtsstaates. Die neuen Armutsrisiken und vor allem das Phänomen sozialer Exklusion sollen keineswegs geleugnet werden. Aber anders als oft suggeriert wird, sind diese Gruppen in Westeuropa keineswegs von der Sozialpolitik im Stich gelassen worden. Ganz im Gegenteil werden die Globalisierungsfolgen tagtäglich und in ihrem ganzen Problemspektrum sozialpolitisch bearbeitet (Leisering/Leibfried 1999). Die wohlfahrtsstaatlichen Leistungsansprüche – das »neue Eigentum« (Reich 1975) – sind ja keineswegs verschwunden. Politisch entscheidend ist deshalb, daß – anders als die soziale Frage des 19. Jahrhunderts – die Globalisierung bislang die Bevölkerungen nicht spaltet und deshalb auch keine breite politische Grundlage dafür besteht, die neuen sozialen Konflikte, die es unbestreitbar auch gibt, durch ein autoritäres Diktat von Verteilungskriterien – und das ist der nicht zu hintergehende Kern von Wohlfahrtsstaatlichkeit – zu regulieren.

III. Politik der Globalisierung

»Die Philosophen haben die Welt nur verschieden *interpretiert*; es kömmt darauf an, sie zu *verändern*.« So die berühmte 11. These über Feuerbach von Marx. Heute scheint sich das umgekehrte Problem zu stellen. Diejenigen, die nunmehr das Geschäft besorgen, das damals noch Philosophen überlassen werden sollte, wollen die Welt verändern, ohne sich jedoch vorher lange damit aufzuhalten, sie auch zu verstehen. Ihre Wirklichkeit scheint außer Frage zu stehen. So gut wie jede sozialwissenschaftliche Untersuchung scheinbar zweifelsfreier und »notwendiger« Zusammenhänge zwischen Wohlfahrtsstaat und Globalisierung will Politik machen. Bei näherem Hinsehen zeigt sich sehr schnell, daß der Beweisgang immer so ausgelegt ist, daß das erreichte wissenschaftliche Ergebnis zum politischen Veränderungswunsch paßt. Gleich in welche Richtung dieser Wunsch weist, ist der Kunstgriff immer der gleiche: Aus mehr oder weniger gleichlautenden Feststellungen über die einzig wahre Natur der Globalisierung werden umstandslos scheinbar zwingende Folgerungen über das weitere Schicksal der Sozialpolitik gezogen: »Aus Statistik und Staatsöconomie holt jeder seine Waffen« (Burckhardt 1982 [1905]: 193).

Für die einen beweist die Globalisierung, daß die gegenwärtigen wohlfahrtsstaatlichen Arrangements nicht mehr zu halten sind und – endlich – auf das ihnen eigentlich zukommende Maß gestutzt werden (müssen). Die ökonomischen Gesetze würden sich nicht nur in dem Maße bekräftigen, wie der Freihandel verwirklicht wird. Sie setzten sich auch von selber durch, weil mit der territorial begrenzten Volkswirtschaft auch die bisherigen

Freiheitsgrade nationalstaatlicher Macht verschwunden seien. Jeder Widerstand, gleich ob protektionistischer oder sozialkonservativer Natur, sei zwecklos und bestrafe sich gleichsam von selbst, weil er auf eine Verschwendung von Ressourcen hinauslaufe: Anpassung sei das Gebot der Stunde.[30]

Für die anderen sind die gleichen wohlfahrtsstaatlichen Arrangements unabdingbare Voraussetzung einer globalisierungsoffenen Volkswirtschaft. Gerade unter den Bedingungen der ökonomischen Globalisierung gäbe es keine Alternative zur politisch organisierten kollektiven Daseinsvorsorge, mit denen auf die von kapitalistischen Ökonomien produzierten sozialen Brüche und Probleme reagiert werden müsse. Es gelte deshalb, das wohlfahrtsstaatlich Erreichte zu bewahren, wolle man der offenen Volkswirtschaft nicht jene Grundlage entziehen, die sich die Hauptakteure auf den neuen Weltmärkten, die Unternehmen, nicht selbst verschaffen könnten.[31]

Beide Argumentationen sind Kurzschlüsse, und beide Male bleibt die sozialwissenschaftliche Argumentation auf der Strecke. Diese zwei Varianten von Kapitulation zeigen jedoch auf ihre Weise, mit welcher Gewalt die gegenwärtigen Umbrüche durchschlagen. So muß es nicht weiter verwundern, daß beide Seiten für ihre Beschreibung auf Passagen des Kommunistischen Manifests und seine Formel einer »fortwährenden Umwälzung« zurückgreifen:

»Alle festen eingerosteten Verhältnisse mit ihrem Gefolge von altehrwürdigen Vorstellungen und Anschauungen werden aufgelöst, alle neugebildeten veralten, ehe sie verknöchern können. Alles Ständische und Stehende verdampft, alles Heilige wird entweiht, und die Menschen sind endlich ge-

30 Das ist der Kern der Argumentation, wie sie etwa von Siebert (1996a, b; 1999a, b) oder von Berthold (1997), aber auch von Scharpf (2000a, b) vertreten wird. International und populär findet sich diese Argumentation etwa bei Thurow (1992) und Rifkin (1995). Scharpf/Schmidt (2000) haben zwar einen ähnlichen Ausgangspunkt, setzen aber einen anderen politischen Schwerpunkt. »Die [ökonomischen] Gesetze bekräftigen sich in dem Maße, wie der Freihandel verwirklicht wird« und Widerstand, ob protektionistisch (Schutzzoll) oder sozialkonservativ, ist zwecklos – das stammt aus der »Rede über die Frage des Freihandels«, gehalten 1848 von Karl Marx (1959 [MEW 4]: 454ff.).

31 So Ganßmann (2000). Eine sozialwissenschaftliche Version dieses Ansatzes findet sich bei Rodrik (1997, 1998) und Garrett (1997, 1998).

zwungen, ihre Lebensstellung, ihre gegenseitigen Beziehungen mit nüchternen Augen anzusehen.

Das Bedürfnis nach einem stets ausgedehnten Absatz für ihre Produkte jagt die Bourgeoisie über die ganze Erdkugel. Überall muß sie sich einnisten, überall anbauen, überall Verbindungen herstellen.

Die Bourgeoisie hat durch ihre Exploitation des Weltmarktes die Produktion und Konsumption aller Länder kosmopolitisch gestaltet. Sie hat zum großen Bedauern der Reaktionäre den nationalen Boden der Industrie unter den Füßen weggezogen. Die uralten nationalen Industrien sind vernichtet worden und werden noch täglich vernichtet. Sie werden verdrängt durch neue Industrien, deren Einführung eine Lebensfrage für alle zivilisierten Nationen wird, durch Industrien, die nicht mehr einheimische Rohstoffe, sondern den entlegensten Zonen angehörige Rohstoffe verarbeiten und deren Fabrikate nicht nur im Lande selbst, sondern in allen Weltteilen zugleich verbraucht werden. An die Stelle der alten, durch Landeserzeugnisse befriedigten Bedürfnisse treten neue, welche die Produkte der entferntesten Länder und Klimate zu ihrer Befriedigung erheischen. An die Stelle der alten lokalen und nationalen Selbstgenügsamkeit und Abgeschlossenheit tritt ein allseitiger Verkehr, eine allseitige Abhängigkeit der Nationen voneinander. Und wie in der materiellen, so auch in der geistigen Produktion. Die geistigen Erzeugnisse der einzelnen Nationen werden Gemeingut. Die nationale Einseitigkeit und Beschränktheit wird mehr und mehr unmöglich, und aus den vielen nationalen und lokalen Literaturen bildet sich eine Weltliteratur.

Die Bourgeoisie reißt durch die rasche Verbesserung aller Produktionsinstrumente, durch die unendlich erleichterten Kommunikationen alle, auch die barbarischsten Nationen in die Zivilisation. Die wohlfeilen Preise ihrer Waren sind die schwere Artillerie, mit der sie alle chinesischen Mauern in den Grund schießt, mit der sie den hartnäckigsten Fremdenhaß der Barbaren zur Kapitulation zwingt. Sie zwingt alle Nationen, die Produktionsweise der Bourgeoisie sich anzueignen, wenn sie nicht zugrunde gehen wollen; sie zwingt sie, die sogenannte Zivilisation bei sich einzuführen, d. h. Bourgeois zu werden. Mit einem Wort, sie schafft sich eine Welt nach ihrem eigenen Bilde« (Marx/Engels 1959 [1848]: 465 f.).

Wie diese Beschreibung zeigt, hatte es seinen guten Grund, wenn Joseph Schumpeter den Soziologen Marx gegen den Politiker Marx in Schutz nimmt (1950: 9-20). Schumpeter verdankt seine Formel von der »schöpferischen Zerstörung« als Kern und Motor marktwirtschaftlicher Entwicklung der Marxschen Einsicht in die »Empörung der modernen Produktivkräfte gegen die modernen Produktionsverhältnisse« (Marx/Engels 1959 [1848]: 467). Er bemerkt an Marx die Fähigkeit, die Fakten »mit einem Blick zu erfassen, der durch die zufälligen Unregelmäßigkeiten der Oberfläche bis zur großartigen Logik der historischen Dinge hindurchdringt« (Schumpeter 1993 [1950]: 26).

Auf diese Fähigkeit kommt es heute wieder an. Damals wie heute ist der Motor der Globalisierung die Kombination sinkender Transportkosten mit technologischem Fortschritt, durch die Produktion und Kommunikation auf neue Grundlagen gestellt werden. Auch zwischen 1830 und 1880 sank für die ganze Bandbreite der Güter der Anteil der Transportkosten am Warenwert um die Hälfte.[32] Damit wurden die Grundlagen für Weltmärkte geschaffen, in denen jedoch anders als heute nicht nur das Kapital mobil wurde, sondern gleichermaßen auch die Arbeit. Ökonomen mit historischem Blick sehen deshalb die gegenwärtigen Integrationsbewegungen der Wirtschaft als Rückkehr zu einer Normalität, die mit Ausbruch des Ersten Weltkriegs ein abruptes Ende fand.[33] Aber damals wie heute ist es nicht die bloße Technik, die dem wirtschaftlichen Handeln eine neue Dynamik verleiht und die dieser Dynamik auch seine neuen Formen bereitstellt. Die Entwicklung der Weltwirtschaft in der Zeit zwischen den beiden Weltkriegen und im ersten Jahrzehnt nach dem Zweiten Weltkrieg zeigt, daß selbst ein hohes Maß volkswirtschaftlicher Verflechtung einer plötzlichen und die bisherigen Verhältnisse völlig umkehrenden wirtschaftlichen Desintegration und politischer Fragmentierung weichen kann.

32 Bairoch (1999: 164) hat dazu einige Zahlen zusammengetragen. Bei der folgenden Tabelle handelt es sich um den Anteil der Transportkosten ausgedrückt in Prozent des Warenwerts:

	etwa 1830	etwa 1880
Eisenerz	115-20	60-5
Eisenprodukte	32-8	16-20
Baumwollprodukte	8-11	4-5

33 Vgl. dazu Eichengreen (1996b), H. James (1996: Kap. 1, 17), J. G. Williamson (1995ff.), Taylor/Williamson (1997), Timmer/Williamson (1998) und Thomson/Krasner (1989). Die sehr weitgehende Abkoppelung der Finanz- von den Gütermärkten und die Größenordnung der internationalen Finanzbewegungen dienen oft als Argumente dafür, daß die heutige Globalisierung nicht mehr mit der Globalisierung des 19. Jahrhunderts verglichen werden kann (Beisheim u. a. 1999; Walter u. a. 1999). Betriebswirtschaftler und Finanzwissenschaftler machen allerdings immer wieder darauf aufmerksam, daß der überwiegende Teil der finanzwirtschaftlichen Globalisierung seine Ursachen in den neuen Instrumenten einer Absicherung der »realen« Transaktionen gegen die höheren Risiken des grenzenüberschreitenden Handels habe.

Die angeblich so zwingende Logik der Globalisierung zeigt sich deshalb weniger in ihrem ökonomisch-technischen Kern als in ihren politischen Voraussetzungen, Begleiterscheinungen und Wirkungen. Es ging und geht um eine Handelspolitik, die *von* Regierungen *für* Regierungen und *durch* Regierungen betrieben wird. Diese Regierungen sind einer nationalen Wählerschaft und damit den Mitgliedern eines *exklusiven* Verbands verantwortlich. Die Regierenden müssen bereits aus wohlverstandenem Eigeninteresse ihre Aktionen auf diese Zielgruppe hin berechnen. Die wesentlich *innen* politischen Aspekte der Binnen- und Außenwirtschaftspolitik sind allerdings weniger augenfällig als die Veränderungen in Produktion und Konsumtion. Ein rückblickender Vergleich kann jedoch helfen, ein allgemeines Muster in den *politischen* Reaktionen auf *wirtschaftliche* Globalisierungsbewegungen zu erkennen. Dieses Muster besteht in einer doppelten Veränderung des Gleichgewichts sozialer Gruppen und schafft genau deshalb in den Gesellschaften der am weitesten *entwickelten* Volkswirtschaften mehr politische Spannungen als in den »unterentwickelten Ländern«. An die *wirtschaftlichen* Veränderungen, die Globalisierungsgewinner und Globalisierungsverlierer produzieren, können sich unter den veränderten Rahmenbedingungen *nationaler* Politik *sozialpolitische* Veränderungen in der Verteilung der Lasten für die Erhaltung der Gemeinschaft anschließen. Das Problem ist die *Verschränkung* von Wirtschaft und Politik.

Genau aus diesem Grund hat sich auch Karl Marx in seiner »Rede über die Frage des Freihandels« *für* den Freihandel ausgesprochen: Das System der Handelsfreiheit beschleunige die soziale Revolution (1959 [1848]: 458). Der Gegensatz zwischen den Klassen trete klarer zutage und werde verschärft. Der Freihandel bringe »alle Nebenumstände, welche der Arbeiter heute noch für die Ursachen seiner elenden Lage halten kann«, zum Verschwinden (ebd.: 456). Was Marx damals zwar in seinen ersten Ansätzen erkennen konnte, aber in seiner Bedeutung völlig unterschätzte, nämlich die Entstehung von Sozialpolitik als »bewußte und planmäßige Rückwirkung der Gesellschaft auf die naturwüchsige Gestalt ihres Produktionsprozesses« (Marx 1987 [1867/90]: 504), das ist auch heute wieder der Hauptgrund dafür, daß die Revolution der Wirtschaft mit großer Wahrscheinlichkeit nicht die erhofften oder befürchteten Wirkungen haben wird. Der Wohlfahrtsstaat ist nicht als einmaliger Ausgleich gegensätzlicher Interessen entstanden. Er steht auch nicht als solcher irgendwie zur Disposition. Sondern der Wohlfahrtsstaat und seine Sozialpolitik sind diese Ausgleichung als ein laufendes, immer wieder neu ansetzendes politisches Geschäft. Er kann auch gar nicht anders wirken, als immer mehr Interessen und Bedürfnisse so in seine Transfer- und Regulierungssysteme einzugliedern, daß sie in diesem Geschäft auf ihre Rechnung kommen und schließlich ihr Dasein mit dem seinigen völlig verbinden (Rieger 1998a).

Die erste der beiden innergesellschaftlichen Veränderungen, die mit der Globalisierung einhergehen, ist tatsächlich wesentlich ökonomischer Natur. Sie läuft darauf hinaus, daß niedrigqualifizierte Arbeit in den höher entwickelten Volkswirtschaften z. T. durch den technischen Fortschritt nicht mehr benötigt und z. T. vergleichsweise teurer wird. Sie wird überflüssig, weil die neuen Informations- und Kommunikationstechnologien in immer mehr Bereichen der Güterproduktion genauso wie bei Dienstleistungen bislang ungeahnte Rationalisierungswirkungen haben. Sie wird teurer, weil durch die neue Verkehrs- und Kommunikationsinfrastruktur die Kosten binnenwirtschaftlicher Produktion relativ zur grenzüberschreitenden und in fremden Ländern angesiedelten Produktion steigen. Damit scheint eine Konstellation wiederzukehren, die schon mehrmals als gesellschaftliche Herausforderung betrachtet wurde und die enorme soziale Kämpfe provozierte.

Marx redivivus?

Es geht seit der Begründung der modernen Arbeitsgesellschaft durch Industrialisierung und Kapitalismus immer wieder um das gleiche Problem: Ist der technische Fortschritt eine Lösung oder ein Problem bei der Bewirtschaftung knapper Ressourcen und einer irgendwie bedürftigkeitsgerechten Verteilung von Einkommen und Gütern? Was geschieht mit den Arbeitskräften, die durch den Fortschritt »freigesetzt« werden? Die Antwort der heute klassischen Ökonomen lief darauf hinaus, daß »alle Maschinerie, die Arbeiter verdrängt, stets gleichzeitig und notwendig ein adäquates Kapital zur Beschäftigung derselben identischen Arbeiter freisetzt« (Marx 1987 [1867/90]: 461). Marx widersprach dieser Behauptung, und seine Argumentation scheint auch heute wieder genauso wie in den anderen Epochen beschleunigten Wandels zumindest jene Teile der öffentlichen Meinung wiederzugeben, in der sich Stammtischkritik und Erklärungen einer »linken« oder »kritischen« Sozialwissenschaft zu treffen scheinen:

»Die von der Maschinerie verdrängten Arbeiter werden aus der Werkstatt hinaus auf den Arbeitsmarkt geworfen und vermehren dort die Zahl der schon für kapitalistische Ausbeutung disponiblen Arbeitskräfte. [...] Die aus einem Industriezweig hinausgeworfenen Arbeiter können allerdings in irgendeinem andern Beschäftigung suchen. Finden sie solche, und knüpft sich damit das Band zwischen ihnen und den mit ihnen freigesetzten Lebensmitteln wieder, so geschieht dies vermittelst eines neuen, zuschüssigen Kapitals, das nach Anlage drängt, keineswegs aber vermittelst des schon früher funktionierenden und jetzt in Maschinerie verwandelten Kapitals. Und selbst dann, wie geringe Aussicht haben sie! Verkrüppelt durch die Teilung der Arbeit, sind diese armen Teufel außerhalb ihres alten Arbeitskreises so wenig wert, daß sie nur in wenigen niedrigeren und daher beständig überfüllten und unterbezahlten Arbeitszweigen Zugang finden« (ebd.: 464).

Für einen großen Teil der Arbeitnehmer bedeutet rapider technischer Fortschritt zunächst eine Entwertung ihrer Berufsqualifikation. Diese Entwertung kann sich in zwei Formen äußern: Entweder sinkt der Preis für ihre Berufsarbeit – die Löhne werden gekürzt oder nicht mehr an die Inflation angepaßt, so daß ihr realer Wert abnimmt – oder, wo diese Anpassung der Preise für niedriger qualifizierte Arbeit nicht möglich ist, wird eine geringere Menge dieser Arbeit nachgefragt und der Rest der Arbeiter in die Arbeitslosigkeit entlassen. Bei diesen beiden Anpassungsformen handelt es sich im Kern auch um die Entwicklungen, die wir jeweils in den USA und in der Bundesrepublik beobachten können. In den USA waren bis 1996 Reallohnrückgänge festzustellen, die immer größere Teile der Arbeitnehmerschaft betrafen.[34] In der Bundesrepublik wurde gegen den internationalen Trend eine relative Stabilität der Reallöhne mit Massenarbeitslosigkeit erkauft, die vor allem für Niedrigqualifizierte zur Langzeitarbeitslosigkeit wurde.[35] Diese unterschiedlichen Folgen der

34 Vgl. dazu F. Levy (1998), Mishel u. a. (1999, 2000) und Blank (2000: 10ff.).
35 Ein Ökonom des IMF spricht deshalb von der »unerträglichen Stabilität der deutschen Löhne« (Prasad 2000).

Globalisierung auf den Arbeitsmärkten hat institutionelle Ursachen. Auf deutscher Seite führt hauptsächlich das Zusammenwirken eines zentralisierten, verbandlich regulierten Tarifvertragssystems mit einem breit ausgebauten und gleichzeitig differenzierten System sozialer Sicherung und auf amerikanischer Seite gerade das Fehlen dieser Einrichtungen zu Arbeitsmarktergebnissen, die auf den beiden Seiten des Atlantiks ganz anders ausfallen. Die Institutionen des Wohlfahrtsstaates selbst sind, bezogen auf diese Äußerung der Globalisierung, zunächst einmal nur von nachrangiger Bedeutung. Sie sorgen ähnlich wie das Rote Kreuz nur für jene, die an der wirtschaftlichen Front nicht mehr einsatzfähig sind.

Die Einrichtungen des Wohlfahrtsstaates können allerdings eine große Rolle spielen, wenn es um die Gestaltung der Zukunft des einzelnen Arbeitnehmers bzw. der Arbeitnehmerschaft insgesamt geht. Dabei interessiert vor allem das Verhältnis von Sozial- und Bildungspolitik bzw. die Frage, wie produktiv die Sozialpolitik ist. Sind ihre Einrichtungen eher Verwahranstalten für Arbeitslose und andere, dauerhaft dem Erwerbsleben entzogene Menschen, oder leisten sie selbst einen Beitrag dazu, daß die Betroffenen sich mit besseren Chancen den veränderten Arbeitsmärkten stellen können? Die Koordination von Sozial- und Bildungspolitik ist hier von zentraler Bedeutung.[36] Hier geht es also darum, was sozialpolitisch geschieht, nachdem die Globalisierung Wirkung zeigte.

Wie das deutsche Beispiel verdeutlicht, kann die Sozialpolitik insofern auch ein ursächlicher Faktor für Massenarbeitslosigkeit sein, als sie einem »Kartell« aus Gewerkschaften und Arbeitgeberverbänden bzw. zwischen den Beschäftigten in den Betrieben und dem Management Vorschub leistet. Sie kann verbandlichen und betrieblichen Akteuren strategische Möglichkeiten eröffnen, für diejenigen die bisherige Lohnhöhe und die überkommenen Niveaus des arbeitsrechtlichen Schutzes und der sozialrechtlichen Leistungen zu erhalten, die noch einen Arbeitsplatz haben – also die »Arbeitsplatzbesitzer« auf Kosten der

36 In der vergleichenden Wohlfahrtsstaatsanalyse hat Heidenheimer (1981) als einer der ersten auf die kritische Bedeutung einer Konjunktion bzw. Disjunktion von Bildungs- und Sozialpolitik aufmerksam gemacht (vgl. auch Katznelson/Weir 1985 und ferner Leibfried/Obinger 2001 und Allmendinger 1999).

Allgemeinheit bzw. der Arbeitslosen bevorzugen. Dieser Aspekt der Globalisierung ist, wie gesagt, wesentlich ökonomischer Natur und bereits deshalb, was seine Ursachen betrifft, auch nur eingeschränkt p o l i t i s c h zu verantworten.

Globalisierungsverlierer in der Wohlfahrtsdemokratie

Die politische Brisanz der Globalisierung und insbesondere die Konflikte um wohlfahrtsstaatliche Einrichtungen werden bei einem zweiten Aspekt der Globalisierung virulent. Seit Mitte der 1970er Jahre wurden Kapitalverkehrskontrollen und ähnliche Beschränkungen nach und nach von einem immer größeren Kreis von Ländern abgeschafft, so daß sich ein Land diesem Druck der Liberalisierung des Kapitalmarktes kaum mehr entziehen konnte (Helleiner 1994; Kapstein 1994). Das Kapital wurde allerdings nicht nur mobiler, sondern auch – in den heute allein relevanten globalen Größenordnungen – im Verhältnis zur Arbeit knapper. Die Ursache dafür ist das rapide Weltbevölkerungswachstum der letzten Jahrzehnte.[37] Das Kapital wurde also nicht nur beweglicher, sondern seine Beweglichkeit wurde auch lohnender. Die neue Knappheit des Kapitals und seine größere Beweglichkeit fordern den Wohlfahrtsstaat sehr viel unmittelbarer heraus als die wirtschaftlichen Folgen der Globalisierung. Die Globalisierung bedeutet für den Wohlfahrtsstaat nicht deshalb eine Systemkrise, weil sie ihn vor Leistungs- und Finanzierungsschwierigkeiten stellt. Eine Systemkrise bewirkt die Globalisierung vielmehr, weil sie den Wohlfahrtsstaat als jene Teilordnung der Gesellschaft in Frage stellt, in der Fragen der sozialen Gerechtigkeit unter Bedingungen bearbeitet werden, die den neuen Raum- und damit auch politischen Verhältnissen nicht mehr entsprechen.

Oben wurde ausgeführt, der Kern der Globalisierung bestehe in einer Verschiebung von Preisrelationen, die keinen Bereich der

37 Für das Jahr 2000 schätzt die Internationale Arbeitsorganisation (ILO 2001), daß es auf der Welt 160 Mio. Arbeitslose gibt. Davon leben 50 Mio. in den entwickelten Industriegesellschaften. Neben diesen Arbeitslosen gibt es 500 Mio. Menschen, die weniger als 1 US-$ pro Tag – die globale Armutsgrenze – verdienen. Es wird geschätzt, daß es in den nächsten zehn Jahren 460 Mio. Neuzugänge am Arbeitsmarkt geben wird.

Wirtschaft verschone. Zu einem politischen Problem wird diese weiter andauernde Verschiebung dadurch, daß sie exogen verursacht ist: Die Auf- und die Abwertung von Arbeitsmarktqualifikationen – genauso wie die relativ gestiegenen Kosten gesellschaftlicher Steuerung mittels staatlicher Wirtschafts- und Sozialpolitik im Vergleich zur Koordinierung durch Märkte – bewirkt eine Neuverteilung nicht nur von Lebens-, sondern auch von Machtchancen zwischen den Individuen, denen nur selten eine entsprechende selbstbewirkte Veränderung der eigenen Leistung gegenübersteht. Es ist eine Sache, wenn sich als Folge der Globalisierung soziale Gruppen als Verlierer sehen. Denn zunächst einmal sind dabei tatsächlich die nicht nur blinden, sondern auch anonymen Kräfte des Marktes am Werk. Ihr weiteres Schicksal – wie schnell und unter welchen Bedingungen sie wieder eine Beschäftigung finden – ist dann allerdings sehr weitgehend von institutionellen Vorkehrungen und der Leistungsfähigkeit des nationalen politischen Systems abhängig.

Es ist aber eine ganz andere Sache, wenn sich die Neuverteilung der politischen Macht, die sich mit der Globalisierung verbindet, auch in Maßnahmen einer Neuverteilung der finanzwirtschaftlichen Lasten innerhalb einer Gemeinschaft niederschlägt. Diese Entwicklung findet in einem System politischer Verantwortungen statt: Deshalb können diese sekundären – im Unterschied zu den primären – Veränderungen im Gefolge der Globalisierung auch dynamisch wirken, also zu einer zielbezogen artikulierbaren Unzufriedenheit führen, die Folgen haben kann. Mit der höheren Mobilität des Kapitals scheint sich auch ein höherer Preis für sein Verbleiben im jeweiligen Staat zu verbinden – ohne daß aber deshalb auch sein gesellschaftlicher Wert stiege. Dieser höhere politische Preis ist der eigentliche Grund dafür, daß in allen entwickelten Gesellschaften Steuersenkungen für Unternehmen und kapitalkräftige Schichten auf der Tagesordnung standen und stehen. Wenn unter diesen Umständen der Leistungsumfang des Wohlfahrtsstaates nicht verringert werden soll, läuft das auf eine Verlagerung seiner Kostenlast auf jene Gruppen hinaus, die nicht mobil sind – also auf das Gros jener abhängig Beschäftigten, deren Arbeitskraft leicht ersetzbar ist und die von Arbeitgebern nicht eigens umworben werden müssen.

Es überlagern sich also zwei Bewegungen: eine neue ökonomische Differenzierung zwischen Individuen und Gruppen im Gefolge der Verschiebung von Faktorpreisrelationen und eine wesentlich sozial- bzw. finanzpolitische Neuverteilung der öffentlichen Lasten des Gemeinwesens. Für manche Individuen und Gruppen kann das bedeuten, daß sie gleich doppelt negativ betroffen werden: Einmal nimmt für sie die Wahrscheinlichkeit zu, arbeitslos zu werden, weniger Geld zu verdienen und sich in ihren Karrieremöglichkeiten eingeschränkt zu finden. Und dann werden sie vom Steuer- und Abgabenstaat stärker als bisher zur Kasse gebeten – freilich ohne deshalb auch ihre sozialen Rechte gestärkt zu sehen. Sie müssen eher mit dem Gegenteil rechnen, also mit steigenden Lasten und gleichzeitig mit eingeschränkten sozialen Rechten. Umgekehrt verschaffen die neuen Märkte den Kapitalbesitzern und den hochqualifizierten Arbeitskräften nicht nur höhere Gewinne und Einkommen, sondern die Politik strebt auch noch danach, diese Einkommen steuerlich stärker zu entlasten.

Im Zuge dieser doppelten Verschiebung der Verteilungsrelationen zwischen den sozialen Gruppen tritt auch ein Aspekt der Sozialpolitik deutlicher als bisher zutage – und macht es schwieriger, den neuen politischen Verantwortungen gerecht zu werden bzw. eine rationale Sozialpolitik zu betreiben. Der Wohlfahrtsstaat schafft nämlich – zusätzlich zum Markt – ein eigenes System sozialer Ungleichheit (Marshall 1992a [1950]: 39-91; Janowitz 1976: xviii). Genauso wie soziale Ungleichheiten bestehen bleiben können, ohne daß sie noch wirtschaftliche Funktionen wie die Bereitstellung von Mobilitäts- und Leistungsanreizen erfüllen, so können auch die Unterschiede zwischen wohlfahrtsstaatlichen Versorgungsklientelen ihre sozialpolitische *raison d'être* verlieren. Im entwickelten Wohlfahrtsstaat liegen nicht nur seine sozialen Bürgerrechte und das kapitalistische Klassensystem miteinander im Krieg, sondern Entsprechendes gilt auch für die verschiedenen Produzenten und Konsumenten sozialpolitischer Güter untereinander (Marshall 1992a [1950]: 53f.). Die Einrichtungen des Wohlfahrtsstaates teilen Leistungen nach eigenen Regeln zu und schaffen dadurch eigenständige, neue Unterschiede zwischen Bevorrechtigten und Belasteten, zwischen denen mit sicheren und jenen mit unsicheren Ansprüchen, etwa zwischen den Mitgliedern körperschaftlich organisierter Sozialversicherungen und den stärker auf sich selbst gestellten Sozialhilfeempfängern. Von einer demokratischen Sozialpolitik wird nun allerdings erwartet, daß sie Verteilungsergebnisse bewirkt, die die Marktwirtschaft, bliebe sie sich selbst überlassen, nicht ohnedies erzeugt hätte. Wenn die Sozialpolitik jedoch nur noch dem Matthäus-Prinzip huldigt und vor allem jenen gibt, die bereits haben, dann verschärft sich ein wesentlich sozialpolitisches Gerechtigkeitsproblem.

Es ist nun nicht nur und oft überhaupt nicht die Durchschlagskraft einer globalisierten Marktwirtschaft, die wohlfahrtsstaatliche Arrangements unter Druck setzt. Mindestens genauso wichtig ist der Umstand, daß die Sozialpolitik, so wie sie sich gegenwärtig als Summe einer Vielzahl von Einrichtungen wie auch als ein bestimmter Modus des Umgangs mit Problemen darstellt, Schwierigkeiten hat, sich gemäß ihren eigenen Maßstäben zu legitimieren. Jede dieser Einrichtungen hat ihren interessen- und parteipolitisch guten Grund, und jede Einrichtung bedeutet eine handlungsfähige Klientel. Der »gute Grund« ist zwar wesentlich insofern historisch, als sein einst möglicherweise rationaler Kern mit einiger Wahrscheinlichkeit heute so nicht mehr existiert; die Einrichtung wird aber nichtsdestotrotz mit Aussicht auf Erfolg verteidigt – aber nicht so sehr aus sozialen, sondern aus wahl- und parteipolitischen Gründen. Die Mehrheitsdemokratie ist hinsichtlich der Funktionsfähigkeit der Sozialpolitik mit dem Problem behaftet, daß sie vom Eigeninteresse des Wählers ausgeht. Bei Entscheidungen über Wohlfahrt geht es aber um die Sorge für andere und um die gegenseitige Sorge füreinander. Auf Kosten des einen Teils der Gesellschaft wird Vorsorge für die unmittelbaren Bedürfnisse eines anderen getroffen. Aber vom Standpunkt derjenigen, die zahlen, sind diese Bedürfnisse weit entfernte oder nur hypothetische Möglichkeiten (Marshall 1992c [1972]: 114, 115).

Ein Grundproblem der gesamten Globalisierungsdiskussion besteht also darin, daß nicht genügend zwischen den sachlichen Problemen und ihrer politischen Verantwortung differenziert wird. Vieles, wofür die wirtschaftliche Globalisierung ursächlich verantwortlich gemacht wird, hat seine Grundlagen in den wohlfahrtsstaatlichen Verhältnissen selbst. Gleichzeitig ist aber auch festzuhalten, daß die Wechselbeziehung zwischen Globalisierung und Wohlfahrtsstaat sehr verschiedene

Formen annehmen kann und politische Entscheidungen dafür wiederum eine kritische Rolle spielen. Welche Rolle spielt dabei das nationalstaatliche Bedingungsgefüge der Sozialpolitik?

Das Schicksal nationaler Sozialpolitik

Auf den ersten Blick spricht einiges dafür, daß die sozialpolitischen Weichenstellungen und die Prägung der Einrichtungen des Wohlfahrtsstaates entscheidend dadurch bestimmt wurden, daß sie im mehr oder weniger abgeschirmten Gehäuse des Nationalstaates geschahen. Diese Bedingung gilt heute nicht mehr ohne weiteres. Dann hätten zukünftig nur jene nationalen Spezifika von Sozialpolitik eine Chance, die marktadäquat und marktkompatibel sind oder, umgekehrt ausgedrückt, der globale Kapitalismus wird sich jene sozialpolitischen Einrichtungen schaffen, die ihm gemäß sind.

Dieses Ergebnis muß keineswegs gewollt und geplant sein, es wird aber zunehmend wahrscheinlicher als eine Folge der neuen Bedingungen sozialpolitischer Willensbildung eintreten. Auch diese Willensbildung ist, folgt man der Logik einer bestimmten wirtschaftstheoretischen Denkrichtung, dem Imperativ einer nunmehr unausweichlichen Interdependenz jeder (sozial)politischen Entscheidung unterstellt. Solange sich Sozialpolitik in einem mehr oder weniger exklusiven volkswirtschaftlichen Rahmen bewegte und in ihm ihre Gestalt fand, konnten sich ihre marktfeindlichen, populistischen, wahlstrategischen und gesinnungsethischen Tendenzen schon deshalb behaupten, weil sie den Unternehmen zu relativ geringen politischen Kosten aufgenötigt werden konnten. Es überlebten die Betriebe, die sich den wohlfahrtsstaatlichen Verhältnissen der Massendemokratie anpassen konnten.

Inzwischen hat sich diese Konstellation zumindest insofern in ihr Gegenteil verkehrt, als die Globalisierung den Unternehmen neue *exit*-Optionen verschafft hat und dementsprechend auch das Gewicht ihres politischen Widerspruchs – ihrer *voice* – erhöhte. Damit verbindet sich die Forderung, die Sozialpolitik habe sich jetzt an den wirtschaftlichen Verhältnissen zu orientieren: Ihre Strukturen müßten marktkompatibel und marktadäquat werden (z. B. Homann/Pies 1996). Wenn politische Einheiten – seien es Gemeinden, Regionen oder Staaten – hinsichtlich ihrer heute weitgehend herstellbaren Standorttauglichkeit ziemlich ähnlich dastehen, dann können auch vergleichsweise »kleine« Entscheidungen der Sozial- und Finanzpolitik große Wirkungen haben, was das betriebliche Entscheidungsverhalten über Standorte und Investitionen betrifft. Unter diesen künstlichen Wettbewerbsbedingungen organisierter Standortvorteile, denen die Gebietseinheiten unterworfen sind, werden ihre Unterschiede systematisch abgeschliffen. »We do everything everyone else does« – so beschrieb einmal ein Mitglied des Senats von Arkansas die Haushaltspolitik seines Staates (zit. nach Case u. a. 1993: 285). Der *fiscal federalism* der USA, samt seinen die sozialpolitischen Ambitionen einzelstaatlicher Akteure selbständig begrenzenden Wirkungen, würde dann im kleinen zeigen, was nun im großen in der globalen Standortkonkurrenz zu erwarten ist.[38]

Andererseits darf auch nicht vergessen werden, daß die Interdependenz von Volkswirtschaften ebenso wie die Wanderungsfähigkeit des Kapitals nicht gerade ganz neue Erscheinungen sind, die in ihren wahrscheinlichen Konsequenzen nicht kalkulierbar wären. Die historischen Parallelen zeigen, daß auch unter

38 Jedenfalls ist zu erwarten, daß die Hürde, die sozialpolitische Initiativen zu überwinden haben, bei einer Standortkonkurrenz, die der Theorie des *fiscal federalism* entspricht, höher liegen wird als unter Bedingungen, wo dieser Mechanismus nicht wirkt. Für Max Weber bildeten die USA bereits im ausgehenden 19. Jahrhundert – verglichen mit den europäischen Entwicklungen, die er als zunehmende Abkehr von einem marktwirtschaftlichen Erwerbskapitalismus in Richtung eines sozialpolitisch domestizierten Bedarfskapitalismus beschrieb – die »Ausnahme von der allgemeinen wohlfahrtsstaatlichen Wende«. Er sah in der »partikularistischen Selbstständigkeit« der Einzelstaaten der amerikanischen Union den »wesentlichen Grund des Scheiterns aller ernstlichen Einigung der bedarfskapitalistischen Interessen« (1972 [1921]: 210). Nicht der Föderalismus als solcher schränkt die Sozialpolitik zugunsten des Erwerbskapitalismus ein, sondern nur jene Formen, die durch autonome, in ihren gesetzgeberischen Kompetenzen weitgehend unbeschränkte Teileinheiten gekennzeichnet sind und die weder Mechanismen eines Finanzausgleichs noch eine institutionalisierte Teilhabe der Regierungen der Einzelstaaten an der bundesstaatlichen Gesetzgebung kennen. Nur unter diesen Bedingungen kann eine Standortkonkurrenz entstehen, die in die Richtung einer Senkung oder zumindest defensiven Stabilisierung von Steuern und Soziallasten gegen die sozialen Bestrebungen demokratischer Wohlfahrtsstaaten wirkt (Oates 1999).

den Bedingungen einer vollentwickelten internationalen Staatenkonkurrenz die wechselseitigen Beziehungen zwischen Wirtschaft und Sozialpolitik keineswegs so eng und so zwingend sind, wie es beispielsweise die Theorie des *fiscal federalism* erwarten ließe.[39] Max Weber hat darauf aufmerksam gemacht, daß der moderne rationale Kapitalismus erst durch die Staatenkonkurrenz eine Garantie für sein Überleben bekommen hat: »Der einzelne Staat mußte um das freizügige Kapital konkurrieren, das ihm die Bedingungen vorschrieb, unter denen es ihm zur Macht verhelfen wollte. Aus dem notgedrungenen Bündnis des Staates mit dem Kapital ging der nationale Bürgerstand hervor, die Bourgeoisie im modernen Sinn des Wortes. Der geschlossene nationale Staat also ist es, der dem Kapitalismus die Chancen des Fortbestehens gewährleistet; solange er nicht einem Weltreich Platz macht, wird also auch der Kapitalismus dauern« (Weber 1958 [1923]: 288f.). Frühere Ansätze einer kapitalistisch-marktwirtschaftlichen Entwicklung, z.B. im römischen Prinzipat, scheiterten daran, daß sich die »bürgerlichen« Träger einer freien Wirtschaft nicht gegen den Staat wehren konnten, weil ihnen kein territoriales *exit* möglich war und sie damit nur eine entsprechend geringe innenpolitische *voice* hatten.

Außerdem zeigt der Blick auf das ausgehende 19. Jahrhundert, daß damals nicht nur trotz und gegen eine vergleichsweise stärkere Weltmarktintegration der Volkswirtschaften und gegen den Widerstand der Unternehmer eine expansive Sozialpolitik betrieben wurde, sondern daß diese Sozialpolitik in den einzelnen Ländern auch ganz unterschiedliche Formen finden konnte. Die großen und bis heute strukturbestimmenden Differenzierungen in der Sozialpolitik – steuerfinanzierte gegen beitragsfinanzierte Systeme, Sozialversicherung gegen Volksversorgung, Einheitssysteme gegen dezentrale Systeme, Selbstverwaltung gegen Staatsbürokratie – bildeten sich unter weltwirtschaftlichen Rahmen- und Interdependenzbedingungen heraus, die eine Konvergenz sozialpolitischer Lösungen, aber nicht ihre Divergenz erwarten ließen (Marshall 1992e [1961]). Diese historischen Bezüge lassen sich auch nicht durch den Hinweis beiseite schie-

39 Vgl. dazu die von Kirsch (1977) zusammengestellte Sammlung klassischer Aufsätze zur ökonomischen Theorie des Föderalismus, die für ein genaueres Verständnis der »Standortkonkurrenz« unverzichtbar sind.

ben, damals seien es schlicht die Notwendigkeiten der sozialen Frage gewesen, die eine Sozialpolitik gegen den Markt erzwungen hätten. Die letzte sozialpolitische Großtat des Deutschen Kaiserreichs war gerade keine Armutspolitik, sondern bestand in einer rein interessenpolitisch provozierten Sozialpolitik zugunsten der damals bei weitem privilegiertesten Gruppe der Arbeitnehmer, nämlich der Angestellten – damals noch »Betriebsbeamte« genannt. Die Angestelltenrentenversicherung von 1911 steht daher beispielhaft für eine opportunistische Verteilungspolitik, die jenseits einer marktrationalen Sozialpolitik operiert (Zwiedineck-Südenhorst 1924, 1925). Interdependenz und Standortkonkurrenz führen nicht zu bestimmten Sozialpolitikergebnissen, genausowenig wie sich aus dieser Konstellation irgendwie zwingend ein *race to the bottom* ergibt.

Die Metapher eines *race to the bottom* steht wenn nicht für eine Pseudotatsache, dann für etwas, was einer genaueren Untersuchung bedarf. Jedenfalls sollte man nicht nur den Bedingungen des jeweiligen *policy*-Kontexts mehr Aufmerksamkeit widmen, sondern auch berücksichtigen, daß es, soweit ein derartiger Prozeß tatsächlich zu beobachten ist, meistens auch eine politische Reaktion gibt.

Der *locus classicus* für die These eines Standortwettbewerbs mit vorwiegend, was das Gemeinwohl betrifft, negativen Konsequenzen, ist das abweichende Votum von Louis Brandeis bei einer Entscheidung des amerikanischen Obersten Gerichtshofs vom 13. März 1933:

> »The removal by the leading industrial States of the limitations upon the size and powers of business corporations appears to have been due, not to their conviction that maintenance of the restrictions was undesirable in itself, but to the conviction that it was futile to insist upon them; because local restriction would be circumvented by foreign incorporation. Indeed, local restriction seemed worse than futile. Lesser States, eager for revenue derived from the traffic in charters, had removed safeguards from their own incorporation laws. Companies were early formed to provide charters for corporations in states where the cost was lowest and the laws least restrictive. The states joined in advertising their wares. The race was one not of diligence but of laxity.«[40]

40 Entscheidungssammlung des U. S. Supreme Court, Bd. 288, S. 517ff., hier S. 557.

Bevor »Delaware« für die inneramerikanische Standortkonkurrenz sprichwörtlich wurde, war New Jersey der stärkste Magnet für die Umschreibung einer Inkorporierung – bis Woodrow Wilson als neuer Gouverneur dieses Staates dem ein Ende setzte:

»A corporation exists, not of natural right, but only by license of law, and the law, if we look at the matter in good conscience, is responsible for what it creates. [...] If law is at liberty to adjust the general conditions of society itself, it is at liberty to control these great instrumentalities which nowadays, in so large part, determine the character of society« (Wilson 1925 [1911]: 273, 275).

Regierungen sind alles andere als ohnmächtige Erfüllungsgehilfen eines *race to the bottom*. In der Regel wird ganz im Gegenteil von den Vertretern dieser These erwartet, daß sie politischen Widerspruch mobilisiert. Was für sie zählt, ist nicht ihr Wahrheitsgehalt oder ihr Erklärungswert, sondern ihr politischer Wert, und der scheint, betrachtet man das öffentliche Echo, nicht unbeträchtlich zu sein.[41]

41 Das Argument eines wohlfahrtsvermindernden *race to the bottom* stützte sich zunächst auf das Unternehmensrecht und wurde in einem auch für die Interpretation des amerikanischen Arbeits-, Sozial- und Umweltrechts wegweisenden Artikel von Cary (1974) vertreten. Allerdings blieb dieser scheinbar paradigmatische Fall nicht unwidersprochen. Das Gegenargument stützt sich auf die selbständige Kontrollwirkung eines Marktes für die Kontrolle von Unternehmungen: Marktkräfte sorgten auf selbständige Weise dafür, daß Manager sich am Interesse der Investoren orientieren würden, auch wenn diese keinen unmittelbaren Einfluß auf Unternehmensentscheidungen mehr hätten (Manne 1965; Dodd/Leftwich 1980; Easterbrook 1984; Romano 1987). Für eine differenzierte Betrachtung der *race to the bottom*-These im Bereich des Unternehmensrechts vgl. Kostel (1993) und Bebchuk/Ferrell (1999). Drezner (2000) kommt auch für das Sozial- und Umweltrecht zu dem Ergebnis, die These eines *race to the bottom* sei ein Mythos. Damit ist aber noch nicht gesagt, die These sei wirkungslos: »Descriptive use of language are themselves events *in* the world, which commonly have causal effects. Descriptions or assertions can have the effect of persuading hearers of their contents, which can lead to small-scale or large-scale world changes. [...] Even in such cases, however, the linguistic act does not directly confer truth on its content. It is still the portion of the world predicted that directly confers truth or falsity on the prediction's prepositional content« (Goldman 1999: 21).

Man kann also davon ausgehen, daß der Wohlfahrtsstaat sehr gut für sich selbst sorgen kann. Wie dieser Band nahelegt, vielleicht sogar zu gut. Jedenfalls ist er auf sozialwissenschaftliche Fürsprecher nicht angewiesen. Das Ausmaß, in dem sich die Wohlfahrtsbürokratien gemeinsam mit ihrer organisierten Klientel durchsetzen, kann kaum überschätzt werden. Auch die Globalisierung braucht keine »Theorie« zu ihrer Unterstützung. Unter den Bedingungen der Wohlfahrtsdemokratie hat bislang noch jede Krise des Staates letztlich zu mehr Staat geführt. Politik und Bürokratie sind jedoch zweierlei. Jedenfalls blieben die wohlfahrtsstaatlichen Verwaltungsapparate von den politischen Machtwechseln nicht nur unberührt, sondern bekamen dadurch auch immer wieder neue Aufgaben zugesprochen. Das gilt inzwischen nicht mehr allein für den Nationalstaat: Auch die weiteren, darüber hinausreichenden internationalen Verhältnisse werden zunehmend einer politischen Kontrolle unterworfen, wie der inzwischen erreichte Umfang und vor allem die zunehmende Intensität einer internationalen Koordination bislang weitgehend nationalstaatlich fragmentierter Regulierungen zeigt (Slaughter 2000a, b).[42] Der Vorwurf, diese Ordnungen seien rein wirtschaftsliberal ausgerichtet, übersieht einen zentralen Punkt all dieser Entwicklungen: Die technischen Mittel dieser Herrschaft – die formalen Kompetenzen der Setzung von Normen, ihre materiellen Ressourcen einschließlich eines bürokratischen Apparats und der Mechanismen ihrer Durchsetzung – können

42 Im Gefolge der Ölkrisen Anfang der 1970er Jahre wurde der scheinbar unaufhaltsame Durchmarsch der US-amerikanischen Konzerne – für den Vernon (1971) den Ausdruck *Sovereignty at Bay: The Multinational Spread of U. S. Enterprises* prägte – sehr schnell gestoppt. Es kam zum *Storm Over Multinationals* (Vernon 1977). Gourevitch (1978: 894) faßt eine Untersuchung von Gilpin (1975), die sich den politischen Machtverhältnissen der neuen Weltwirtschaft widmet, folgendermaßen zusammen: »When the state chooses to act, its power is greater than that of any subunit, including such transnational actors as multinational corporations. In general, whenever states assert their views they are able to prevail over international organizations. Interdependence derives from state policy, not the other way around; that is, it exists because states allow it to exist. Should states refuse to do so, the constraining quality of that interdependence would be broken. All of these propositions are truer of some states than of others and vary according to the historical period.«

auch für ganz andere als die ursprünglichen Zwecke eingesetzt werden.

Das beste Beispiel dafür ist die EU. Was als Gegenprojekt zur überkommenen Nationalstaatlichkeit in die Welt gesetzt wurde und mit dem Versprechen angetreten war, »staatsfreie Räume« (Walter Hallstein 1962) zu schaffen, ist inzwischen selbst zum Objekt einer Staatsbildung geworden (Moravcsik 1998; Weiler 1999; Wallace/Wallace 2000). Die Parlamentarisierung und Demokratisierung der Union sind dafür die stärksten Hebel. Der Wirtschaftsraum Europa mit seinen vier Marktfreiheiten – freier Güter- und Kapitalverkehr, Dienstleistungsfreiheit, Freizügigkeit – wird langsam aber sicher von politischer Regulierung mit sozialen Vorzeichen wieder eingeholt (Leibfried/Pierson 1998, 2000; Falkner 1998; Geyer 2000). Das liegt gewissermaßen in der Natur der Sache, und zwar aus zwei Gründen. Erstens weil in der Wirtschaftsgesellschaft ein Parlament des gleichen Wahlrechts die politische Vertretung des Massenbedarfs ist. Und der Bedarf eines Menschen richtet sich nicht nach seiner Stellung im Mechanismus der Güterproduktion. Genausowenig steht zu erwarten, daß diese Konsumenten für die zukünftige Funktionsfähigkeit der Marktwirtschaft ein Opfer bringen würden.

Zweitens ist die Parlamentarisierung eine Antwort auf die Konzentration durchgreifender Hoheitsgewalten und vor allem auf die ja teilweise sehr weitgehende Bürokratisierung einer europäischen Herrschaftsausübung. Parlamente waren und sind in erster Linie Vertretungen der durch die Mittel der Bürokratie Beherrschten. »Welches Organ hat«, so fragte Max Weber (1980c [1917]: 289), »wenn man sich die Parlamentsmacht wegdenkt, die Demokratie, um die Verwaltung der Beamten ihrerseits zu kontrollieren?« (Hervorhebungen im Original). Hierauf gäbe es keine Antwort.[43] Im Eu-

43 Betrachtet man den bloßen Umfang öffentlicher Dienste – also Personal, sachliche Zuständigkeiten und Ressourcenverwendung – und die dem gegenüberstehende Zahl der Parlamentarier, dann zeigt sich eine massive Verschlechterung der Kontrollrelation zwischen Staatsapparat und Politik in der Geschichte der Parlamente (Jänicke 1986: 45). Auch die Möglichkeiten der gerichtlichen Kontrolle der Staatsapparate dürften mit deren Wachstum nicht Schritt gehalten haben. Dafür gibt es einen einfachen Grund: Diese Apparate erfüllen unmittelbar materielle Bedürfnisse und sind deshalb Korruptionsmaschinen *par excellence*.

ropäischen Parlament und in den schrittweisen Ausdehnungen seiner Kompetenzen zeigt sich insofern der eigentlich politische Gehalt der europäischen Integration und der supranationalen Institutionenbildung, als europäische Politik sich eben nicht mehr in der bloßen Verwaltung einer Wettbewerbs- und Rahmenordnung erschöpft. Als eigenständige öffentliche Gewalt ist sie inzwischen auch auf mehr Zustimmung ihrer Subjekte angewiesen, will sie nicht als illegitim gelten. Genau diese Zustimmung organisiert das Europäische Parlament – und treibt dafür die sozialprotektionistische Bürokratisierung der Union weiter voran.

Der politische Gestalt- und Strukturwandel der EU enthält auch eine Lehre über die globalen Verhältnisse. Die europäische Integration marktliberaler Prägung wurde von starken supranationalen Instanzen in Gestalt der Kommission und des Europäischen Gerichtshofes getragen und ausgebaut. Je mehr sich aber die Union als eigenständige Handlungseinheit in Szene setzen konnte, desto stärker wurden dann auch die Anstrengungen, diese Einrichtungen einer demokratischen Kontrolle zu unterwerfen bzw. auch für nichtwirtschaftliche Zwecke zu nutzen. Zum einen ist »Demokratie« zum universalen Maßstab so gut wie aller herrschaftlichen Verhältnisse geworden – auch jener, die eine ökonomische Gestalt haben. Es ist nicht nur die Wirtschaft, die inzwischen ein globales Maß hat. Unter demokratischen Bedingungen und konfrontiert mit den Formen und Ergebnissen einer globalen Wirtschaftsgesellschaft ist Politik wesentlich auf die kollektive Verminderung von Unsicherheit ausgerichtet. Die besondere Funktion der Politik besteht in den modernen Gesellschaften darin, den sozialen Risiken der kapitalistischen Marktvergesellschaftung zu begegnen, ihre Verteilung zu beeinflussen und so die allgegenwärtige, durch die wirtschaftlich-technischen Revolutionen provozierte Angst um das Eigene und das Erreichte über eine immer umstrittene Zuweisung von Sicherheitswerten seitens des Staates zu mindern (Zolo 1997: 63).

Unabhängig von der Art des Reichtums gilt: Je »reicher« eine Gesellschaft ist, desto stärker wird sich das Bedürfnis nach Sicherheit auch politisch Bahn brechen. Jacob Burckhardt hatte schon bemerkt, daß es bei der Durchsetzung des Bedürfnisses nach Sicherheit nicht und auch nicht vorwiegend um jene geht, die von der Sorge um ihr weniges getrieben werden, sondern um ein zutiefst »besitzbürgerliches« Streben. Die *Securität* als »Vorbedingung jeglichen Glückes« verlange »die Unterordnung der Willkür unter polizeilich beschütztes Recht, die Behandlung aller Eigenthumsfragen nach einem objectiv feststehenden Gesetz, die Sicherung des Erwerbs und Verkehrs im größeren Maßstab. Unsere ganze jetzige Moral ist auf diese Securität wesentlich orientiert, d. h., es sind dem Individuum die stärksten Entschlüsse der Vertheidigung von Haus und Herd erspart, wenigstens in der Regel. Und was der Staat nicht leisten kann, das leistet die Assecuranz, d. h. der Abkauf bestimmter Arten des Unglücks durch bestimmte jährliche Opfer. Sobald die Existenz oder deren Rente werthvoll genug geworden ist, ruht auf dem Unterlassen der Assecuranz sogar ein sittlicher Vorwurf« (1982 [1905]: 237). *Hedge Funds* und *Futures* sind die kapitalistischen Entsprechungen zu Sozialhilfe- und Sozialversicherungseinrichtungen.[44]

Zum anderen provoziert jede Konzentration von Macht eine Gegenbewegung nicht nur zu ihrer Kontrolle, sondern auch um sie als Instrument für eigene Zwecke einzusetzen. Gleich wie sich nun die Demokratie auf europäischer Ebene gestalten mag, ihre W i r k u n g e n werden in eine ganz bestimmte, nämlich s o z i a l e Richtung gehen. Wenn sich in der internationalen Politik Handlungseinheiten mit eigenen Kompetenzen herausbilden – sei es, um eine »neue Finanzarchitektur« zu schaffen oder um neue Spielregeln für den globalen Kapitalismus zu entwerfen –, dann werden früher oder später auch die »sozialdemokratischen« Gegeninteressen sich dieser neuen Kommandohöhe zu bemächtigen versuchen. Daß diese Bewegung hauptsächlich von *Non-Governmental Organizations* getragen wird, zeigt nur, wie weit vorangeschritten die nationale Entparlamentarisierung ist – und daß sich deshalb Widerstand gegen den Verlust demokratischer Kontrolle von Lebensumständen in a u ß e r parlamentarischen Formen äußert. Die Ansätze, die internationalen Organisationen für NGOs zu öffnen, hat auch zwangsläufig deren Agenda verändert. Die Globalisierung, vor allem was ihre sozialen und ökologischen Begleiterscheinungen betrifft, hat die Legitimierungszwänge internationaler Politik dramatisch verschärft. Bereits zwei Jahre vor den Seattle-Demonstrationen ge-

44 Zu den utopischen Antrieben versicherungstechnischer Entwicklungen, dem Wunsch nach »totaler Sicherheit« vgl. P. Bernstein (1996) und Weisbrod (1999/2000).

gen die WTO-Ministerkonferenz im Dezember 1999 hatte die WTO *Guidelines for Arrangements on Relationships with Non-Governmental Organizations* verabschiedet, ohne daß sich allerdings ihre Transparenz wesentlich erhöht hätte (Esty 1998: 125).

Der Grundkonflikt der modernen Gesellschaft ist der zwischen Erwerb und Bedarf – und nicht der zwischen Arbeit und Kapital. Die Hauptformen dieses Bedarfs sind gesellschaftliche Anerkennung, Bewahrung kultureller Eigenart, soziale Minima und ökologische Rücksichten. Sie machen sich vor allem in marktwirtschaftlichen Ordnungen als Defizite bemerkbar.[45] Es sind die Unternehmergruppen zusammen mit den Beschäftigten der marktwirtschaftlichen Betriebe auf der einen Seite und die Interessenten des Wohlfahrtss t a a t e s und der Wohlfahrtsd e m o k r a t i e auf der anderen Seite – also die Arbeitnehmer des öffentlichen Dienstes und der Sozialverwaltungen gemeinsam mit jenen, die als Produzenten und Konsumenten sozialpolitischer Güter ihren Unterhalt fristen –, zwischen denen gegenwärtig die Auseinandersetzungen über Globalisierung und Wohlfahrtsstaat verlaufen. Soll, grob gesprochen, in Zukunft die Richtung der Wirtschaftspolitik dem Bedarfs- oder dem Erwerbs- und Profitinteresse folgen? Der Wohlfahrtsstaat, wie wir ihn heute kennen, ist eben auch die Organisierung und die Mo-

45 Daß dieser Bedarf marktverursacht sein kann, heißt nicht, daß es keine Möglichkeit gäbe, ihn nicht auch mittels Korrekturen von Marktmechanismen zu befriedigen. In wirtschaftstheoretischer Betrachtung handelt es sich bei diesen Bedürfnissen um negative Externalitäten, die, wie Coase (1988) gezeigt hat, über die Neuverhandlung von Eigentumsrechten internalisiert werden können. »Internationale Organisation« oder »supranationale Institutionenbildung« sind nicht die einzigen und vor allem keine zwangsläufigen Antworten auf die grenzüberschreitenden Probleme der modernen Welt (Conybeare 1980). Die »natürliche Tendenz« demokratischer Politik schlägt aber regelmäßig eine andere Richtung ein: »The political response [auf Marktversagen] all too often fails to match the policy instrument to the specific nature of the failure. [...] Noneconomists have an almost universal desire to deal with market failures through carefully specified regulation rather than a change in incentive structures. Such specification is the natural function of lawyers, and the legal profession continues to dominate Congress. When government intervenes in the marketplace, our political leaders typically rule out the manipulation of economic incentives to deter undesirable actions because reliance on market responses injects an uncertain, partially random, and therefore ›unfair‹ set of forces into the picture« (Schultze 1996: 27).

bilisierung von Verbraucherinteressen. Deshalb ist ihm ein Streben nach Zwangskartellierung wesentlich – und die bürokratisch organisierte Zwangskonsumgenossenschaft bildet die natürliche Fluchtlinie seiner Entwicklung.[46] Sein Wettbewerbsvorteil gegenüber der marktwirtschaftlichen Erzeugung von Lebenschancen ist genau dieses besondere Organisationsvermögen und das Versprechen von sicheren, marktunabhängigen Lebenslagen und Statuspositionen.

Zugespitzt ausgedrückt, und in der Perspektive einer Erhaltung weltmarktwirtschaftlicher Verhältnisse betrachtet, wäre es von Vorteil, wenn es keine starke WTO und keine Agenturen verfaßter, mit Daueraufgaben betrauter internationaler Wirtschaftspolitik gäbe, die tatsächlich dazu fähig sind, ein *Multilateral Agreement on Investment* und ähnliches mehr in die Welt zu setzen.[47] Selbst wenn diese organisierte Befähigung zu einem supranationalen Handeln gemeinsame – und nicht nur hegemoniale – Zwecke hätte, die nur auf die Schaffung eines liberalen Ordnungsrahmens zielten, oder zunächst allein den Interessen multinationaler Unternehmen entspräche – was nicht zwingend ist –, ihre politische Grundlage würde wahrscheinlich bald von anderen, und zwar »sozialpolitischen« und anderen »Schutz«-, »Solidar«- und »Ordnungs«-Interessen erobert werden, die laufend auf der Suche nach einem Archimedischen Punkt

46 Aus diesem Grund ist die keynesianische Nachfragestützung auch weniger ein Modell rationaler Wirtschaftspolitik als die genuin soziologische Erkenntnis einer unmittelbaren Folge demokratischer Politik in der Massengesellschaft. Stärkung der Massenkaufkraft ist eine Alternative zur Sozial(versicherungs)politik, nicht zur Marktwirtschaftspolitik. Vgl. auch Krugman (2001) zum entsprechenden Wandel der amerikanischen Wirtschaftspolitik.

47 Daß in den internationalen Arenen der Begriff »Staat« für die Bezeichnung der neuen organisatorischen Sachverhalte nicht verwendet wird heißt nicht, es würden keine funktional ähnlichen Entscheidungseinheiten geschaffen. Durch die Kumulierung ihrer politischen Leistungen entsteht gesellschaftliche Macht und durch ihre Aktivierung organisatorische Wirkung. Mit genau diesen Begriffen hat Hermann Heller auch die historische Staatsbildung beschrieben: »Wird der Plan der Leistungsvereinheitlichung, ihrer Kumulierung und Aktivierung zum Zwecke der Verstetigung zu einer Normordnung entwickelt, dann haben wir den Typus der Organisation vor uns, wie ihn die großen menschlichen Verbände durchgängig aufweisen« (1983 [1934]: 6).

für die Umsetzung *ihrer* Vorstellungen sind.[48] Das wichtigste Vehikel dieser Politik ist eine Bürokratie, und diese bedeutet immer die Unterbindung einer bisher freien Initiative. Bislang diffuse Gegeninteressen verschiedenster Art würden in handlungsfähigen inter- und supranationalen Wirtschaftsorganisationen den einen Punkt finden, auf den sie ihre Anstrengungen koordiniert richten und von dem sie neue Verantwortung einfordern können. Die Aktionen gegen die WTO in Seattle im Dezember 1999 und gegen den IMF im April 2000 waren nur ein führer- und auch konzeptionsloses Aufflammen politischen Wollens, das in der Schwäche, nicht aber in der Stärke des Gegners seine Grenze fand.[49] Die institutionelle Strukturlosigkeit und die politische Richtungslosigkeit der Instanzen einer internationalen Wirtschaftsregulierung sind bislang noch ihr bester Schutz gegen die sich wohlfahrtsdemokratisch äußernden Forderungen.

Max Weber hatte bereits hervorgehoben, daß es gerade die fragmentierte Staatenwelt ist und damit die Konkurrenz nationaler Politik um bewegliches Kapital, die der Marktwirtschaft ihre ordnungspolitischen Grundlagen und den Bürgern ihre persön-

48 Peter Jay kommt in *The Wealth of Man* (2000) zu ganz ähnlichen Ergebnissen: Jede Zunahme wirtschaftlicher Wohlfahrt und Möglichkeiten »generates predatory reflexes. These threaten both from within and without the societies enjoying the new opportunities, and the management of those challenges by government – through lawmaking and law enforcement, military action and political and diplomatic negotiation – determines how much, if any, of the original enlargement of opportunity is successfully cashed in improving living standards (or rising population) and how much is squandered in conflict [...]. Can the threat be managed in a way that preserves at least most of the original gain in economic opportunity to be enjoyed by someone?« (286). Der für die Globalisierung *politisch* kritische Punkt wird von Jay folgendermaßen beschrieben: »Direct government action is prey to too many pressures other than those of the problem to be solved ever to be relied upon to adopt and implement strategies that may well require changes in private behavior by people who do not recognize or understand the need for such change« (302).

49 Vgl. dazu die Bemerkung von Lori Wallach, die eine der Hauptorganisatoren des Widerstands gegen die WTO und die anderen Träger des *trade status quo* ist: »All of these crushing defeats of the trade status quo are brought to you mainly by the arrogance and inability to bend of those enjoying the trade status quo. The inability to bend has caused several major things to be smashed. But it's getting extremely tedious, because it's really boring to stop things. What would be interesting is to talk about the second phase. Not stopping a bunch of stuff, but rather, what would replace the status quo with« (Foreign Policy 2000: 37).

liche Freiheit bewahren konnte. Eine wesentlich transnationale Marktwirtschaft und eine Vielzahl wohlfahrtsdemokratisch geschlossener Nationalstaaten haben sich bislang gegenseitig stabilisiert. Der Weltstaat wäre das Ende der Globalisierung, und die Weltgesellschaft wäre einer ihrer wichtigsten Garantien persönlicher Freiheit beraubt. Die Unternehmen oder überhaupt die Träger irgendwie wertvollen »Kapitals« – und das sind heute auch große Gruppen von Arbeitnehmern – hätten ohne ein glaubhaftes territoriales *exit* auch keine wirksame innenpolitische *voice*. Das »bürokratische Gehäuse der Hörigkeit« hätte dann globale Dimensionen. Dann wäre eingetreten, was zum Ausgang des 19. Jahrhunderts Max Weber – im Anschluß an seine Diskussion der politischen Wirkungen antiker Weltreichsbildungen – für die damaligen Widersprüche zwischen Globalisierung und Wohlfahrtsstaat feststellte: »Die Bureaukratisierung der Gesellschaft wird bei uns des Kapitalismus aller Voraussicht nach irgendwann ebenso Herr werden, wie im Altertum. Auch bei uns wird dann an Stelle der ›Anarchie der Produktion‹ jene ›Ordnung‹ treten, welche, im Prinzip ähnlich, die römische Kaiserzeit und noch mehr, das ›neue Reich‹ in Ägypten und die Ptolemäerherrschaft auszeichnet« (1924 [1909]: 278).

V. Ausblick

Ein entscheidender Punkt wird in der Globalisierungsdiskussion so gut wie nie erwähnt: Die doppelte Tatsache, daß sich in der Nachkriegszeit die am meisten fortgeschrittenen Industriegesellschaften vom Protektionismus abwandten und daß sich die Globalisierung wesentlich auf die entwickelten Volkswirtschaften konzentriert. Dieser Punkt ist alles andere als selbstverständlich – auch dann nicht, wenn man von der klassischen Begründung der a l l g e m e i n e n Vorteilhaftigkeit und der für j e d e s Land wohlfahrtssteigernden Wirkung des Freihandels ausgeht, die von den Lehrbuchversionen der klassischen Außenhandelstheorie beschworen wird. Das handelspolitische Grundproblem besteht aber nicht in der Fähigkeit zu exportieren, sondern in der Bereitschaft, auch Importe zuzulassen. Marktzugang und Importkonkurrenz waren und sind d i e kritische Größe nationaler und internationaler Außenwirtschaftspolitik. Dieses Problem verliert nicht, sondern gewinnt im Gegenteil noch in dem Maße an politischer Bedeutung, in dem Volkswirtschaften höhere und anspruchsvollere Entwicklungsphasen erreichen.

Um die Folgen bzw. Bedingungen der Importkonkurrenz kreist nicht nur die ganze wissenschaftliche und politische Diskussion um *fair trade*, *level playing field*, *social dumping*, *rules of origin*, *local content* und so weiter. Diese Themen beherrschen auch die Tagesordnung der nationalen wie internationalen Handelspolitik, und die dahinterliegenden Interessen – nicht die klassische Außenwirtschaftstheorie – bestimmen die Ergebnisse dieser Politik. Diese Probleme – oder besser, die Möglichkeiten eines einigermaßen effizienten und alle Beteiligten zufriedenstellenden Umgangs mit ihnen – bestimmen einen Großteil der Regeln des GATT. Das Bemerkenswerte an der Entwicklung nach dem Zweiten Weltkrieg besteht darin, daß die westlichen Industrieländer – entweder einseitig oder im Rahmen der verschiedenen GATT-Runden – ihre Handelsschranken, mit denen sie versuchten, Importkonkurrenz wenn nicht zu verhindern, so doch den Marktzugang Gebietsfremder zu kontrollieren, nach und nach senkten.

Dieser Abbau kann nicht damit erklärt werden, die Regierungen hätten zunehmend eingesehen, Freihandel sei vorteilhafter als außenwirtschaftliche Abschottung. In der ökonomischen Theorie wurde dies zwar manchmal, aber nie überzeugend bezweifelt. Aus der Überlegenheit der Freihandelsdoktrin folgte aber, wie die Geschichte regelmäßig zeigt, nur selten die entsprechende Praxis. Die britische Politik der zweiten Hälfte des 19. Jahrhunderts blieb eine große Ausnahme, die sich überdies einer doppelten Sondersituation industriewirtschaftlicher und politischer Vormachtstellung verdankte. Die zentrale Frage lautet deshalb: Warum konnte sich in der Handelspolitik Freihandel nicht als Leitidee durchsetzen? Und die, zugegeben kurzgefaßte und in den folgenden Kapiteln hoffentlich plausibel werdende Antwort heißt: Die vermeintlich oder tatsächlich negativen Folgen der Importkonkurrenz für die Höhe der Löhne, die Verteilung der Einkommen, die Struktur der Industrie und die Qualität der Arbeitsplätze werden als unerwünschte Ergebnisse unbeschränkten Marktzugangs für die heimische Wirtschaft und Gesellschaft gesehen und stehen als wesentliche Hindernisse der Verwirklichung der Ideale des Freihandels entgegen. Die Auseinandersetzungen um die Handelspolitik kreisten schon immer um genau diese binnengesellschaftlichen Reibungsflächen, und aus diesem Grund war und ist das Schicksal der Globalisierung innenpolitisch bestimmt.

Ein Ziel dieses Bandes besteht darin, die kritische Bedeutung der Institutionalisierung von Sozialpolitik für die Handelspolitik hervorzuheben. Die Hauptthese des Bandes lautet: Erst der Ausbau des Wohlfahrtsstaates in den ersten drei Jahrzehnten nach dem Ende des Zweiten Weltkriegs versetzte die Regierungen der am meisten fortgeschrittenen Industriegesellschaften in die Lage, Importschranken zu senken, zu moderieren oder ganz aufzuheben. Erst über die Verallgemeinerung des Rechts auf Marktzugang konnte die Weltmarktintegration an Dynamik und Autonomie gewinnen.

Das heißt weder, Regierungen hätten Sozialpolitik zu diesem Zweck betrieben, noch heißt dies, sie seien dazu auch in der Lage. Sozialpolitik hat ihre eigenen Antriebe: politische in den Integrations- und Legitimationsbedürfnissen des Nationalstaates, soziale in den Folgewirkungen der Marktvergesellschaftung auf die Verteilung von Lebenschancen und wirtschaftliche in der Effektivierung von Arbeitsmärkten und der Höherqualifizierung des *human capital*. Bei sozialpolitischen Entscheidungen wird der handelspolitische Spielraum einer Regierung nur selten an erster Stelle stehen. Nachdem aber Einkommenssicherheit wohlfahrtsstaatlich garantiert worden war, hatten Regierungen auch andere Möglichkeiten, ihre Außenwirtschaftspolitik zu gestalten. Hier liegt einer der Gründe für die außerordentliche Entwicklung der Weltwirtschaft im letzten Drittel des 20. Jahrhunderts. Und hier liegt auch der Grund für die politische Abhängigkeit der Globalisierung. Auf diese Abhängigkeit machte Paul Krugman aufmerksam, als er sich gegen Vorstellungen eines technologischen Determinismus und einer unaufhaltsamen Weltmarktdynamik wandte (1995). Die Globalisierung ist vor allem deshalb kein unumkehrbarer Prozeß, weil die Parameter wohlfahrtsstaatlicher Intervention – allgemeine Erfahrungen sozialer Unsicherheit und Ausbreitung von wirtschaftlichen Mängellagen – auch in der neuen Welt einer transnationalen Wirtschaft nicht verschwunden sind. Wirtschaftspolitisch gewendet kann dies bedeuten: Unzureichende nationale Bedingungen verstärkter Weltmarktintegration – hauptsächlich also die Steuer- und Abgabenbelastung von Betrieben und die wohlfahrtsstaatliche Regulierung von Arbeitsmärkten – werden sich höchstwahrscheinlich in einem höheren sozialpolitischen Problemdruck, vor allem in Arbeitslosigkeit und stagnierenden Einkommen, und zugleich in protektionistischer Politik niederschlagen.[50]

Welche Tendenz sich in welchen Ländern tatsächlich durchsetzen wird, ist noch nicht entschieden. Es spricht vieles dafür, daß Regierungen zunehmend die wechselseitige Abhängigkeit der Wirkungsweisen nationaler Sozialpolitik und der Funktionsbedingungen einer freien Weltwirtschaft erkennen. Ob sie aber tatsächlich in der Lage sein werden, der dreifachen Herausforderung von wohlfahrtsstaatlicher Reformpolitik *und* Bearbeitung globalisierungsinduzierter Umbrüche ihrer sozialen Ordnung *und* institutioneller Sicherung von Weltmarktverhältnissen adäquat zu begegnen, ist eine offene Frage.

Hier Entscheidungs*probleme* und damit auch Entscheidungs*möglichkeiten* zu betonen, hat seinen Grund nicht nur in der Sache selbst, sondern auch in einer Tendenz der sozialwissenschaftlichen Globalisierungsdiskussion, Ergebnisse zu verkünden, die von diesem Zweig der Wissenschaft nicht gedeckt werden können.

Es ist nicht nur von sozialwissenschaftlichem Interesse, sondern auch unter *politischen* Gesichtspunkten von grundlegender Bedeutung, daß die Verhältnisse menschlicher Handlungen nur eingeschränkt theoriefähig sind, weil diese einen nichtnotwendigen Charakter haben. Die Geschichte der neuen Wissenschaft von der Politik ist ein immer wieder neu ansetzender Versuch, genau diese Einsicht, die auf Aristoteles zurückgeht, zu verleugnen oder zu umgehen (Meier 1980; Hennis 2000 [1963]). Im Bereich der naturwissenschaftlichen Theorie gibt es weder Wahrscheinlichkeit noch Zufall, sondern es herrscht strenge Notwendigkeit. Der liebe Gott würfelt nicht, wie es Albert Einstein ausdrückte. Für die menschlichen Verhältnisse *können* Regeln und Sachgesetzlichkeiten gelten, sie *müssen* es aber nicht. Menschliches Verhalten, der Bereich der Politik, ist nicht determiniert. Jedes Problem stellt die Handelnden vor *alternative*

50 Für die Instrumente und die allgemeine Tendenz des Neoprotektionismus vgl. Salvatore (1993). Die inzwischen klassische Analyse ist Corden (1997 [1974]).

Möglichkeiten. Jede Handlung, jede Entscheidung, ist die Realisierung einer Möglichkeit. Es gibt keine – zumindest keine nichttriviale – sozialwissenschaftliche Theorie notwendiger Wahrheiten. Damit bleiben der Sozialwissenschaft zwei Erkenntnisquellen: die Geschichte und das Räsonnement eines *common sense*, das an gesetzten Zielen orientiert ist. Was so unterschiedlichen »Theoretikern« der Globalisierung wie Horst Siebert (2000b, c), Wolfgang Reinicke (1998) oder Geoffrey Garrett (1998, 1997) sich als »notwendiges Geschehen« und Entwicklungszusammenhänge mit Zwangscharakter darstellt, sind nur der Form nach Deduktionen aus scheinbar eindeutigen Prämissen.[51] Tatsächlich, und der Nachweis ist nicht schwer zu führen, handelt es sich um nichts anderes als um altbekannte und ohne weiteres bestimmten Parteirichtungen zuordenbare Sollensforderungen und apodiktische Setzungen. Sie argumentieren *de more geometrico* und unterschlagen damit die Kontingenz, die Wählbarkeit, jedes Handelns. Das, was sie als Abbild und unvoreingenommene Untersuchung einer unabhängig vom Betrachter – und jenseits allen Wollens angesiedelten – existierenden Wirklichkeit ausweisen, ist tatsächlich Vorbild, ein normativer Entwurf, ohne daß sie dies eingestehen würden. Ihre Prämissen zwingen sich nicht auf und lassen sich auch nicht aufzwingen. Sie müssen, um wirksam zu werden, freiwillig anerkannt werden, und die erste Voraussetzung dafür ist das Eingeständnis, daß sie immer vorläu-

51 Aus diesem Grund nennt Richard Feynman, Nobelpreisträger für Physik, die Sozialwissenschaft »Cargo Cult Science«: »Because of the success of science, there is, I think, a kind of pseudoscience. Social science is an example of a science which is not a science; they don't do [things] scientifically, they follow the forms – or you gather data, you do so-and-so and so forth but you don't get any laws, they haven't found out anything. [...] We get experts on everything that sound like they're sort of scientific experts. They sit at a typewriter they make up something [...] There's all kinds of myths and pseudoscience all over the place« (22). »Because science which is done carefully has been successful; by doing something like that, they think that they get some honor. [...] So I call these things Cargo Cult Science, because they follow the apparent precepts and forms of scientific investigation, but they're missing something essential, because the planes don't land« (209). Alle Zitate aus Feynman (1999). Zur Unterscheidung zwischen theoretischer Wahrheit und faktischer Wahrheit vgl. Heinemann (1948). Zum apolitischen Charakter von Argumentationen *de more geometrico* vgl. McClure (1918) und zur Entstehung und Entwicklungsgeschichte der Vorstellung physikalischer Gesetze vgl. Zilsel (1942).

fig und diskutabel sind. Und genau dies scheint bestimmten Vorstellungen von S o z i a l - Wissenschaftlichkeit zu widersprechen. Argumentationen im Gewand theoretischer Wahrheit nach dem Vorbild physikalischer Gesetze zu präsentieren, ist monologisch, nicht dialogisch, und insofern das genaue Gegenteil und die Absage an jede Politik als Kunst des Möglichen – weil es Kompromisse gerade ausschließen will.[52] Aber genau auf diese Kunst kommt es an, weil die Verhältnisse, um die es geht, selbstverschuldete und damit selbstgemachte sind. Die Einsicht in diese Tatsache ist die erste Bedingung, die Dinge zum besseren zu wenden:

»Alle Menschen stecken von Natur in der gleichen Elendsgestalt, alle verlangen lange und glücklich, das ist vergnügt, vermögend und geehrt zu leben. Trotzdem ist ihr Sinnen und Trachten von Jugend an darauf gerichtet, Dinge zu tun, aus denen sich notwendig ein unvergnügtes oder dürftiges Leben ergibt oder alles dieses zusammen. So wird das natürliche Lebensziel verkürzt. Der Mensch wird zum Urheber seines eigenen Unglücks.

Es gibt nur wenige, die dieses Elend erkennen. Noch wenigere suchen bei der Erkenntnis ihres Elendes nach vernünftigen Mitteln, um sich aus ihrem Elend herauszureißen, die allerwenigsten aber wenden bei Untersuchungen der Mittel die gehörige Behutsamkeit an oder bringen die Kräfte auf, diese Mittel zu ergreifen. Allenthalben ist also nicht der Schöpfer, sondern der Mensch selber Ursache, obwohl Gott ihm hierzu teils natürliche, teils übernatürliche Lehren, Mittel und Kräfte verliehen und dargeboten hat. Es liegt also bloß an dem Eigensinn und der Nachlässigkeit des Menschen, wenn er solche Lehren und Mittel weder erkennen und brauchen, noch die dargebotenen annehmen will, sondern sie mutwillig und sozusagen mit den Füßen von sich stößt« (Thomasius 1950 [1707]: 1).

Wenn es eine politische Aufgabe der Sozialwissenschaft gibt, dann ist es die Schulung von Urteilskraft. Und diese Urteilskraft zielt auf das, was Hugo Grotius, für den Christian Thomasius seine Einleitung schrieb, aus der oben zitiert wird, die »Sorge für die Gemeinschaft« genannt hat: die Fähigkeit, allgemeine Regeln zu fassen und nach ihnen zu leben (1950 [1625]: 32). Und genau dies ist auch die Aufgabe, die Globalisierung der Politik im Wohlfahrtsstaat stellt. Mit der Globalisierung hat der Markt nicht einfach den Staat als bestimmende Lebensform abgelöst, sondern die beiden liegen noch mehr als früher miteinander im Konflikt, und das verbietet es dem einzelnen in seiner Eigenschaft als Bürger, auf sein Urteil zu verzichten.

52 Darauf hat vor allem Arendt aufmerksam gemacht (2000 [1967]).

Kapitel 2

Wohlfahrtsmerkantilismus. Wechselwirkungen zwischen demokratischer Sozialpolitik und Welthandelsordnung

»Obwohl das Individuum und die Familie arbeitet, produziert, handelt und konsumiert, [sind] es die größeren sozialen Gemeinschaften, welche durch ihr gemeinsames geistiges und praktisches Verhalten und Wirken alle die wirtschaftlichen Einrichtungen nach Innen und Außen schaffen, auf denen die Wirtschaftspolitik und speziell die Handelspolitik der verschiedenen Zeiten ruht. [...] Das Gefühl und die Erkenntnis von solidarischen Wirtschaftsinteressen nach Innen und Außen [erzeugt] zugleich notwendig den Egoismus der Gemeinschaft nach Außen; die Handelspolitik aller Zeiten empfängt von diesem Egoismus ihre Impulse.«

Gustav Schmoller (1884: 59)

I. Das Problem

Seit David Hume, Adam Smith und David Ricardo gehören Freihandel und internationale Arbeitsteilung zu den ehernen Prinzipien, von denen sich die Theorie der Außenwirtschaft leiten läßt. Paul Samuelson nannte das Gesetz komparativer Vorteile, auf dem die Lehre vom Freihandel beruht, die schönste Idee in der Wirtschaftstheorie.[1] Regierungen sollen im Interesse ihrer Volkswirtschaft darauf verzichten, in die grenzüberschreitenden Bewegungen des Handels einzugreifen. Auch wenn kein anderer Staat diesem Beispiel folgt, so profitiert doch auch ein einzelnes Land, wenn es auf Einfuhrzölle und andere Formen der Ausschließung ausländischer Güter verzichtet. Der französische Schriftsteller und Ökonom Frederick Bastiat schrieb vor über 150 Jahren, daß man doch nicht deshalb, weil andere Länder eine felsige und deshalb unzugängliche Küste haben, die eigenen Hä-

1 Zit. nach Gilpin (2000: 49f.). Zur Darstellung der Ursprünge und wechselhaften Geschichte der Idee des Freihandels vgl. Irwin (1996a).

fen mit Steinen auffüllt.[2] Aber die derzeitigen Formen der Außenwirtschaft entsprechen kaum, wenn überhaupt, der Logik ökonomischen Denkens. Freihandel als Leitidee der Wirtschafts- und Handelspolitik und damit auch das Versprechen internationaler Arbeitsteilung waren immer umstritten.[3] Und die bis nach dem Zweiten Weltkrieg so gut wie ausschließlich über nationales Außenwirtschaftsrecht und bilaterale Handelsverträge gestalteten institutionellen Grundlagen der Weltwirtschaft entsprachen noch nie den Idealvorstellungen über eine unbehinderte Beweglichkeit von Gütern, Menschen und Dienstleistungen. Neben der industriellen Revolution – die einer Marktwirtschaft Raum gab, deren laut Adam Smith bevorzugt kosmopolitischen Interessenten »Grenzen« als bloß zufällige und damit irrationale Gegebenheiten ansahen, die es zu beseitigen gilt – formte eine demokratische Revolution souveräne Nationalstaaten, für die eine territoriale Schließung, gerade hinsichtlich der wirtschaftlichen Prozesse, wesentlich ist.

Die Verpflichtung von Volksvertretern und Regierenden auf eine exklusiv und damit national verstandene Wohlfahrt schien deshalb die ökonomische Rationalität einer unbehinderten internationalen Arbeitsteilung zu politischer Irrelevanz zu verurteilen. Den utopischen Charakter der Freihandelsdoktrin formulierte bereits 1832 Henry Clay im amerikanischen Senat: »The call for free trade is as unavailing as the cry of a spoiled child, in its nurse's arms, for the moon, or the stars that glitter in the fir-

2 Bastiat verfaßte auch eine Petition der Fabrikanten von Kerzen, Lampen, Kerzenständern, Straßenlaternen, Lichtputzscheren, Kerzenlöschern und von Talg-, Öl-, Harz-, Alkoholprodukten sowie allgemein von allem, was der Beleuchtung dient: »Wir unterliegen der unerträglichen Konkurrenz eines auswärtigen Rivalen, der – wie es aussieht – Licht unter Bedingungen produziert, die den unseren so überlegen sind, daß er unseren nationalen Markt damit zu einem unmöglichen Preis überschwemmt. [...] Wir fordern, Sie mögen ein Gesetz erlassen, daß das Schließen aller Fenster, Bodenluken, Dachfenster, Fensterläden, Läden, Vorhänge, Schiebefenster, Bullaugen, Markisen vorschreibt – mit einem Wort, aller Öffnungen, Löcher, Spalten und Ritzen durch die das Licht der Sonne üblicherweise in die Häuser dringt, zum Nachteil der schönen Industrien, mit denen wir uns schmeicheln, das Land beschenkt zu haben, das doch undankbar wäre, wenn es uns heute in einem so ungleichen Kampf im Stich lassen wollte« (http://bastiat.de/petition.html).

3 Zur Ideengeschichte der sozialen Kritik des Freihandels vgl. Rieger/Leibfried (1997, 1998a).

mament of heaven. It never existed, it never will exist« (zit. nach Voigt 1992: 193). Die einzige historische Ausnahme sind die beiden Jahrzehnte nach Aufhebung der britischen Getreide(zoll)gesetze, der *Corn Laws* von 1846, die für ganz Europa die Weichen der Handelspolitik in Richtung Freihandel umstellten (Kindleberger 1951, 1975). Tatsächlich könnte man behaupten, daß es gerade die stark kompromißbehaftete und damit auch die immer entsprechend kompromittierte Natur der handelspolitischen Praxis ist, die der Idee des Freihandels und der internationalen Arbeitsteilung ihren eigentümlichen und andauernden Reiz verleiht.

Aber sind nicht der inzwischen erreichte Grad weltwirtschaftlicher Integration, die Dynamik der Globalisierung und die Tatsache einer eigenständigen Welthandelsordnung jenseits von Volkswirtschaften Beweise dafür, daß sich die ökonomische Vernunft schließlich und endlich doch durchsetzen konnte? Und bestätigen nicht die demokratischen Revolutionen seit 1989 die Überlegenheit der »grenzenlosen« Marktwirtschaft gegenüber einer sozialistischen Zentralverwaltungswirtschaft, die immer nur »in einem Land« organisiert werden kann?

Zweifellos ist die internationale Wirtschaft seit den 1970er Jahren marktliberaler und offener geworden. Zölle sind, zumindest in den OECD-Ländern, kaum noch in der Lage, den Handel in seiner Gesamtheit zu beeinträchtigen. Die anderen Instrumente, die Regierungen traditionell zur Verfügung standen, den grenzüberschreitenden Handel zu regulieren, hauptsächlich Quoten und Importlizenzen, sind zunehmend außer Gebrauch geraten. Ein selbständig organisiertes und sanktionsbewehrtes internationales Wirtschaftsrecht zieht inzwischen Regierenden und Volksvertretern deutliche Schranken, ihre Außenwirtschaft allein und nach eigenem Ermessen zu gestalten. Bereiche, die bislang außerhalb der Reichweite von Freihandelspolitiken lagen – wie das öffentliche Beschaffungswesen, Finanz- und andere Dienstleistungen oder Investitionen – sind mittlerweile dem internationalen Regelungssystem eines prinzipiell freien Welthandels unterworfen und damit der Dynamik einer transnationalen Konkurrenz ausgesetzt. In allen drei hauptsächlichen Bereichen der Außenwirtschaftspolitik – der traditionellen Zollgesetzgebung, den nichttarifären Handelshemmnissen und der internationalen Regulierung der Bedingungen von Produktion und Investition – sind für die nächsten Jahre weitere Fortschritte zu erwarten, was die Liberalisierung der nationalen Wirtschaftsordnung und was ihre Unterwerfung unter die Regeln einer internationalen Wirtschaftsordnung betrifft.

Wie kann diese Entwicklung erklärt werden, wenn doch das Element, von dem angenommen wurde, daß es eine nationale Politik des Freihandels zur Utopie verurteilt, nämlich die Verpflichtung der Landespolitik auf *soziale* Ziele, mit der Konstitutionalisierung und Institutionalisierung demokratischer Wohlfahrtsstaaten sicherlich nicht schwächer, sondern im Gegenteil *stärker* geworden ist?

In diesem Kapitel soll zuerst und sehr vereinfacht die Entwicklung der langfristigen Auf- und Abschwünge des internationalen Handels in den letzten 150 Jahren näher betrachtet werden. Die weltwirtschaftliche Integration – gemessen als Summe der Exporte und Importe in Prozent des jeweiligen nationalen Bruttosozialprodukts – hat den Stand von 1913 erst Mitte der 1970er Jahre wieder erreicht, nachdem der tiefe Einbruch der Weltwirtschaftskrise und der allgemeine Übergang zu autarkischer Wirtschaftspolitik in den ersten beiden Nachkriegsjahrzehnten langsam wieder überwunden werden konnte (vgl. dazu Abb. 1.1, S. 30). Allerdings hat das Wachstum des Welthandels im letzten Jahrzehnt nachgelassen, z. T. im Gefolge der Asienkrise nach 1997, z. T. aber auch aufgrund von Entwicklungen, die auf starke politische Kräfte verweisen, die gegen die Freihandelspolitik und ihre Auswirkungen ankämpfen. Hier wird zunächst und hauptsächlich das überraschende Wachstum des Welthandels nach dem Zweiten Weltkrieg und vor allem seit den 1970er Jahren beschrieben. Anschließend soll die Entwicklung der letzten zehn Jahre und die derzeitige Lage dargestellt werden.

Abbildung 2.1 zeigt nicht nur die Dynamik der Globalisierung, sondern verdeutlicht auch den Mechanismus, der zu »Globalisierung« führt. Der Mechanismus einer Globalisierungsbewegung ist das dauerhafte stärkere Wachstum des grenzüberschreitenden Handels verglichen mit dem Wachstum der Wirtschaft selbst. Das Ergebnis ist eine zunehmende Integration von Volkswirtschaften und die Vertiefung der internationalen Arbeitsteilung. Trotzdem sollte die absolute Größe des Handelsvolumens im Verhältnis zum Umfang der Produktion im Auge behalten werden. Ende der 1990er Jahre betrug der Anteil der

Abbildung 2.1: Das Wachstum von Weltsozialprodukt und Welthandel, 1960-1995 (1960 = 100)

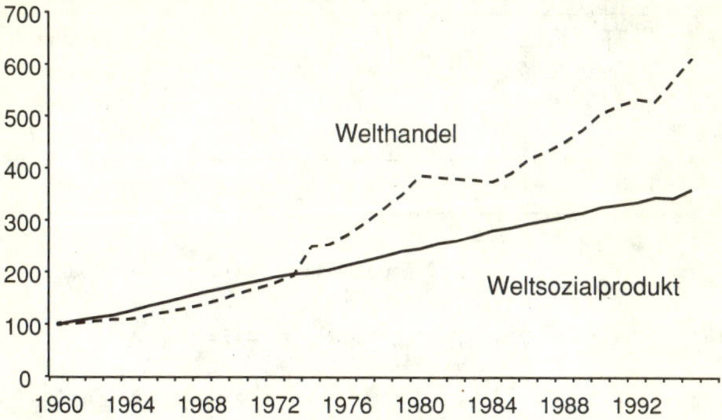

Quelle: Council of Economic Advisers (1996: 224).

Weltexporte am Weltsozialprodukt 21%. In den 1970er Jahren lag dieser Wert bei 17% (UNDP 1999: 25).

Tabelle 2.1 beschreibt die wichtigsten Veränderungen in der Zusammensetzung des Welthandels. Sie zeigt, daß der Aufstieg der ostasiatischen Länder einen zentralen Unterschied zur ersten Globalisierungsbewegung markiert, die mit Ausbruch des Ersten Weltkriegs ihr Ende fand. Die Weltwirtschaft zum Ende des 20. Jahrhunderts ist keine von wenigen westlichen Ländern dominierte Angelegenheit mehr. Tabelle 2.1 macht aber auch deutlich, daß trotz dieser Entwicklung der Welthandel sehr weitgehend eine »interne« Angelegenheit der entwickelten Volkswirtschaften, also der »OECD-Welt«, ist: 1998 entfielen fast 60% der Exporte auf Nordamerika und die EU. Weiter zeigt diese Tabelle, daß sich die Dynamik des Welthandels verringerte und daß die »asiatische Krise«, die im Juli 1997 mit dem Zerfall des thailändischen Bhat einsetzte, in allen Volkswirtschaften Wirkung zeigte und damit die neue, »komplexe Interdependenz« (Keohane/Nye 2000) unter Beweis stellte.

Wie lassen sich die Rückkehr des Welthandels auf den Stand vor dem Ersten Weltkrieg und die Beschleunigung der Zunahme des Welthandels erklären? So seltsam es klingt, aber diese Frage

Tabelle 2.1: Der Welthandel und seine Verteilung, 1990-1998

Exporte				Region	Importe			
Wert in Mrd. US-$	Jährliche Veränderung in %				Wert in Mrd. US-$	Jährliche Veränderung in %		
	90-98	97	98			90-98	97	98
5270	6	3	−2	Welt	5465	6	3	−1
897	7	9	−1	Nordamerika	1152	8	10	5
2181	5	−1	3	Europäische Union	2172	4	−1	5
214	6	4	−5	Mittel- und Osteuropa	242	9	6	−2
276	8	10	−2	Lateinamerika	340	14	19	5
1293	7	5	−6	Asien	1086	5	0	−18
388	4	2	−8	Japan	280	2	−3	−17
504	8	3	−8	Ostasien	437	6	−1	−25
184	15	21	1	China	140	13	3	−2
107	1	2	−15	Afrika	134	5	6	3

Quelle: http://www.WTO.org/WTO/statis/ae.htm (01.06.2000).

wird kaum behandelt, weil die Antwort ebenso naheliegend und zwingend zu sein scheint wie die Tatsachen der *New* und der globalisierten *Economy* selbst.[4] Statt dessen konzentriert sich die Debatte auf wirkliche oder vermeintliche Konsequenzen der Globalisierung für die innergesellschaftlichen und innenpolitischen Verhältnisse der entwickelten Volkswirtschaften der westlichen Welt. Genauer gesagt wird von bestimmten innergesellschaftlichen und vor allem innenpolitischen Veränderungen auf die Existenz von so etwas wie »Globalisierung« geschlossen. Gleich welche Ursachen hierfür verantwortlich gemacht werden können, die entscheidende Tatsache ist, daß Ungleichheit und Verteilungsprobleme wieder die Agenda der nationalen wie der

4 Auch Rodrik (1995) weist darauf hin, daß es weder für die allgemeine Liberalisierungsbewegung seit der Mitte der 1980er Jahre befriedigende Erklärungen gibt noch für die nach wie vor existierende protektionistische Praxis in der Handelspolitik jedes Staates, vor allem was die Unterschiede in ihren Anlässen, Formen und Wirkungen betrifft.

internationalen Politik beherrschen (Aghion 1998; Fishlow/Parker 1999; Fogel 2000).

Die Entwicklung zu einer offeneren und marktliberaleren Weltwirtschaft, als eines der Ergebnisse der wirtschaftlichen Globalisierung der letzten Jahrzehnte, ist jedoch keineswegs so selbstverständlich, wie es allgemein angenommen wird. Ferner liegen den unterschiedlichen Positionen dieser Debatte bestimmte, meist unausgesprochen bleibende und deshalb um so wirkungsvollere Annahmen über die Ursachen, Wirkungsweisen und Ergebnisse der Globalisierung zugrunde, und diese Annahmen, Vermutungen und Postulate wiederum wirken sich als Tatsachen eigener Art – ohne Rücksicht auf ihren Wahrheitsgehalt – auf die Interpretation von Globalisierung ebenso aus wie auf die nationalen Reaktionen auf die Globalisierung selbst. Ein Beispiel für dieses Schauspiel, aufgeführt von Möchtegern-Ingenieuren sich selbst erfüllender Prophezeiungen, ist die Pseudotatsache eines *race to the bottom* (Drezner 2000).

Vernachlässigt man für einen Augenblick, daß die meisten Arbeiten über den jüngeren Anstieg internationaler Wirtschaftstransaktionen Fragen nach ihrer Ursache nicht direkt und systematisch nachgehen und es dementsprechend auch keine Theorie und Empirie zu dieser Frage gibt, so bieten sich doch, betrachtet man die einschlägige Literatur näher, zwei Erklärungen an.[5]

Die erste Erklärung stellt den technischen Fortschritt in den Mittelpunkt. Der Umfang internationaler wirtschaftlicher Transaktionen ist dabei eine bloße Funktion der massiven Kostensenkung von grenzüberschreitenden Transaktionen. Fortschritte in der Transport- und Kommunikationstechnologie sind demnach übermächtige Kräfte, machen die nationalen Grenzen durchlässiger und versetzen Unternehmen in die Lage, ihre Wertschöpfungskette aufzuspalten und in jedem einzelnen Unternehmensbereich – Management und Führung, Forschung und Entwicklung, Investitionen und ihre Finanzierung sowie schließlich Produktion und Absatz – unternehmensspezifische Wettbewerbsvorteile mit besonderen Standortvorteilen zu verbinden. In einer solchen Erklärung verliert die Geographie – der

5 Für Literaturübersichten und zu einer Diskussion der Forschungsergebnisse vgl. Odell (1990), Held/McGrew (2000) und das Einleitungskapitel in Keohane/Milner (1996).

Standort – an Bedeutung für die Strukturierung des wirtschaftlichen Handelns. Mit dem Außerkraftsetzen der Bedeutung nationaler Grenzen für die Entscheidungen von Unternehmen und dem zunehmendem Schrumpfen räumlicher Entfernungen werden die Produktionsfaktoren beweglicher. Standort- und Wettbewerbsvorteile werden neu verteilt, verschieben sich in schnellem Tempo und sind zunehmend institutionell-organisatorische und damit weitgehend politisch erzeugte Sachverhalte. Dabei formt sich eine hochintegrierte und vor allem auch eine volatile Weltwirtschaft, durch die die alte, stark fragmentierte Struktur internationalen Wirtschaftens ersetzt wird.[6]

Die zweite Erklärung stellt auf die Lernfähigkeit der Regierungen als entscheidenden Faktor für die Herausbildung eines liberalen Welthandelssystems ab. Ihr zufolge würden immer mehr Regierungen erkennen, daß Beschränkungen des internationalen Handels auch den nationalen Reichtum einschränken, daß eine am Ziel der Autarkie orientierte, Importe hemmende oder ersetzende Politik selbstzerstörerisch wirkt, weil sie nicht nur kostenintensiv ist, sondern auch eine leichte Beute für Interessengruppen abgibt, die nur auf den Erhalt ihrer eigenen Vorteile aus sind (A. O. Krueger 1997).

Beide Erklärungen sind problematisch. Der technische Fortschritt und die Verringerung der internationalen Transaktions-

6 Van Bergeijk und Mensink (1997) zeigen, daß die Zeitreihen, die üblicherweise als Maß einer »Globalisierung« der Wirtschaft herangezogen werden, also die Durchschnitte von Exporten und Importen in Prozent des Volkseinkommens, den heute erreichten Stand volkswirtschaftlicher Interdependenz im Vergleich beispielsweise mit dem Jahrzehnt vor dem Ausbruch des Ersten Weltkriegs unterschätzen, weil die Kosten von Transport, Kommunikation und Versicherungen früher einen sehr viel größeren Anteil am Wert der Exporte und Importe ausmachten. In der internationalen Handelsstatistik werden Exporte mit ihrem f. o. b. (*free-on-board*) und Importe mit ihrem c. i. f. (*cost-insurance-freight*) Wert erfaßt. Eine zweite Quelle für eine systematische Unterschätzung der Globalisierung liegt darin, daß die Zeitreihen in der Regel Werte in laufenden Preisen erfassen und damit die Tatsache des relativ schnelleren Anstiegs der Preise für Dienstleistungen im Unterschied zu denen der Güter nicht berücksichtigen. Weil im Zuge des säkularen Wandels der Wirtschaft Dienstleistungen, die zu einem großen Teil nicht handelbar sind – z. B. der ganze öffentliche Sektor und die Sozialversicherungen –, einen immer größeren Anteil am Bruttosozialprodukt ausmachen, unterschätzt das Verhältnis von Exporten und Importen zum Bruttosozialprodukt den tatsächlichen Grad volkswirtschaftlicher Integration.

kosten sind sowohl kontinuierliche wie kumulative Prozesse. Niemand bezweifelt, daß 1970 im Unterschied zu 1913 die Transport- und Kommunikationstechnologie sehr viel weiter entwickelt war und ihre Kosten auch sehr viel niedriger ausfielen. Trotzdem waren in den Jahren vor dem Ersten Weltkrieg die entwickelten Volkswirtschaften nicht nur weit stärker in die Weltmärkte integriert als 1960, sondern diese Integration erstreckte sich auch auf die Arbeitsmärkte (J. Williamson 1998a). Der Umfang und die Wachstumsraten des internationalen Handels sind ausgeprägt diskontinuierlich, und diese Diskontinuitäten sind noch stärker, wenn man das Weltmarktschicksal einzelner Länder betrachtet (Maddison 1991, 1995).[7] Anders ausgedrückt, die nationale und die internationale P o l i t i k, also I n s t i t u t i o n e n und vor einem Massenpublikum zu verantwortende E n t s c h e i d u n g e n, bestimmten den Umfang und die Dynamik des Welthandels, und nicht der Stand der Technik. Für den Welthandel genauso wie für das Weltwirtschaftswachstum ist der technische Fortschritt eine notwendige, aber keine zureichende Bedingung. Politik kann Globalisierungsbewegungen auch unterbinden – und sie hat dies im 20. Jahrhundert zwischen den beiden Weltkriegen massiv getan. Wie Tabelle 2.2 (S. 88) zeigt, ist die Import- genauso wie die Exportabhängigkeit der deutschen Industrie bis zum Ausbruch des Ersten Weltkriegs gestiegen, in der Zwischenkriegszeit und in den Jahren des Nationalsozialismus kontinuierlich gefallen, um dann nach dem Zweiten Weltkrieg langsam wieder anzusteigen.

Das Anschauungsmaterial ausgeprägter Diskontinuitäten welt- und außenwirtschaftlicher Entwicklung läßt sich auch gegen Erklärungen wenden, die politisches Lernen betonen. Wenn es eine unangefochtene Lehre in der Wirtschaftswissenschaft seit den Tagen von Adam Smith und David Ricardo und erst recht

7 Abb. 3 bei van Bergeijk und Mensink (1997: 166) zeigt betreffs des Umfangs aller Exporte (in konstanten Preisen) von 1820 bis 1992 einen kontinuierlichen und seit 1960 steil ansteigenden Verlauf. Hinsichtlich der These einer technologischen Verursachung und einer Determinierung des Verlaufs der »Globalisierung« scheint sie für die globalen Verhältnisse zuzutreffen. Trotzdem muß gegen diese Sicht eingewandt werden, daß neue Technologien letztlich nur C h a n c e n bedeuten, die von Menschen genutzt werden müssen, sollen sie Wirklichkeit werden. Zwischen den Menschen und dem reinen Potential einer Technik stehen die i n s t i t u t i o n e l l e n Vorgaben und die s o z i a l e n Bedingungen ihrer Vermittlung.

Tabelle 2.2: Die Export- und die Importabhängigkeit der deutschen Industrie, 1875-1959 (1913 = 100)

Periode	Export-abhängigkeit[1]	Import-abhängigkeit[2]	Periode	Export-abhängigkeit[1]	Import-abhängigkeit[2]
1875/79	70		1929/30	88	79
1880/84	81	90	1931/32	91	87
1885/89	81	100	1933/34	57	79
1890/94	71	106	1935/36	46	54
1895/99	71	108	1937/38	41	49
1900/04	77	102	1950/51	42	37
1905/09	85	107	1952/53	50	43
1910/13	95	102	1954/55	55	44
1925/26	77	71	1956/57	61	48
1927/28	72	82	1958/59	60	42

Anmerkungen: [1]Gewogener Volumenindex der Rohstoffe, Halb- und Fertigwaren, geteilt durch den Produktionsindex für die gesamte Industrie (als Gewicht dienen die Werte von 1913). [2]Importvolumenindex geteilt durch den Produktionsindex für die gesamte Industrie.
Quelle: Hoffmann (1965: 159f., 163).

seit denen des brillanten Polemikers Bastiat gibt, dann ist es die von der Vorteilhaftigkeit des Freihandels (Frey u.a. 1984; McCulloch 1993; A.O. Sykes 1998).[8]

Warum wandten sich dann aber die meisten Länder im Laufe des letzten Drittels des 19. Jahrhunderts immer stärker vom Freihandel ab und dem Protektionismus zu? Und warum waren die Regierungen erst nach dem Zweiten Weltkrieg – und auch dann nur unter großen Mühen und unter dauernder Gefahr einer schnellen Rücknahme außenwirtschaftlicher »Konzessionen« – von den Vorteilen marktliberaler Handelspolitik zu überzeugen?

Wiederum scheint die Politik die entscheidende Variable zu sein. Es ist (und bleibt) wohl eine wesentlich politische und

8 Die praktischen Probleme der Handelspolitik blieben für die »reine« wie für die normative Theorie des Freihandels ohne Wirkung: »The lesson we must keep in mind is that the problems that trade issues deal with are not analytically complex, though they might be politically difficult. The complication that is associated with them is not analysis; it is alibi – the product of an instinct to avoid the political difficulty« (Finger 1983: 750).

von einem bestimmten institutionellen Kontext abhängige Entscheidung, ob die Argumente von den wirtschaftlichen Vorzügen des Freihandels für die Gestaltung der außenwirtschaftlichen Verhältnisse akzeptiert und handelspolitisch umgesetzt werden. Daher neigen Wirtschaftswissenschaftler wie Paul Krugman und Jagdish Bhagwati, die sich auf die Theorie und Empirie des internationalen Handels spezialisiert haben, zu der Vermutung, das Wachstum des Welthandels habe vorwiegend politische Gründe. Sie geben deshalb auch zu verstehen, daß die Entwicklung des Welthandels hin zu einer stärkeren wirtschaftlichen Integration potentiell umkehrbar ist. So wendet sich Paul Krugman (1997) gerade an die Politikwissenschaftler, nachdem er feststellt, daß »die zwingende Logik der Ökonomik zugunsten des [...] Freihandels für Leute, die tatsächlich entscheiden«, kaum ins Gewicht falle, und fragt, woher denn die politischen Impulse gegen die Freihandelspolitik rühren, die sich nach wie vor – und derzeit mit steigender Tendenz – bemerkbar machen.

Die Fragerichtung muß also umgedreht werden: Wie erklärt man, daß sich vor allem und zunächst Formen einer Handelspolitik ausbreiteten, die die Grenzen für Importe trotz der auch damals revolutionären Fortschritte der Transport- und Kommunikationstechnologien schlossen? Bis zum Beginn des Zweiten Weltkriegs nahm der Protektionismus ständig zu – selbst in Großbritannien, das den Freihandel am weitesten entwickelt hatte und dessen Regierung der Freihandelspolitik am längsten treu geblieben war. Zwei entgegengesetzte Erklärungsansätze wurden hier formuliert. Der erste interpretiert Protektionismus als politisch vermittelte Gegenbewegung zu einem Kapitalismus, der als soziale Kraft die gesamte Gesellschaft von Grund auf zu verändern drohe. Der zweite sieht Protektionismus als Ergebnis der Mobilisierung von Gruppen- gegen Allgemeinwohlinteressen, denen eher durch Freihandel gedient sei.

Der wichtigste Vertreter der erstgenannten Erklärung war Karl Polanyi (1978 [1944]). Sein Hauptwerk, das den Titel *The Great Transformation* trägt, entstand in den 1940er Jahren. Für Polanyi ist der Protektionismus eine unabwendbare und quasi automatische Reaktion der Gesellschaft, mit der sie zu verhindern sucht, daß ein sich selbst regulierender und die Lebenslage immer größerer Teile der Bevölkerung allein dem Spiel von Angebot und Nachfrage unterwerfender Markt sich immer weiter ausdehnt. Von der Sache her sei daher der außenwirtschaftliche Protektionismus auf derselben Ebene anzusiedeln wie beispielsweise die politische und gesetzliche Anerkennung von Gewerkschaften als kompensierendes Gegeninstrument zur Marktmacht der Unternehmer, die Fabrikschutzgesetzgebung und die soziale Politik der Einkommenssicherung durch Sozialversicherungen. Diese Maßnahmen zielten alle darauf, die Warenförmigkeit – die »Kommodifizierung« – von Arbeit einzuschränken und das *laissez faire* des Marktes für Beschäftigung, Löhne und Arbeitsbedingungen einzudämmen. Karl Polanyi zufolge gingen mit der Durchsetzung der Marktwirtschaft auch immer mehr Regierungen dazu über, in die freie Bewegung von Gütern, Kapital und Personen einzugreifen, um für ihre Gesellschaft soziale und politische Stabilität zu sichern. Wirtschaftlicher Protektionismus ist, so gesehen, eine Verteidigungsstrategie, die von allen Regierungen unter dem Druck markt- und vor allem weltwirtschaftlicher Verhältnisse eingeschlagen wird, um ihrer Verpflichtung zur sozialen (Re-)Integration ihrer Gesellschaften gegen eine außenwirtschaftliche Interdependenz nachzukommen, die eine nationale Politik ohnmächtig werden läßt:

»[D]ie Zunahme des Tempos und Volumens des internationalen Handels sowie die allgemeine Mobilisierung des Bodens im Zusammenhang mit den Massentransporten von Getreide und landwirtschaftlichen Rohstoffen, unter verhältnismäßig geringen Kosten, von einem Teil der Welt zu anderen [...] veränderte das Leben von Dutzenden Millionen im ländlichen Europa. Innerhalb weniger Jahre war der Freihandel ein Ding der Vergangenheit, und die weitere Expansion der Marktwirtschaft vollzog sich unter völlig neuen Bedingungen. Diese Bedingungen wurden durch die ›Doppelbewegung‹ geschaffen. Die Entwicklung des internationalen Handels, der sich nun mit beschleunigtem Tempo ausbreitete, traf mit der Einführung protektionistischer Institutionen zusammen, die bestrebt waren, die allumfassenden Auswirkungen des Marktes einzuschränken. Die Agrarkrise und die große Depression der Jahre 1873 bis 1886 hatten das Vertrauen in den Selbstregulierungsmechanismus der Wirtschaft erschüttert. Von da an konnten die typischen Einrichtungen der Marktwirtschaft gewöhnlich nur dann eingeführt werden, wenn sie von protektionistischen Maßnahmen begleitet waren, dies vor allem angesichts der Tatsache, daß die Staaten sich seit den späten sechziger und frühen achtziger Jahren des 19. Jahrhunderts zu durchorganisierten Einheiten ausbildeten und durch jene Umschichtung schwer in Mitleidenschaft gezogen werden konnten, mit denen jede plötzliche Anpassung an die Erfordernisse des Außenhandels oder der Wechselkurse einherging. Das wichtigste Instrument der Expansion der Marktwirtschaft, der Goldstandard, war daher meist von einer gleichzeitigen Einführung von für dieses Zeitalter typischen protektionistischen Maßnahmen begleitet, wie Sozialgesetzen und Schutzzöllen« (Polanyi 1978 [1944]: 286f.).

In einem zweiten Erklärungsansatz wird der Protektionismus als Ergebnis einer erfolgreichen Verfolgung der besonderen Interessen der Mitglieder bestimmter Zweige der Wirtschaft angesehen. Einzelne Industrien schließen sich zusammen und üben Druck auf die Regierungen aus, die Importkonkurrenz einzuschränken. Begründet werden diese Forderungen mit der Sicherung der nationalen Beschäftigung und der Höhe der Löhne oder, in umgekehrter Perspektive, der »Schmutz«- und Unterbietungskonkurrenz ausländischer Wettbewerber, die z. B. aufgrund von Subventionen oder von niedrigeren sozialpolitischen Belastungen der Produktion ungerechtfertigte Vorteile hätten.[9] Ein solches *rent seeking* – also B e u t e o h n e A r b e i t – ist in vielen Untersuchungen beschrieben worden.[10] Dieses Verhalten der Interessengruppen wird als ein hochgradig ansteckender und sich dynamisch aufschaukelnder Prozeß dargestellt, weil die Gewinne der Interessengruppen in konzentrierter Form für die einzelnen Produzenten auftreten, während die wirtschaftlichen Kosten auf die vielen Schultern der Konsumenten und Steuerzahler verteilt werden und so weniger auffallen. Die Wirtschaftsgeschichte der USA bis Mitte der 1930er Jahre bietet reichlich Anschauungsmaterial für einen derartigen von Interessengruppen angetriebenen Protektionismus.[11]

9 Zu einer frühen Formulierung der These eines internationalen Wettbewerbsnachteils aufgrund des sozialpolitischen Fortschritts einzelner Länder vgl. Weber 1993 [1894].

10 Der Kern dieses Erklärungsansatzes ist die Interessengruppentheorie von Mancur Olson (1965). Er hat sie in einem Vortrag auf die Handelspolitik angewandt (1963). Für einen Überblick zur empirischen Forschung vgl. Rodrik (1995) und Alt u. a. (1996), die aber auch auf die Schwierigkeiten und die Grenzen dieses Ansatzes aufmerksam machen.

11 Vgl. dazu Taussig (1966 [1931]), Schattschneider (1935), Pincus (1977) und Baldwin (1985 a). Nach dem Bürgerkrieg trat dieser Protektionismus nicht nur an die Stelle einer bundesstaatlichen Sozialpolitik, indem er Beschäftigungssicherheit und hohe Löhne zu garantieren schien, sondern er finanzierte auch über die beträchtlichen Zolleinnahmen des Bundes mit der

Das Hauptproblem auch dieser Erklärungen besteht, wie schon bei den beiden Erklärungen für das Entstehen einer offeneren Weltwirtschaft, darin, daß sie zu allgemein ausfallen. Gegen die Interpretation von Karl Polanyi spricht, daß es beträchtliche Unterschiede sowohl in den Formen wie in der politischen Ausrichtung von Protektionismus gegeben hat, die sich nicht mit dem Maß und der Geschwindigkeit der Industrialisierung erklären lassen (Lotz 1902). So wurde der Protektionismus im Deutschen Reich gegen die (Konsum-)Interessen der Arbeiterschaft durchgesetzt, was vor allem die Sozialdemokratische Partei und die Gewerkschaften immer wieder hervorgehoben haben, während er umgekehrt in den USA gerade unter den Arbeitern starke Unterstützung fand (Eckes 1995; Etges 1999). Auch ging Großbritannien, wo die Industrialisierung ihren Ausgang nahm und wo die Marktwirtschaft vergleichsweise früh die Lebenslage der Mehrheit der Bevölkerung bestimmte, erst zum Freihandel über, nachdem es schon einen vergleichsweise hohen Industrialisierungsgrad erreicht hatte. Und Großbritannien blieb auch dann auf diesem Kurs, als sich alle anderen größeren Wirtschaftsmächte in Europa wieder dem Protektionismus zugewandt hatten (P. M. Kennedy 1980; Mock 1982). Wichtiger ist noch, daß es bei Karl Polanyi keinen Hinweis darauf gibt, warum es gerade in den am meisten entwickelten und deshalb – aus seiner Sicht – auch am leichtesten verwundbaren Volkswirtschaften nach dem Zweiten Weltkrieg zu einer zunächst vorsichtigen, dann aber schnell an Bedeutung gewinnenden Umorientierung der Handelspolitik in Richtung Freihandel kommen konnte.[12]

Die großen, sich keinem allgemeinen Muster fügenden Unterschiede, die zwischen Ländern in bezug auf die Form und den Grad von Protektionismus und auf wichtige Veränderungen und Wasserscheiden in der Geschichte der nationalen Handelspolitik

Veteranenversorgung der ehemaligen Unionsarmee die erste große, wenn auch sehr eigentümliche Institutionalisierung des amerikanischen Wohlfahrtsstaates (Amenta/Skocpol 1989; Skocpol 1995).

12 Natürlich muß der Gerechtigkeit halber betont werden, daß Polanyis Arbeit 1944 veröffentlicht wurde. Trotzdem zeigt sich Karl Polanyi, wie unten noch gezeigt wird, eigentümlich blind für die Bedeutung von Sozialpolitik als einer Rahmenbedingung der Marktwirtschaft. Aber auch hier befindet er sich, wie das Beispiel Joseph Schumpeters und dessen negativer Einschätzung der Überlebensfähigkeit des Kapitalismus in *Kapitalismus, Sozialismus und Demokratie* zeigt, in guter Gesellschaft (1993 [1950]).

bestehen, lassen sich auch der Erklärung durch Interessengruppen entgegengehalten. Das Problem besteht weniger darin, daß ein handelspolitisches *rent seeking* sich nicht in allen einschlägigen Fällen beobachten läßt, sondern darin, daß *rent seeking* einen allgemeinen Mechanismus der Interessendurchsetzung beschreibt und nicht eigentlich die Ursache für historisch besondere protektionistische Entwicklungen benennt.[13] Dieser Ansatz versagt erst recht, wenn es gilt, eine antiprotektionistische Interessenpolitik oder den Erfolg eines Freihandelsregimes und das Scheitern protektionistischer Gegenbewegungen zu erklären (Destler/Odell 1987; Milner 1988).[14] Es sind einmal zusätzliche Faktoren – wie etwa die Verfassung und die Spielregeln demokratischer Politik oder kulturelle Orientierungen gegenüber dem Markt als zentraler Größe in der Verteilung von Einkommen – und dann der jeweils besondere politisch-institutionelle Kontext, die eine entscheidende Rolle spielen können, wenn die Unterschiede im zeitlichen Ablauf, der Häufigkeit und der Qualität von Protektionismus erklärt werden sollen.[15]

II. Eine These: Die »konservative Wohlfahrtsfunktion«

Karl Polanyi dürfte die politisch wirksamen Argumente für Protektionismus und andere Formen des wirtschaftlichen Nationalismus, was ihre beabsichtigten Wirkungen betrifft,

13 Deshalb äußerte sich einer der »Erfinder« dieser Theorie, Gordon Tullock, eher skeptisch über ihre Erklärungskraft sowohl für die positive wie für die normative Theorie (Tullock 1988). Den Ausgangspunkt – der leider auch oft das Ergebnis beinhaltet – der *public choice*-Erklärungen wurde 1848 von Frederick Bastiat in seinem Artikel »L'Etat« im *Journal des Debats* auf den Punkt gebracht: »Der STAAT ist die große FIKTION, nach der sich JEDERMANN bemüht, auf Kosten JEDERMANNS zu leben«.

14 Von besonderem Interesse ist immer noch das Scheitern der Massenbewegung für die Einführung von Zöllen im Vereinigten Königreich in den drei Jahrzehnten vor dem Ersten Weltkrieg (B. H. Brown 1943).

15 Das Interesse an Unterschieden bedeutet auch eine Absage an die Theorie des Protektionismus. Hier wird nach dem Kontext von Protektionismus und Freihandel gefragt: Welche Bedingungen der inneren Verfassung von Staat, Wirtschaft und Gesellschaft machen welche handelspolitischen Entscheidungen bzw., in längerfristiger Betrachtung, welche außen- und weltwirtschaftliche Strukturen mehr wahrscheinlich und welche machen andere weniger wahrscheinlich?

zutreffend beschrieben haben. Zölle bedeuteten, in den Augen ihrer Verfechter, »langfristig gesehen, Sicherung gegen Arbeitslosigkeit, die Stabilisierung regionaler Verhältnisse, einen Schutz vor der Liquidierung von Industriezweigen und – vielleicht in erster Linie – die Vermeidung des schmerzlichen Statusverlustes, der notwendigerweise mit jedem Wechsel des Arbeitsplatzes verbunden ist, wenn der Betreffende für den neuen Posten weniger Können und Erfahrung mitbringt« (Polanyi 1978 [1944]: 213). Seine positive Sicht des Protektionismus ist in vielem zeitbedingt, also auf den Zweiten Weltkrieg zurückzuführen und auf die Entwicklungen, die zu diesem Krieg geführt haben.[16]

Dennoch bezeichnet er zwei für den handelspolitischen Protektionismus wesentliche Punkte recht genau. Das sind, erstens, die *Einkommen* – ihre Höhe, ihre Sicherheit und ihre Verteilung auf die verschiedenen Gruppen und Schichten – und, zweitens, die *gesellschaftliche* Natur der Auseinandersetzungen um die Handelspolitik. Es geht bei diesen wesentlich *politischen* Konflikten um die Gestaltung der außenwirtschaftlichen Verhältnisse nicht nur um rein ökonomische Sachverhalte und bloß materielle Größen, sondern um soziale Anerkennung und ihre Gefährdung: Die Interessen sozialer Gruppen richten sich auch und oft vorrangig auf ihre Geltung und ihren Rang, auf ihren Status und dessen Sicherheit *im Vergleich mit anderen Gruppen*.[17] Mit den Maßnahmen der Handelspolitik habe man nicht einfach auf die Bedürfnisse einer Industriegesellschaft reagiert, die mit den Methoden des Marktes nicht befriedigt werden konnten. Ganz im Gegenteil habe die überwiegende Mehrzahl sozial- und handelspolitischer Eingriffe keinen direkten und kaum einen indirekten Einfluß auf die Einkommen. Aber selbst dort, wo es um monetäre Größen gegangen

16 Karl Polanyi bewertet die Ergebnisse der Ausdehnung marktwirtschaftlicher Produktionsverhältnisse durchweg negativ und bewegt sich insofern im Rahmen der Marxschen Verelendungstheorie. Er unterscheidet sich von Karl Marx in der sehr viel größeren Bedeutung, die er dem Staat dabei zumaß, Märkte regulieren und ihre Ergebnisse korrigieren zu können, und vor allem in der Betonung der Eigenständigkeit staatlicher Politik.

17 Die gleiche soziale Relativität von Statuspositionen ist auch zwischen Personen zu beobachten: Arbeitnehmer mit identischer Beschäftigung – z. B. Putzfrauen – verdienen in florierenden Unternehmen mit einem hohen Anteil von Gutverdienenden mehr als in Betrieben mit niedrigeren Durchschnittseinkommen (Mullainathan/Thaler 2000).

sei, waren diese anderen Interessen untergeordnet: »Es handelte sich fast immer um beruflichen Rang, Sicherheit, die Lebensweise des Menschen, seinen Spielraum und die Stabilität seiner Lebensverhältnisse« (Polanyi 1978 [1944]: 213). Mit anderen Worten, für die sozialen Gruppen steht im Vordergrund, was Entwicklungen der Außenwirtschaft und handelspolitische Entscheidungen für ihre Lage in der Gesellschaft b e d e u t e n und, wahrscheinlich noch sehr viel wichtiger, was sie v o r a u s s i c h t l i c h bedeuten k ö n n e n.

Um erklären zu können, warum es zunächst in Form protektionistischer Handelspolitik zu einer schnellen Ausbreitung eines wirtschaftlichen Nationalismus, später dann, nach dem Zweiten Weltkrieg, zu einer erfolgreichen und dauerhaften Politik der Senkung und weitgehenden Beseitigung von Zöllen, also der Öffnung der nationalen Volkswirtschaften, gekommen ist, kann das Konzept der »konservativen Wohlfahrtsfunktion« (Corden 1997 [1974]: 74-76) herangezogen werden, von der sich die Regierenden leiten lassen. Diese konservative Wohlfahrtsfunktion ist die Grundlage des ersten Teils einer These, die das Aufkommen eines marktliberalen Handelsregimes nach dem Zweiten Weltkrieg und insbesondere den Fortschritt der wirtschaftlichen Globalisierung seit Anfang der 1980er Jahre erklärt – und die verständlich macht, warum vor dem Ersten Weltkrieg und in der Zwischenkriegszeit der Freihandel nur geringe Durchsetzungs-, Erhaltungs- und Entfaltungschancen hatte.[18]

Mit einfachen Worten ausgedrückt, geht die konservative Wohlfahrtsfunktion von der Annahme aus, daß die Regierenden immer versuchen werden, erhebliche und absolute Einbußen der Realeinkommen von Gruppen mit einigem politischen Gewicht zu verhindern. Eine solche Orientierung läuft nicht nur darauf hinaus, daß die politisch Verantwortlichen die jeweils existierende Einkommensverteilung als die beste ansehen, sondern auch dem Risiko negativer Entwicklungen mehr Gewicht beile-

18 Bei dieser Untersuchung geht es vorrangig um die s o z i a l e n Gründe außenwirtschaftlicher Schließung, also um jene, die aufgrund der Demokratisierung der Politik den Interessen von Arbeitnehmern eine größere Wirksamkeit verleihen. Es gibt auch »wirtschaftliche« Gründe für Protektionismus, etwa weil eine Kartellierung der Binnenwirtschaft, wenn sie die erhoffte Wirkung zeigen soll, von einer entsprechend protektionistischen Handelspolitik begleitet werden muß.

gen als den Chancen von Wachstum und Verbesserungen. Deshalb bezeichnet Max Corden die Wohlfahrtsfunktion als konservativ.[19] Dies zielt darauf, daß Veränderungen von Einkommen in jeweils gleichem Umfang stärker empfunden werden, wenn sie als Verlust und, weniger gravierend, wenn sie als Zuwachs auftreten – und Politiker entsprechend reagieren.[20]

Abbildung 2.2 beschreibt diese Wertfunktion. Sie gibt die Aussicht auf Ergebnisse von Entscheidungen wieder. Ergebnisse sind positive oder negative Abweichungen (Gewinne oder Verluste) von einem neutralen Bezugspunkt. Obwohl Bewertungen je nach Person und Sachverhalt anders ausfallen, zeigen Experimente immer wieder eine S-förmige Wertfunktion. Oberhalb des Bezugspunktes ist sie konkav, unterhalb ist sie konvex. Z. B. ist der Unterschied in der Wertschätzung einer Verbesserung von 20 auf 40 DM größer als der einer Verbesserung von 160 auf 180 DM. Das gleiche gilt für die Bewertung von Verlusten. Außerdem zeigt sich als eine weitere feste Größe, daß die Reaktionen auf Verluste heftiger ausfallen als die auf Gewinne. Das Unbehagen, das sich mit einem Verlust in einer bestimmten Größenordnung verbindet, ist regelmäßig größer als die Freude über einen Gewinn in der gleichen Größenordnung (Tversky/Kahneman 1981: 454).

Warum sich Regierungen tatsächlich so verhalten, kann verschiedene Gründe haben. Einmal können die Regierenden als Parteipolitiker ein Interesse an ihrer Wiederwahl haben und deshalb für jene kritischen Signale empfänglich sein, die Beschäftigungsverluste und Lohnsenkungen für Kerngruppen der

19 Auch Gerhard Lenski geht in seiner »Theorie der sozialen Schichtung« (1977 [1966]) von der allgemeinen These aus, die koordinierten Aktionen von Gesellschaften seien »in erster Linie« an der »Erhaltung des *Status quo*« orientiert: »Da vollkommene Stabilität oder exaktes Gleichgewicht nicht möglich sind, läßt sich dieses Ziel angemessener beschreiben als das der Minimisierung von innerem politischen Wandel. Seinen Ausdruck findet es u. a. in einem riesigen Staatsapparat und anderen Agenturen und Instrumenten sozialer Kontrolle, im großen Interesse an Recht und Ordnung, das alle im Staat Maßgeblichen bekunden, sowie in der Schaffung und Erhaltung politischer Ideologien zur Rechtfertigung des Status quo« (69).

20 In der ökonomischen Literatur wird diese unterschiedliche Bewertung gleich großer Veränderungen als *endowment effect* bezeichnet. Der *locus classicus* ist Kahneman/Tversky (1979).

Abbildung 2.2: Die konservative Wertfunktion

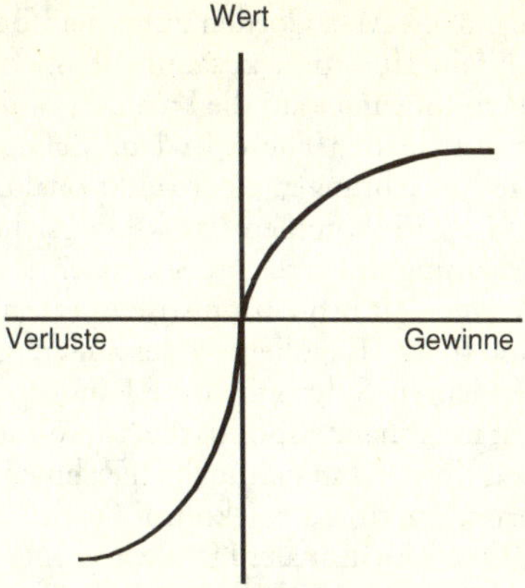

Wahlbevölkerung f ü r s i e bedeuten. Weiter kann die Orientierung von Regierungen an Sicherheits- und Schutzwerten zu einer außenwirtschaftlichen Schließung führen, weil sie so verhindern wollen, daß durch Importkonkurrenz Statuspositionen bedroht oder die wirtschaftlichen Bedingungen der sozialen Ordnung erodiert werden. Und schließlich können es die einheimischen Verlierer der Importkonkurrenz sein, die Regierungen zu protektionistischen Maßnahmen zwingen. Man muß also nicht wie Polanyi davon ausgehen, daß die Regierungen bzw. der Staat als Instanzen wirken, die eine außenwirtschaftliche Schließung als »gesellschaftliche Aufgabe« oder irgendwie »objektive Notwendigkeit« erkennen und dann »interesselos« erfüllen.[21] Es gibt auch keine Gründe für die Annahme, eine Marktwirtschaft führe bereits »an sich« zu gesellschaftlich unerträglichen Ergebnissen, wie manche Autoren mit Berufung auf Polanyi behaupten und damit weiter argumentieren, die Globalisierung sei notwendig zum Scheitern verurteilt (Gray 1998: 1-21; Soros 1998).

21 Für eine Beschreibung und Diskussion der einzelnen Ursachen, die ein Protektionismus haben und der verschiedenen Wege, die er einschlagen kann, vgl. Hillmann (1989).

Die Überlegungen, die Max Corden unter dem Begriff der konservativen Wohlfahrtsfunktion zusammenfaßt, führten für die Handelspolitik zu folgender auf die Innenpolitik einer Wohlfahrtsdemokratie zielenden These: In dem Maße, in dem Regierungen über die Einrichtungen einer funktional differenzierten Sozialpolitik Einkommen wirksam sichern und für Zwecke der Erhaltung des erreichten sozialen Status umverteilen, können sie auch auf protektionistische Intervention in den Handel und eine strikte Regulierung der außenwirtschaftlichen Verhältnisse verzichten. Sofern mehrere Länder eine sozialpolitische, und nicht mehr handelspolitische Einkommens- und Statussicherung betreiben, kann sich auch im Rahmen eines gemeinsam vereinbarten und dann koordinierten Abbaus von Zollschranken ein internationaler Handel frei entwickeln. Da die Regierenden hauptsächlich deshalb Zölle und Quoten eingeführt haben, um mit einheimischen Gütern konkurrierende Importe abzuwehren und um plötzliche oder hohe wie unerwartete Einkommensverluste für außenwirtschaftlich exponierte Gruppen im Gefolge von Entwicklungen, die jenseits der Grenzen – und damit der Reichweite politischer Regulierung und Intervention – ihre Ursachen haben, einzuschränken oder ganz zu verhindern, liefen ihre Anstrengungen in der Handelspolitik immer darauf hinaus, eine Art soziales Sicherungssystem zu errichten.[22] Sozialpolitik und Handelspolitik sind also, wenn es um die Reaktion auf die Wirkungen einer offenen Volkswirtschaft – vor allem um die unter Umständen massiven Folgen von Importen für die Beschäftigung und die Einkommen – geht, funktional äquivalent. Bei beiden stehen die Erhaltung und die jeweilige Verteilung von Einkommen gegen die Einkommenschancen, Beschäftigungsbedingungen und Verteilungsrelationen, die allein konkurrenz- und produktivitätsorientierte Märkte erzeugen, im Mittelpunkt eines politischen Geschehens. Sowohl über die Handels- wie über die Sozialpolitik soll den Arbeitnehmern ein Einkommen verschafft werden, das

22 Für eine ausführliche Diskussion der These einer »konservativen Wohlfahrtsfunktion« und ihrer Erklärungskraft für handelspolitische Entwicklungen vgl. Deardorff (1987) und Hillman (1989: 103-121).

nicht von dem je nach Marktlage wechselnden und vom einzelnen Beschäftigten kaum beeinflußbaren Wert seiner Arbeitskraft bestimmt wird – zumindest nicht was mögliche Einkommensverluste betrifft. Diese Differenz zu tatsächlichen oder auch nur befürchteten Marktergebnissen ist der gemeinte, subjektive Sinn von protektionistischer Handels- wie von Sozialpolitik.

Die These läßt sich erweitern. Verändert sich die Fähigkeit von Sozialpolitik, Statuspositionen und Lebensstandards zu sichern, so wird dies unter sonst gleichbleibenden Umständen auch zu Veränderungen in der politischen Bewertung der Risiken offener Märkte und insbesondere der Rolle von Importkonkurrenz und damit im Endeffekt auch zu einer Zu- oder Abnahme protektionistischer Handelspolitik führen. Beschneidungen des Wohlfahrtsstaates, die die soziale Unsicherheit und die Statusangst politisch wichtiger Gruppen erhöhen, erzeugen zunehmenden Druck, Importe einzuschränken und die Außenwirtschaft zu regulieren. Und umgekehrt kann vermutet werden, daß ein Ausbau des Wohlfahrtsstaates, der zu einer höheren Einkommens- und Statussicherheit wahlstrategisch interessanter Gruppen führt, den Gestaltungsspielraum der Regierenden für die Handelspolitik vergrößert und die innenpolitischen Kosten einer außenwirtschaftlichen Öffnung senkt. Der entscheidende Punkt sind also die Instrumente, die der Sozial- und Handelspolitik zur Verfügung stehen, um jene Ziele einer nationalstaatlich exklusiven und wesentlich wohlfahrtsstaatlichen Ordnung erreichen zu können, die im Mittelpunkt demokratischer Politik stehen. Es sind die Vorstellungen einer Mehrheit der abhängig Beschäftigten und wirtschaftlich leicht Verwundbaren, die in einem demokratischen Staat den Ton und die Richtung der Sozial- wie der Wirtschaftspolitik bestimmen.[23]

Die These einer politikleitenden konservativen Wohlfahrts-

23 Vgl. dazu Joseph A. Schumpeters Kommentar zur Klage Friedrich August von Hayeks über den Niedergang liberaler Werte und den »Weg in die Knechtschaft«: »The principles of individual initiative and self-reliance are the principles of a very limited class. They mean nothing to the mass of people who – no matter for what reason – are not up to the standard they imply. It is this majority that the economic achievement and the liberal policy of the capitalist age have invested with dominant power. Excepting intellectuals and politicians, nobody has changed his ideas. It is the people whose ideas count politically that have changed« (1946: 270).

funktion bezieht sich auf Motive und auf Prinzipien, die das Verhalten sozialer Gruppen und von Regierenden prägen und die zu besonderen institutionellen Strukturen auf nationaler und internationaler Ebene führen. Zwei Fragen sind damit aber nicht beantwortet: Sind, erstens, Zölle und andere Instrumente einer protektionistischen Handelspolitik tatsächlich, und nicht nur vermeintlich, auch wirksame Instrumente, soziale Ziele effektiv und effizient zu verwirklichen?[24] Kann, zweitens, durch Sozialpolitik die Einkommensverteilung tatsächlich so verändert und der Einkommensschutz so organisiert werden, daß die allgemeinen Interessen von Wirtschaft und Gesellschaft, was ihre zukünftige Produktivität – einschließlich ihrer sozialen Bedingungen – betrifft, nicht beeinträchtigt werden?[25] Diese Fragen können hier nicht behandelt werden. Die Wahrheit und der Realitätsgehalt ökonomischer – oder auch nur soziologischer – Theorien sind nicht das Thema dieses Kapitels, sondern die Erklärung historischer Sachverhalte. Wir wollen verstehen, was es mit den Tatsachen der Handels- und Sozialpolitik auf sich hat, warum sie sich so und nicht anders entwickelten – und nicht, was zukünftig getan werden soll. Mit anderen Worten, mit den aus der Vorstellung einer konservativen Wohlfahrtsfunktion abgeleiteten Thesen werden keine Aussagen darüber gemacht, welche Wirtschafts- und Sozialpolitik tatsächlich und unter Angabe objektiver Indikatoren die beste ist. Die These zielt allein auf die motivationalen Grundlagen von (institutionellen) Entwicklungen in der Sozial- und Außenwirtschaftspolitik, also auf jene Ideen, die ein politi-

24 Im Rahmen der Außenwirtschaftstheorie gab es immer wieder Versuche, die Bedingungen zu spezifizieren, unter denen Zölle bzw. eine politische Regulierung der Außenwirtschaft und des Handels vorteilhaft sind. Das älteste und berühmteste Argument ist der von Friedrich List (1930 [1841]) und Alexander Hamilton (1817, 1928) formulierte Entwicklungsschutz der einheimischen Industrie gegenüber der überlegenen Leistungsfähigkeit einer entwickelten Volkswirtschaft. Der jüngste Versuch ist die von Paul Krugman formulierte »neue« oder »strategische Handelspolitik« (1987; 1990: 1-3). Für eine Kritik, vor allem was die Behauptung betrifft, Freihandel sei *passé*, vgl. Bhagwati (1988, 1998). Was die Möglichkeiten angeht, die »neue« Theorie internationalen Handels in die Praxis umzusetzen, wurde Krugman zunehmend skeptischer (1996).

25 Das Thema und die Probleme einer »marktadäquaten« oder »marktkompatiblen« Sozialpolitik werden z. B. von Homann und Pies (1996) behandelt.

sches Handeln begründen und legitimieren und die mit anderen Ideen konkurriert haben und die deshalb auch als Ursache für die Erklärung von Tatsachen in Betracht kommen. Die These kann schließlich auch verständlich machen, warum die Globalisierung vor allem in den entwickelten Volkswirtschaften mit einer demokratisch verfaßten Politik als Bedrohung empfunden wird. Der Verlauf der Wertfunktion, die konservierende Reaktionen provoziert, läßt vermuten, daß mit der Höhe des Wohlstands auch die Sorge um Besitz und Einkommen und den damit verbundenen Status zunimmt.[26]

In noch einer weiteren Hinsicht verlangt die These nach einer Erläuterung. Man mag es für unsinnig halten, herausfinden zu wollen, ob die konkreten Veränderungen der Arbeitsbedingungen einschließlich der Höhe der Löhne und der Verschiebungen in der Einkommensverteilung durch den nationalen oder den internationalen Wettbewerb verursacht werden, oder ob es sich dabei um die Ergebnisse eines säkularen, früher oder später alle Volkswirtschaften erfassenden Prozesses wirtschaftlichen Wandels handelt, oder schließlich um Ergebnisse, die tatsächlich und ursächlich mit den besonderen Tatsachen der Handelspolitik verknüpft sind. Auch hier ist der entscheidende Punkt, daß genau diese Differenzierungen, seien sie nun theoretisch überzeugend oder nicht, einen politischen Unterschied machten und machen – und dieser empirische Sachverhalt findet sich auch in den Einrichtungen der Handels- und Sozialpolitik und der Art und Weise ihrer politischen Handhabung wieder.

In den Vereinigten Staaten kann beispielsweise der ehemalige Arbeiter eines Unternehmens Ansprüche auf besondere Leistungen – die über den normalen Einkommensersatz der Arbeitslosenversicherung hinausgehen – geltend machen, wenn die *International Trade Commission* (ITC) im Anschluß an ein förmliches Verfahren darauf erkennt, er habe seinen Arbeitsplatz durch die Importkonkurrenz, und nicht aufgrund des allgemeinen Strukturwandels verloren. Sein Kollege mit der gleichen Qualifikation und Arbeitsaufgabe in einem unmittelbar benachbarten Unternehmen hat aber keine Anrechte auf ein längeres

26 Deshalb beschreibt Bhagwati (1998: 29-71) die entwickelten Volkswirtschaften des Nordens als »ängstlich«.

Arbeitslosengeld oder öffentlich finanzierte Maßnahmen einer Weiterbildung erworben, wenn die Schließung seiner Firma mit einem ausschließlich nationalen Wettbewerbsvorgang in Zusammenhang gebracht wird – oder wenn die Anwälte, die die Firma vor der ITC vertreten, ungeschickt agierten. Bürger und Regierungen empfinden es offenbar als »unfair«, wenn Einkommen aufgrund von Ursachen verlorengehen, die sie jenseits der nationalen Grenzen verorten. Wirtschaftswissenschaftliche Argumente sind hier wirkungslos.[27] Diese Veränderungen gelten als Ereignisse, für die die allgemein akzeptierten Regeln darüber, was ein durchschnittlicher Arbeitnehmer als normales Risiko des Einkommensausfalls zu akzeptieren hat, nicht gelten.

Es scheint in der Natur der Sache zu liegen, daß die Funktionsweise, die Regeln und schließlich auch die Ergebnisse einer selbstregulierenden Marktwirtschaft allein im geschlossenen nationalen Rahmen als »fair« akzeptiert werden. Für eine internationale Marktwirtschaft mit ihren von außen kommenden Einflüssen gilt dies sehr viel weniger: »Being foreign itself seems unfair« (Hudec 1999: 242). Hier scheint die Wahrnehmung vorzuherrschen, einheimische Arbeitsplätze und Einkommen könnten durch ausländische Konkurrenz in einem größeren Ausmaß bedroht und vernichtet werden. Da ausländische Konkurrenz die nationalen territorialen Grenzen überschreitet, rechnet man sie über die Öffnung der Staatsgrenze einer bewußten politischen Entscheidung zu und bewertet die nationale Regierung bei den Wahlen auch danach, ob und inwieweit sie bedrohliche Importkonkurrenz zugelassen hat. Die Auswirkungen der internationalen Konkurrenz werden also national durchaus politisch zugerechnet. Im nationalen Rahmen dürfen offenbar – unter bestimmten Bedingungen – die Marktkräfte autonom sein und jenseits der Politik die Beschäftigungsmöglichkeiten und Einkommensniveaus bestimmen.

Die dahinterstehende Grundannahme ist wohl die, daß das, was innerhalb der Grenzen einer »Volkswirtschaft« geschieht, im Rahmen vorher vereinbarter, demokratisch konsentier-

27 Vgl. dazu auch Hudec (1999: 278): »As long as trade policy continues to worship at the shrine of fairness, trade policy advocates will find it necessary to try to satisfy the relentless demands for proof that trade is fair. The fact that fairness concepts make no sense in international trade matters will not excuse the need to employ them.«

ter Regeln abläuft und d e s h a l b die zunächst einmal negativen Ergebnisse – z. B. Arbeitslosigkeit oder die Verschlechterung der Arbeitsbedingungen – von den Betroffenen als Bestandteil eines legitimen Risikos hingenommen werden müssen. Es kann ja keine Rede davon sein, die internationale Wirtschaftsordnung sei irgendwie unmittelbar demokratisch legitimiert oder einer direkten demokratischen Kontrolle und Erzwingung von Verantwortung zugänglich. Die Grundlage politischer Ordnung ist die Kontrolle des Territoriums. Politische Macht ist wesentlich G e b i e t s herrschaft und letztlich vor allem dadurch autorisiert und legitimiert, daß sie »Land und Leute« schützt. Internationalen Organisationen fehlt nicht nur diese territoriale Dimension, sie sind in der Regel auch nicht fähig – sieht man von der EU einmal ab –, sich unmittelbar an Personen zu wenden. Internationale Organisationen sind ein Mittel der Regierung von Regierungen. Wie die andauernde und heftiger werdende Kritik der *Non-Governmental Organizations* am GATT, der WTO und am Internationalen Währungsfonds zeigt, bietet die immer nur indirekte Legitimierung der Ergebnisse von GATT-Verhandlungen und des Beitritts zu den internationalen Wirtschaftsorganisationen in Form nationaler Ratifizierungsverfahren keine hinreichende Tragfähigkeit für die Zumutung negativer Erfahrungen und Belastungen, was Veränderungen in Beschäftigung und Einkommen betrifft. Sie werden im Gegenteil als demokratischer und damit als p o l i t i s c h e r Autonomieverlust eines sozialen Körpers empfunden. Mit Ausnahme der USA haben e i n z e l n e Regierungen in der Regel keine Möglichkeit, die Politik anderer Länder gegenüber ihren jeweiligen Unternehmen zu beeinflussen oder in die Weltwirtschaft wirksam einzugreifen. Aus dieser doppelten Eigenschaft einer internationalen Marktwirtschaftsordnung kann sich deshalb die politisch unter Umständen sehr wirkungsvolle Vorstellung ableiten, die negativen Ergebnisse der Weltwirtschaft p o l i t i s c h korrigieren zu müssen oder sie durch das Ziehen einer außenwirtschaftlichen Brandmauer überhaupt zu verhindern.

Mit diesem zweifellos stark vereinfachten Bild soll beschrieben werden, wie der Nationalstaat von den Bürgern wahrgenommen wird, wenn es um grundlegende wirtschaftliche Belange geht. Ohne diese prinzipielle Unterscheidung zwischen dem Innen und dem Außen von Volkswirtschaften, den Vorstellungen einer gesellschaftlichen Besonderheit, die es als historische Errungenschaft zu schützen gilt, ließen sich weder die Antriebskräfte nationaler Außenwirtschaftspolitik noch die Art und Weise der internationalen Regulierung des Welthandelssystems verstehen. Allerdings gilt auch für diese Betrachtung der Bedeutung des wirtschaftlichen Nationalismus, daß sie nicht als normative Aussage gemeint ist, sondern eine wirtschaftspolitische Tatsache von großem Gewicht beschreiben will (Berlin 1998). Die Erklärung von Sachverhalten ist etwas anderes als ihre Rechtfertigung, und aus den Tatsachen selbst läßt sich wissenschaftlich nicht ableiten, wie man sich dazu verhalten soll.[28] Die für die tatsächliche Gestalt außenwirtschaftlicher Verhältnisse so wesentliche wirtschaftspolitische Schizophrenie ist wahrscheinlich nicht nur vor dem Hintergrund der ökonomischen Theorie hochgradig irrational, sondern hat auch aller Wahrscheinlichkeit nach immer wieder zu einer massiven Fehlallokation von Produktionsfaktoren geführt und ein weitverbreitetes, endemisches *rent seeking* auf Kosten der Verbraucher begünstigt. Diese Seite der These kann hier aber nicht weiter ausgeführt werden.[29]

Der internationale Teil der These

Der zweite, internationale Teil der These zielt auf die institutionelle Struktur des Welthandelssystems, insbesondere auf das GATT und die WTO. Diese Einrichtungen sind nicht nur eine der Grundlagen einer allgemeinen, für alle Mitgliedstaaten gleichermaßen verbindlichen liberalen Weltwirtschaftsordnung, sondern sie stellen auch Instrumente und Verfahren bereit, mit denen die Regierungen den besonderen Problemen entgegentreten können, denen sie sich ausgesetzt sehen mögen, nachdem sie sich auf eine Freihandelspolitik eingelassen haben. Einzelne Normen und darauf bezogene spezialisierte Verfahren einschließlich einer internationalen Schiedsgerichtsbarkeit, die den internationalen Wirtschaftsbeziehungen eine ei-

28 Zu den Einzelheiten dieser wissenschaftstheoretischen Position vgl. Weber (1956b [1904]).

29 Detaillierte Untersuchungen und eine abwägende Diskussion bietet die Aufsatzsammlung von Bhagwati (1998).

genartige Gestalt geben, sollen die Regierungen dabei unterstützen, ihre nichtwirtschaftlichen, also vor allem wohlfahrtsstaatlichen Ziele in einer regelgeleiteten und damit für andere Regierungen kalkulierbaren Weise zu verfolgen. Auf diese Weise soll kritischen Entwicklungen jener Art vorgebeugt werden, die z. B. in der Zeit zwischen den beiden Weltkriegen zu einem Protektionswettbewerb mit immer höheren Zollsätzen und Handelsbarrieren und damit zu einer krisenverschärfenden Handelspolitik mit katastrophalen sozialen und politischen Folgen in jeder der betroffenen Gesellschaften geführt haben.

In möglichst einfachen Worten ausgedrückt, lautet der zweite Teil der These: Je mehr die Normen und Verfahren der Ordnung internationaler Wirtschaftsbeziehungen den wesentlich exklusiven wohlfahrtsstaatlichen Handlungszwängen nationaler Regierungen Rechnung tragen, desto eher werden die Regierenden auch in der Lage sein, die allgemeinen Regeln eines Freihandelsregimes zu beachten und offene Märkte dem Grundsatz nach zu gewährleisten. Wird in der Welthandels- und Weltwirtschaftsordnung anerkannt, daß die demokratische Verpflichtung von Regierenden auf die sozialen Ziele einer sicheren und egalisierenden Einkommensverteilung mit der Verpflichtung auf ein Freihandelsregime kollidieren kann und daß dann die nationalen Interessen einen Vorrang behaupten können, dann erhöht das die Legitimität und damit auch die Stabilität von Weltmärkten. Bevor dieser These genauer nachgegangen wird, soll auch hier wieder näher erläutert werden, um welche Art von Begründung es sich hier handelt – und um welche nicht.

Die These im einzelnen

Mit dem ersten Teil der These, also der Vermutung einer funktionalen Äquivalenz von Sozial- und (importbeschränkender) Handelspolitik, soll nicht behauptet werden, Regierungen hätten Sozialpolitik in der Absicht entworfen, die Zölle und anderen Barrieren grenzüberschreitenden Handels und einer transnationalen Organisation der Unternehmen abzuschaffen und eine Freihandelspolitik zu fördern. Es gibt keine historischen Hinweise darauf, daß Regierungen eine solche Fernwirkung von Sozialpolitik im Blick gehabt und deshalb so und nicht anders gehandelt hätten. Ganz im Gegenteil sind Regierungen und Unternehmensverbände Forderungen nach einem Ausbau sozialpolitischer Einrichtungen immer wieder auch mit dem Argument entgegengetreten, die Sozialabgaben oder die höheren Steuern, mit denen die neuen oder ausgeweiteten Sozialpolitiken finanziert werden sollten, würden die Wettbewerbssituation der exportierenden wie der importierenden Sektoren der Volkswirtschaft verschlechtern. In einigen Fällen hat die Industrie zudem von der Regierung verlangt, sie durch kompensierende Zölle und Exporterleichterungen zu schützen, um so die zusätzlichen Kosten aufzubringen, die ihr durch die Einführung neuer sozialer Sicherungsprogramme bzw. von Arbeitsgesetzen entstanden waren, mit denen beispielsweise die Kinder- und Frauenarbeit eingeschränkt worden war – und die die ausländischen Konkurrenten nicht zu tragen hätten.[30] Freihandel sei unter diesen ungleichen Wettbewerbsbedingungen selbstzerstörerisch; an seine Stelle müsse ein *Fair Trade* treten (Zebel 1940).

Allgemein und in größeren Zeiträumen betrachtet, sind Sozialpolitiken vornehmlich aus im weitesten Sinne b i n n e n gesellschaftlichen Gründen eingeführt, ausgeweitet und intensiviert worden (Goodin 1985). Die außenwirtschaftlichen Verhältnisse und die Tatsachen der Handelspolitik spielten für die sozialpolitische Willensbildung und ihre Entscheidungen so gut wie keine Rolle. Der Ausgangspunkt der modernen staatlichen Sozialpolitik war die »soziale Frage«, und die Unterschiede, die sich in den politischen Reaktionen auf die sozialen Folgen der Industrialisierung beobachten lassen, geben keinen Hinweis auf außenwirtschaftliche oder handelspolitische Interessen.[31] Eine artikulierte, ausdrücklich eingeforderte Rücksichtnahme auf die außenwirtschaftliche Situation und auf die Implikationen für die Handelspolitik hat nur selten eine größere Rolle dabei gespielt, o b Sozialpolitik betrieben werden soll und w e l c h e F o r m e n die Einrichtungen des Wohlfahrtsstaates haben sollen. Was so unterschiedliche Autoren wie Otto von Zwiedineck-Südenhorst (1911, 1924), T. H. Marshall (1975, 1992a) oder Gøsta Esping-Andersen (1985, 1990; Esping-Anderson/Regini 2000) als all-

30 Diese Seite der Geschichte der Sozialpolitik in Deutschland wird von Büren (1934) ausführlich behandelt.

31 Die beste vergleichende Darstellung ist immer noch Tönnies (1926).

gemeines Merkmal von Sozialpolitik betonen, nämlich daß sie Politik gegen den Markt sei, gilt erst recht für die Außenwirtschaft. Die außenwirtschaftlichen Interessen der eigenen Unternehmen haben in der Sozialpolitik wenig und die Exportinteressen ausländischer Unternehmen erst recht kein Gewicht.

Erst in den beiden Jahrzehnten nach dem Zweiten Weltkrieg, als die Regierungen der entwickelten Länder vor der Aufgabe standen, die internationalen Wirtschaftsbeziehungen neu zu regeln, stellten sie nach und nach fest, daß sie auf Zölle deshalb immer mehr verzichten konnten, weil inzwischen der Wohlfahrtsstaat so weit ausgebaut worden war, daß er die sozialen Sicherungsfunktionen ihrer Handelspolitik schon übernommen hatte bzw. leicht übernehmen konnte. Mit der Institutionalisierung eines Wohlfahrtsstaates, der mit eigener Bürokratie und eigenen Mitteln soziale Ziele verfolgt, verliert die Handelspolitik ihre unmittelbar gesellschaftliche Bedeutung und damit auch ihre strategische Stellung in der Innenpolitik. Die Sozialpolitik stieg von einem kurzfristigen Notbehelf für die wenigen zu einem selbständigen Faktor der Bestimmung der Lebenslage für die gesamte Bevölkerung auf. Anders als im ausgehenden 19. Jahrhundert und in der Zwischenkriegszeit standen damit die Probleme der Handelspolitik – ihre sozialen Konsequenzen – nicht mehr im Mittelpunkt eines breiten und intensiven öffentlichen Interesses. Handelspolitik wurde zu einer Sache von Spezialisten und verschwand als Wahlkampfthema.[32] Die Bedingungen der Handelspolitik veränderten sich damit von Grund auf. Für die Regierungen eröffneten sich neue Handlungsspielräume. Eine sich zunehmend mehr Gewicht verschaffende Orientierung von Regierungen an längerfristigen Zielen und die Verfolgung einer Außenwirtschafts- und Handelspolitik, deren Ertrag vom Verhalten einer großen Zahl sehr unter-

32 Genau dieser Umstand führte allerdings auch dazu, daß Sonderinteressen wie etwa die der Land- und Agrarwirtschaft, aber auch der Textilwirtschaft und des gesamten Montanbereiches zu Rückzugsgebieten eines hartnäckigen Protektionismus werden konnten. Einmal wurde das Licht der Öffentlichkeit schwächer, und dann konnten die Kosten dieses Protektionismus auf mehr Schultern verteilt und damit auch besser versteckt werden. In der EU hat die supranationale Organisation dieser Politikfelder noch für einen zusätzlichen Schutz gesorgt (Rieger 2000).

schiedlicher Akteure mit je eigenen Interessen – Regierungen, Unternehmen und Konsumenten – abhängt, der überdies nicht eindeutig meßbar ist und der erst in einer fernen Zukunft anfällt, bezeichnet den entscheidenden Wandel in den internationalen Wirtschaftsbeziehungen nach dem Zweiten Weltkrieg. Die Handelspolitik wurde von ihrer kritischen Bedeutung für die Macht- und Parteienkonkurrenz im Staat und für die soziale Legitimierung autokratischer Regime entlastet. An die Stelle einer nationalen und mit vielfältigen Besonderheiten ausgestatteten *handelspolitischen* Interventionsordnung, die den tatsächlichen oder auch nur vermeintlichen Problemlagen einzelner Gruppen und Industrien durch die Manipulation außenwirtschaftlicher Größen Rechnung tragen sollte, konnte eine internationale Rahmenordnung treten, die allgemeine und für alle Beteiligten gleichermaßen gültige Regeln aufstellt.

Trotz dieser zweifellos sehr langsamen, ungleichmäßigen und immer von Rückschlägen bedrohten »Entdeckung« der positiven Wirkungen des Wohlfahrtsstaates und seiner liberalisierenden Auswirkungen auf die Ordnung der internationalen Wirtschaftsbeziehungen blieb die Gestaltung der Sozialpolitik in den entwickelten westlichen Wohlfahrtsstaaten strikt binnengesellschaftlich orientiert und wird nach wie vor in exklusiver Weise allein von nationalen Kräften bestimmt. Der entscheidende Punkt besteht darin, daß unter den Bedingungen entwickelter Wohlfahrtsstaatlichkeit die sozialen Aufgaben des Staates getrennt von seinen außenwirtschaftlichen verfolgt werden können. *Ob* dies der Fall ist und *wie* sich das Verhältnis von Innen und Außen tatsächlich gestaltet, ist eine empirische Frage.

Die Beziehung zwischen der Sozial- und der Handelspolitik – also die zwischen den Strukturen der Wohlfahrtsstaatlichkeit und den außenwirtschaftlichen Verhältnissen – läßt sich am besten als die einer *Wahlverwandtschaft* verstehen. Es handelt sich *dem Ergebnis, nicht aber der Intention nach* um koexistierende Eingriffs*ordnungen*, deren Rationalitäts- und Legitimitätskriterien jeweils andere sind. Ohne daß dies von den jeweiligen Entscheidungsträgern eigens bedacht werden muß, bestimmen die institutionellen Grundlagen der Sozialpolitik auch den Möglichkeitshorizont und das Autonomieintervall der Handelspolitik und umgekehrt. Es ist also damit zu rechnen, daß sich im Verlauf wohlfahrtsstaatlicher Entwicklung typische Beziehungsmuster zwischen der Sozial- und der Handelspolitik herausbilden: Konkrete Strukturformen der Sozialpolitik und bestimmte außenwirtschaftliche Verhältnisse können sich in ihrem Bestand gegenseitig entweder begünstigen, hemmen oder ganz ausschließen.[33]

Es geht also, dies sei noch einmal betont, bei der These einer Wahlverwandtschaft von entwickelter Wohlfahrtsstaatlichkeit mit einer liberalen Gestaltung der Außenwirtschaft nicht darum, zu behaupten, Regierungen würden oder müßten gar eine umfassende Sozialpolitik betreiben, um ihre Volkswirtschaften öffnen zu können. Die deutsche Standortdebatte nach 1993 scheint das

33 Ein Muster ist bereits dadurch bezeichnet, daß die Handelspolitik soziale Aufgaben erfüllen soll und deshalb die Einführung von Sozialversicherungen verzögert. Das gilt z. B. für die USA. Der Protektionismus sorge für hohe Löhne und damit auch für die Möglichkeit, mit eigenen Ersparnissen Notlagen überbrücken und für das Alter Vorsorge treffen zu können. Mit einem Hochprotektionismus erübrige sich nicht nur eine paternalistische Politik des Staates, für die niedrigverdienenden Arbeitnehmer Daseinsvorsorge betreiben zu müssen, sondern ein solcher Protektionismus bedeute auch, daß man auf zusätzliche Steuern für die Finanzierung sozialer Aufgaben verzichten könne (Eckes 1995). Ein anderes Muster ist im Deutschen Reich zu beobachten. Hier führt die Entscheidung Bismarcks, als Mittel der inneren Integration Sozialversicherungen einzuführen, auch deshalb zu einem zunehmenden Protektionismus, weil die importbedrohten Unternehmen unter Verweis auf ihre gegenüber der Konkurrenz höheren sozialpolitischen Belastungen höhere Schutzzölle einfordern und durchsetzen konnten. Ohne diesen sozialpolitischen Kontext hätten die Forderungen der Industrie sehr viel weniger Gewicht besessen (Rothfels 1927). Ein drittes Muster ist die britische Entwicklung. Hier schien bis kurz vor dem Ersten Weltkrieg die Vorherrschaft der Freihandelsdoktrin in der inneren wie in der äußeren Wirtschaftspolitik jede Sozialpolitik auszuschließen, die Unternehmen in Form von Steuern oder Abgaben belastet. Lloyd George versuchte den Freihandel mit einer umverteilenden Sozialpolitik dadurch kompatibel zu machen, daß er nicht die (mobilen) Unternehmer, sondern die (immobilen) Landbesitzer zu ihrer Finanzierung heranzog (Mock 1982: 306-325; eine vergleichende Untersuchung der deutschen und der britischen Reaktionen auf die doppelte Herausforderung der »sozialen Frage« und Weltmarktabhängigkeit bietet P. Kennedy 1980). »Wahlverwandtschaften« bezeichnen also je besondere Zusammenhänge, keine irgendwie »gesetzmäßigen« Regelmäßigkeiten. Es geht um eine Modellvorstellung, die Wechselwirkungen zwischen institutionellen Bereichen und die sich daraus ergebenden Wirkungen für ihre weitere Entwicklung einer Untersuchung zugänglich machen will. Die »Wahlverwandtschaften« wenden sich also gegen Vorstellungen eindeutiger bzw. einseitiger Abhängigkeits- und Bestimmungsverhältnisse von Strukturen oder institutionellen Bereichen (Weber 1972 [1921]: 201).

genaue Gegenteil zu zeigen. Es geht zunächst allein um den Sachverhalt, daß in entwickelten Wohlfahrtsstaaten die Arenen, in denen über Sozialpolitik entschieden wird, von anderen Interessen besetzt und von anderen Ideen beherrscht sein können als die Foren, in denen über außenwirtschaftliche Fragen entschieden wird. Beide, sowohl die Formen des Wohlfahrtsstaates wie die Gestalt der außenwirtschaftlichen Verhältnisse, haben ihre Eigengesetzlichkeit und sind bezüglich ihrer Bestimmungsfaktoren auch noch von jeweils anderen Kräften bestimmt. Es gibt deshalb auch keinen Grund für die Annahme, es bestünde ein funktionaler und sich irgendwie selbständig durchsetzender Zusammenhang zwischen liberaler Außenwirtschaft und einer bestimmten Struktur der Sozialpolitik, wenn damit eine eindeutige gegenseitige Bedingtheit im Sinne einer raum- und zeitunabhängigen Invariante gemeint sein soll.

Eine solche politische Nichtbeachtung der funktionalen Zusammenhänge von Sozialpolitik und Freihandel läßt sich für den zweiten Teil der hier aufgestellten These gerade nicht behaupten. Beim Aushandeln des ursprünglichen *General Agreement on Tariffs and Trade* (GATT – Allgemeines Zoll- und Handelsabkommen) waren die beteiligten Vertragsparteien – samt und sonders Regierungsvertreter – äußerst bemüht, Lösungen zu finden, die gleichermaßen ihre wohlfahrtlichen Aufgaben wie ihre freihändlerischen Interessen gewährleisteten.[34] Jede Re-

34 Der erste Entwurf des Allgemeinen Zoll- und Handelsabkommens wurde im Frühjahr 1947 in Lake Sucess, New York, ausgearbeitet. Er wurde dann am 30. 10. 1947 in Genf unterzeichnet und trat am 1. 1. 1948 in Kraft. Man mußte sich damals mit einem Provisorium begnügen, weil sich die Verhandlungsermächtigung der amerikanischen Regierung, die Ende 1947 auslief, allein auf einen Vertrag erstreckte, während der Beitritt zu einer internationalen Organisation einer Entscheidung der Legislative vorbehalten blieb. Zum Jahreswechsel 1947/48 wurde in Havanna eine Kommission zur Vorbereitung einer *International Trade Organization* (ITO) eingerichtet, die die *Havanna Charta* ausarbeitete. Nachdem der amerikanische Kongreß die Ratifizierung dieser Charta ablehnte, also die USA nicht Mitglied der ITO werden konnten, wurde die Verwaltung des GATT dem Vorbereitungskomitee der ITO übertragen, aus dem dann das GATT-Sekretariat in Genf wurde. Aus diesem Grund erfolgte die Weiterentwicklung des GATT nicht im Rahmen einer internationalen Organisation, sondern in »Handelsrunden« und im Rahmen einzelner Sitzungen. Die ursprünglichen Signatarstaaten des GATT von 1947 waren Australien, Belgien, Burma, Ceylon, Frankreich, Indien, Kanada, Kuba, Luxemburg, Neusee-

gel des GATT wurde daraufhin befragt, was sie für die zukünftigen Möglichkeiten der Regierenden bedeutet, die nationale Wohlfahrt zu sichern und zu vergrößern. Im Mittelpunkt stand die Sicherung der Vollbeschäftigung als das vorrangige Ziel jeder Regierung als die Lehre, die sie aus der Weltwirtschaftskrise und den daraus folgenden antidemokratischen Revolutionen des Nationalsozialismus und des Faschismus zogen.[35] Deshalb waren es im Endeffekt die wohlfahrtsstaatlichen Verpflichtungen, die bestimmend dafür wurden, zu welchen Konzessionen Regierungen bereit waren, was die Höhe der Zölle und Regulierungsvorbehalte, aber auch den Verzicht auf bestimmte handelspolitische Instrumente betraf. »Freihandel« stand damals für die zwei führenden Wirtschaftsmächte, das Vereinigte Königreich und die USA, überhaupt nicht zur Debatte (Hoover 1945; M. Polanyi 1945). In letzter Instanz war es also damals und ist es nach wie vor auch heute noch die von einer wohlfahrtsdemokratischen Rahmenordnung nahegelegte konservative Wohlfahrtsfunktion, die das Denken und Handeln der Juristen, Ökonomen und Politiker bestimmt, die die Regeln für den internationalen Handel und die einschlägigen Schlichtungsmechanismen entwickelten und entwickeln. Diesem Eindruck kann man sich schwerlich entziehen, wenn man die Chroniken der verschiedenen GATT-Runden einer genaueren Untersuchung unterzieht.

Es ging bislang bei dieser Betrachtung darum, zunächst einmal einen allgemeinen Idealtyp zu entwickeln, von dem ausgehend sich dann historische und aktuelle Entwicklungen in der Sozial- und Handelspolitik in ihrer Besonderheit erkennen und mit dem sich also Abweichungen von Erwartungswerten bezeichnen und

land, die Niederlande, Norwegen, Pakistan, Rhodesien, die Südafrikanische Union, die Tschechoslowakei, Großbritannien und die USA (Diebold 1952; Senti 1986: 16-18; Aaronson 1996).

35 Das gilt auch und ganz besonders für die USA. Der politische Ausdruck dieser Vollbeschäftigungsverpflichtung war der *Employment Act* von 1946: »In this Act, Congress declared that it is the *responsibility of the Federal Government* to use all practicable means, with the *assistance and cooperation* of private industry and local government to achieve the goals set forth with respect to employment, production, and purchasing power« (Hansen/Viner 1947: 70 – Hervorhebungen im Original). Zum weiteren politischen Schicksal dieses amerikanischen »Pennsylvania Avenue Style«-Keynesianismus vgl. De Long (1996).

erklären lassen. Auf Idealtypen beruhende Erklärungen zielen nicht auf eine allgemeine Theorie, sondern darauf, die Phänomene in ihrer je eigenen Bedeutung zu verstehen. Insbesondere die konservative Wohlfahrtsfunktion ist ein solches Konzept. Sie ist ein theoretisches Instrument, mit dem bestimmte Sachverhalte einem vertieften Verständnis nahegebracht werden sollen. Das Konzept ist nicht Selbstzweck oder »Theorie«, sondern ein Mittel, um diese Phänomene zu begreifen. Idealtyp und historische Wirklichkeit sollten nicht miteinander vermengt oder verwechselt werden.

Im folgenden sollen verschiedene Sachverhalte vorgestellt und erläutert werden, die die These einer konservativen Wohlfahrtsfunktion stützen. Zwei Komplexe werden dabei diskutiert.

- Im ersten Komplex geht es um die nationalen Bedingungen der konservativen Wohlfahrtsfunktion – also um den ersten Teil der These (s. unten III.). Zunächst wird hier das Zusammentreffen der Ausweitung des Wohlfahrtsstaates mit dem Abbau von Zöllen behandelt. Dann werden die Geschichte und die Ergebnisse der internationalen Wirtschaftsverhandlungen nach dem Zweiten Weltkrieg betrachtet, dann die statistischen Zusammenhänge zwischen wohlfahrtsstaatlicher Expansion und außenwirtschaftlicher Offenheit und schließlich die Bedeutung der Systeme sozialer Sicherung für den Erfolg und die Nachhaltigkeit freihändlerischer Handelspolitik in den Entwicklungs- und Übergangsländern genauer untersucht. Abschließend werden Ausnahmen, die die Regel der konservativen Wohlfahrtsfunktion bestätigen, erläutert. Dabei geht es zum einen um die Land- und Agrarwirtschaft und zum anderen um die Handelsgesetze der USA.
- Der zweite Komplex umfaßt die Formen und die Verfahren des Managements von internationalen Handelsbeziehungen – also den zweiten Teil der These –, die einer genaueren Analyse unterzogen werden (s. unten IV., S. 133ff.). Hier wird gezeigt, wie bestimmte Vorkehrungen getroffen wurden, die für Regierungen als Sicherheitsventile wirken können. Im einzelnen geht es dabei um Befreiungs- und Rücktrittsklauseln und um weitere Mechanismen, die einem Zeitgewinn in Anpassungsprozessen dienen.

III. *Nationale* Bedingungen und Ergebnisse der »konservativen Wohlfahrtsfunktion«

In diesem Abschnitt wird gezeigt, daß die Thesen, zu denen das idealtypische Konzept der konservativen Wohlfahrtsfunktion führt, den tatsächlichen Entwicklungen von Sozial- und Handelspolitik in ihrem gegenseitigen Zusammenhang sehr weitgehend entspricht. Um welche institutionellen Veränderungen handelt es sich dabei im einzelnen in diesen beiden Teilbereichen moderner Gesellschaften, und welcher Mechanismus stellt dabei einen wechselseitigen Zusammenhang her?

Das Zusammentreffen der Ausweitung des Wohlfahrtsstaates mit dem Abbau von Zöllen

Vier Elemente bestimmten die allgemeine Bewegung hin zu einer Ausweitung von Sozialpolitik, auf die es ankommt, will man die handelspolitischen Entwicklungen verstehen:

1. Die Entwicklung einer »*full-income*-Gesellschaft«,
2. die Ausdehnung der Sozialpolitik auf alle Gruppen der Gesellschaft,
3. die zunehmende Bedeutung des Wohlfahrtsstaates als Arbeitgeber und schließlich
4. die sinkende Bedeutung von Erwerbsarbeit im gesamten Lebensverlauf bzw. die längeren Verweildauern in Schulen und Einrichtungen eines höheren Bildungswesens und das Sinken der Altersgrenze bei der Verrentung.

Die Einkommensgarantie des Wohlfahrtsstaates

Auf eine einfache Formel gebracht läßt sich die Sozialpolitik in entwickelten Wohlfahrtsstaaten als Garantiemacht einer »*full-income*-Gesellschaft« (Josef Joffe) beschreiben. Die Lebenslage und die Lebenschancen der Bürger wurden zum Objekt einer direkten staatlichen Einflußnahme und gezielten Veränderung. Die materiellen Existenzbedingungen der gesamten nationalen Bevölkerung wurden zu öffentlichen Verhältnissen, die unter sozialen Gesichtspunkten zu verändern seien, um eine möglichst umfassende Teilhabe aller Bürger am Wirtschaftswachstum zu erreichen.[36] Kennzeichnend für die wohlfahrtsstaatlichen Reformen in Westeuropa und Nordamerika in den ersten beiden Jahrzehnten nach dem Zweiten Weltkrieg war der Sprung von der Sicherung ausschließlich gegen Armut hin zur Sicherung des jeweils im Erwerbsleben erreichten sozialen Status (Flora 1986-1987), also hin zum Wohlfahrtsstaat als einer dynamischen *Status quo*-Garantie.

Breit angelegte Systeme der Einkommenssicherung, die bis weit in die Mittelklasse hineinreichten, sichern seit den 1950er Jahren in den fortgeschrittenen Industriegesellschaften zusammen mit hohen Einkommensersatzraten den erreichten Lebensstandard bei Krankheit, Arbeitslosigkeit, Invalidität und Alter – und inzwischen auch bei Pflegebedürftigkeit (Flora/Alber 1981). Die 1957 in der Bundesrepublik verabschiedete Rentenreform ist hier beispielhaft. Sie sorgte nicht nur dafür, daß für den überwiegenden Teil der Rentner das Altersarmutsrisiko weitgehend ausgeschaltet wurde, sondern sie verklammerte auch über die »dynamischen« Elemente der Rentenformel Einkommenszuwächse der arbeitenden Bevölkerung mit der Lebenslage der Rentner (Hockerts 1980). In ihrer Wirkung ähnliche Einrichtungen einer Indexierung der Renten oder eines »automatischen« Inflationsausgleichs fanden in allen entwickelten Volkswirtschaften Eingang in die Sozialpolitik (Weaver 1988; Leisering 1992, 1995). Der Zusammenhang zwischen den Generationen wie der zwischen den sozialen Gruppen, was die Gleichheit ihrer äußeren Lebensstellung und damit ihre K o n s u m chancen u n a b h ä n g i g von ihrem Erwerbs- oder Arbeitsmarktschicksal betrifft, wurde dadurch wesentlich gestärkt.[37]

36 Ernst Forsthoff hat für diesen historischen Prozeß den Begriff der »sozialen Realisation« geprägt, durch den der Wohlfahrtsstaat bzw. der Sozialstaat seine Form gefunden hat (1971: 30-33). Für die damit verbundenen Veränderungen von Lebenslagen und Lebensverläufen vgl. Mayer/Müller (1986, 1989) und Allmendinger/Hinz (1997).

37 Der amerikanische Soziologe Lee Rainwater beantwortete die Frage »What money buys?« mit »membership in industrial society«, also das Bürgerrecht (1974: xiii). Auch der britische Soziologe Thomas H. Marshall betonte die Teilhabe am wirtschaftlichen Fortschritt als Ziel wohlfahrtsstaatlicher Reformen und des Ausbaus der sozialen Rechte des Staatsbürgerstatus (1992a [1950]: 33-94).

Sicherheit und Kontinuität sind vor allem deshalb wesentliche Momente des demokratischen Bürgerstatus, weil die Mitgliedschaft in der Gemeinschaft auf Dauer angelegt ist und keine irgendwie geartete Unterbrechung verträgt. In privat- und marktwirtschaftlichen Verhältnissen kann jedoch die Einkommens- und die Beschäftigungssicherheit nicht so weitgehend sein wie die Sicherheit des Staatsbürgerstatus. In demokratischen Wohlfahrtsstaaten verbindet sich deshalb die Unsicherheit eines bestimmten Arbeitsplatzes mit einem zwar nur lose formulierten, nichtsdestotrotz aber politisch ziemlich wirksamen allgemeinen »Recht auf Arbeit« in dem Sinne, als es eine öffentliche Verpflichtung für befriedigende Arbeitsmarktergebnisse gibt (Marshall 1964 [1945]: 221).[38] Wie diese Verpflichtung eingelöst wird, läßt allerdings verschiedene Möglichkeiten offen und ist damit eine maßgebliche Variable auch für die handelspolitischen Entscheidungen.

Mit der gestiegenen Bedeutung der Sozialleistungen für die individuelle Lebenslage ging auch eine Verrechtlichung ihrer Grundlagen einher. Ansprüche auf Sozialleistungen wurden zu »neuem Eigentum« (Reich 1975; Heinze 1984; Sunstein 1990). Bei Ehescheidungen werden z. B. Rentenansprüche genauso wie andere Eigentumstitel behandelt und können zwischen den Parteien neu verteilt werden. Je mehr der Eigentumscharakter von Sozialleistungen sich bemerkbar machte, desto stärker schränkte auch eine höchstrichterliche Rechtsprechung den Handlungs- und Ermessenspielraum der Regierungen ein, was das Management der wohlfahrtsstaatlichen Einrichtungen in Zeiten knapper

38 Auch hier wieder der Hinweis auf das Land und auf den Zeitabschnitt, von dem man für gewöhnlich glaubt, sie bewiesen das Gegenteil. Der amerikanische Kongreß verabschiedete 1978 den *Humphrey-Hawkins Act*, der die Bundesregierung darauf verpflichtete, bis 1983 die Arbeitslosenrate auf vier Prozent zu senken (»and to maintaining it thereafter«), die Inflationsrate bis 1988 auf Null zu bringen, die Regierungsausgaben so weit zu senken, wie es volkswirtschaftlich zu verantworten ist – und mehr Geld für die Agrarpreisstützung bereitzustellen (De Long 1996: 41 f.). Dieses Gesetz war allerdings nicht bloß »symbolische Politik«, sondern zeigte durchaus Zähne – und Wirkungen. Technisch gesehen war es eine Novellierung des Bundesbankgesetzes, und es veränderte die Vorgaben der Bundesbankpolitik (Brimmer 1983: 1; M. Friedman 1982: 109; Goodhart 1989: 300). Der US-amerikanische Monetarismus, der in den späten 1970er Jahren Gestalt annahm, hatte also wohlfahrtsdemokratische Wurzeln und wird an seinen wohlfahrtsdemokratischen Ergebnissen gemessen.

Kassen anbelangt.[39] Aber nicht nur die Entscheidungen der Obersten Gerichte, auch die Tatsache, daß sehr breite Gruppen der Bevölkerung in beachtlichem Umfang und in gleichmäßiger Weise in die wohlfahrtsstaatlichen Leistungssysteme einbezogen wurden, sorgte auf eigene Weise dafür, daß große Teile der Sozialpolitik für die Partei- und Regierungspolitik tabu wurden. Eingriffe, die für größere Teile der Bevölkerung zu Leistungskürzungen oder zur Leistungsversagung führen, werden bereits deshalb unterlassen, weil die Betroffenen beim nächsten Urnengang die Verantwortlichen bestrafen würden.[40]

Unter den Bedingungen entwickelter Wohlfahrtsstaatlichkeit brauchten sich die nationalen Handelsbeauftragten in den GATT-Runden keine größeren Gedanken mehr über etwaige negative Veränderungen der Einkommen, der Beschäftigungsmuster und der regionalen Verteilung der Industrie zu machen, die durch eine stärkere Importkonkurrenz eintreten und die protektionistische Reaktionen der betroffenen Industrien und ihrer Beschäftigten provozieren könnten. Statt dessen konnten sie sich auf die positiven Wirkungen einer erweiterten und vertieften internationalen Arbeitsteilung konzentrieren. Das sozialpolitische Grundproblem einer offenen Volkswirtschaft – die größere Volatilität von Beschäftigung und Einkommen – stellt sich in Wohlfahrtsstaaten anders als in Gesellschaften ohne Einrichtungen wirtschaftlicher Sicherung (Katzenstein

39 Aus diesem Grund war der amerikanische *Supreme Court* sehr zurückhaltend, den starken Verfassungsschutz, den Besitzrechte in den Vereinigten Staaten genießen, auf jene individuellen Vorteilslagen, die durch Sozialpolitik und regulatorische Vorschriften geschaffen wurden, auszudehnen. Sozialpolitik und Regulierungen sind ein Ausfluß der wesentlich diskretionären Polizeigewalt des Staates und genießen deshalb keinen besonderen verfassungsrechtlichen Schutz (Epstein 1985). Zur verfassungsrechtlichen Interpretation von Sozialversicherungsansprüchen in der Bundesrepublik vgl. u. a. Heinze (1984). Die höchstrichterliche Rechtsprechung zum Eigentumscharakter von sozialen Rechten ist allerdings nicht unbedingt ausschlaggebend, was ihren politischen Schutz angeht. Je bedeutender Sozialleistungen für die Lebenslage wahlstrategisch interessanter Gruppen sind, desto größer die Wahrscheinlichkeit, daß sie parteipolitisch sakrosankt werden.

40 In den Vereinigten Staaten gelten die Einrichtungen der Sozialversicherungen – im Unterschied zu den verschiedenen Sozialhilfeprogrammen – als das *third rail* der Parteipolitik. Die »dritte« ist die stromführende Schiene der U-Bahnen, die jeden, der sie anfaßt, auf der Stelle tötet.

Tabelle 2.3: Das reale Wirtschaftswachstum pro Kopf der Bevölkerung verschiedener Industriestaaten im historischen Vergleich (jahresdurchschnittliche Veränderung in %)

	Goldstandard (1880-1913)		Zwischen-kriegszeit (1919-1938)		Nachkriegszeit (1950-1990)	
	%	σ	%	σ	%	σ
Deutschland	1,9	1,6	4,2	8,0	3,7	3,0
USA	1,6	4,2	0,6	7,2	1,9	2,7
Frankreich	1,3	3,0	2,7	6,7	3,1	2,0
Italien	1,6	4,3	0,9	4,4	3,9	2,7
UK	1,1	2,3	1,1	4,3	2,4	2,5
Japan	1,9	5,9	1,7	4,7	6,0	3,6

Anmerkung: σ = Standardabweichung
Quelle: IMF (1994: 87).

1984, 1985). Makroökonomisch zeigt sich das als »automatische« Stabilisierung einer Volkswirtschaft, weil zum einen trotz Strukturbruch oder Konjunkturverfall die wohlfahrtsstaatlichen Transfers weiterfließen und weil die Einkommensausfälle durch Arbeitslosigkeit von Einkommensersatzleistungen kompensiert werden. Wie Tabelle 2.3 zeigt, hat sich in der Nachkriegszeit nicht nur das Wirtschaftswachstum pro Kopf der Bevölkerung beschleunigt, sondern es wurden auch die Auf- und Abschwünge der Volkswirtschaft, gemessen als Standardabweichungen der jährlichen Wachstumsraten, erheblich eingedämmt.

Die wohlfahrtsstaatlichen Einrichtungen sind aber nicht nur eine Art Ausfallbürgschaft für Wirtschaftskrisen. Selbst wenn sich das Versprechen des Freihandels erfüllt, die internationale Arbeitsteilung werde zu höherem nationalen Wohlstand führen, heißt das nicht, daß genau die gleichen Personen, die infolge des Niedergangs der nicht mehr konkurrenzfähigen Industrien entlassen werden, auch die neuen Arbeitsplätze in den aufstrebenden Sektoren erhalten. Sozialversicherungen und Staatshaushalte stellten nun für große Teile der Bevölkerung nicht nur zusätzliche, sondern auch a l t e r n a t i v e Einkommensquellen dar; sie verringerten die Abhängigkeit der Empfänger vom Arbeitsmarkt und vergrößerten die Möglichkeiten einer beruflichen, betrieblichen und regionalen Mobilität. Für die Unternehmen bedeutet die wohlfahrtsstaatliche Einkommensgarantie, von einer andernfalls zu gewärtigenden sozialen Verpflichtung aus dem Arbeitsvertrag befreit zu werden. Damit steigt die rein betriebswirtschaftliche Rationalität der Personalplanung und die allokative Effizienz von Arbeitsmärkten.[41] Tabelle 2.4 zeigt das Wachstum der Staatsausgaben und damit das enorm gesteigerte Potential einer im Verhältnis zum Arbeitsmarkt sekundären Einkommensgenerierung und Einkommens(um)verteilung in den entwickelten Volkswirtschaften. Die Möglichkeiten von Regierungen, mit den Risiken einer freien Außenwirtschaft umzugehen, werden mit den Einrichtungen des Wohlfahrtsstaates beträchtlich erweitert. Der Leistungskatalog einer Sozialhilfe, die ihre Empfänger nicht mehr zu diskriminieren und zu stigmatisieren versucht, kann auch als ein Angebot von Duldungsprämien an diejenigen gesehen werden, die z. B. aufgrund ihrer niedrigen Qualifikation in den neuen transnationalen Marktzusammenhängen am stärksten dem Risiko ausgesetzt sind, zum Opfer eines beschleunigten wirtschaftlichen Strukturwandels zu werden und denen die parlamentarische Demokratie mit dem Stimmzettel ein Mittel in die Hand gibt, Widerspruch anzumelden.

Tabelle 2.4: Staatsausgaben in ausgewählten OECD-Ländern, 1880-1998 (in Prozent des Bruttosozialprodukts)

	1880	1913	1938	1950	1973	1980	1990	1998
Deutschland	10,0	17,7	42,4	30,4	42,0	47,9	45,1	46,9
USA	k. A.	8,0	19,8	21,4	31,1	31,4	35,2	32,8
Frankreich	11,2	8,9	23,2	27,6	38,8	46,1	49,8	54,3
Niederlande	k. A.	8,2	21,7	26,8	45,5	55,8	54,1	47,2
UK	9,9	13,3	28,8	34,2	41,5	k. A.	41,8	40,2
Japan	9,0	14,2	30,3	19,8	22,9	32,0	31,3	36,9

Quellen: Maddison (1995: 65); U. S. Census Bureau (1999: 847).

41 Für Marshall (1992a [1950]) liegt in dieser Veränderung der betrieblichen Verhältnisse der Grund dafür, daß es zur Ausdehnung sozialer Rechte und Expansion der Marktwirtschaft kommen konnte, obwohl die sozialen Rechte des Bürgerrechts und die bürgerlichen Freiheitsrechte untereinander »im Krieg liegen«.

Mit dem Übergang zur Statussicherung verband sich auch eine tatsächliche oder zumindest eine annähernde Universalisierung der wohlfahrtsstaatlichen Leistungs- und Versorgungssysteme. In den Sozialversicherungen wurden die Pflichtversicherungsgrenzen immer weiter erhöht oder soziale Rechte wurden zu einem Teil des Staatsbürgerstatus (Alber 1982). Sozialpolitik verlor nicht nur den Charakter einer Klassenpolitik, sondern wurde oft, z. B. hinsichtlich der Leistungen der Familienpolitik, vom Arbeitnehmerstatus überhaupt abgelöst. Das Paradebeispiel ist hier das Ehegattensplitting des deutschen Steuerrechts, das darauf hinausläuft, den Ehepartner von dem Zwang zu befreien, seine Arbeitskraft auf dem Arbeitsmarkt anzubieten. In die gleiche Richtung gingen andere soziale Ausformungen des Steuerrechts. Die Angehörigen der Mittelschichten wurden vor allem über die Steuerabschläge für Bildungsausgaben und Wohneigentum zu Klienten des Wohlfahrtsstaates, der dadurch eine demokratische Qualität bekam. Diese Verallgemeinerung sozialpolitischer Anrechte hat zur Folge, daß in den entwickelten Volkswirtschaften so gut wie jeder Bürger auf die eine oder andere Weise in die Systeme der sekundären Einkommensverteilung eingebunden wird und so auch schichtenübergreifend egalisierende Ergebnisse gegen die Unterschiede erzeugende und vertiefende Tendenz der marktwirtschaftlichen Prozesse erreicht werden.[42]

Für die Handelspolitik bedeutet das zweierlei. Zum einen vergrößert die erhöhte Effektivität der Sozialpolitik den Spielraum, was die außenwirtschaftliche Öffnung auch in Bereichen betrifft,

42 Die Paneldaten von Goodin u. a. (1999: 183) zeigen u. a., daß selbst dann, wenn man die Familienleistungen und die Renten außer Betracht läßt, in einem Zeitraum von zehn Jahren in den Niederlanden 100% und in der Bundesrepublik fast 60% der Bevölkerung in den Genuß staatlicher Leistungen kommen. Der entsprechende Prozentsatz der amerikanischen Bevölkerung liegt nur wenig unter dem für die deutsche Bevölkerung. Bei diesen Angaben ist allerdings zu berücksichtigen, daß die Höhe und die Qualität der Leistungen, vor allem was die Möglichkeiten betrifft, sie einfach und unbürokratisch zu erreichen, sehr unterschiedlich sein kann. In den USA liegt seit den 1960er Jahren der Anteil selektiver, also bedürftigkeitsabhängiger und einkommensgeprüfter Leistungen an den Gesamtausgaben für die staatliche Einkommenssicherung bei rund 20% (Myles/Pierson 1997: 448).

in denen sich das Lebensschicksal der Mittelschichten entscheidet. Die Liberalisierung der Dienstleistungen, aber auch die handelspolitische Öffnung des Verkehrs- und Kommunikationswesens und der Infrastruktur (Strom und Wasser – »Staat der Daseinsvorsorge«; vgl. Haverkate/Huster 1999: 287-298) – diese Bereiche waren bislang vom Wettbewerb abgeschottet worden – haben zur Folge, daß die Einkommen und die Arbeitsbedingungen traditionell sicherer Beschäftigungsverhältnisse von wesentlich transnationalen Entwicklungen bestimmt werden. Berufliche Positionen wie Rechtsanwälte, Ärzte und Ingenieure, die ein hohes Qualifikationsniveau verlangen und die oft quasi-ständisch verfaßt sind, werden der Konkurrenz und damit einer größeren Unsicherheit ausgesetzt. Eine Grundlage für die erfolgreiche Einbeziehung der Dienstleistungen in das System des GATT ist auch die Tatsache, daß der Wohlfahrtsstaat sich inzwischen nicht mehr allein um die Armen kümmert (Goodin/Le Grand 1987). Zum anderen steigt aber auch die politische Sicherheit der wohlfahrtsstaatlichen Leistungsprogramme mit der Masse der von ihnen positiv Privilegierten, was indirekt auch die handelspolitischen Fortschritte schützt.[43]

Der Wohlfahrtsstaat als Arbeitgeber

Die Ausweitung der öffentlichen Dienste des Wohlfahrtsstaates – also Gesundheits- und Bildungswesen, Sozialarbeit und die Pflege- und Betreuungsdienstleistungen einschließlich der Einrichtungen der Arbeitsvermittlung sowie der kommunale »Staat der Daseinsvorsorge« – schuf nicht nur umfangreiche neue, sondern auch sehr gut organisierte Arbeitnehmergruppen, die gewissermaßen in nationalstaatlichen Reservaten vor internationalem Wettbewerb relativ gut geschützt sind. Tabelle 2.5 zeigt diese Entwicklung in historischer und vergleichender Perspektive. Sie macht deutlich, in welchem Maß durch die staatliche Produktion und Bereitstellung von Dienstleistungen die Bedeutung eines

43 Skocpol (1991) etwa vertritt die These, wonach durch die Universalisierung wohlfahrtsstaatlicher Leistungen größere politische Sicherheit gegen ideologische Konjunkturen erreicht wird bzw. einer Auflehnung von Steuerzahlern gegen eine Sozialpolitik vorgebeugt wird, weil sie dann selbst einen unmittelbaren Nutzen haben.

Tabelle 2.5: Die Verteilung der Erwerbsbevölkerung in ausgewählten Staaten, 1900-1995

	Deutschland	Frankreich	UK	Japan	USA
			– 1900 –		
Güterproduktion[1]	78,9	74,7	56,7	79,3	66,8
Landwirtschaft	39,9	43,4	13,0	64,8	38,3
Industrie	28,5	26,0	32,1	12,4	21,0
Dienstleistungen	21,1	25,3	43,3	20,7	33,2
Markt	15,7	19,5	36,4	16,6	27,2
Nicht-Markt	5,4	5,8	6,9	4,1	6,0
			– 1950 –		
Güterproduktion[1]	66,3	61,6	50,9	68,9	43,7
Landwirtschaft	23,9	28,0	6,4	43,6	10,5
Industrie	32,6	25,8	33,9	18,3	24,8
Dienstleistungen	33,7	38,4	49,1	31,1	56,3
Markt	24,2	21,9	36,6	26,0	40,1
Nicht-Markt	9,5	16,5	12,5	5,1	16,2
			– 1973 –		
Güterproduktion[1]	54,4	48,0	44,8	53,3	32,4
Landwirtschaft	7,2	10,2	3,2	16,1	3,2
Industrie	36,5	26,9	32,2	27,1	21,9
Dienstleistungen	45,5	52,0	55,2	46,7	67,6
Markt	30,8	29,6	38,5	38,9	43,9
Nicht-Markt	14,7	22,4	16,7	7,8	23,7
			– 1995[2] –		
Güterproduktion[1]	38,4	30,3	26,7	41,1	21,8
Landwirtschaft	2,8	4,6	2,1	7,3	1,6
Industrie	27,2	18,1	18,7	22,5	13,9
Dienstleistungen	61,6	69,7	73,3	58,9	78,2
Markt	41,7	38,4	53,1	50,1	52,6
Nicht-Markt	19,9	31,3	20,2	8,8	25,6

Anmerkungen: [1]»Güter« umfassen Landwirtschaft, produzierendes Gewerbe, Bergbau, Baugewerbe, Energie- und Wasserversorgung. »Marktliche Dienstleistungen« umfassen Handel, Verkehr, Kommunikation, Kredit- und Versicherungsgewerbe, persönliche und sonstige Dienstleistungen. (Die Differenz zwischen der Gesamtsumme »Güterproduktion« und der Summe aus »Landwirtschaft« plus »Industrie« besteht hauptsächlich aus Produktion in »staatlicher Regie«.) »Nichtmarktliche Dienstleistungen« umfassen öffentliche Dienste, Sozialversicherungen, Erziehungs- und Bildungswesen, Gesundheits-, Veterinär- und Sozialwesen. [2]Deutschland 1995: nur Westdeutschland.
Quelle: Crafts (2000: 36).

wesentlich p r i v a t wirtschaftlichen und marktgesteuerten Angebots an Arbeitsplätzen abgenommen hat. Durch diesen säkularen Wandel der Erwerbs- und Berufsstruktur ging auch der Anteil der Arbeitnehmer zurück, für die Importkonkurrenz oder Exportabhängigkeit zentrale Determinanten ihres wirtschaftliches Wohlergehens sind.

Die Verkürzung der Lebensarbeitszeit

Mit der Expansion des Wohlfahrtsstaates vergrößert sich der Teil an Lebenszeit, die außerhalb bezahlter Erwerbsarbeit verbracht wird, sei es in Bildungseinrichtungen oder im Alter. Die Ausweitung dieser Übergangsphasen zu eigenen, länger währenden Lebensabschnitten verringert ebenfalls die Verletzbarkeit einer Gesellschaft durch einschneidende und überraschende wirtschaftliche Veränderungen, die von stark interdependenten Weltmärkten ausgehen können. Diese Ausweitung hat zunehmend die Fenster der sozialen Verwundbarkeit verkleinert. Die Übergangsphasen sind zu eigenständigen Lebensabschnitten geworden (Heinz 1991), in denen über Ressourcen verfügt wird, die nicht unmittelbar auf dem Arbeitsmarkt erwirtschaftet werden müssen.

Tabelle 2.6 beschreibt die allgemeine Ausdehnung der Zeiträume, die im Bildungswesen verbracht werden. Bei den Jahresangaben ist zu beachten, daß es sich dabei nicht um Lebensjahre handelt, sondern um einen gewichteten Indikator. Schuljahre des primären und des sekundären Bildungswesens werden mit dem Faktor 1 bzw. 1,4 multipliziert, und die Zeiten in den Einrichtungen des höheren Bildungswesens mit dem Faktor 2. Die Tabelle zeigt damit auch die Aufwertung des Humankapitals im Verlauf der letzten zwei Jahrhunderte. Humankapitalbildung ist deshalb von Bedeutung für die Handelspolitik, weil anzunehmen ist, daß mit einer höheren Humankapitalausstattung auch ein gesteigertes Vermögen einhergeht, sich auf veränderte und vor allem auf erhöhte Anforderungen von Arbeitsplätzen einzustellen und damit den wirtschaftlichen Wandel produktiv zu nutzen. Außerdem erhöhen sich mit den Investitionen in das eigene Humankapital die Chancen, den Wettbewerb der Arbeitgeber um knappes Humankapital auszunutzen. Je spezifischer dieses Humankapital ist – also je schwieriger es wird, es zu ersetzen –, desto mehr ist es auch vor ausländischer Konkurrenz geschützt.[44]

Tabelle 2.6: Bildungszeiten pro Kopf der Bevölkerung im Alter 15-64 in ausgewählten Ländern, 1820-1992

	1820	1870	1913	1950	1973	1992
Deutschland	k. A.	k. A.	8,4	10,4	11,6	12,2
USA	1,8	3,9	7,9	11,3	14,6	18,0
Frankreich	k. A.	k. A.	7,0	9,6	11,7	16,0
Niederlande	k. A.	k. A.	6,4	8,1	10,3	13,3
UK	2,0	4,4	8,8	10,6	11,7	14,1
Japan	1,5	1,5	5,4	9,1	12,1	14,9

Quelle: Maddison (1995: 37).

Bereits der bloße Umfang der Erwerbsbevölkerung ist eine handelspolitische Tatsache von erstrangiger Bedeutung. Z.B. zählte in der Bundesrepublik 1999 weniger als die Hälfte der Bevölkerung zu den Erwerbspersonen (40,5 von 82 Mio.), und von diesen 40,5 Mio. bestritten 36,4 Mio. ihren Lebensunterhalt hauptsächlich durch eine Erwerbstätigkeit (Angaben nach Statistisches Bundesamt 2000: 101). Tabelle 2.7 vergleicht den Umfang der Erwerbsarbeit in Deutschland und den USA und macht dabei deutlich, in welch unterschiedlichem Maße die Arbeitskraft aus dem Arbeitsmarkt herausgenommen werden kann.

Tabelle 2.7: Das Arbeitspotential und seine Nutzung in Deutschland und den USA, 1997 (in %)

	Deutschland	USA
Beschäftigung/Bevölkerung (15-64 Jahre)	63,5	73,5
Beschäftigung/Bevölkerung (Männer, 25-54 Jahre)	85,1	88,4
Nutzungsgrad des Arbeitspotentials	48,1	69,5
Arbeitslosenrate (standardisiert)	9,7	4,9

Quelle: M. Kohli (2000: 370).

In Deutschland sind etwa zehn Prozentpunkte weniger arbeitsfähige Bevölkerung zwischen 15 und 64 Jahren in der Er-

44 Der englische Ökonom John E. Cairnes sprach deshalb bereits 1874 (73) im Zusammenhang mit seiner Beobachtung einer hierarchischen Schichtung beruflicher Position von »non-competing industrial groups as a feature of our social economy«.

werbsarbeit gebunden als in den USA (Zeile 1), wobei der Unterschied bei den Männern im Kernbereich der Erwerbsbiographie, also zwischen 25 und 54 Jahren, nicht so ausgeprägt ist (drei Prozentpunkte, Zeile 2). Die Erklärung liegt in den unterschiedlichen Erwerbsbeteiligungsquoten von Frauen allgemein und dann von Männern, die jünger als 24 und älter als 54 Jahre sind. Die USA nutzen insgesamt 20 Prozentpunkte mehr an Arbeitspotential (Zeile 3), das in Deutschland nicht in Erwerbsarbeit, sondern mit sozial-, arbeits- und bildungspolitischen Mitteln in Eigen- und Familienarbeit gelenkt wird.

Neben den Bildungszeiten ist das Rentenalter der zweite große Faktor, der Arbeitsmärkte verändert und der vor allem ihren Umfang verkleinert und ihre Bedeutung für die aktuelle Lebenslage stark eingeschränkt hat. In Deutschland war noch bis zum Ausbruch des Ersten Weltkriegs die Erwerbsquote der über 60jährigen sehr hoch. Sie betrug 1895 bei den Männern 67,9% (Frauen 21,9%). Sie lag 1994 bei den Männern nur noch bei 12,3% (Frauen 3,4%). In einem Jahrhundert hat sich also die Altersphase zu einem eigenständigen Abschnitt im Lebenslauf entwickelt, der so gut wie vollständig von gleichzeitiger Erwerbsarbeit abgekoppelt ist. Und das geschah, obgleich heute weit mehr Menschen diesen Altersabschnitt erreichen, also Ansprüche an den Wohlfahrtsstaat stellen können. Im Durchschnitt der Jahre 1881 bis 1890 lag der Anteil derjenigen Männer (Frauen), die ihr 60. Lebensjahr noch erlebten, bei 33,5% (39,3%), im Durchschnitt der Jahre 1994 bis 1996 hingegen bei 84,9% (92,3%). Zugleich steigen die erwartbaren Zeitspannen der Zugehörigkeit zum Alterssicherungssystem deutlich an. Die mittlere Lebenserwartung, die man im Alter von 60 Jahren noch hat, betrug für Männer (Frauen) im Durchschnitt der Jahre 1881 bis 1890 12,4 (13,1) Jahre. Sie liegt in den Jahren 1994 bis 1996 für Männer (Frauen) bei 18,3 (22,7) Jahren (alle Daten Kohli 2000: 364). Diese demographische Entwicklung kennzeichnet alle entwickelten Industriegesellschaften, ist allerdings in der angelsächsischen Welt, insbesondere in den USA, weit weniger ausgeprägt als in Kontinental- und vor allem in Nordeuropa.

Diese vier für die Handelspolitik entscheidenden Konsequenzen der Institutionalisierung des Wohlfahrtsstaates sind, wie schon erwähnt, kein Ergebnis bewußter Planung von Regierungen, die sich so den Spielraum für eine liberale Handelspolitik und die Unterordnung unter ein multilaterales Regime internationaler Regelungen verschaffen wollten. Dafür gibt es in den Quellen zu den wegweisenden Entscheidungen der Sozialpolitik in den westlichen Ländern nach dem Zweiten Weltkrieg keine Hinweise. Außerdem hätten die Institutionen der Sozialpolitik mit einiger Wahrscheinlichkeit eine andere als ihre jetzt beobachtbare Form, wenn ihre wirtschaftliche und insbesondere ihre außenwirtschaftliche Funktion das zentrale Rationalitätskriterium für ihre Ausgestaltung gewesen wäre.[45] Wenn nach einer treffenden Formulierung in den Auseinandersetzungen, die in der ersten Hälfte der 1920er Jahre um die »Grenzen der Sozialpolitik« (Zwiedineck-Südenhorst 1924, 1925) stattfanden, bereits das normale Muster von Sozialpolitik ihr »Vorstoßen in einen wirtschaftlich nicht gedeckten Raum ist«, dann gilt das noch viel mehr für die außen- und die weltwirtschaftlichen Bedingungen, weil sich mit ihnen anders als mit den volks wirtschaftlichen Bedingungen keine organisierten Interessen verbinden, die in der nationalen Politik einen unmittelbaren Einfluß ausüben können. Hinzu kommt, daß jene Ungleichheiten zwischen den sozialen Gruppen, die durch die Sozialpolitik selbst geschaffen werden – z. B. zwischen Arbeitern, Angestellten und Beamten oder durch andere eigenständige Systeme von privilegierten Arbeitenden, so in den Sonderversorgungssystemen für Bergleute –, Statusfestschreibungen sind, die als Mobilitätsbarrieren wirken können.

Die Ergebnisse der Verhandlungen über die internationalen Wirtschaftsbeziehungen

Während die ersten GATT-Runden in den 1950er und 1960er Jahren noch aus relativ begrenzten und schwierigen bilateralen Verhandlungen zwischen einzelnen Regierungen über die Höhe

45 Das betrifft vor allem die Entscheidung, ob Sozialpolitik über das allgemeine Steuerwesen und hier dann insbesondere über Verbrauchssteuern oder über die Besteuerung des Faktors Arbeit, also über Sozialversicherungsbeiträge finanziert werden soll. Eine steuerfinanzierte soziale Sicherheit verschafft auch einer hochgradig in Weltmärkte integrierten Volkswirtschaft Anpassungsspielräume, während eine beschäftigungsabhängige soziale Sicherheit immer mit dem Problem konfrontiert ist, daß die Sozialpolitik von der Entwicklung der Arbeitsmärkte abhängig ist – und umgekehrt.

Tabelle 2.8: Zollabbau – Ergebnisse der GATT-Runden, 1947-1994

GATT-Runde	Jahr/ Zeitraum	Zahl der Länder	Handel in Mrd. US-$	ø Zoll-senkung in %	ø Zoll nach Abbau in %
Genf	1947	23	10	35	k. A.
Annecy	1949	33	k. A.	35	k. A.
Torquay	1950	34	k. A.	35	k. A.
Genf	1956	22	2,5	35	k. A.
Dillon	1960-61	45	4,9	35	k. A.
Kennedy	1962-67	48	40	35	8,7
Tokyo	1973-79	99	155	34	6,3
Uruguay	1986-94	125	3700	38	3,9

Anmerkung: ø = Durchschnitt.
Quelle: Jackson (1997a: 74).

der Zölle auf genau bezeichnete Güter bestanden, in denen jedes Land »Zoll für Zoll« versuchte, die etwaigen negativen Beschäftigungseffekte seiner Zugeständnisse und Zusagen so klein wie möglich zu halten, konnten bei späteren Runden, insbesondere den Kennedy- und Tokyo-Runden, allgemeine *across the board* Zollsenkungen beschlossen werden, standen also Zölle für einzelne Produkte nicht mehr im Vordergrund.[46] Dieser Effektivitätsgewinn der GATT-Verhandlungen dürfte darauf beruhen, daß in den 1970er und 1980er Jahren die Regierungen der entwickelten Länder wegen ihrer umfassenden Sozialpolitiken mögliche negative Einkommens- und Beschäftigungseffekte stärker als in den früheren Runden vernachlässigen konnten. Tabelle 2.8 dokumentiert die Quantensprünge in der Reichweite der Welthandelsordnung.

Die Ergebnisse quantitativer Forschung

Die quantitativ vergleichende Wohlfahrtsstaatsforschung hat gezeigt, daß Handelsoffenheit und Umfang der Staatsausgaben

46 Eine historische Darstellung der Ursprünge des GATT und seiner Entwicklung bis zur Kennedy-Runde bietet Dam (1970). Zur Kennedy-Runde vgl. J. W. Evans (1971) und zur Tokyo-Runde vgl. Winham (1986).

Abbildung 2.3: Exportquoten und Sozialausgaben in OECD-Ländern, 1990-1997

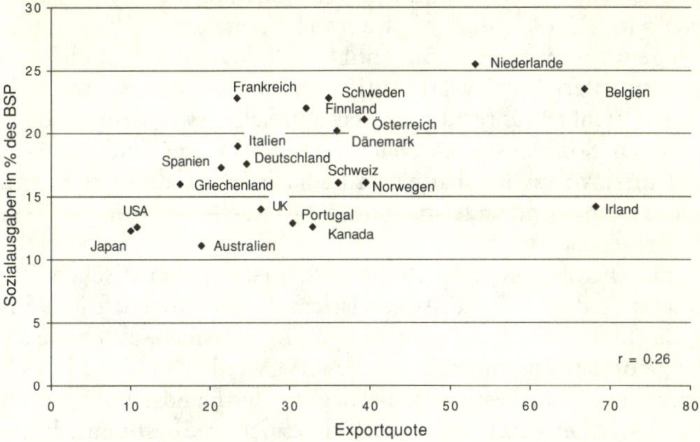

Quelle: OECD (1999a: Tabellen 6.3 und 6.12).

stark positiv korrelieren. Wie Abbildung 2.3 belegt, sind Staatsausgaben für soziale Sicherung und Wohlfahrtszwecke in den Ländern tendenziell höher, die auch verstärkt außenwirtschaftlichen Risiken – gemessen an Import- und Exportquoten – ausgesetzt sind. Offene Volkswirtschaften sind mit dem Problem konfrontiert, daß Strukturbrüche und Konjunktureinbrüche ihre Ursachen in weltwirtschaftlichen Verhältnissen haben und daß sich die Antworten ihrer Betriebe und ihrer Politik auf die ihnen damit gestellten Herausforderungen in Weltmärkten bewähren müssen. Deshalb liegt die Vermutung nahe, daß diese Länder Vorkehrungen treffen, um die größeren Unsicherheiten für Beschäftigte und Unternehmen auffangen zu können. Eine dieser institutionellen Lösungen ist ein Wohlfahrtsstaat, der alternative Quellen von Lebenschancen bereitstellt und Einkommensgarantien gibt. Der statistische Zusammenhang zwischen der Höhe der Sozialausgaben und der außenwirtschaftlichen Offenheit einer Volkswirtschaft wurde zuerst von David Cameron (1978) festgestellt und ist inzwischen wieder von Rodrik (1996, 1997, 1998) und Iversen (2001; Iversen/Cursack 2000) in das Zentrum der Auseinandersetzungen über die Zusammenhänge von Wohlfahrtsstaatlichkeit und Globalisierung gerückt worden.[47]

Das zentrale Problem dieser Untersuchungen besteht natürlich darin, daß sie über die kausale Seite dieser Zusammenhänge nichts aussagen können. Deshalb kann mit dem gleichen Zahlenmaterial auch argumentiert werden, die außenwirtschaftliche Offenheit führe zu größerem Wirtschaftswachstum und die höheren Sozialausgaben seien eine Wachstumsdividende, die sich diese Volkswirtschaften verdient hätten und die in Form von großzügigeren Sozialleistungen an die Gesellschaft zurück- bzw. weitergegeben wird.

Ein weiteres Manko dieser beschreibend-statistischen Betrachtung des Verhältnisses zwischen Außenwirtschaft und Sozialpolitik ist ihr Schweigen zu den Mechanismen, durch die die behaupteten Zusammenhänge bewirkt werden sollen. Wie weit »erzwingt« eine bestimmte Festlegung der Handelspolitik kraft der faktischen Macht der Verhältnisse auch eine bestimmte Form des wohlfahrtsstaatlichen Engagements? Oder sind es die wohlfahrtsstaatlichen Entscheidungen, die ihrerseits Fakten schaffen und so die Möglichkeiten der Handelspolitik bestimmen und vor allem ihre Grenzen festlegen? Welche Akteure – Unternehmen, Gewerkschaften, Parteien und Regierungen – vertreten in welchen Arenen der Sozialpolitik welche handelspolitischen Interessen? Und welche Akteure vertreten in den Arenen der Handelspolitik welche sozialpolitischen Interessen? Diese Fragen können von der quantitativen Forschung naturgemäß nicht beantwortet werden. Trotzdem muß sie sich fragen lassen, wie ihrer Meinung nach diese Zusammenhänge zustande gekommen sind, also welche Politik sich denn dahinter verbirgt.[48]

47 Im Blick auf diese Korrelation heißt es manchmal, die Größe eines Landes sei der entscheidende Erklärungsfaktor, weil größere Länder im Verhältnis zu ihrem Bruttosozialprodukt weniger Außenhandel trieben und zudem über skalenbedingte Einsparungen bei den öffentlichen Dienstleistungen verfügten. Dani Rodrik fand in seinen Untersuchungen keine ausreichenden Belege für diese alternative Interpretation. Bei Rodrik findet sich auch eine breite und abwägende Diskussion der Ergebnisse anderer Untersuchungen über die Zusammenhänge zwischen den wohlfahrtsstaatlichen Merkmalen von Volkswirtschaften und ihrer außenwirtschaftlichen Situation.

48 Paradigmatische Erklärungsansätze, die sich mit den gesellschaftlichen und innenpolitischen Bedingungen der Handelspolitik beschäftigen, bieten Peter Gourevitch (1977), Ronald Rogowski (1987) und David Lake (1988a, b).

Die Rolle von Systemen der sozialen Sicherung in den Entwicklungsländern

Qualitative Untersuchungen von Ökonomen der Weltbank haben ergeben, daß jene Länder in Lateinamerika, Afrika und Osteuropa, die ein Netz der sozialen Sicherung für die Armen aufgespannt und es auch effizient eingesetzt hatten, ihre bis dahin verfolgte autarkische Politik der Importsubstitution erfolgreich durch eine liberale, exportorientierte Handelspolitik ersetzen konnten.[49] Das Engagement einer Regierung für soziale Sicherheit in den oft schwierigen und unsicheren Übergangszeiten der Anpassung wirtschaftlicher Strukturen an die Bedingungen einer größeren handelspolitischen Offenheit war also ein wesentlicher Faktor, um solche wirtschaftlichen Reformen mit nachhaltigem Erfolg durchführen zu können. Zumindest was die deskriptive Statistik betrifft, wurde dieser Zusammenhang immer wieder bestätigt.[50]

Netze der Sozialen Sicherung sind von entscheidender Bedeutung für die öffentliche Unterstützung einer Regierung, wenn sie das Land für den internationalen Handel öffnen und offenhalten will. Auf diese Weise kann sie dem Widerstand derjenigen organisierten Gruppen vorbeugen und begegnen, die vom alten Wirtschaftssystem profitiert haben. Sicherungsnetze wirken auch gegen eine Tendenz der wirtschaftlichen Reform, bei der sich Mitglieder von Gruppen, die sich vor der Marktöffnung noch oberhalb der Armutsgrenze befanden, durch Importkonkurrenz in ihrer Arbeit und in ihrem relativen Wohlstand bedroht sehen, der Armutsgrenze nähern oder sie unterschreiten. Diese »neuen« Armen sind in der Regel besser organisiert als die »alten« Armen, und damit auch weit sprachmächtiger und politisch leichter gegen Liberalisierungsprojekte mobilisierbar. Sie sind daher die ersten Nutznießer der Netze sozialer Sicherung bei einer Reform (Graham 1994: 8). Je stärker solche Sicherungsnetze neue Koalitionen für innen- und außenwirtschaftliche Reformen ermöglichen und stützen, und je mehr diese Netze größere Teile der

49 Für eine zusammenfassende Darstellung und detaillierte Fallstudien vgl. Graham (1994); zu einer Kritik S. Rodrik (2001).

50 Beispiele sind Bates/Krueger (1993), Beiträge in Haggard/Kaufman (1995) und Kornai u. a. (2000); zu Fallstudien vgl. auch Nelson (1990).

Bevölkerung davon überzeugen, daß diese innen- und außenwirtschaftlichen Reformen von Vorteil für sie sind, desto größer sind auch die Chancen, eine Öffnung der Volkswirtschaft durchzusetzen u n d durchzuhalten.

Ausnahmen bestätigen die Regel: Agrarwirtschaft und US-Handelsgesetze

Es gibt auch gegenwärtig noch Sektoren, die von dem inzwischen verallgemeinerten Freihandelsregime des GATT weitgehend ausgenommen worden sind. Außerdem zeigt sich, daß die nationale Handelspolitik trotz Ausbau der Welthandelsordnung in einigen Ländern an Bedeutung eher noch zu- als abgenommen hat. Die Ursachen dafür sind jeweils in der Sozialpolitik und ihren Einrichtungen zu finden. Diese Ausnahmen bestätigen aber, wie zu zeigen sein wird, die Regel der »konservativen Wohlfahrtsfunktion«.

Die Land- und Agrarwirtschaft

Die Landwirtschaft ist der größte Sektor, der seit dem Zweiten Weltkrieg d a u e r h a f t von der allgemeinen Bewegung hin zu einem marktliberaleren Welthandelssystem ausgenommen worden ist. Diese Entwicklung begann damit, daß die US-Regierung 1955 eine Ausnahmeregelung (*waiver*) für ihre Agrargesetzgebung verlangten und erhielten (J. H. Jackson 1997a: 58). Da die seinerzeit hochprotektionistische Agrarpolitik der USA von den allgemeinen Regeln des GATT ausgenommen worden war, hatten die europäischen Länder in den 1950er Jahren leichtes Spiel, auch für ihre Landwirtschaft eine Sonderregelung durchzusetzen (Rieger 2000).

Nachdem auch die EG in den 1960er Jahren ihre Gemeinsame Agrarpolitik (GAP) institutionalisiert hatte, war endgültig klar, daß die normalen Regeln des GATT für die Landwirtschaft keine Anwendung finden würden. Der Widerstand der Landwirte gegen eine Liberalisierung ergab sich vornehmlich daraus, daß insbesondere in größeren Ländern, wie den USA, Deutschland, Frankreich und Italien, für die Masse der Kleinbauern mit Familienbetrieben, die – anders als gewerbliche Unternehmen – keine Trennung von Haushalt und Betrieb kennen, keine wirksame soziale Sicherung bestand bzw. keine Programme des Einkommensschutzes institutionalisiert worden waren. Die traditionelle Rückfallposition der Familienlandwirtschaft in Zeiten von Absatzkrisen – die Produktion nur für den eigenen Magen – steht nicht mehr zur Verfügung, wenn Geldeinkommen benötigt werden, um nicht nur die Lebensmittel, sondern auch die Betriebsmittel auf dem Markt beschaffen zu können. Diese Leerstelle einer wirtschaftlichen Sicherung für sozial sehr leicht verwundbare Produzenten füllten immer weiter perfektionierte Zoll- und Quotensysteme. Diese Systeme sollten den Landwirten, so jedenfalls die Zielvorstellung, unabhängig von der Preisentwicklung auf dem Weltmarkt, ein ebenso hohes und vor allem ein ebenso sicheres Einkommen garantieren, wie es die Sozialpolitik der Industriearbeiterschaft und der Mehrheit der Angestellten schon gewährleistete (Rieger 1995a, b). Von dieser Leitvorstellung ist die Agrarpolitik sowohl der EU wie auch der USA nach wie vor geprägt. Sie hat dazu beigetragen, die Interventions- und Subventionssysteme immer weiter auszubauen, so daß über mehrere Jahrzehnte die einigermaßen paradoxe Entwicklung eintrat, daß für einen schrumpfenden Agrarsektor immer mehr öffentliche Mittel bereitgestellt wurden. Für diese Marktregulierung mußte nicht nur ein umfassender Außenschutz organisiert werden, sondern mußten auch noch zusätzliche Kanäle für einen Export eröffnet werden, weil in so gut wie allen entwickelten Volkswirtschaften in den zentralen Bereichen der Getreide-, Fleisch- und Milcherzeugung Überproduktion herrscht. Der Weltmarkt, und das sind in der Agrarwirtschaft hauptsächlich die Märkte der Entwicklungsländer, wurde zum Kampfgebiet, in dem mit den Mitteln der Exportsubventionierung um Marktanteile gerungen wurde – mit verheerenden Folgen für die dortige einheimische Landwirtschaft (Rieger 1999a).

Letztlich tragen die Verbraucher in den entwickelten Ländern die öffentlichen Kosten dieser Agrarpolitik, und es ist vornehmlich die kleine Gruppe der Großbauern, die dieses System am meisten bevorteilt (Rieger 1999b). Solange die Regierungen aber nicht über die Möglichkeit verfügen, die Einkommens- und Sicherheitsbedürfnisse jenes Großteils der landwirtschaftlichen Bevölkerung zu befriedigen, der sozial am meisten gefährdet ist, und solange sie dafür auch keine adäquaten, also markt- und vor allem außenwirtschaftskompatiblen Instrumente entwikkelt haben, so lange wird auch der agrarwirtschaftliche Protektionismus die internationalen Handelsbeziehungen und die Strukturen der EU prägen und immer von neuem für Zündstoff sorgen.

US-amerikanische Handelsgesetze[51]

Verglichen mit Westeuropa, sind Ausmaß und Umfang der Sozialtransfers in den USA eher bescheiden und diese Sozialleistungen werden, was den Zugang und die Regeln ihres Bezugs betrifft, meist vergleichsweise restriktiv gehandhabt. Während in Deutschland fünf Prozent des Sozialbudgets auf bedarfsabhängige Zuwendungen entfallen, beträgt dieser Anteil in den USA etwa ein Fünftel (Gebhardt/Jacobs 1997). Dies zeigt bereits das niedrigere Niveau der öffentlich bereitgestellten sozialen Sicherheit an, das eine der Besonderheiten des amerikanischen Wohlfahrtsstaates ausmacht. Für unsere Betrachtung ist weiter die Tatsache zentral, daß die Arbeitslosenversicherung in den USA mit ihrem eingeschränkten Deckungsgrad, der niedrigen Lohnersatzrate und der geringen Dauer ihrer Leistungen weit weniger ausgebaut ist als in den europäischen Ländern.[52]

Aus diesem Strukturmerkmal der amerikanischen Politik folgt, daß die amerikanische Regierung immer dann, wenn sie über bilaterale Handelsabkommen oder über neue Zollsenkungen im Rahmen des GATT verhandeln wollte, eine eigene Sozialpolitik für jene Industriezweige und Arbeitergruppen in Aussicht stellen und gegebenenfalls einführen mußte, mit der

51 Die amerikanische Besonderheit einer zusätzlichen sozialpolitischen Unterstützung ihrer Handelsvertragspolitik wird unten in Kapitel 3 (S. 195 ff.) näher behandelt.

52 Die Arbeitslosenversicherung fällt in die Zuständigkeit der Einzelstaaten, die in einem bestimmten Rahmen über die Pflichtversicherungsgrenzen und die Einzelheiten des Leistungsbezuges und der Finanzierung entscheiden (s. Eichenhofer 1990). In der Regel besteht ein Rechtsanspruch auf ein Arbeitslosengeld, das auf sechs Monate beschränkt ist. Von den 6,2 Mio. Arbeitslosen (4,9 % der Erwerbsbevölkerung) waren 1997 weniger als die Hälfte gegen Arbeitslosigkeit versichert (2,3 Mio. bzw. zwei Prozent der Erwerbsbevölkerung – U. S. Census Bureau 1999: 430, 433).

mutmaßlich negativ von erhöhter Importkonkurrenz betroffene Arbeitnehmer davon abgehalten werden sollen, gegen die Handelspolitik zu mobilisieren.

Die auf außenwirtschaftliche Verhältnisse bezogenen Sozialleistungen an diese besonderen Arbeitslosen fallen wesentlich großzügiger aus als die allgemeinen Leistungen der amerikanischen Arbeitslosenversicherung: Die Einkommensersatzraten sind höher, und ihre Bezugsdauer ist beträchtlich länger (Dekker/Corson 1995: 762). Daraus ergaben sich nicht nur erhebliche Kosten für den Bundeshaushalt, sondern das verstärkte auch den Widerstand derjenigen Arbeiter gegen ein Handelsabkommen, die von den vorgesehenen Entschädigungsregelungen nicht begünstigt werden. Diese besondere innenpolitische Konstellation, die durch Programme einer sektoral begrenzten und ausschließlich handelspolitisch motivierten Sozialpolitik bestimmt ist, machte den Vereinigten Staaten beträchtlich mehr Schwierigkeiten, sich erfolgreich und verläßlich für Handelsabkommen und GATT-Runden zu engagieren, als dies in den europäischen Ländern der Fall war (Hudec 1999; J. H. Jackson 1997b).

Bisher zielten die Ausführungen auf den ersten Teil der These, wonach im nationalstaatlichen Rahmen Sozialpolitik und importbeschränkende Handelspolitik funktional äquivalent sind. Im folgenden wird der zweite Teil der These näher betrachtet, der sich auf die Struktur und die *governance* des Welthandelssystems bezieht.

IV. Die soziale Regulierung der *internationalen* Wirtschaftsbeziehungen

Die Verhandlungen über die internationalen Wirtschaftsbeziehungen, deren Ergebnisse sich zu dem aufsummieren, was heute als Weltwirtschaftsordnung bezeichnet wird, haben nicht in einem Vakuum stattgefunden. Sie wurden und werden von Regierungen geführt, die dem Wahlvolk demokratischer Wohlfahrtsstaaten verantwortlich sind. Bereits aus diesem Grund ist zu vermuten, daß zwischen den sozialpolitischen Entscheidungen der Nachkriegszeit – vor allem den weiteren Folgen ihrer Institutionalisierung – und dem Aufbau eines liberalen Handelssystems wechselseitige Beziehungsverhältnisse zu beobachten sein werden. Im Gegensatz zu den Regelungen und Praktiken früherer Zeiten sollte das neue System der internationalen Handelsbeziehungen auch den innenpolitischen Handlungszwängen der Regierungen Rechnung tragen und sie in den Stand setzen, ihre wohlfahrtsstaatlichen Verpflichtungen weiter erfüllen zu können. Weder GATT und WTO noch die anderen Organisationen oder Pakte, die sich mit den internationalen Wirtschaftsbeziehungen befassen, waren bzw. sind nur Einrichtungen, die schlicht und einfach den Welthandel einer liberalen Ordnung unterwerfen. Was sich statt dessen beobachten läßt, ist eine Entwicklung, in der die nationale Deregulierung der Außenwirtschaft von einer internationalen Reregulierung begleitet wird, die ihren Ausgangs- und Bezugspunkt in der Tatsache einer wohlfahrtsstaatlichen Verfassung jener Länder hat, die sich weltwirtschaftlichen Ordnungen unterwerfen.

Vor allem das GATT (vgl. Benedek 1998b), das wichtigste internationale Wirtschaftsregime, enthält eine Reihe von Regelungen und Mechanismen, die es den Regierungen erlauben, seine Normen bzw. die in seinem Rahmen eingegangenen Verpflichtungen befristet und unter Einhaltung bestimmter Regeln auszusetzen. Sie können dann Maßnahmen, die den GATT-Vereinbarungen widersprechen, ergreifen, um im eigenen Land die wirtschaftliche und soziale Stabilität wiederherzustellen. Eine der Aufgaben des GATT besteht darin, die dauernde Spannung und den immer möglichen Konflikt zwischen den innenpolitischen, nationalen sozialen Zielen, und der Notwendigkeit einer marktliberalen internationalen Wirtschaftsordnung geregelten Verfahren zugänglich zu machen. Das GATT ist weniger eine substantielle, eine materiell-rechtlich detaillierte Ordnung als eine Verfahrensordnung. Im Mittelpunkt des GATT stehen Regeln über die Art und Weise, wie in Handelskonflikten gemeinsame Interessen ausgelotet und ermittelt werden können, und weit weniger ein abschließendes Urteil über Rechtspositionen, die dann gegen Vertragspartner auch vollstreckt werden können (Dam 1970: 4-5; J.H. Jackson 1997a; Hudec 1999). Im GATT wird nicht bestritten, daß es einen fundamentalen, nicht auflösbaren Widerspruch gibt: zwischen den wohlfahrtsstaatlichen Strukturen moderner Gesellschaften – samt einer entsprechend verstandenen Regierungsverantwortung – einerseits und einer interdependenten Weltwirtschaftsordnung – ohne eine zentralisierte Entscheidungsinstanz – andererseits. Statt dessen erkennt das GATT diesen Widerspruch an und versucht, ihn durch Verfahren handhabbar zu machen. Das GATT ist deshalb nicht nur Funktionsbedingung einer globalisierten Marktwirtschaft, sondern es ist auch eine Existenzgarantie des nationalen Wohlfahrtsstaates, weil es die Legitimität auch exklusiv nationalstaatlicher Verpflichtungen bestätigt. Umgekehrt bedeutet diese Anerkennung der wohlfahrtsstaatlichen Verfaßtheit seiner Mitgliedstaaten eine zusätzliche Sicherung der Legitimität dieser internationalen Organisation jenseits ihrer wirtschaftsfunktionalen Begründung.

Einzelne Regeln des Welthandelssystems erkennen die vorgängige Existenz und die Priorität bestimmter Funktionsbedingungen nationaler Wohlfahrtsstaaten an. Mit anderen Worten, in den internationalen Wirtschaftsbeziehungen wird akzeptiert, daß die Ideale und die Normen demokratischer Sozialpolitik für Regierungen besondere Handlungszwänge und damit Dilemmas schaffen können:

> »Die Vertragsparteien erkennen an, daß die von einer Vertragspartei zur Erreichung und Erhaltung der produktiven Vollbeschäftigung oder zur Erschließung der wirtschaftlichen Hilfsquellen durchgeführte Wirtschaftspolitik bei dieser Vertragspartei einen starken Einfuhrbedarf hervorrufen können [kann], der eine Bedrohung ihrer Währungsreserven im Sinne von Absatz 2 Buchstabe a) zur Folge haben könnte. Demnach ist eine Vertragspartei, die im übrigen nach diesem Artikel handelt, nicht verpflichtet, Beschränkungen deswegen aufzuheben oder zu ändern, weil eine Änderung ihrer Wirtschaftspolitik die von der Vertragspartei nach diesem Artikel angewandten Beschränkungen unnötig machen würde« (Artikel XII.3(d)).

Im GATT sind detaillierte Vorkehrungen darüber getroffen, wie mit Konflikten zwischen der nationalen und der internationalen Ebene umzugehen ist. Die Regeln des GATT sind also nicht nur Vereinbarungen über Souveränitätsverzichte der Vertragsparteien, sondern sie enthalten auch Vorkehrungen, die souveränitätsbewahrend und autonomieschonend sind.[53] Es spricht einiges für die Vermutung, daß gerade diese Synchronisation des Wandels von der Industriegesellschaft zum Wohlfahrtsstaat mit

53 Für eine detaillierte Untersuchung der Doppelnatur des GATT siehe Finlayson/Zacher (1981).

der Entstehung und Etablierung dieses besonderen Welthandelssystems – des GATT – die bemerkenswerte Stabilität des neuen liberalen internationalen Handelssystems bewirkt und die Mitgliedschaft zu einem begehrten Status gemacht hat.[54] Dies ist um so bemerkenswerter, weil gerade internationale Normen dafür bekannt sind, selten eingehalten zu werden (Claude 1981).[55]

Es ist alles andere als selbstverständlich, daß sich gerade die vielen Zollkonzessionen und handelspolitischen Souveränitätsverzichte der einzelnen Länder, die in den bisher acht Verhandlungsrunden des GATT gemacht worden und auf tausenden von Seiten festgehalten sind, unter allen internationalen Verpflichtungen als die stabilsten herausgestellt haben und zudem am häufigsten befolgt werden. Vermutlich liegt der Hauptgrund für die (relativ) konfliktfreie Umsetzung in den umfassenden und durchgreifenden sozialpolitischen Systemen der wichtigsten westlichen Unterzeichnerstaaten, die als feststehende Einrichtungen außerhalb der Handelspolitik den betroffenen Personen und Gruppen helfen können, die negativen Konsequenzen wesentlich a u ß e n wirtschaftlich bestimmter Veränderungen ihrer Lebenslage und ihrer Lebenschancen zu bewältigen.

Ein weiterer Grund für diese unerwartete Problemlosigkeit ist darin zu sehen, daß diese Regelungen und Festlegungen durch Klauseln relativiert werden, die es den Regierungen ermöglichen, in bestimmten Situationen von GATT-Regeln abzuweichen, wenn sie das dafür vorgesehene Verfahren einhalten. Das wichtigste Sicherheitsventil des GATT und der WTO sind die Befreiungs- und Rücktrittsklauseln, die *escape clauses* (S. 137–141). Ferner gibt es noch weitere Mechanismen, mit denen Zeit gewonnen werden kann, in der die Regierungen dann mit den nationalen Auswirkungen internationaler Verflechtung klarkommen können (S. 141–145).

54 John Gerard Ruggie (1982) spricht deshalb von einer »Einbettung« des GATT in die nationalen w o h l f a h r t s s t a a t l i c h e n Kontexte, von *embedded liberalism*.

55 Vgl. auch Hudec (1999: 163) zur Qualität einer internationalen Gerichtsbarkeit: »[I]nternational legal arrangements have relatively more in common with the laws of primitive societies studied by anthropologists, in which litigation is still emerging as a rather tenuous alternative to dispute resolution by force.«

Sicherheitsventile für die nationalen wohlfahrtsstaatlichen Belange – Befreiungs- und Rücktrittsklauseln

Die Befreiungs- und Rücktrittsklauseln sollen die grundsätzliche Geltung der Normen der liberalen Handelspolitik garantieren. In ihnen spiegelt sich die Tatsache wider, daß eine internationale Wirtschaftspolitik umfassender Marktöffnung die Fähigkeit von Regierungen massiv einschränken kann, nach eigenem Ermessen soziale und andere nichtwirtschaftliche Ziele zu setzen oder ihre wohlfahrtsstaatlichen Aufgaben zu erfüllen. Die Klauseln sehen ein legitimes und legales Verfahren vor, wonach die Regierungen befristet und regelbestimmt ihre internationalen Verpflichtungen aussetzen können (Finger 1996; J. H. Jackson 1997a: 175-211; A. C. Romero 1999).

Regierungen sind damit nicht mehr gezwungen zu entscheiden, ob sie den nationalen oder den internationalen Verpflichtungen den Vorrang geben sollen. Da unter den demokratischen und parlamentarischen Bedingungen des wesentlich exklusiven Nationalstaates über den Ausgang eines solchen Konfliktes – nämlich den Vorrang innenpolitischer Präferenzen – kein Zweifel bestehen kann, ist die Existenz eines solchen Sicherheitsventils von einer kaum zu überschätzenden Bedeutung. In den Befreiungs- und Rücktrittsklauseln spiegelt sich der Umstand, daß eine Nation zwar als Ganzes und auf lange Sicht vom (Frei-) Handel profitiert, bestimmte Bevölkerungsgruppen aber in erheblichem Ausmaß negativ betroffen sein können oder dies auch nur für wahrscheinlich halten.[56] Bei diesen Befreiungs- und Rücktrittsklauseln geht es also nicht um »unfairen Handel«

56 Es sollte nicht vergessen werden, daß die wohlfahrtsförderlichen Konsequenzen internationaler Arbeitsteilung auch aus Gründen ausbleiben können, die mit dem Freihandel selbst nichts zu tun haben. Erstens müssen die letztlich allein formalen Möglichkeiten eines Freihandels auch tatsächlich ergriffen und genutzt werden – was keine Selbstverständlichkeit ist. Zweitens sind die »Zerstörungen«, die eine grenzüberschreitende Marktwirtschaft für überkommene Industriestrukturen und Wirtschaftsverhältnisse anrichten kann, um auch wirklich »schöpferisch« wirksam zu werden, von Bedingungen abhängig, die von dieser Marktwirtschaft selbst nicht hergestellt werden können. Die wichtigste Bedingung, die »schöpferische Zerstörung« sowohl hemmen wie unterstützen kann, ist natürlich das Regelwerk des Wohlfahrtsstaates.

oder um *social dumping*. Sie befassen sich vielmehr mit dem normalen internationalen Handelsverlauf, also gerade mit jenen Verschiebungen der Güterströme, die sich infolge der Ausnutzung komparativer Vorteilslagen einstellen (sollen). Artikel XIX des GATT stellt darauf ab, daß bereits der bloße Anstieg von Importen Regierungen vor Probleme stellen und deshalb protektionistische Reaktionen auslösen kann. Artikel XIX Absatz 1a) des GATT lautet in der amtlichen deutschen Übersetzung:

»Wird infolge unvorhergesehener Entwicklungen und der Auswirkungen der von einer Vertragspartei auf Grund dieses Abkommens eingegangenen Verpflichtungen, einschließlich der Zollzugeständnisse, eine Ware in das Gebiet dieser Vertragspartei in derart erhöhten Mengen und unter derartigen Bedingungen eingeführt, daß dadurch den inländischen Erzeugern gleichartiger oder unmittelbar konkurrierender Waren in diesem Gebiet ein ernsthafter Schaden zugefügt wird oder zugefügt zu werden droht, so steht es diesen Vertragsparteien frei, ihre hinsichtlich einer solchen Ware übernommene Verpflichtung ganz oder teilweise aufzuheben oder das betreffende Zugeständnis zurückzunehmen oder abzuändern, soweit und solange dies zur Verhütung oder Behebung des Schadens erforderlich ist«.[57]

Diese Bestimmung dürfte ein Alptraum für jeden Juristen sein. Wann liegt eine »unvorhergesehene Entwicklung« vor? Ab welcher Menge kann man von »derart erhöht« sprechen? Können zunehmende Importe zweifelsfrei als die entscheidende Ursache für die Absatz- und damit für die Beschäftigungsprobleme einheimischer Firmen festgestellt werden – oder ist nicht eher die Zunahme der Importe die Folge einer Wettbewerbsschwäche, deren Gründe im Unternehmen selbst – Management-Entscheidungen, Organisation, Personalführung usw. – liegen? Wie können »gleichartige« von »weniger gleichartigen« Waren unterschieden werden? Wie läßt sich der Zeitrahmen eingrenzen, welcher den Regierungen für ihre reagierenden Eingriffe zur Verfügung stehen soll?

57 Hier zitiert nach Senti (1986: 400). Das GATT wurde seit seiner Ratifizierung durch die ursprünglichen Vertragspartner mehrfach verändert und erweitert. Seine grundsätzlich ambivalente Struktur, vor allem was das unentschiedene Verhältnis zwischen den handelspolitischen Verbots- und Gebotsnormen und den Reservat- und Ausnahmerechten nationaler Wohlfahrtsstaaten betrifft, gilt auch für das »neue« GATT, das im Anschluß an die Uruguay-Runde 1994 Teil der WTO wurde.

Es überrascht also nicht, wenn es zahlreiche Konflikte über die Anwendung dieses GATT-Artikels und immer wieder aufflakkernde Zweifel über seine tatsächliche Wirksamkeit bzw. die erst durch ihn eingeräumten Mißbrauchsmöglichkeiten gibt. Es gab aber auch einen mehr oder weniger stetigen Ausbau der Verfahren – von der Notifizierungspflicht an Länder, die von Abwehrmaßnahmen betroffen sind, über die Ausweitung der Arenen der Streitschlichtung bis zur Legitimierung von Gegenmaßnahmen –, mit denen diese Konflikte bewältigt werden konnten.

Trotzdem scheint sich dieser Artikel, geht man allein vom Wortlaut aus, auch gegen jene Wirkungen zu richten, die von einer Handelsliberalisierung erhofft werden, nämlich die Verschiebung der internationalen Güter- und Dienstleistungsströme in eine Richtung, die den jeweiligen komparativen Vorteilen der einzelnen Länder eher gerecht wird und damit die Wohlfahrt aller Länder erhöht. Die *Status quo*-Orientierung der konservativen Wohlfahrtsfunktion steht gegen die Dynamik, die aus einer internationalen Arbeitsteilung fließt. Exportierende Länder, die ihren Marktanteil in importierenden Ländern vergrößern, tun jedoch genau das, was sie gemäß der Welthandelspolitik des GATT und der Theorie des Freihandels auch tun sollen: Sie sind effizienter und ihre Unternehmen produzieren bessere und preiswertere Waren. Die Märkte honorieren das und erweitern ihre Absatzchancen. Diese Unternehmen und ihre Volkswirtschaften zu bestrafen hieße, gerade solche Industrien zu benachteiligen, deren Ausrichtung und Leistung dem entsprechen, was Sinn und Zweck der Gewährleistungen der internationalen Handelspolitik ist. Dennoch spricht einiges dafür, solche Rücktritts- und Sicherheitsklauseln zu gewährleisten. Artikel XIX fährt nämlich folgendermaßen fort:

»2. Bevor eine Vertragspartei eine Maßnahme auf Grund des Absatzes 1 trifft, wird sie dies den VERTRAGSPARTEIEN solange wie möglich im voraus schriftlich mitteilen; sie wird den VERTRAGSPARTEIEN und den Vertragsparteien, die als Ausfuhrländer der betreffenden Ware ein wesentliches Interesse haben, Gelegenheit geben, mit ihr Konsultationen über die beabsichtigte Maßnahme zu führen. [...] In Fällen von Dringlichkeit, in denen ein Aufschub eine schwer gutzumachende Schädigung verursachen würde, kann eine Maßnahme nach Absatz 1 vorläufig ohne vorhergehende Konsultationen getroffen werden, jedoch unter der Bedingung, daß diese unmittelbar nach Einleitung dieser Maßnahme stattfinden.

3.a) Gelangen die interessierten Vertragsparteien hinsichtlich dieser Maßnahme nicht zu einem Einvernehmen, so steht es der Vertragspartei, die diese Maßnahme zu treffen oder weiterhin anzuwenden beabsichtigt, frei, dies trotzdem zu tun; in diesem Fall steht es den hiervon betroffenen Vertragsparteien frei, spätestens neunzig Tage danach und frühestens dreißig Tage nach Eingang einer entsprechenden schriftlichen Mitteilung bei den VERTRAGSPARTEIEN die Anwendung im wesentlichen gleichwertiger Zugeständnisse oder sonstiger Verpflichtungen aus diesem Abkommen auf den Handel der eine solche Maßnahme anwendenden Vertragspartei [...] auszusetzen, sofern die VERTRAGSPARTEIEN dies nicht mißbilligen«.

Befreiungs- und Rücktrittsklauseln wie Artikel XIX geben also den Regierungen den W e g für die Art und Weise vor, w i e sie auf die Probleme reagieren können, die sich aus einer zunehmenden Öffnung, der damit einhergehenden größeren Unsicherheit und der gestiegenen Sprunghaftigkeit grenzüberschreitender Märkte ergeben können. Indem diese Klauseln die Handlungszwänge von Regierungen gegenüber steigender Importkonkurrenz anerkennen, die sich aus den nationalen Wohlfahrtsgarantien ergeben, können sie den Regierungen gleichzeitig Grenzen ziehen und sie so von der Versuchung abbringen, wieder auf die volks- und weltwirtschaftlich weniger vorteilhaften, aber politisch leichter zu handhabenden, traditionellen Instrumente einer ausschließlich nationalen Wirtschaftspolitik zurückzugreifen, um jene Ziele zu erreichen, die sie im eigenen nationalen Interesse für wichtig halten.

Eine wichtige Funktion dieser GATT-Bestimmung ist es, Regierungen, die diese Ausnahmebestimmung in Anspruch nehmen, auch für die Folgen ihres Handelns in Verantwortung zu nehmen. Ihr Handeln – oder unter Umständen auch ihr Nichthandeln – kann in den Schlichtungsarenen des GATT bzw. jetzt der WTO angefochten und mit der Erlaubnis, »Gegenzölle«, also *countervailing duties* zu verhängen, sanktioniert werden. Dieser Aspekt der Institutionalisierung von Verfahren bremst einen potentiellen Mißbrauch der Befreiungs- und Rücktrittsklauseln. Was im Blick auf genauere materiell-rechtliche Regeln zunächst als formell-rechtliches Defizit erscheint, erweist sich tatsächlich als Verfahrensgewinn. Das GATT-System verläßt sich in vielem auf z. T. sehr aufwendige und komplexe Verfahrensregelungen für kurzfristige Probleme, um das übergreifende und langfristige Ziel einer allgemeinen Handelsliberalisierung zu fördern. Das GATT verzichtet sehr weitgehend darauf, die rechtliche Position jener Akteure zu stärken, die sich grenzüberschreitend wirtschaftlich betätigen – also der Unternehmen –, statt dessen wendet es sich an die Regierungen, um deren Verhalten einer Ordnung zu unterwerfen (Kessie 2000). Der für diesen Umstand wichtigste und auch regelmäßig von den nationalen Gerichten anerkannte Grund ist: Regierungen sollen einen außen(wirtschafts)politischen Verhandlungsspielraum behalten, um in den innergesellschaftlichen Verteilungskonflikten freie Hand zu haben. Das zentrale Mittel, widerstreitende soziale und wirtschaftliche Interessen zu einem immer wieder neu anzusetzenden Ausgleich zu bringen, ist nicht das Recht, und am allerwenigsten ein internationales Wirtschaftsrecht, sondern die nationale Sozialpolitik.

Ähnliches gilt auch für die weiteren Mechanismen, mit denen Zeit gewonnen werden kann, in der die Regierungen mit einigen Auswirkungen einer liberaleren Welthandelsordnung klarkommen können.

Die Mechanismen für einen Zeitgewinn

Ein Thema, das die internationalen Wirtschaftsbeziehungen von Anfang an begleitet hat und regelmäßig zu heftigen Konflikten führte, ist das *dumping*. Auseinandersetzungen darüber, was damit genau gemeint ist und wie mit diesem Sachverhalt umgegangen werden soll, haben das GATT immer wieder an den Rand des Scheiterns gebracht. Die Regelungen, die sich damit befassen, haben sich zu einem ausgefeilten und hochkomplexen System der nationalen und internationalen Überwachung, Untersuchung und Verhandlung entwickelt.

Obwohl der Vorwurf eines *dumping* das wahrscheinlich häufigste Konfliktthema der internationalen Wirtschaftsbeziehungen ausmacht, ist es auch in der Theorie weder eindeutig geklärt, welche Umstände es erlauben, von *dumping* zu sprechen, noch ob *dumping*, in einer theoretischen Betrachtung, wirklich ein Problem darstellt (Hudec 1999: 143). Schon David Hume (1912a, b [1788]) hatte festgestellt, daß *dumping*-Praktiken die inländischen Verbraucher begünstigen, weil sie Güter zu niedrigeren Preisen beziehen können und für die heimischen Produzenten entweder Vorteile in Form von billigeren Rohstoffen bringen oder es ihnen erlauben, sich profitableren Bereichen zuzuwenden. Auch sei jedes »echte« *dumping*, also ein Verkauf von Gütern unter ihren Gestehungskosten, längerfristig nicht möglich. Insofern als niemand sich selbst einen Schaden zufügen werde, sei *dumping* keine rationale, nachhaltig verfolgbare Strategie.[58]

Regierungsmaßnahmen gegen *dumping* – sei es weil einzelne Betriebe, sei es weil ganze wirtschaftliche Sektoren klagen – sind dennoch ein endemisches Problem der nationalen wie der internationalen Wirtschaftspolitik geblieben. Da *dumping* in allen Wirtschaftsbereichen stattfindet, ist der Standpunkt vertreten worden, die institutionellen Vorkehrungen und die verschiedenen wirtschafts- und handelspolitischen Instrumente gegen *dumping* bildeten eine wichtige Schnittstelle zwischen Wirtschaftssystemen, deren Grenzen durch ein enormes Gefälle in den sozialen und den Umweltstandards gekennzeichnet seien. Die langwierigen und kostspieligen Verfahren mit ihren verschiedenen Regeln der Tatsachenfeststellung, der Anhörung und der Verhandlung brächten den betroffenen Unternehmen Zeitgewinne und verschafften ihnen die Möglichkeit, ihre tatsächliche Wettbewerbsposition herauszufinden, sie zielgerichtet und vor allem ohne protektionistische Dauerunterstützung zu verbessern. Ferner können Maßnahmen gegen *dumping* im In- und Ausland das öffentliche Bewußtsein für die soziale und umweltbezogene Rahmung bestimmter Produktionssysteme schärfen. Was auf den ersten Blick als zeitliche Ineffizienz erscheint, hat seinen tieferen Sinn: »Temporizing has a bad name that is not really deserved« (Hudec 1999: 123).

Welches Problem liegt den Einrichtungen und der Politik des *anti-dumping* tatsächlich zugrunde? Der grenzüberschreitende Handel birgt trotz der scheinbar friktionslosen Mobilität der am meisten gesuchten Produktionsfaktoren und seinem Versprechen einer automatischen Angleichung der Faktorpreise ein be-

58 Deshalb die rhetorische Frage von Milton Friedman: »What would you rather be, a dumper or a dumpee? A dumper is someone who sells something below cost. A dumpee is somebody who buys something below cost« (zit. nach Krauss 1997: 20).

achtliches Konfliktpotential. Viele Probleme, die als *dumping* und »unfairer Wettbewerb« bezeichnet werden, sind im Grunde Probleme, die ihre Grundlagen in unterschiedlichen Gesellschafts- und Wirtschaftsordnungen haben. Dabei geht es vor allem um Unterschiede in der Intensität und im Umfang der sozialen Regulierung von Märkten und Produktionsprozessen. Ein Weg, eine Art *level playing field* – also gleiche Wettbewerbsbedingungen – zwischen zwei Systemen zu erreichen, besteht darin, das jeweils billigere Produktionssystem des *dumpings* oder des »unfairen Handels«, des *unfair trade* zu bezichtigen, und auf Verbote oder zumindest Ausgleichsmechanismen zu drängen. Sind also *anti-dumping*-Maßnahmen nur der alte Protektionismus in neuen Kleidern? Oder sind sie ein notwendiges Sicherheitsventil für jene Länder, die einen höheren Standard sozialer und wirtschaftlicher Regulierung haben und dafür durch die »Schmutzkonkurrenz« der weniger entwickelten Länder bestraft werden? Diese Frage ist nicht a priori zu beantworten.

Untersuchungen haben z. B. gezeigt, daß von 900 Beschwerden wegen *dumpings*, die der Kommission der EG in den 1980er Jahren vorgelegt worden waren, 675 dadurch beigelegt wurden, daß der Importeur »freiwillig« die Preise erhöhte (Senti 1986: 87). Ganz ähnlich gilt auch für die Vereinigten Staaten, daß bereits die Androhung eines *anti-dumping*-Verfahrens dazu führt, daß Importeure sich an den inländischen Preisen orientieren oder sich mit abgesprochenen Importquoten begnügen. Natürlich ist viel Unruhe – und sind hohe Kosten – mit diesem Weg, Spannungen abzubauen, verbunden. Aber auch auf den krummen Wegen der internationalen und den noch sehr viel krummeren der nationalen *anti-dumping*-Verfahren ist es trotzdem gelungen, die Grundregeln des GATT aufrechtzuerhalten. Die Heuchelei sei die Verbeugung des Lasters vor der Tugend, meinte François Duc de La Rochefoucauld. Obwohl sich also hinter vielen *dumping*-Vorwürfen eher hausgemachte Probleme verstekken dürften, bedeutet ihre Artikulation doch immer auch, von der Norm und dem Ethos eines freien Handels auszugehen und diese im Prinzip auch anzuerkennen. Außerdem müssen Unternehmen wie Regierungen Regeln beachten, wenn sie der Konkurrenz über *dumping*-Vorwürfe das Wasser abgraben wollen. Ihre Maßnahmen können in den Arenen der WTO herausgefordert werden, und sie müssen den betroffenen Staaten Schadenersatz leisten, sollten sich ihre Importbeschränkungen in diesem Verfahren als ungerechtfertigt herausstellen. Wie bei den Befreiungs- und Rücktrittsklauseln kommt es also auch hier darauf an, ob diese Politik in der Lage ist, in längerer Frist das Ziel zu unterstützen, Volkswirtschaften für den Handel zu öffnen. Was also auf den ersten Blick so aussieht, als widerspreche es dem Geist des Freihandels, ist in einem größeren Zeithorizont betrachtet eine Bedingung dafür, ihn Wirklichkeit werden zu lassen.

Nationale *anti-dumping*-Verfahren sind mit dem grundsätzlichen Problem behaftet, daß Industrien und ihre Betriebe isoliert betrachtet werden. In diesen Verfahren wird allein nach den Konsequenzen des Preiswettbewerbs für die unmittelbar betroffenen Unternehmen gefragt, nicht aber nach den weiteren und nach der Theorie des Freihandels positiven Effekten für die weiterverarbeitende Industrie und für die Konsumenten und auch nicht nach den weiteren negativen Folgen protektionistischer Intervention, z. B. die Umlenkung der produktiven Energie von Unternehmen in *influence acitivities* und *rent seeking*.[59] Auch hier herrscht also die konservative Wohlfahrtsfunktion. Die »Tatsachenfeststellung« der amerikanischen *International Trade Commission* (ITC) schließt nicht nur jede industrie- und sektorenübergreifende Bewertung aus, es ist ihr ausdrücklich verboten, eine volkswirtschaftliche Kosten-Nutzen-Analyse durchzuführen. Aus diesem Grund sind ihre »Ergebnisse« eindeutig vorherbestimmt (Finger u. a. 1982). Die notorischen Strafzölle, mit denen die ITC auf Antrag der amerikanischen Stahlproduzenten europäischen und koreanischen Stahl belegt, laufen für bestimmte Sorten von Edelstahl auf ein Einfuhrverbot und damit auf höhere Preise und eine Verschlechterung der Wettbewerbslage stahlverbrauchender Unternehmen hinaus. Die Tatsache, daß stahlverbrauchende Unternehmen – die von billigeren Importen und der dadurch ausgelösten Konkurrenz auf dem amerikanischen Markt profitieren würden – 30mal mehr Arbeitskräfte beschäftigen als die Stahlindustrie,

59 Vgl. dazu Hudec (1999: 148): »Economists may know that a 100 percent tariff increase on some products places other domestic producers at a comparative disadvantage, but as long as politicians and constituents do not know that, there is no incentive for compromise and restraint on foreign trade legislation [...].«

spielt für die ITC keine Rolle (Krauss 1997: 20-23). Genausowenig berücksichtigt die ITC, daß die Zollerhöhungen, die im Anschluß an *anti-dumping*-Verfahren den betroffenen Industrien gewährt werden, eine Umverteilung von Einkommen der einheimischen Verbraucher an die geschützten Unternehmen bedeutet (Gilpin 2000: 91). Der Schutz von Arbeitsplätzen über protektionistische Intervention ist deshalb eine sehr kostspielige Angelegenheit.[60]

Die Verfahrensregeln der ITC genauso wie die der EU verraten eine merkantilistische Gesinnung und ein *Status quo*-Denken, das Veränderungen in Beschäftigung und Einkommen nur unter dem Aspekt von Risiko und Verlust wahrnimmt. Diese konservative, wirtschaftsnationalistische Handelspolitik ist deshalb auch eine leichte Beute für die interessenpolitische Ausbeutung ihrer Verfahren durch Unternehmen und – im Fall der USA – auch durch die Gewerkschaften.

Die WTO und der nationale Wohlfahrtsstaat

Was hier bislang über die Ursprünge und die Entwicklung des GATT geschrieben wurde, gilt das auch für die neue »Verfassung« des Welthandels? Oder hat sich das neue Welthandelssystem, in dessen Mittelpunkt seit 1995 die WTO steht, aus ihren wohlfahrtsstaatlichen Bezügen soweit gelöst, daß von einer »Wahlverwandtschaft« zwischen den nationalen Strukturen und den Regeln und Verfahren der Welthandelsordnung nicht mehr gesprochen werden kann?

Es kann kein Zweifel daran bestehen, daß mit der WTO die politische Eigenständigkeit und auch das institutionelle Eigengewicht der Welthandelsordnung gegenüber den Regierungen zugenommen haben.[61] Der Abschluß der Uruguay-Runde 1994 brachte nicht nur Fortschritte in der Marktöffnung und eine Re-

60 Gary Hufbauer und Kimberly Eliot haben berechnet, daß die Durchschnittskosten eines handelspolitisch »geretteten« Arbeitsplatzes 170 000 US-$ betragen, ein Preis, der in einigen Industriezweigen bei über 500 000 US-$ liegt (1994: 11).

61 Einen kurzen Überblick bietet die Einleitung von Benedek in seiner Textausgabe von WTO-Dokumenten (1998a), und umfassende Darstellungen finden sich u. a. bei A. O. Krueger (1998) und Senti (1994, 2000).

form der Verfahren der Streitschlichtung, sondern er überführte auch das GATT in den neuen Rahmen der WTO. Das Welthandelssystem ist damit mehr als ein Vertragswerk von Regierungen, es hat auch als Organisation an Handlungsfähigkeit gewonnen. Während die Verwaltung des alten GATT auf ein Sekreteriat beschränkt war, das im Grunde nur nach Vereinbarung einer neuen Verhandlungsrunde aktiv wurde, hat das neue GATT mit der WTO eine eigene Behörde erhalten, die kontinuierlich, mit eigenem Personal und beträchtlich verstärkten Finanzmitteln mit der Aufgabe betraut wurde, die internationale Handelspolitik selbstständig voranzutreiben und die Einhaltung der Regeln zu kontrollieren. Außerdem hat die WTO mit dem »Allgemeinen Rat« ein operatives Hauptorgan, das wie die zweijährlich tagende »Ministerkonferenz« aus Vertretern aller an einer Teilnahme interessierten Mitgliedstaaten besteht und das als »Streitbeilegungsgremium« dient. Die WTO soll also nicht nur die Umsetzung der Ergebnisse der Uruguay-Runde überwachen, sondern in verschiedenen Bereichen einer internationalen Regulierung Initiativen entwickeln, die bislang im Regelwerk des GATT keine Berücksichtigung fanden und die in der Uruguay-Runde nicht mehr abschließend behandelt werden konnten. Das gilt vor allem für die Dienstleistungen[62], den Schutz geistigen Eigentums[63], den Agrar-[64] und Textilsektor[65] und ausländische Direktinvestitionen.[66] Hinsichtlich der bestehenden Vereinbarungen müssen die Vertragsparteien des GATT regelmäßig Berichte nicht nur über ihre Handelspolitik abliefern, sondern sich auch in regelmäßigen Abständen eine *Policy Review* gefallen lassen.[67]

Auch die Verfahren der Streitschlichtung wurden auf eine neue Grundlage gestellt. Die erste und bedeutendste Neuerung

62 »Allgemeines Übereinkommen über den Handel mit Dienstleistungen« (deutsch bei Benedek 1998a: 387-422).

63 »Übereinkommen über handelsbezogene Aspekte der Rechte des geistigen Eigentums« (deutsch bei Benedek 1998a: 423-458).

64 »Übereinkommen über die Landwirtschaft« (deutsch bei Benedek 1998a: 155-181).

65 »Übereinkommen über Textilwaren und Bekleidung« (deutsch bei Benedek 1998a: 197-214).

66 »Übereinkommen über handelsbezogene Investitionsmaßnahmen« (deutsch bei Benedek 1998a: 238-242).

67 Für eine deutsche Übersetzung des »Mechanismus zur Überwachung der Streitbeilegung« vgl. Benedek (1998a: 488-492).

ist die Verpflichtung, die Verfahren auch in Anspruch zu nehmen.[68] Damit soll der Multilateralismus der Welthandelsordnung gestärkt und die Tendenz zur Zunahme bilateraler Verhandlungen zur Beilegung von Streitigkeiten – etwa nach Abschnitt 301 des US-amerikanischen Außenhandelsgesetzes – gestoppt werden. Zusammen mit dieser Verpflichtung wurde eine »Zwischenprüfung« des Berichtsentwurfs des *Panels* eingeführt und eine Rechtsmittelinstanz geschaffen. Diese Verrechtlichung der Streitschlichtungsverfahren ist das Gegenstück und vor allem das Gegengewicht zu einer weiteren Neuerung: Die Einrichtung eines *Panels* sowie der Beschluß über den Bericht des *Panels* kann nur im Konsens aller Mitgliedstaaten verhindert werden. Die dritte Neuerung ist ein Quasi-Automatismus der Verfahren: Die Normaldauer der *Panel*verfahren wurde auf sechs Monate verkürzt und ein »Streitbeilegungsgremium«, ein *Dispute Settlement Body*, überwacht die Umsetzung der Empfehlung des *Panels*. Schließlich wurde, viertens, auch Artikel XIX selbst präzisiert, und seine autonomieschonende Funktion gestärkt.[69] Auf der einen Seite wurde verabredet, alle »Grauzonenmaßnahmen« binnen vier Jahren zu beseitigen, importbeschränkende Maßnahmen auf vier Jahre zu befristen und Gegenmaßnahmen des exportierenden Landes erst nach drei Jahren zu erlauben. Im Gegenzug wurde das Ergreifen »vorläufiger« Schutzmaßnahmen legalisiert, und man gestand jedem Mitglied zu, bis Ende 1999 eine Ausnahme in Anspruch nehmen zu dürfen.[70]

Bislang haben sich die freihändlerischen Hoffnungen, die in die WTO gesetzt wurden, nicht erfüllt. Die WTO ist in gewisser Weise eher Ausdruck der Probleme, mit denen die Welthandelsordnung inzwischen konfrontiert ist, als ihre Lösung.[71] Ihre *built-in agenda* beschreibt Konfliktfelder, die in der Uruguay-

68 Die »Vereinbarung über Regeln und Verfahren zur Beilegung von Streitigkeiten« findet sich bei Benedek (1998a: 459-487).

69 »Übereinkommen über Schutzmaßnahmen« (deutsch bei Benedek 1998a: 377-386).

70 Die EU beschränkte auf dieser Grundlage den Import japanischer Autos (Benedek 1998a: 30).

71 Zu dem angeblichen Glanzstück des WTO-Systems, dem neuen Streitbeilegungsmechanismus, vgl. auch die Einschätzung von Hudec (1999: 126): »It would not be the last time that governments would turn to strengthened dispute settlement as a substitute for failed substantial negotiations.«

Runde ausgeklammert werden mußten, um diese überhaupt noch irgendwie abzuschließen. Insgesamt dauerte die Uruguay-Runde acht Jahre (1986-1994). Obwohl in dieser Zeit der Eiserne Vorhang fiel und die Länder der »Zweiten Welt« sich zu denen der Ersten und Dritten Welt gesellten, waren es nicht nur historische – und in ihrer Tragweite epochale – Sonderprobleme, die die Uruguay-Runde belasteten. Die Kennedy-Runde dauerte bereits vier Jahre (1963-1967) und die Tokyo-Runde sechs (1973-1979). Die WTO ist deshalb der Versuch, die *governance* der Welthandelsordnung selbst auf eine neue Grundlage zu stellen, weil das alte System von GATT-Runden bei einem Mitgliederkreis von fast 150 Staaten keine brauchbaren Resultate mehr versprach.

Aber was kann die WTO überhaupt leisten? Zunächst einmal hat sie in einem wichtigen Punkt einen Nachteil gegenüber der GATT-Struktur. Das GATT war eine Angelegenheit der Handelsd i p l o m a t i e und war schon deshalb autonomieschonend verfaßt.[72] Ohne den Konsens aller Mitglieder gab es weder eine Vereinbarung neuer Regeln noch Maßnahmen gegen einzelne Mitglieder.

Zweitens wurde mit dem organisationspolitischen Quantensprung in der internationalen Regulierung des Handels, den die WTO darstellt, den bislang diffusen Gegnerschaften zur Globalisierung ein fester Bezugspunkt für einen effektiveren Widerstand verschafft. Die Skepsis gegenüber den Versprechungen des Freihandels hat zugenommen und sich in Seattle – und andernorts – eindrucksvoll in Szene gesetzt. Die WTO und ihre Mitglieder hatten der Kritik nichts entgegenzusetzen (House of Commons 1999). Das Scheitern der WTO-Konferenz in Seattle Ende 1999 geht aber nicht nur auf das Konto der Mobilisierung von NGOs. Dieser quasi-demokratische Widerstand ist Teil einer allgemeineren Entwicklung. Die *Agenda 2000*-Reformen der EU, beschlossen in Berlin im März 1998, haben z. B. trotz der bereits 1994 beim Abschluß der Uruguay-Runde getroffenen Vereinbarung Ende 1999 in der WTO eine neue Verhandlungsrunde zur

72 Das GATT kannte nur ein Vertragsorgan, nämlich die zu diesem Zweck im Text des GATT immer mit Großbuchstaben bezeichneten »VERTRAGSPARTEIEN«. Die Neufassung des GATT spricht nur noch von Mitgliedstaaten.

Fortführung des *Agreement on Agriculture* einzuläuten und die nationalen Subventions- und Markt»ordnungen« einer strikteren Ordnung zu unterwerfen, für die europäische und damit auch für die amerikanische Agrarpolitik bis zum Jahr 2005 den *Status quo* festgeschrieben (Rieger 2000). Das Scheitern des *Multilateral Agreement on Investment* bedeutet, daß ausländische Direktinvestitionen in absehbarer Zukunft allein im Wege bilateraler Handelsvertragspolitik verhandelt werden, aber nicht im Rahmen eines multilateralen Vertragswerks geschützt werden können.

Diese Entwicklungen zeigen deshalb, drittens, daß es bislang eher die Schwächen der institutionellen wie der organisatorischen Qualitäten des GATT waren, die ihren Erfolg sicherte (Bello 1996). Die neue organisatorische Selbstständigkeit der WTO, vor allem was die Verfahren der Streitschlichtung betrifft, hat bislang in der Praxis zu einer ablehnenden Haltung der Mitgliedstaaten geführt, weil ihnen der »negative Konsens«[73] nationale Interessen nicht ausreichend zu garantieren scheint. Er ist im Gegenteil darauf angelegt, den supranationalen Charakter der Welthandelsordnung zu Lasten ihrer internationalen bzw. intergouvernementalen Elemente zu stärken.[74] Außerdem wurde die Stärkung der Welthandelsordnung durch ihre »Balkanisierung« erkauft. Keines der oben bezeichneten verschiedenen Übereinkommen verpflichtet derzeit mehr als 39 Mitglieder, wenn man die EU nur als ein Mitglied zählt.[75]

Die Stagnation der WTO ist die Kehrseite eines neuen handelspolitischen Aktivismus und Interventionismus der führen-

73 Mit »negativem Konsens« wird ausgedrückt, daß ein Ergebnis im Streitschlichtungsverfahren nur durch Einstimmigkeit blockiert werden kann. Artikel IX Absatz 1 des WTO-Abkommens sieht vor, daß Entscheidungen im Konsens getroffen werden. Allerdings erfolgt bei Nichteinigung die Beschlußfassung mit einfacher Mehrheit, bei bestimmten Entscheidungsmaterien mit qualifizierter Mehrheit. Z.B. sind für Interpretationen des GATT und für Ausnahmegenehmigungen eine Dreiviertel-Mehrheit notwendig.

74 Der amerikanische Kongreß band die Ratifizierung der Ergebnisse der Uruguay-Runde an das *Dole Amendment*: Die USA behalten sich das Recht vor, sich aus der WTO zurückzuziehen, wenn diese ihre Souveränität verletzt (Gilpin 2000: 111).

75 Bei den Abstimmungen in den WTO-Organen zählt jeder Mitgliedstaat der Europäischen Union einzeln.

den Wirtschaftsnationen. Die Regierung Clinton betrieb in ihrer ersten Amtszeit (1992-1996) eine aggressive, »ergebnisorientierte« Handelspolitik gegen Japan und andere Länder, die angeblich nicht genügend amerikanische Waren importierten und deshalb als Verursacher des enormen Handelsbilanzdefizits ausgemacht wurden. Mit »Making the world safe for Motorola in Japan and General Motors in China« umschrieb David Sanger in der *New York Times* (2000) die *raison d'être* der über 300 bilateralen Handelverträge, die in den zwei Amtszeiten Präsident Clintons abgeschlossen wurden. Sowohl die NAFTA wie das Binnenmarktprogramm der EU und ihre Fortsetzung im Projekt der Wirtschafts- und Währungsunion sind Versuche, an die Stelle von Weltmärkten Freihandelszonen und Zollunionen zu setzen, um den globalen Kapitalismus wieder einer stärkeren politischen Kontrolle zu unterwerfen. Die NAFTA und die Europäische Wirtschafts- und Währungsunion (EWU) sind dabei nur die Spitze eines Eisbergs. Es wird geschätzt, daß zum Ende des 20. Jahrhunderts mehr als 100 Zollunionen existieren und daß so gut wie jedes Mitglied der WTO auch Mitglied einer derartigen Zollschutzorganisation ist (Gilpin 2000: 109). Diese Versuche, defensive Wirtschaftsblöcke zu bilden, sind Teil eines allgemeineren Musters. Bereits nach der Kennedy-Runde und verstärkt nach der Tokyo-Runde hat sich gezeigt, daß die *non-tariff barriers* zunehmend an die Stelle von Zollschranken getreten sind, eine Entwicklung, die den Welthandel um so mehr prägte, je stärker die regulierten Bereiche der Volkswirtschaften von der Globalisierung erfaßt wurden, nämlich Pharmaprodukte, Finanzdienstleistungen, Kommunikationstechnologien und die nationalen Infrastrukturen.

Die nachlassende Effektivität der Welthandelsordnung und die neuen Rahmenbedingungen der nationalen Sozialpolitik sind ein nicht zu unterschätzender Grund für das Wiederaufleben des Protektionismus einschließlich der Regionalisierung des Welthandels. Aber für diesen Zusammenhang gilt das gleiche wie für jenes Wechselverhältnis von Sozialpolitik und nationaler Außenwirtschaftspolitik, das am Anfang der Globalisierungsbewegung stand: Entscheidend ist die Tatsache, nicht allein die Möglichkeit eines Zusammenhangs. Das gleiche gilt für jenen Zusammenhang, der ungleich mehr Aufmerksamkeit auf sich gezogen hat als die Komplementarität von Handels- und Sozialpolitik, nämlich die Behauptung, Globalisierung sei eine ungeregelte Standortkonkurrenz und bedeute deshalb zwangsläufig ein Ende oder zumindest eine massive Beschränkung von Wohlfahrtsstaatlichkeit.

V. Wohlfahrtsdemokratie und Außenwirtschaft

Die Vorstellung, Globalisierung bedeute das Ende nationaler Sozialpolitik, ist für viele nicht nur unmittelbar einleuchtend, sie hat auch einen harten modelltheoretischen Kern in den Konzepten des Fiskalföderalismus und scheint auch eine eindeutige politische Lehre zu enthalten.

Dieses Modell zeigt, daß in einer offenen Volkswirtschaft die nationalen Einrichtungen der Sozialpolitik in letzter Instanz durch die Verhältnisse im Ausland bestimmt werden. Ein Land, das über die Umverteilungen der Sozialpolitik die Lebenslage seiner ärmeren Bürger über ihren Marktlohn hebt und die reicheren Bürger zur Finanzierung anhält, treibt diese ins Ausland und lockt Arme aus dem Ausland an. Im Ausland sinken die Erträge von Besitzern knapper Produktionsfaktoren, und es erhöht sich der Ertrag der immobilen, meist kapitalschwachen Anbieter von Produktionsfaktoren. Für den ausländischen Steuerstaat erzeugt der Zustrom von Nettozahlern und die Abwanderung von Nettoempfängern staatlicher Leistungen einen Haushaltsüberschuß, der für soziale Zwecke verwendet werden kann. Die Effektivität ausländischer Sozialpolitik vergrößert sich ohne eigenes Zutun. Im Inland sinkt die Effektivität egalisierender Sozialpolitik, weil die Abwanderung der Besitzer knapper Produktionsfaktoren und die Zuwanderung kapitalschwacher Personen die Spanne der Bruttolohnsätze zwischen diesen beiden Gruppen vergrößert. Durch die Faktorwanderung geht also im Inland ein Teil der Wirkungen egalisierender Sozialpolitik verloren und kommt dem Ausland zugute:

> »Im theoretischen Extremfall vollkommener Mobilität würde die Wirkung der nationalen Sozialpolitik im Ausland verpuffen. Die Verteilung von Nettoeinkommen im Inland wäre unabhängig von nationalen Umverteilungsmaßnahmen durch die Verhältnisse im Ausland fixiert. So hätte es keinen Sinn mehr, nationale Sozialpolitik zu versuchen« (H.-W. Sinn 2000a: 13; s. a. 2000b).

Es gibt allerdings bislang keine Anhaltspunkte für einen Systemwettbewerb oder für ein *social dumping*, also eine Standortkonkurrenz, die irgendwie »notwendig« zu einem Abbau von Wohlfahrtsstaatlichkeit führt oder eine »marktadäquatere« Sozialpolitik erzwingt (Drezner 2000). Das gilt sowohl für die globalen wie für die europäischen Verhältnisse, obwohl gerade bei den letzteren aufgrund der sehr weitgehenden Verwirklichung eines Binnenmarktes genau diese sozialpolitik*verändernde* Wirkung in Richtung einer Verringerung des wohlfahrtsstaatlichen Angebots erwartet wurde (S. Sinn 1992; Mussler 1998). Für die EU scheint aber eher das Gegenteil zuzutreffen (Schuster 2000). Die theoretische Plausibilität der Wirkungen von Standortkonkurrenz soll nicht bestritten, genausowenig ein Urteil darüber gefällt werden, ob es diese Standortkonkurrenz mit diesen Ergebnissen geben *soll* oder nicht. Eine Sozialwissenschaft, die sich als *Wirklichkeits*wissenschaft versteht, interessiert sich vor allem dafür, warum es *nicht* zu diesem Ergebnis gekommen ist – und warum dieses Ergebnis auch nicht zu erwarten ist.

Der folgende Abschnitt versucht darauf eine Antwort zu geben. In ihm wird gezeigt, daß sich die *politische* Bedeutung der *wirtschaftlichen* Globalisierung anders bemerkbar macht, als es die theoretischen Modelle nahelegen. Der Wohlfahrtsstaat kann nicht nur über seine Sozialpolitik eine Globalisierung befördern, indem er Freihandel möglich macht, sondern er leistet auch über seine Steuerpolitik einen direkten Beitrag. Seine Regierungen privilegieren aus eigenem Antrieb das bewegliche Kapital. Dieses Zweckbündnis von wohlfahrtsstaatlichen Regierungen mit den Trägern des Kapitalismus ist so alt wie die Politik selbst, weil Politik immer *Gebiets*herrschaft ist. Sie setzt Gebietsherrschaft voraus, und sie ist damit zwangsläufig in ihrer Wirkung begrenzt. Die Regierenden haben aber schon immer versucht, diese Schwäche über die gebietsü*bergreifende* Organisation von Politik zu kompensieren. Genau diese Kompensation steht auch heute wieder in der Ordnung der internationalen Wirtschaftsbeziehungen im Vordergrund – und kanalisiert die Wirkungen der Globalisierung in einer ganz bestimmten Art und Weise.

Die in diesem Kapitel vorgestellten Tatsachen lassen nur einen Schluß zu: Sowohl in der nationalen wie der internationalen Handelspolitik werden Wettbewerbsregeln nur dann und nur so lange angewandt, wie sie wohlfahrtsstaatlichen Zwecken dienen. In der Ordnung der internationalen Wirtschaftsbeziehungen ist der Grundsatz einer offenen Marktwirtschaft mit freiem Wettbewerb nicht nur mit zahlreichen rechtsförmigen Kautelen bzw. Einschränkungen versehen worden, sondern auch noch davon abhängig, daß er sich für die einzelnen Regierungen mit bestimmten Wirkungen verbindet. Ob sich jedoch diese zwei Momente in einem dynamischen System internationaler Arbeitsteilung verbinden, bleibt aus systembedingten Gründen offen. Es entzieht sich dem Kalkül und dem politischen Regulierungspotential des einzelnen Staates, ob – und zu welchem Preis – eine Weltwirtschaft ihrer Bevölkerung eine »gesicherte Nahrung« bietet. Sie können zwar, wie es Irland sehr erfolgreich getan hat, den neuen Dienstleistungsunternehmen ein produktives und vor allem billiges Umfeld verschaffen, aber sie haben keine Möglichkeit, den Abzug der großen amerikanischen Technologiekonzerne zu verhindern, der von fallenden Aktienwerten an der Wall Street erzwungen wird.[76] Die Ordnung des demokratischen Wohlfahrtsstaates bedeutet aber genau dieses: Dem Moment der »sicheren Nahrung« für die Masse der Bevölkerung soll eine zentrale Bedeutung zukommen, so daß es über die faktische Machtverteilung der Mehrheitsdemokratie der Politik einen eindeutigen Maßstab vorgibt. Im demokratischen Wohlfahrtsstaat sind die beherrschenden Gesichtspunkte jeder Politik Arbeitsplätze, die mit ihnen erzielbaren Einkommen und die Steuerergiebigkeit der Volkswirtschaft.

Die Legitimität der Führung jedes politischen Verbands hängt letztlich davon ab, daß sie dem Anspruch, ein »Wohlfahrts«staat zu sein, gerecht wird. Die nationale Arbeitsteilung und die vielfältigen Spaltungen erzeugen Ungleichheiten zwischen Personen und Gruppen, die sich regelmäßig auch in unterschiedlicher po-

76 »Irish officials seem well aware of the perils. ›We live or die by internationally traded goods and services‹« (*New York Times*, 31. 10. 2000, Sektion C, S. 8).

litischer Macht niederschlagen. Wessen Wohlfahrt für den Staat Legitimität erzeugt, hängt also davon ab, wie die Herrschaft organisiert ist und wer sie trägt. Die Mittel wohlfahrtsdemokratischer Politik können sehr verschieden sein. Regierungen von Wohlfahrtsstaaten haben allerdings schon immer versucht, über ihre Außenpolitik die internationale wirtschaftliche Arbeitsteilung für unmittelbar greifbare innergesellschaftliche Zwecke politisch zu beherrschen (Viner 1949; Katzenstein 1978). Es ist kein Zufall, daß sich das Experiment der griechischen Demokratie mit einer merkantilistischen Stadt- bzw. Territorialwirtschaftspolitik verband und die Entfaltung der römischen Republik mit der wirtschaftlich motivierten und militärpolitisch vorangetriebenen Großmachtbildung einherging (Tandy 1997; Weber 2000 [1922]: 57-102). Im 17. Jahrhundert bot die merkantilistische Politik der sich formierenden Flächenstaaten für die Manipulierung der außenwirtschaftlichen Verhältnisse ebenso einen Ansatz wie die militärische Geopolitik der konkurrierenden Großmächte England, Deutschland, Rußland, Japan und der USA im 20. Jahrhundert (Heckscher 1935; Magnusson 1994). Im ausgehenden 20. Jahrhundert ist das wichtigste Mittel die nationale und vor allem die internationale Außenwirtschaftspolitik. Es sind die Regierungen der entwikkelten Wohlfahrtsstaaten, die sich mit der Einrichtung internationaler Wirtschaftsorganisationen dafür die notwendigen Hebel zu schaffen suchen. Der Zweck dieser Organisationen besteht darin, dic Macht der Staatsleitung nach außen für innere Zwecke zu stärken. Es überrascht deshalb nicht, daß die Integrations- wie die Kontraktionsbewegungen der Weltwirtschaft von einer Zunahme bzw. Abnahme des Wachstums zwischenstaatlicher Organisationen begleitet werden. Zwischen 1875 und 1919 wuchs die Zahl internationaler Organisationen um jährlich 25,6%, in der Zwischenkriegszeit von 1920 bis 1944 nur noch um 11,1%; nach dem Zweiten Weltkrieg von 1945 bis 1964 konnte wieder eine Wachstumsrate von 24,3% festgestellt werden (Wallace/Singer 1970: 281).

Die wesentlich transnationalen Marktkräfte politisch beherrschen zu können ist ein gemeinsames Interesse der Staaten bei der Gestaltung internationaler Wirtschaftsbeziehungen. Anders ausgedrückt, in den Augen der Regierungen – und der Masse ihrer Wähler – ist »Freihandel« nur ein Instrument unter anderen, um wesentlich wohlfahrtsstaatliche Ziele zu erreichen. Wo dieses Instrument nicht die gewünschten Wirkungen hervorbringt, wird es durch andere ersetzt. Wenn nicht unbedingter Freihandel, was dann ist die Grundlinie der Außenwirtschaftspolitik?

Wenn wohlfahrtsstaatliche Prinzipien auf die nationale und die internationale Handelspolitik übertragen werden, dann kann man von Wohlfahrtsmerkantilismus sprechen. Es ist für Wohlfahrtsdemokratien typisch, daß ihre Regierungen – und häufig mehr noch die Opposition, die an ihre Stelle treten will – den Staat so behandeln, als bestünde er einzig und allein aus Klienten ihrer Sozialpolitik. Jeder soll irgendwie in seinen Einflußbereich gezogen und mit seinen Interessen an ihn gebunden werden. Allen sollen Wohltaten zuteil werden, auf daß sie sich bei der nächsten Wahl erkenntlich zeigen. In Verfolgung dieses Zwecks wird versucht, soziale Maßstäbe in die Gestaltung der Außenwirtschaft hineinzutragen. Ein Grundsatz jeder merkantilistischen Politik ist deshalb auch, möglichst viele Einkommensquellen im eigenen Land zu erschließen. Die äußere Wirtschaftspolitik folgt dann dem Prinzip, möglichst viele Verkaufschancen nach außen zu schaffen, »und zwar tunlichst [...] für solche Produkte, in denen ein Maximum inländischer Arbeit steckt« (Weber 1972 [1921]: 820). Dieses ist ein erster Programmpunkt des modernen, wohlfahrtsstaatlichen Merkantilsystems. Zu diesem Zweck haben alle Länder eine ganze Palette von Instrumenten der Förderung von Exporten aufgebaut, die von staatlichen Handelskreditversicherungen[77] über Gegengeschäfte als marktleistungspolitisches Instrument[78] bis zur Subventionie-

77 Die Bundesrepublik stellt z. B. eine eigene Ausfuhrgewährleistung durch HERMES-Bürgschaften bzw. -Kredite bereit.

78 Die Nachfrageseite kann Gegengeschäfte zur Bedingung für den Abschluß von Importgeschäften machen, um dadurch die Mittel zuallererst zu »erwirtschaften«, mit denen die Importe bezahlt werden sollen. Gegengeschäfte prägten früher den Handel mit den Ostblockstaaten. Sie sind heute hauptsächlich bei Investitionsgüterexporten aus Industrieländern in Entwicklungsländer zu finden. Einer der Hauptgründe für Gegengeschäfte ist die mangelnde internationale Wettbewerbsfähigkeit der zur Gegenlieferung angebotenen Handelsgegenstände, so daß eigenständige Exporte nicht zustande kommen würden. Exporteure, die in der Lage sind, sich auf entsprechende Gegengeschäfte einzulassen, genießen damit einen Wettbewerbsvorteil. Gegengeschäfte beschränken sich aber nicht auf den Handel

rung von Exporten[79] reichen.

Ein zweiter Programmpunkt des wohlfahrtsstaatlichen Merkantilismus besteht in der Schonung des einheimischen beweglichen und damit abwanderungsfähigen Besitzes. Der Mechanismus, der dieser Form des Merkantilismus seine Dynamik verleiht und der insbesondere die innere Lastenverteilung – wer zahlt welche Steuern und kommt für welche Abgaben auf? – bestimmt, ist die Standortkonkurrenz um mobiles Kapital. Es sind wesentlich wohlfahrtsd e m o k r a t i s c h e Motive, die eine merkantilistische Reaktion auf »Globalisierung« provozierten, wie Max Weber in der ganz ähnlich gelagerten Konstellation Ende des 19. Jahrhunderts bemerkte:

»Gerade solche Gemeinschaften, in welchen die Besitzlosen den maßgebenden Einfluß ausüben, verfahren heute nicht selten sehr schonsam gegen den Besitz. Speziell in den Händen sozialistischer Parteien befindliche Gemeinwesen, wie etwa die Stadt Catania, haben Fabriken durch weitgehende Privilegierung geradezu gezüchtet, weil die erhoffte Erweiterung der Arbeitsgelegenheit, also die unmittelbare Besserung ihrer Klassenlage, den Anhängern wichtiger war als die ›gerechte‹ Besitzverteilung und Besteuerung. Wohnungsvermieter, Baugeländebesitzer, Detaillisten, Handwerker pflegen trotz aller Interessengegensätze im Einzelfall ebenso zuerst an das nächstliegende, durch die Klassenlage direkt bestimmte Interesse zu denken, und alle Arten von ›Merkantilismus‹ sind daher eine bei allen Gattungen von Gemeinschaften verbreitete, im einzelnen sehr abwandlungsfähige und in den mannigfachsten Formen bestehende Erscheinung. Um so mehr auch das Interesse an der Erhaltung der ›Steuerkraft‹ und an dem Vorhandensein von großen, zur Kreditgewährung fähigen Vermögen innerhalb der eigenen Gemeinschaft, den an der Machtstellung der Gemeinschaft als solcher andern Gemeinschaften gegenüber Interessierten, eine ähnliche Behandlung des irgendwie ›beweglichen‹ Besitzes aufnötigt. Der ›bewegliche‹

mit Entwicklungsländern: »Industrieländer verpflichten sich untereinander zu Gegengeschäften [...] bei sehr hohen Auftragswerten und wenn politische Instanzen involviert sind bzw. als Einkäufer fungieren (Infrastrukturmaßnahmen, Beschaffung von Rüstungsmaterial). Sie lassen sich dabei i. d. R. von beschäftigungspolitischen Erwägungen leiten, d. h. Erhalt oder Schaffung von Arbeitsplätzen« (Grafers 1999: 212).

79 Im Agrarbereich werden in den Industrieländern überall Exportsubventionen gegeben, weil die Preise, die den Erzeugern garantiert sind, regelmäßig weit über den Weltmarktpreisen liegen. Um der Überproduktion ein Absatzventil zu schaffen, werden dann auch die Exporte subventioniert. Im Rahmen der WTO wurde 1994 ein »Übereinkommen über Subventionen und Ausgleichsmaßnahmen« beschlossen, das allerdings die Landwirtschaft ausdrücklich ausnimmt (Artikel 3.1).

Besitz hat daher, selbst wo die Macht in einer Gemeinschaft in den Händen der Besitzlosen liegt, wenn nicht immer für direkte ›merkantilistische‹ Privilegierung, so doch für weitgehende Verschonung mit leiturgischer oder abgabenmäßiger Belastung überall da eine weitgehende Chance, wo eine Vielzahl von Gemeinschaften, zwischen denen er für seine Ansiedlung die Wahl hat, miteinander konkurrieren [...]« (Weber 1972 [1921]: 210).

Dieser privilegierende Merkantilismus ist alles andere als eine nur in der jüngsten Vergangenheit beobachtbare Erscheinung. Schon immer ist gerade die Demokratie des allgemeinen und gleichen Wahlrechts bei der Besteuerung des beweglichen Besitzes auf, wie Max Weber es ausdrückte, »eigenartige Schwierigkeiten« gestoßen. Ein wohlfahrtsstaatlicher Merkantilismus stellt nicht nur die normale Reaktion auf Standortkonkurrenz dar – und eben nicht der Abbau von Wohlfahrtsstaatlichkeit –, sondern diese Reaktion war auch »unter den gegebenen Bedingungen der abendländischen Zivilisation in hohem Maße an der Entwicklung des spezifisch modernen Kapitalismus mitbeteiligt« (ebd.):

»Jede Art von Belastung des Besitzes als solchen ist überall, auch wo die Besitzlosen den Einfluß in Händen haben, an gewisse Schranken gebunden, wenn den Besitzenden das Ausscheiden aus der Gemeinschaft möglich ist. Das Maß dieser Möglichkeit hängt nicht nur, wie selbstverständlich, von dem Grade der Unentbehrlichkeit der Zugehörigkeit gerade zu dieser konkreten Gemeinschaft für sie ab, sondern ebenso von der durch die Eigenart des Besitzes bestimmten, ökonomischen Gebundenheit an eben jene Gemeinschaft. Innerhalb der anstaltsmäßigen Zwangsgemeinschaften, also in erster Linie der politischen Gebilde, sind alle Arten von gewinntragender Besitzverwertung, welche in besonders starkem Maße an Grundbesitz gebunden sind, spezifisch abwanderungsunfähig, im Gegensatz zu den ›beweglichen‹, das heißt: den in Geld oder spezifisch leicht in Geld austauschbaren Gütern bestehenden, nicht ortsgebundenen Vermögen. Austritt und Abwanderung von besitzenden Schichten aus einer Gemeinschaft läßt nicht nur die Abgabelast der darin Verbleibenden stark anwachsen, sondern kann auch in einer auf Markttausch und namentlich auf dem Arbeitsmarkttausch ruhenden Gemeinschaft die unmittelbaren Erwerbschancen der Besitzlosen (namentlich ihre Arbeitsgelegenheit) so stark beeinträchtigen, daß sie um dieser unmittelbaren Wirkung willen auf den Versuch einer rücksichtslosen Heranziehung des Besitzes zu den Gemeinschaftslasten verzichten, ja ihn sogar bewußt privilegieren« (Weber 1972 [1921]: 210).

Je ausgeprägter also die Wohlfahrtsstaatlichkeit einer Gemeinschaft ist, desto mehr ist zu erwarten, daß dies auf eine besondere

»Pflege« des beweglichen Kapitals hinausläuft. Der enorme Geldbedarf der Wohlfahrtsdemokratie treibt über eine bewußte Privilegierung des Kapitals die Globalisierung noch zusätzlich an, bewirkt also das genaue Gegenteil von dem, was der Wohlfahrtsstaat angeblich für die Globalisierung bedeutet, nämlich sie zu verlangsamen, zu retardieren.[80] Es besteht ein gar nicht so geheimes Zweckbündnis zwischen den politischen Instanzen des Wohlfahrtstaates und den Trägern des globalen Kapitalismus, das hauptsächlich dadurch gestiftet wird, daß jede politische Herrschaft Gebietsherrschaft ist, während Marktbeziehungen sich von geographischen Tatsachen sehr weit ablösen können.[81]

80 Das am 3. 3. 1999 vom deutschen Bundestag verabschiedete »Gesetz zum Einstieg in die ökologische Steuerreform« illustriert mit einer Deutlichkeit, die nichts zu wünschen übrig läßt, wie sich die »Lastenverteilung« ändert: »Vorwaltender Einfluß des ›beweglichen‹ Besitzes führt [...] überall zur Abwälzung leiturgiemäßiger Deckung der Lasten seitens der Besitzenden und zu einem Leistungs- und Abgabensystem, welches die Massen belastet« (Weber 1972 [1921]: 211). Mit dieser »ökologischen Steuerreform« wurde in einem ersten Schritt ab 1. 4. 1999 zur Verteuerung des Energieverbrauchs die Mineralölsteuer um 6 Pf./l für Benzin und Dieselkraftstoff, 4 Pf./l für Heizöl und 0,22 Pf./kWh für Erdgas angehoben und eine neue Stromsteuer von 2 Pf./kWh eingeführt. Mit dem erwarteten Mehreinkommen werden zusätzliche Zuweisungen des Bundes an die Gesetzliche Rentenversicherung finanziert, gleichzeitig wird der Beitragssatz zur Rentenversicherung um 0,8 % auf dann 19,5 % gesenkt werden. Es werden also die Steuern für die zwei Massenverbrauchsgüter – Benzin und Strom – erhöht, die mit am stärksten an das Territorium gebunden sind. Und es wird jene Belastung des Faktors Arbeit gesenkt, die durch die verschärfte Standortkonkurrenz in den Mittelpunkt der neuen Verteilungskämpfe gerückt ist.

81 Es trifft deshalb auch zu, daß z. B. in den USA die Bedeutung der Unternehmenseinkommensteuer für das Steueraufkommen insgesamt in den letzten Jahrzehnten rapide abgenommen hat und in den letzten Jahren eine ganze Reihe von Unternehmen nicht nur keine Steuern bezahlt, sondern trotz hoher Gewinne Steuerrückzahlungen erhielt (Anelauskas 1999: 282-286; »Study Finds That Many Large Companies Pay No Taxes«, *New York Times*, 20. 10. 2000, Sektion C, S. 2). Es gibt aber eine wohlfahrts- oder genauer steuerstaatliche Kehrseite dieser Medaille. Die Einnahmen des amerikanischen Fiskus aus der Einkommensbesteuerung von Personen erhöhte sich im Verlauf der 1990er Jahre von unter acht Prozent des Bruttosozialprodukts auf über zehn Prozent (»Washington Bets that a Bear Market Will Never Come«, *New York Times*, 13. 10. 2000, Sektion C, S. 1). Zur Unternehmenseinkommenssteuer ist noch anzumerken, daß einmal nicht Organisationen, sondern immer nur Individuen Steuern bezahlen, und daß, in betriebswirtschaftlicher Betrachtung, diese Steuern in der Regel auf die Kunden abgewälzt werden.

Die Erfindung *exklusiver* Wohlfahrts*staaten* war deshalb auch die Geburtsstunde des modernen Kapitalismus:

»Die mit wachsendem, politisch bedingten Geldbedarf zunehmende Gesuchtheit des Kapitals seitens der verschiedenen miteinander um die Macht konkurrierenden, ihren Bedarf immer mehr geldwirtschaftlich deckenden, politischen Gebilde zu Beginn der Neuzeit führte damals jenes denkwürdige Bündnis zwischen den staatenbildenden Gewalten und den umworbenen und privilegierten Kapitalmächten herbei, welches zu den wichtigsten Geburtshelfern der modernen kapitalistischen Entwicklung gehörte und der Politik jener Epoche mit Recht den Namen der ›merkantilistischen‹ eingetragen hat. Obwohl es an sich, wie wir sahen, ›Merkantilismus‹ im Sinn der faktischen Schonung und Privilegierung des ›beweglichen‹ Besitzes überall und immer gab und auch noch, wo überhaupt mehrere selbständige Zwangsgebilde nebeneinander stehen und mit den Mitteln der Steigerung der Steuerkraft und zur Kreditgewährung fähigen Kapitalkraft ihrer Mitglieder miteinander konkurrieren, in der Antike wie in der Neuzeit. Daß dieser ›Merkantilismus‹ in der beginnenden Neuzeit einen spezifischen Charakter annahm und spezifische Wirkungen hatte, war die Folge teils der später zu erörternden Eigenart der Herrschaftsstruktur der konkurrierenden politischen Gebilde und ihrer Gemeinschaftswirtschaft, teils aber und namentlich der andersartigen Struktur des damals im Entstehen begriffenen modernen Kapitalismus gegenüber dem antiken, speziell der Entwicklung des dem Altertum unbekannten modernen Industriekapitalismus, dem jene Privilegierung auf die Dauer besonders zugute kam. Jedenfalls aber blieb seitdem der Konkurrenzkampf großer, annähernd gleich starker, rein politischer Machtgebilde eine politische Kraft nach außen und ist, wie bekannt, eine der wichtigsten spezifischen Triebkräfte jener Privilegierung des Kapitalismus, die damals entstand, und, in anderer Form, bis heute anhält. Weder die Handels- noch die Bankpolitik der modernen Staaten, also die am engsten mit den zentralen Interessen der heutigen Wirtschaftsform verknüpften Richtungen der Wirtschaftspolitik, sind nach Genesis und Verlauf ohne jene sehr eigenartige politische Konkurrenz- und ›Gleichgewichts‹-Situation der europäischen Staatenwelt des letzten halben Jahrtausends zu verstehen« (Weber 1972 [1921]: 211).

Die von Weber beschriebene Konkurrenzsituation von Gebietseinheiten gibt auch den entscheidenden Hinweis für eine zweite, alternative Form von Wohlfahrtsmerkantilismus. Die privilegierte Stellung des beweglichen Kapitals verdankt sich ja einer Lage, in der Staaten ihre Politik selbständig betreiben. Eine *Koordination* ihrer außenwirtschaftlichen Verhältnisse bietet zumindest die Möglichkeit, diese Standortkonkurrenz und damit die zunehmende Belastung der (heutzutage eher unbeweglichen) Massen einzudämmen. Die Standortkonkurrenz begründet ein gemeinsames Interesse der Staaten, über ihre internationale Organisierung eine Gegenmacht aufzubauen.

Der moderne Merkantilismus als System äußerer Machtbildung ist wohlfahrtsstaatlich orientiert. Er ist nicht wie der klassische Merkantilismus fiskalisch-monopolistisch ausgerichtet, zielt also nicht mehr, zumindest nicht in erster Linie, auf die Kontrolle und Ausbeutung der Industrie, der zu diesem Zweck Konzessionen erteilt, Monopolstellungen verliehen und Kartellbildungen erlaubt werden. Aber in einem Punkt treffen sich alter und moderner Merkantilismus: Beide sind, was Marktwirtschaft und Kapitalismus betrifft, irrational. Es besteht ein entscheidender Unterschied zwischen einem Kapitalismus, der an politisch geschaffenen und garantierten Lebenschancen orientiert ist, und einem Kapitalismus, der an Marktchancen orientiert ist, die automatisch, von innen heraus, kraft eigener unternehmerischer Anstrengung und Leistung aufgesucht werden (Weber 1972 [1921]: 821).[82]

Die wohlfahrtsstaatliche Orientierung des gegenwärtigen Merkantilismus äußert sich erstens darin, daß versucht wird, die Vorteile der weltwirtschaftlichen Integration zu nutzen, gleichzeitig aber jenen besonderen wirtschaftlichen Wandel, der mit der Vertiefung und Verbreiterung einer internationalen Arbeitsteilung einhergeht, hinsichtlich seiner (zunächst) »zerstörerischen« Wirkungen zu begrenzen. Eines der Ergebnisse dieses Dilemmas ist der Schutz »niedergehender« Industrien, der in allen Wohlfahrtsdemokratien zu beobachten ist und der der Logik internationaler Arbeitsteilung diametral zuwiderläuft.

Der Wohlfahrtsmerkantilismus äußert sich zweitens darin, daß Regierungen davon ausgehen, der internationale Handel sei

82 Was England betrifft, war dieser »rationale« Kapitalismus (Max Weber) nicht das Produkt einer nationalen Wirtschaftspolitik, sondern hatte sich neben der monopolistisch-fiskalischen Politik des Merkantilismus entwickelt, »und zwar derart, daß eine Schicht von Unternehmern, die unabhängig von der Staatsgewalt emporgekommen war, nach dem Zusammenbruch der monopolistisch-fiskalischen Politik der Stuarts im 18. Jahrhundert die systematische Unterstützung des Parlaments fand« (Weber 1972 [1921]: 821). Dieses Parlament war allerdings die Vertretung des Besitzbürgertums. Von einem Parlament des gleichen Wahlrechts ist eine andere Wirtschaftspolitik und vor allem eine andere Außenwirtschaftspolitik zu erwarten.

ein Nullsummenspiel: Vorteile eines Landes sind Nachteile eines anderen und umgekehrt. Diese Einstellung macht verständlich, warum sich die Fortschritte in der internationalen Handelspolitik in Form von »Konzessionen« abspielten, die man einander gegenseitig einräumt. Diese grundlegende Reziprozität macht zwar, was den Mechanismus und die Dynamik internationaler Arbeitsteilung angeht, keinen Sinn, erleichtert aber die innenpolitische Legitimierung – und damit auch die Ratifizierung – von Handelsverträgen.

Hinsichtlich der Ordnung und der Politik der internationalen Wirtschaftsbeziehungen darf der entscheidende Punkt nicht übersehen werden: Diese Regime sind in ihrem Kern Regierungen von Regierungen für Regierungen durch Regierungen. Es ist eine merkantilistische Politik, die zu mehr Freihandel in der Nachkriegszeit führte. Sowohl die WTO wie auch der IMF und die Weltbank sind von Regierungen beherrschte Einrichtungen. Die Träger dieser Organisationen einschließlich ihrer »Führer« haben exekutive Funktionen. Sie haben keine eigene Machtgrundlage, die es ihnen erlaubt, sich gegen Regierungen zu stellen. Ihr politischer Spielraum ergibt sich einmal aus den gemeinsamen Interessen von Regierungen und dann aus Interessenunterschieden, die sich für die Durchsetzung einer eigenen Position nutzen lassen. Von den eigentlichen Trägern der Weltwirtschaft, den Unternehmen, sind diese Regime immer um (mindestens) eine Armeslänge entfernt. Einen direkten Zugang haben sie nicht, genausowenig sind sie die Adressaten internationaler Wirtschaftspolitik. Die marktliberalen Normen der internationalen Wirtschaftsbeziehungen wenden sich ausschließlich an Regierungen. Sie bedeuten eine Selbstbindung staatlichen Handelns, auf die sich Private nicht oder nur ausnahmsweise erfolgreich berufen können (Kessie 2000). Diese Normen haben nicht die Qualität von Ansprüchen privater Akteure auf staatlichen Regelungsverzicht, die als subjektive Rechte individuell gerichtlich durchgesetzt werden können.[83]

83 Mit diesem Punkt ist der entscheidende Unterschied zwischen den internationalen Wirtschaftsregimen, einschließlich des GATT, und der EU markiert. Nur in der EU verleihen die Rechtsakte der Gemeinschaft auch dem einzelnen Marktbürger gerichtlich einklagbare Rechte, auch gegen einzelne Mitgliedstaaten (vgl. Weiler 1999; Cowles u. a. 2001). Der Europäi-

Akzeptiert man diese Aussagen über die Außenwirtschaftspolitik demokratischer Wohlfahrtsstaaten, wie läßt sich dann die Ausbildung eines Systems internationaler Arbeitsteilung und die Etablierung internationaler wirtschaftspolitischer Regime erklären? Dafür sind drei Gründe von Bedeutung: erstens die gemeinsamen Interessen von Regierungen, zweitens die wohlfahrtsdemokratische Qualität der Globalisierung und drittens das Interesse von Regierungen, die Wohlfahrtsdemokratie vor sich selbst zu schützen.

Beginnen wir mit dem dritten Punkt, weil er den besonderen Ausgangspunkt der Außenwirtschaftspolitik entwickelter Wohlfahrtsstaaten beschreibt. Der zweite Punkt sorgt für den materialen Gehalt dieser Politik, und der erste Punkt beschreibt die formale Bedingung erfolgreicher internationaler Politikkoordination.

Dieser dritte Punkt macht jedenfalls verständlich, warum die internationale Wirtschaftspolitik (bislang) eine entschieden marktliberale Richtung nahm. Wie die scheinbar unaufhaltsame Expansion des Wohlfahrtsstaates zeigt, war die demokratische Revolution äußerst erfolgreich bei dem Versuch, ein Gegengewicht zur kapitalistischen Marktwirtschaft zu schaffen. Diese Entwicklung verweist aber auf ein altes Problem jeder Massendemokratie: Wie ist in ihr eine Marktwirtschaft dauerhaft möglich? Wie kann die Wohlfahrtsdemokratie vor der Gefahr geschützt werden, ihre eigene Grundlage, die Steuerkraft der Volkswirtschaft, zu untergraben? Die politische Ordnung der Demokratie und ihre berufenen Träger – Parteien, Parlamente und Regierungen – sind dazu naturgemäß nicht in der Lage; diese Ordnung ist gerade der Ausgangspunkt von Wohlfahrtsdemokratie. Eine Antwort sind Gewaltenteilung und Schutz von Grundrechten, insbesondere Eigentumsgarantien. Beides liegt nicht in der Logik der Demokratie. Demokratie strebt nach einer möglichst vollständigen Kontrolle des Demos

sche Gerichtshof lehnt eine Direktwirkung von WTO-Regeln ab, um den Gemeinschaftsorganen wie den nationalen Legislaturen und Exekutiven einen möglichst großen internationalen Handlungsspielraum zu sichern (Berkey 1998; Prechal 2000: 1065, mit Nachweisen der einschlägigen Rechtsprechung); zur Direktwirkung internationaler Verträge allgemein vgl. D. Wood (1989) und für die Situation in den USA vgl. Bensen (1999) und J. H. Jackson (1992, 2000a).

über das Lebensschicksal seiner Mitglieder. Gewaltenteilung und Grundrechtsverbürgungen verengen den Spielraum volksherrschaftlicher Politik. Eine andere Antwort ist internationale Politik als Versuch von Regierungen, über eine vertikale Gewaltenteilung eine stärkere Selbstbindung von Regierungen zu erreichen. Den Ausgangspunkt bildet die Einsicht, daß es zwar im Interesse von Regierungen wie Regierten liegt, eine funktionsfähige und damit leistungskräftige Marktwirtschaft zu haben, daß sie diese Funktionsfähigkeit aber nur schwer erhalten können, weil die dauernde Versuchung existiert, über Intervention und Regulierung Marktergebnisse zu korrigieren und ihr Zustandekommen zu regulieren (Weingast 1995; Quian/Weingast 1997).

Alle Regierungen in Wohlfahrtsdemokratien machen früher oder später die Erfahrung, daß sie ab einem bestimmten Zeitpunkt nicht mehr in der Lage sind, die Sozialpolitik zu kontrollieren bzw. die Marktwirtschaft wieder mit Leben zu erfüllen. Demokratische Institutionen sind mehr schlecht als recht in der Lage, zwischen der Marktwirtschaft und dem sozialpolitischen Verteilungssystem eine Balance zu finden und zu halten (Marshall 1992c, d). Diese allgemeine Erfahrung kann zur Grundlage eines gemeinsamen Interesses von Regierungen werden, sich über eine internationale Wirtschaftspolitik selbst die Hände zu binden, um so der Marktwirtschaft eine größere Staatsfreiheit zu sichern. Dieses gemeinsame Interesse ist der Ausgangspunkt einer supranationalen Ordnung von Wirtschaftsbeziehungen. Daß und vor allem warum diese Ordnung unter zahlreichen Vorbehalten steht, wurde bereits gezeigt. Entscheidend ist aber, den Ausgangspunkt internationaler Freihandelsregime nicht zu vergessen: die gemeinsamen Interessen von Regierungen. Denn dieses gemeinsame Interesse markiert den Spielraum und die Grenzen dieses Regimes einer Regierung aus Regierungen für Regierungen in einer Staatengesellschaft (M. Huber 1910).

Eine globale Wirtschaftsregierung?

Niemand, auch nicht die schärfsten Kritiker der Globalisierung, gehen so weit zu behaupten, die parlamentarisch-demokratisch bestellten Regierungen hätten zugunsten einer Regierung von

Wirtschaftsführern abgedankt. Tatsächlich wenden sich diese Kritiker an die öffentliche Meinung und an Regierungen mit einem Plädoyer, den globalen Kapitalismus an die politische Kette der Regulierung zu legen. Sie würden dies kaum tun, wenn sie davon ausgingen, diese beiden zentralen Instanzen demokratisch verfaßter Gesellschaften seien überhaupt nicht in der Lage, ihre Forderung zu erfüllen. Gleichzeitig kann die Globalisierungskritik nicht darüber hinwegtäuschen, daß die öffentliche Meinung und demokratisch legitimierte Regierungen in den Jahren ab 1985, in denen die Globalisierung sich entfalten konnte, alles andere als ausgeschaltet, verstummt oder zur Unwirksamkeit verurteilt gewesen wäre.

Die Krise des Wohlfahrtsstaates, die angeblich die Globalisierung erzeugt, ist sehr weitgehend eine »theoretische« und keine politische Krise. Genauer gesagt wird mit dem Begriff des Wohlfahrtss t a a t e s der entscheidende Punkt übersehen: Es geht um die Wohlfahrtsd e m o k r a t i e. Und von ihr gibt es sowenig ein Zurück wie es eine Rückkehr zu einer Wirtschaft ohne Maschinen und Computer gibt. Wohlfahrtsstaatlichkeit und Weltmarktwirtschaft vertragen sich trotz ihrer theoretischen Unvereinbarkeit sehr gut, wie jeden Tag erneut unter Beweis gestellt wird. Die wohlfahrtsdemokratische Reaktion auf *big business* ist *bigger democracy* – wenn sich dieses *big business* nicht als unverträglich mit der Wohlfahrtsdemokratie erweisen will. Es geht weniger um Abhängigkeit oder Unterordnung im Verhältnis von Demokratie und Marktwirtschaft, sondern um ein Gleichgewicht, das verloren und das wieder gefunden wird. Es sind ja nicht Regierungen, die Beschäftigung schaffen, sondern Unternehmen. Die Deregulierung von Märkten und Unternehmen ist der Versuch, den marktwirtschaftlichen Grundlagen der Wohlfahrtsdemokratie eine neue Dynamik zu geben. Und umgekehrt werden Unternehmensführungen immer wieder darauf aufmerksam gemacht, daß sie sich ihren Status als künstliche Person mit eingeschränkter Haftung und einer entsprechenden Privilegierung immer wieder neu verdienen müssen. Eigentumsrechte sind wesentlich politische Gestaltungen und ihre Durchsetzung von einer Rechtsinfrastruktur abhängig, die Unternehmen selbst nicht schaffen können (Coleman 1982; Braithwaite/Drahos 2000: 143-174; Soto 2000). Derartige Verschiebungen und Neuordnungen im Verhältnis von Staats- und Wirtschaftsmacht haben sich immer wieder abgespielt, und die Herstellung einer Balance war und ist das Geschäft von Politik in der Wohlfahrtsdemokratie.

Diese Politik wird von der öffentlichen Meinung gesteuert, und die Marktwirtschaft hat auch in dieser öffentlichen Meinung, und nicht nur in einer parteifinanzträchtigen Lobby, ihren Rückhalt. Diese öffentliche Meinung ist der Schiedsrichter im Kampf zwischen Wohlfahrtsstaat und Marktwirtschaft. Die nationalen Deregulierungsprojekte, die den Ausgangspunkt der Globalisierung bildeten, waren eine durchaus demokratische Antwort auf ein Überziehen wohlfahrtsstaatlicher Intervention, die das gefährdete, was die breite Masse von einer kapitalistischen Marktwirtschaft erwartet: interessante Arbeitsplätze und einen höheren Lebensstandard. Auch die Globalisierung findet dann und vor allem dort, wo sie nicht mehr akzeptiert wird, ihre politische Antwort, weil es für diese Antwort einen Resonanzboden in Form der nationalstaatlich verfaßten Demokratie gibt.

Die kapitalistische Marktwirtschaft und demokratisches Regieren mußten schon früher immer wieder ins Gleichgewicht gebracht werden:

»There is something about the government that makes it grow when it is attacked. The public likes competitive power systems. It wants both democracy and a high standard of living and thinks it can have both provided it can maintain a dynamic equilibrium between the democratic and the capitalist elements in the regime. The public is willing to try to get along with the capitalist system provided it can maintain alongside it a democratic political system powerful enough to police it.

What has the equilibrium done to American government? It has meant that big business has had to be matched at all points by what Paul Appleby calls big democracy. Every change in the organization, technology, and scope of the economy has had to be matched by parallel changes in the organization of political power. The point is that governmental change becomes possible when it is necessary to preserve the equilibrium. Once we understand this proposition a host of other data fall into place because the necessities of the equlibrium determine what can and what cannot be done« (Schattschneider 1975 [1960]: 120f.).

Globalisierung ist nicht das Ende demokratischen Regierens: Demokratisches Regieren wird dadurch verändert, daß es die neuen Raum- und Weltmarktverhältnisse zu einer ihrer Bed i n g u n g e n macht. Außerdem war es schon immer so, daß man, um zu begreifen, was mit der Demokratie geschieht, darauf achten muß, was die Mitbewerber um öffentlichen Einfluß tun, und nicht nur auf ihre staatlichen Erscheinungsformen. Auch die globalisierte Wirtschaft muß sich in der öffentlichen Arena Legitimität beschaffen, und in dieser Arena gelten nicht nur besondere Spielregeln, sondern es herrscht vor allem ein sozialer Maßstab. In privaten Konflikten kann sich der Stärkere gegen den Schwächeren durchsetzen, aber in der öffentlichen Arena der Wohlfahrtsdemokratie haben sich die vielen Schwachen zur Selbstverteidigung zusammengeschlossen und sich die Waffen geschmiedet, die sie dafür benötigen: die Sozialpolitik und den Steuerstaat, das Wettbewerbsrecht und die Kartellbehörden. Zu den neuen Waffen gehören die Einrichtungen der internationalen Politik. Die Träger der globalen Wirtschaft haben keine derartigen Mittel eines k o o r d i n i e r t e n Handelns. Das erstaunliche Wachstum internationaler Organisationen politischer Steuerung ist schlicht die andere Seite der wirtschaftlichen Globalisierung. Über diese internationalen Organisationen, die Einrichtungen von Regierungen für Regierungen sind, haben die Regierenden eine Rolle ausgebaut, die schon immer zu den Aufgaben der Träger von Staatsgewalt gehörte: an sozialen Maßstäben orientiert zwischen dem »Innen«, ihren Bevölkerungen, und dem »Außen«, anderen Machtzentren, zu vermitteln.

Diese Gegenbewegung erfolgt fast automatisch, ist kaum sichtbar und baut sich aus sehr vielen disparaten Einzelaktionen auf. Sie wird deshalb kaum als das erkannt, was sie ist, weil sie nur selten mit der Globalisierung in Verbindung gebracht wird. Frühere Kompensations- und Gegenbewegungen zu der Konzentration privatwirtschaftlich-kapitalistischer Macht haben sich ähnlich lautlos und quasi-automatisch entwickelt:

»The sense of urgency behind the drive to preserve the equilibrium is so strong and the compensatory changes in the government are made so easily that we are hardly aware of them. The reaction is almost automatic. That is how it happens that most of us do not know that we have created a new government. We thought that we were merely rallying to preserve the status quo« (Schattschneider 1975 [1960]: 123).

VI. Ausblick

Aus dem hier behaupteten komplementären Verhältnis zwischen dem Ausbau wohlfahrtsstaatlicher Leistungssysteme und der Stabilisierung einer liberalen Außenwirtschaftsordnung kann nicht gefolgert werden, daß diese Beziehung auch politisch geschützt oder gar gewährleistet sei. Die liberale Welthandelsordnung ist ein wirtschaftlich wünschenswertes, gesellschaftlich und damit politisch aber unwahrscheinliches Ergebnis. Das liegt in der Natur einer nationalstaatlichen Verfassung, deren ganze Politik am Primat der inneren Wohlfahrt orientiert ist. Das unwahrscheinliche Ergebnis eines Systems offener und zunehmend verflochtener Volkswirtschaften wurde durch eine Sozialpolitik ermöglicht, die ganz andere als handelspolitische Ziele verfolgte und die von anderen Interessen als denen der Exportwirtschaft oder auch nur der Verbraucher von Marktgütern angetrieben wurde. Ansprüche auf soziale Sicherheit und einen egalisierenden Ausgleich der wirtschaftlichen Verteilungsergebnisse zwischen den sozialen Gruppen mußten erfüllt werden, bevor die außenwirtschaftlichen Schranken gesenkt werden konnten.[84]

Gerade dieser Umstand macht die Welthandelsordnung zu einer prekären Angelegenheit. Sie ist von Bedingungen abhängig, die sie nicht selbst erzeugt hat – und auch nicht selbst erzeugen kann. Umgekehrt wird die Sozialpolitik nicht oder zumindest nicht vorrangig danach bewertet, welche außenwirtschaftlichen Verhältnisse sie erlaubt, welche sie erschwert oder gar ganz ausschließt. Die beiden Teile des Zusammenhangs, der eine liberale

84 Jener Basiskonsens, der nach Wolfgang Streeck die Nachkriegsordnung der Bundesrepublik bestimmte, hatte auch seine außenwirtschaftliche und seine handelspolitische Seite. Was die Bedingungen betrifft, die nach Streeck erfüllt werden mußten, um eine marktwirtschaftliche Ordnung in Deutschland zu etablieren, kommt er für die inneren Verhältnisse der Bundesrepublik zu dem gleichen Ergebnis wie die Untersuchung der Grundlagen der neuen außenwirtschaftlichen Ordnung: »Unter den Bedingungen des westdeutschen Nachkriegskompromisses mußten diejenigen, die das neue Deutschland in eine liberale Marktwirtschaft verwandeln wollten, die Wiederbelebung zahlreicher traditionalistischer Institutionen der Statussicherung – für Landwirte, Beamte, den Mittelstand usw. – ebenso hinnehmen wie einen umfassenden Wohlfahrtsstaat und fest etablierte Gewerkschaften« (Streeck 1999: 17).

Welthandelsordnung und damit die Globalisierung möglich machte – die nationalen sozialen Sicherungssysteme und ein wohlfahrtsstaatlich kompromittiertes GATT –, haben sich in den letzten 40 Jahren ständig geändert. Dies geschah aber zunehmend aus Gründen, die in ihnen selbst liegen, und sehr viel weniger in abgestimmter Reaktion aufeinander. Teilweise hat das mit der unvermeidlichen Verselbständigung von Organisationen und Institutionen zu tun. Die Sozialpolitik im entwickelten Wohlfahrtsstaat genauso wie die Handelspolitik in einem institutionalisierten internationalen Regime wird zunehmend mit Problemen konfrontiert, die sie selbst verursacht hat. Anders ausgedrückt entwickelten das Personal und die unmittelbaren Nutznießer dieser Einrichtungen ein immer stärkeres Interesse an ihrem Erhalt und Ausbau, und sie nahmen auf die weiteren Folgen für andere Bereiche von Wirtschaft und Gesellschaft immer weniger Rücksicht. Es gibt nichts in dem komplementären – und eben nicht intendierten – Verhältnis von Sozial- und Handelspolitik, das etwa im Sinne einer Art einer Leibnizschen »prästabilierten Harmonie« eine eigene Grundlage für die Sicherung des Zusammenhangs bieten könnte.

In den gegenwärtigen Reformdebatten über einen Umbau der Sozialversicherungssysteme spielen handelspolitische Argumente und die außenwirtschaftlichen Bedingungen nationaler Wohlfahrt so gut wie überhaupt keine Rolle – obwohl die anstehenden Entscheidungen über die Sozialpolitik handelspolitisch und außenwirtschaftlich hochgradig relevant sind. Alle Reformagenden und Reformprojekte, seien es *workfare*-Programme, die Privatisierung von Teilen der Krankenversicherung oder die Individualisierung von Rentenversicherungskonten, bedeuten in ihrer Wirkung eine größere Marktabhängigkeit von Lebenslagen. Freilich – und meist mit Recht – werden sie mit der größeren Effizienz einer marktwirtschaftlichen Produktion sozialpolitischer Sicherheitsgüter begründet.

Können unter den Bedingungen einer *New Economy* auch jene Sicherheitsbedürfnisse erfüllt werden, die für die Erhaltung einer offenen Volkswirtschaft wesentlich sind? Noch mehr als für die »alte« Wirtschaft der Industriegesellschaft gilt für die *New Economy*, daß ihre technische Basis revolutionär ist. Die Aktualität der Marxschen Beschreibung ist deshalb kein Zufall:

»Durch Maschinerie, chemische Prozesse und andere Methoden wälzt sie beständig mit der technischen Grundlage der Produktion die Funktionen der Arbeiter und die gesellschaftlichen Kombinationen des Arbeitsprozesses um. Sie revolutioniert damit ebenso beständig die Teilung der Arbeit im Innern der Gesellschaft und schleudert unaufhörlich Kapitalmassen und Arbeitermassen aus einem Produktionszweig in den andern. Die Natur der großen Industrie bedingt daher Wechsel der Arbeit, Fluß der Funktionen, allseitige Beweglichkeit des Arbeiters« (Marx 1987 [1890/1867]: 511).

Die Durchsetzung der kapitalistischen Marktwirtschaft hob die »Ruhe, Festigkeit, Sicherheit der Lebenslage des Arbeiters« auf (ebd.). Die Sozialversicherungen schufen dafür einen Ersatz, der nicht nur die neuen wirtschaftlichen Verhältnisse mit ihrem »ununterbrochenen Opferfest« für die unmittelbar und zunächst auch negativ Betroffenen Beschäftigungs-, Einkommens- und Statusverluste akzeptabel machte, sondern auch eine Handelspolitik ermöglichte, die Volkswirtschaften öffnete und offenhält. Die internationale Teilung der Arbeit schafft selbst noch keine Arbeitsplätze, sondern setzt Einkommen frei, die produktiver eingesetzt werden können. Ob und in welchem Maße dies geschieht, hängt von den institutionellen Rahmenbedingungen ab. Auch die Sozial- und vor allem die Bildungspolitik ist nur ein Teil der Bedingungen dafür, wie kreativ und wie produktiv die fortlaufende Zerstörung von Produktionsverhältnissen ausfällt. Offene Kapitalmärkte und eine liberale Gewerbeordnung können die Wirkungen der institutionellen Rigidität des individuellen und des kollektiven Arbeitsrechts genauso wie die höhere Kostenbelastung des Faktors Arbeit für Zwecke der sozialen Sicherheit in den Hintergrund treten lassen. Das ist jedoch kein Argument für ein Absolutsetzen des Arbeiterschutzes oder die Fortschreibung der Sozialversicherungspolitik. Es ist nicht nur die Komplementarität von Sozial- und Handelspolitik, die nicht genügend bedacht wird, sondern es sind auch die Zusammenhänge zwischen den einzelnen Elementen der Rahmenbedingungen. In diesem Rahmen müssen sich die neuen und die bereits bestehenden Betriebe den Chancen und den Risiken der neuen Märkte stellen.

Letztlich entscheidend sind aber immer die *Ergebnisse* der Handels- wie der Sozialpolitik und damit die *Reaktionen* der Bürger. Unter den demokratischen Bedingungen der modernen Politik kann kein Zweifel daran bestehen, daß eine handelspolitische Schließung und ein wirtschaftlicher Nationalismus die immer präsente Möglichkeit ist, auf die »Verheerungen gesellschaftlicher Anarchie«, die nach Marx die Marktwirtschaft anrichtet, *politisch* zu reagieren und mit Intervention und Regulierung zu antworten. Der *staatspolitische* Kern des Problems besteht darin, ob die Kosten der Sozialpolitik, also der Preis, den ihre Konsumenten – und dazu gehören auch die Unternehmen – dafür zahlen müssen, jene Aufwendungen mit enthalten, die für die Erhaltung einer offenen Volkswirtschaft anfallen. Die internationale Arbeitsteilung hat ihre Grundlagen in *nationalen* Verhältnissen, die sie selbst weder herstellen noch zu garantieren vermag. Es spricht einiges dafür, zumindest in einigen *Teilen* der Einrichtungen und im *Potential* der Politik des entwickelten Wohlfahrtsstaates eine der *notwendigen* Bedingungen von Weltmärkten und internationaler Arbeitsteilung zu sehen. Ob diejenigen, die vom Freihandel profitieren, dazu bereit sind, für diese soziale Infrastruktur auch zu bezahlen, steht damit noch nicht fest. Gleichzeitig gilt aber auch, daß nicht jede Rationalisierung der Sozialpolitik sich mit einer freihändlerischen Außenwirtschaftspolitik verträgt. Es kann durchaus der Fall eintreten, daß der Preis, der für einen marktliberalen Umbau der Sozialpolitik zu entrichten ist, ein verstärkter außenwirtschaftlicher Protektionismus sein wird.

Kapitel 3

Defensive Globalisierung im Wohlfahrtsstaat. Außenwirtschaft und Sozialpolitik in den USA

»The chaos of structure and function is matched by a chaos of political process. [...] The system of American government flaunts virtually all tenets of legislative responsibility and administrative effectiveness. It appears always to be wasteful of manpower and money. At times it threatens the very democracy it is established to maintain. But it works, it works – and sometimes with beauty.«

Morton Grodzins (1966: 7)

Lebensläufe sind in Deutschland seit langem in wohlfahrtsstaatliche Sicherungen eingebettet und in ihnen verankert (Mayer/Müller 1986, 1989; Leisering/Leibfried 1999). Damit verbindet sich nicht nur eine sehr weitgehende Kollektivierung der wirtschaftlichen Risiken der abhängig beschäftigten Erwerbsbevölkerung, sondern auch – das ist die andere Seite der Medaille – eine ablehnende Haltung gegenüber Veränderungen der Lebenslage und Lebensumstände. Der Arbeitsplatz, die Arbeitsbedingungen und die »sozialpartnerschaftliche« Ordnung des Arbeitsmarktes werden als persönliches Eigentum gesehen. Damit wird die Anpassung an den wirtschaftlichen und technischen Wandel zu einem erstrangigen Problem. Aus diesem Grund wird seit Anfang der 1990er Jahre in Deutschland mit meist negativem Vorzeichen über »Globalisierung« als Hebel grundlegender Sozialpolitikreform öffentlich diskutiert. Die eine Seite hebt Veränderungen der Nachfrage nach sozialpolitischen Gütern hervor: Individualisierung von Lebensverläufen, Auflösung traditionaler Formen familialer Arbeitsteilung, längere Lebenserwartung und Pflegebedürftigkeit, neue Bildungsarmut und Ausländerintegration. Dabei geht es hauptsächlich um Erweiterungen der Sozialpolitik und um neue, marktnähere und marktadäquatere Formen. Die andere Seite betont die Notwendigkeit eines Rückbaus öffentlicher Regulierung, die Verringerung von Transferausgaben und die Umverteilung von unproduktiven Transfer- in produktive Bildungsausgaben, also eine Einschränkung des Angebots sozialpolitischer Güter, um den einheimischen Unternehmen in der neuen, angeblich grenzenlosen Weltwirtschaft Wachstums- und Innovationschancen zu eröffnen, die sich dann auch als neue Berufs- und Lebenschancen für die Beschäftigten niederschlagen würden (Lampert 1995, 1999; Siebert 1996a, b; Hüther 1997; Kaufmann 1997a; OECD 1997; Mayer 2001).

Beide Seiten dieser Diskussion lassen aber die funktionalen und damit die wechselseitigen Zusammenhänge außer acht, die zwischen geöffneten – und offen bleibenden – Weltmärkten und den sozialpolitisch organisierten binnengesellschaftlichen Reaktions-, Anpassungs- und Gestaltungschancen bestehen. Die Schnittstelle zwischen »Innen« und »Außen« wird zwar regelmäßig als heilsames oder heilloses Einfallstor beschworen, aber nur selten werden ihre genaue Form und ihre Bedeutung analysiert. In diesem Kapitel werden diese Zusammenhänge zunächst an dem insoweit kaum bekannten Beispiel der wirtschaftlich mächtigsten Nation im heutigen Weltmarkt, den USA, beschrieben und hinsichtlich ihrer gesellschaftlichen Ursachen und weiteren, vor allem handelspolitischen Wirkungen untersucht.

Bei den USA könnte es zunächst so scheinen, als komme den staatlich produzierten und den staatlicherseits den Unternehmen aufgebürdeten Sicherheits- und Schutzleistungen eine im Vergleich zu den (west)europäischen Wohlfahrtsstaaten nachgeordnete Rolle im Gesamtsystem öffentlicher, marktlicher und privater Wohlfahrtsproduktion zu, und daraus erkläre sich auch der bemerkenswerte Erfolg der USA, vor allem was die Wettbewerbsfähigkeit ihrer Unternehmen und ihre Attraktivität als Markt und Wirtschaftsstandort angeht. Dem ist aber, wie die folgenden Ausführungen zeigen, nicht so. Die USA nehmen, was die politische Verantwortung für die Wohlfahrt ihrer Bürger betrifft, keine Ausnahmestellung ein. Die niedrigere Sozialleistungs- (und Steuer)quote, auf die immer wieder als Standortvorteil verwiesen wird, unterschätzt z. B. das Ausmaß der sozialen Regulierung der Arbeitsplätze, den massiven Verbraucherschutz und den gewaltigen Umfang der betrieblichen Sozialleistungssysteme.[1] Arbeitnehmerschutzrechte im Betrieb,

1 Ziemlich genau drei Viertel aller amerikanischer Arbeitnehmer waren 1996 von ihrem Arbeitgeber krankenversichert (Green Book 1998: 838). Der da-

Konsumentenrechte und eine staatliche Steuerung des privatwirtschaftlichen Angebots an sozialpolitischen Gütern über das Steuerrecht sind funktionale Äquivalente zum transferorientierten Wohlfahrtsstaat europäischer Prägung (Stevens 1988; Howard 1993, 1997; Jacoby 1997; Nivola 1997).

Die wohlfahrtsd e m o k r a t i s c h e Verpflichtung von Regierung und Staat ist in den USA nicht schwächer als anderswo, und sie ist auch nicht ein bewußter Verzicht auf öffentliche Regulierung und politische Intervention im übergeordneten Interesse einer effizienten Marktwirtschaft. Sie hat hier nur andere Formen angenommen. Damit verbinden sich allerdings auch andere Folgen nicht nur für die Sozialpolitik, sondern auch für andere Bereiche staatlicher Politik. Die wohlfahrtsdemokratische Verpflichtung zeigt sich u. a. auch in einer sozialpolitisch motivierten und sehr intensiven Regulierung ihrer Außenwirtschaft. Dort wird stärker versucht, Beschäftigung und Löhne über Eingriffe in die Außenwirtschaft zu beeinflussen. Die amerikanische Handelspolitik ist deshalb sehr weitgehend eine wohlfahrtsstaatliche Interventionsordnung. Deswegen gestaltet sich in den USA der Zusammenhang von Handelspolitik und Sozialpolitik sowohl strukturell wie politisch ganz anders als z. B. in Westeuropa. Die Globalisierung hat deshalb auch für die USA ganz andere handelspolitische Grundlagen, äußert sich in anderen Formen und führt zu anderen Konsequenzen auch in der Sozialpolitik. Es ist ein exklusiver Außenwirtschaftsnationalismus, der die soziale Handelspolitik der USA trägt und der dazu führt, ihre weltwirtschaftliche Hegemonialstellung für rein binnengesellschaftliche Zwecke zu nutzen.

Die amerikanische Situation ist insofern erstaunlich, als sich eine fast über die gesamten 1990er Jahre erstreckende Hochkonjunkturphase verbindet mit einer an den Kapitalzuflüssen ablesbaren außergewöhnlichen internationalen Attraktivität und mit

für notwendige betriebliche Aufwand läßt sich daran ablesen, was dem Staat an Steuern entgeht, weil die Beitragsleistungen der Unternehmen gegen ihre Steuerschuld in Anschlag gebracht werden können. Dieser Betrag belief sich 1997 auf 305 Mrd. US-$. Die betriebliche Alterssicherung schlägt ebenfalls mit über 300 Mrd. US-$ als Steuerausfall zu Buche. Diese f i s k a l i s c h e Sozialpolitik hat einen Umfang von bald zwei Drittel der bundesstaatlichen Sozialausgaben (Green Book 1998: 777; U.S. Census Bureau 1999: 386).

der Zugehörigkeit vieler amerikanischer Unternehmen zur Weltmarktspitze. All dies kontrastiert auf eigenartige Weise mit handels- und außenwirtschafts*politischen* Verhältnissen, die das genaue Gegenteil erwarten lassen. Der amerikanische Fall zeigt, erstens, welchen Grad von Unabhängigkeit die wirtschaftlichen Verhältnisse, und hier vor allem das tägliche Entscheidungsverhalten nicht nur von Managern, sondern auch von Investoren und großen Teilen der abhängig Beschäftigten, gegenüber dem politisch gesetzten Rahmen und den Gestaltungs- und Beeinflussungsversuchen der politischen Führung, erreichen können. Die amerikanische Wirtschaft hat ihre Erfolge nicht *wegen*, sondern *trotz* der amerikanischen Handelspolitik erreicht. Genau aus diesem Grund ist aber, zweitens, damit zu rechnen, daß die (handels)politischen Realitäten die wirtschaftlichen Verhältnisse früher oder später einholen werden. Auch deshalb ist der amerikanische Fall von besonderem Interesse. Was in den USA geschieht, hat unmittelbar Konsequenzen für den Rest der Weltwirtschaft. Und politisch gesetzte Daten haben die Tendenz – ganz gleich in welche Richtung die Entwicklung geht –, langfristige Wirkungen zu entfalten.

I. Die politische Natur der wirtschaftlichen Internationalisierung

Die Globalisierung als Integration von Volkswirtschaften und Angleichung nationaler Systeme der Sozial-, Wirtschafts- und Finanzpolitik kommt, so wird behauptet, hauptsächlich durch zwei Faktoren zustande. Dabei handelt es sich zunächst um die Revolution des Transport- und Kommunikationswesens, und dann um die Wiedergeburt der liberalen Marktwirtschaft im Gefolge der demokratischen Revolutionen, die nach 1989 der sozialistischen »zweiten« Welt ein Ende setzten. Einige Beobachter haben darauf hingewiesen, wie problematisch diese Sichtweise ist. Technologischer Fortschritt ist ein kumulativer und kontinuierlicher historischer Prozeß (M. Brown 1966). In den letzten 150 Jahren haben aber Phasen internationaler Integration und Desintegration einander immer wieder abgelöst. Es ist auch keine irgendwie gleichmäßige Entwicklung oder gar eine Konvergenz zu beobachten, was die Produktivität der entwickelten

Volkswirtschaften betrifft. Um 1870 erreichten jene 15 Länder, die zusammen mit den USA den Kern der damaligen Weltwirtschaft ausmachten, 77% der amerikanischen Produktivität. Dieser Wert fiel bis 1929 auf 57%, um dann nach einem Tiefstand von 46% im Jahr 1950 bis 1979 wieder auf 75% zu steigen (Abramovitz 1986: 391). Vergleicht man die Situation der Weltwirtschaft um 1900 mit der von heute, dann muß man feststellen, daß die heutigen Realitäten der Handels- und Wirtschaftspolitik einer fragmentierten Staatenwelt das Ergebnis einer tiefgreifenden *Ent*globalisierung sind. Auch mit einer irgendwie sich ergebenden höheren Einsichtsfähigkeit der wirtschaftspolitischen Klasse haben die Fortschritte der Weltmarktintegration ziemlich wenig zu tun. Die theoretische Begründung einer höheren Markteffizienz internationaler Arbeitsteilung haben schon Adam Smith und David Ricardo gegeben, und diese Theorie wurde auch als Ordnungs*norm* nie ernsthaft bezweifelt (Sykes 1998). Aber die wirklichen Märkte sind meist durch ausgesprochen protektionistische nationale Außenwirtschaftspolitiken geprägt worden. Einzig das Vereinigte Königreich bildete hier bis zum Ersten Weltkrieg eine gewisse Ausnahme – was aber den protektionistischen Regelzustand, der in den anderen Länder vorherrschte, nur bestätigt.

Für Paul Krugman sind es deshalb auch nicht der technische Fortschritt und die angeblich daraus umstandslos folgenden wirtschaftspolitischen Vorgaben, die man als Grundlage der neuen Weltmarktwirtschaft sehen muß. Statt dessen verweist er auf die wesentlich politischen Ursachen des wachsenden Welthandels und der zunehmenden wirtschaftlichen Integration:

> »International economists [...] tend to view much, though not all, of the growth of trade as having essentially political causes, seeing its great expansion after World War II largely as a result of the removal of the protectionist measures that had constricted world markets since 1913. At least implicitly, therefore, they also tend to see the trend toward growing integration as potentially reversible« (1995: 328).

Krugman vertieft diese Argumentation zur Politik der Globalisierung nicht weiter. Sein Verständnis der wesentlich politischen Natur wirtschaftlicher Globalisierung dürfte allerdings den Kern des Problems treffen. Er betont, wie prekär die Fortschritte der globalen Marktvergesellschaftung sind. Deshalb hält er ihre

Ergebnisse für reversibel. Damit spricht er eine ständig erforderliche innen- und vor allem sozialpolitische Begleitung als notwendige Voraussetzung dafür an, daß unter den Bedingungen der entwickelten Wohlfahrtsdemokratie eine Volkswirtschaft in das System internationaler Arbeitsteilung eingebunden wird und bleibt. Globalisierung ist in dieser Perspektive das Ergebnis einer Entwicklung, die von den einzelnen Staaten getragen wird und die davon bestimmt ist, wie diese Staaten sich in der Globalisierung verhalten. Keine Regierung kümmert sich um die globalisierte, jede aber um die eigene Wirtschaft. Dafür sorgen bereits ihre Wähler. Deshalb ist die institutionelle Grundlage der Weltmarktintegration alles andere als stabil, und deshalb ist die Tatsache der Weltmarktintegration etwas, das nach einer Erklärung verlangt.

Daß es eine Weltwirtschaft mit global agierenden Unternehmen überhaupt gibt, ist letztlich darauf zurückzuführen und vor allem auch davon abhängig, daß Regierungen aus endogenen, in ihnen selbst liegenden Gründen die Schutzschranken ihrer Außenwirtschaft abbauten. Sie taten das nicht aus Interesse an einer globalen Marktwirtschaft. »Globalisierung« ist also keine irgendwie eigenständige Größe, die Regierungen mit unausweichlichen Handlungszwängen von außen konfrontiert und damit der überkommenen Nationalstaatlichkeit die wirtschaftlichen Grundlagen entzieht, sondern sie ist ein Geschöpf gleichzeitiger und paralleler nationaler wirtschafts-, und hier vor allem außenwirtschaftspolitischer Entscheidungen. Der in den verschiedenen, aber nach wie vor auf die höherentwickelten Volkswirtschaften beschränkte, gleichgerichtete Verlauf außenwirtschaftlicher Öffnungsprozesse hat seine Grundlage in gemeinsamen Problemlagen. Ihr Kern besteht darin, daß sich diese Regierungen in einer demokratischen Rahmenordnung der Politik vor die Aufgabe gestellt sehen, zwischen der immer wieder erneuerten Nachfrage nach Sozialpolitik und den Funktionserfordernissen einer Marktwirtschaft einen Ausgleich zu finden. Diese gemeinsame Problemstellung kann zur entscheidenden Grundlage jeder internationalen Koordination und Organisation von Außenwirtschaftsbeziehungen führen: übereinstimmende oder zumindest komplementäre Interessen von Regierungen. Das, was als »globalisierte« Wirtschaft bezeichnet wird, ist etwas, was dann private Akteure mit den neuen außenwirtschaftlichen Freiräumen und einer internationalen Rahmenordnung anfangen.

Freilich ist damit überhaupt nicht ausgeschlossen, daß sich dieses Geschöpf gegen seine staatlichen Schöpfer wenden kann. Die Forderung nach einer »Zivilisierung« oder »Zähmung« des globalen Kapitalismus, auch wenn sie sich in die scheinbar harmlos klingende Formel von einer »globalen Finanzarchitektur« kleidet, scheint sich genau darauf zu beziehen, bestätigt damit aber auf ihre Weise die wesentlich politische Natur dieses Kapitalismus.

Wie aber äußert sich die Abhängigkeit der Globalisierung von der nationalen Politik? Welche Rolle kommt dabei der Sozialpolitik zu, und wie verhält sich die Außenwirtschafts- und Handelspolitik zur Sozialpolitik? Und was bedeuten umgekehrt die neuen volks- und weltwirtschaftlichen Verhältnisse für das Schicksal der staatlichen Sozialpolitik?

Neue Herausforderungen der Sozialpolitik?

Auch wenn man die Globalisierung nicht in den Status eines Ungeheuers, eines neuen weltbeherrschenden Behemot erheben möchte, so besteht doch über eine Reihe von wirtschaftlichen Veränderungen mit gesellschaftsprägenden und politikbestimmenden Wirkungen kein Zweifel. Folgende Neuerungen sind vor allem hervorzuheben[2]:

• Durch die Vergrößerung der Märkte und die Entstehung globaler Konsummuster werden neue Möglichkeiten der Nutzung von *economies of scale and scope* geschaffen; Forschungs- und Entwicklungsausgaben müssen sich schneller bezahlt machen, weil in der Informationswirtschaft Wettbewerbsvorteile meist nur noch Zeitvorteile sind.

• Mit der Integration von Wirtschaftsräumen unterschiedlicher Entwicklungsstufen ergeben sich neue Möglichkeiten für eine Verknüpfung von unternehmensspezifischen (kompetitiven) mit landesspezifischen (komparativen) Wettbewerbsvorteilen. Durch Globalisierung übersetzen sich für die Unternehmen

2 Vgl. dazu Baron (1997), Proff/Proff (1996), Osterloh/Weibel (1996), Proff (1997) und Ringlstetter/Skrobarczyk (1994).

geographische Unterschiede der Inputkosten in gesteigerte Chancen, einzelne Elemente der Wertkette in Länder mit komparativen Vorteilen auszulagern.

- Die Verbesserungen der Investitionsbedingungen bringen neue Möglichkeiten mit sich, Kapital im Ausland anzulegen (Portfolioinvestitionen), über den Aufbau eigener Produktionsstätten im Ausland Marktzutrittsschranken zu umgehen, über die Verlagerung von Marketing, Vertrieb und Kundendienst diese Aktivitäten marktspezifisch und kundennah zu organisieren und durch unternehmerische Präsenz im Ausland Lobbypositionen aufzubauen, die vor allem bei der öffentlichen Auftragsvergabe und für die Beeinflussung der nationalen Handels-, aber auch Wirtschaftspolitik wachsende Bedeutung gewonnen haben.

Was bedeuten diese Veränderungen ihrer wirtschaftlichen Umwelt für die wohlfahrtsstaatlichen Arrangements der entwickelten westlichen Industriegesellschaften? Und was bedeuten sie für den Handlungsspielraum der nationalen Sozialpolitik?

Die Einrichtungen des Wohlfahrtsstaates, so heißt es vor allem bei Ökonomen mit liberaler Orientierung, erschwerten es den Unternehmen, sich an die neuen Wettbewerbsverhältnisse anzupassen und organisatorische Innovationen schnell und im nötigen Umfang zu übernehmen. Die sozialpolitische Regulierung der Beschäftigung stärke das Widerstandspotential von Arbeitnehmern, die von Umstrukturierungsmaßnahmen negativ betroffen werden, soziale Rechte wirkten als *disincentives*, und die Formen der Finanzierung von Sozialpolitik im Zusammenspiel mit der Tarifvertragspolitik der »Arbeitsmarktkartelle« schafften Marktzugangsschranken eigener Art (Shlaes 1994; Rüthers 1996, 2000). Außerdem stabilisiere die großzügige wohlfahrtsstaatliche Alimentierung einer wachsenden Masse von Arbeits- und Erwerbslosen das Arbeitsmarktkartell, so daß trotz neuer Arbeitsmarkt- und Wettbewerbsverhältnisse die Reallöhne der Arbeitsplatzbesitzer stabil geblieben seien.[3] Ferner ließe die Sozialpolitik in ihren Aggregaten und Strukturen noch weitgehend exklusiv gestaltete, wesentlich nationalstaatliche Verhältnisse erkennen. Die Grundlagen wirtschaftlicher Nationalstaatlichkeit

3 Dabei scheint es sich jedoch um eine Besonderheit der deutschen Entwicklung in der Globalisierung zu handeln (Prasad 2000).

und damit auch einer exklusiven Handelspolitik und der Sozialpolitik seien aber inzwischen weggefallen: Kapitalverkehrskontrollen, Importbeschränkungen in Form von Zöllen und eine autonome Währungspolitik gehörten endgültig der Vergangenheit an. Damit seien jedoch auch die Voraussetzungen dafür entfallen, an den Strukturen der überkommenen Sozialpolitik ohne Rücksicht auf die neuen weltwirtschaftlichen Bedingungen festzuhalten (Berthold 1997; Tanzi 2000).

Eine soziologische Perspektive auf die Entwicklung der Sozialpolitik

Was ist von diesen Argumenten zu halten? Erstens ist bereits deshalb Vorsicht angebracht, weil sich die Bedingungsverhältnisse der einzelnen Elemente dieser scheinbar eindeutigen Konstellation leicht ändern können. Die gegenwärtige Kosten-Nutzen-Rechnung, was Sozialpolitik und weltwirtschaftliche Verhältnisse betrifft – die angeblich ohne Zweifel zu Lasten der traditionellen Verfassung von Sozialpolitik geht –, kann sich sehr schnell umkehren. Wie zuerst das Beispiel Japans und dann die Beispiele der südostasiatischen Länder nach 1996/1997 gezeigt haben, können sich »Vorteile« institutioneller Arrangements von Markt und Sozialpolitik innerhalb kurzer Zeit in »Nachteile« verkehren. Gerade weil die neuen globalen Marktverhältnisse sehr schnelle, gleichgerichtete und deshalb sehr wirkungsvolle Reaktionen großer Gruppen unabhängiger Akteure ermöglichen, können sich praktisch über Nacht nationale Wettbewerbsvorteile in ihr Gegenteil verwandeln. Dann kann sich unter Umständen auch der besondere Wert ausgebauter wohlfahrtsstaatlicher Sicherungseinrichtungen zeigen, weil diese als Puffer den betroffenen Gesellschaften Zeit verschaffen und Handlungsspielräume für den Umbau der institutionellen Infrastruktur ihrer Wirtschaft und ihrer Unternehmen eröffnen. Schon Karl Polanyi hat darauf aufmerksam gemacht, daß das Tempo wirtschaftlicher Veränderungsprozesse die kritische Variable für erfolgreiche Anpassungsstrategien darstellt (1978 [1944]: 64-65). In Perioden beschleunigten wirtschaftlichen Wandels, in denen die Richtung dieses Wandels noch nicht absehbar ist, aber laufend über Anpassungen entschieden werden muß, ist Zeit eine knappe Ressource, weil sie die Rationalität dieser Maßnahmen bestimmt: »The incredible rate at which the economy and society is changing causes people to lose their bearings« (Fogel 2000: 82).

Zweitens sind vor allem in Westeuropa die nationalen Systeme sozialer Sicherung unter Bedingungen offener Volkswirtschaften entstanden. Exportabhängigkeit und Importkonkurrenz sind, was z. B. Deutschland betrifft, keine ganz neuen Phänomene. Man muß sich deshalb genauer anschauen, welche Formen der Sozialpolitik durch die Globalisierung in Schwierigkeiten geraten könnten oder nach Meinung von Beobachtern zwangsläufig geraten müssen. Beispielsweise bestimmen die demographischen Übergänge zu hochgradig alterslastigen Bevölkerungen, die sich seit einiger Zeit für alle entwickelten Volkswirtschaften abzeichnen, sowohl die Reformagenda für die Rentenversicherungs- wie für die Gesundheitssysteme. Dabei zählt die Globalisierung, vor allem hinsichtlich der Kapitalmärkte, mehr zu den Bedingungen der Lösung der hier anstehenden Probleme als zu ihren Ursachen (Pierson 1998).[4]

Drittens, und für das Verständnis der gegenwärtigen Situation der Wohlfahrtsstaaten und die Handlungsspielräume ihrer Sozialpolitik noch wichtiger: Das Verhältnis von Sozialpolitik und wirtschaftlicher Entwicklung ist strukturell unbestimmt. Weder die volks- noch die betriebswirtschaftlichen Konsequenzen sozialpolitischer Intervention und der Institutionalisierung wohlfahrtsstaatlicher Einrichtungen folgen einer einsinnigen Logik. Es ist nicht nur ihre institutionell-organisatorische Eigenart, die über ihre *weiteren* Folgen für Unternehmen und für die Volkswirtschaft entscheidend sind. Wirtschaftlicher Erfolg ist auch *gegen* und *trotz* einschränkender Rahmenbedingungen möglich. Nachteile der äußeren Lage – und dazu zählen in der Regel auch die politisch-institutionellen Sachverhalte, die sich nicht oder zumindest nicht ohne weiteres verändern lassen – in *Bedingungen* strategischen Handelns zu verwan-

4 Außerdem kann die Öffnung für Einwanderung den demographischen Übergang verlangsamen und damit dessen sozialpolitische Kosten ganz erheblich senken (Borjas 1995, 1994). Die Internationalisierung der Kapitalmärkte erleichtert den Übergang zu kapitalgedeckten Formen der Alterssicherung, weil sie die Abhängigkeit vom nationalen Kapitalstock und von der nationalen Sparrate mindert.

deln, gehörte schon immer zu den Aufgaben effektiver Führung.[5] Außerdem ist Sozialpolitik betreffs ihrer Motive und der sie legitimierenden Werte eine eigenständige Größe. Weder ihre politischen Antriebe noch ihr finanzwirtschaftlicher Umfang werden allein oder auch nur hauptsächlich von betrieblichen Rentabilitätschancen und von Produktionsfortschritten bestimmt. Sie richtet sich nach s o z i a l e n Bedürfnissen, die ihren Ursprung in der s u b j e k t i v e n E r f a h r u n g bestimmter Mängellagen haben und die in politischen Prozessen aufgenommen werden und ihren institutionellen Niederschlag finden. Für die Nachfrage nach sozialpolitischen Gütern sind die Verteilungsergebnisse der Marktwirtschaft eine Ursache, aber nicht der M a ß s t a b des sozialpolitisch Möglichen (Marshall 1992a [1950], b [1965]; Rieger 1998a). Schließlich ist im Prozeß der Sozialpolitik immer mit den, wie Max Weber (1972 [1921]: 124) es formulierte, »materialen Tatsachen der Demokratie« zu rechnen. Die wichtigste ist die, daß es in einer Demokratie sehr viel mehr darauf ankommt, w i e politische Konflikte entschieden werden, und vor allem w e r diese Entscheidungen trifft, als auf ihren Inhalt, ihre an objektiven Funktionszusammenhängen gemessene Ziel-Mittel-Rationalität (Lewis 1952). Abgesehen davon also, daß sich, wie erwähnt, Vorteil-Nachteil-Relationen umkehren können, gibt es schließlich auch regelmäßig Bedingungs- und Anpassungsprozesse, die in b e i d e Richtungen verlaufen: Sozialpolitische Interventionen und Einrichtungen setzen den Unternehmen neue, von ihnen nicht ohne weiteres beeinflußbare Daten, was die Möglichkeiten wie die Art und Weise der betrieblichen Wertschöpfung betrifft, und Märkte urteilen in Form von Kapitalzu- und Kapitalabflüssen, Produktivität und Rentabilität auf ihre Weise darüber, welche Sozialpolitik und wieviel davon tragbar ist.

In beiderlei Hinsicht wird jedoch insofern immer in einem offenen Raum agiert, als sich erst an den K o n s e q u e n z e n – Armut, soziale und regionale Ungleichheitslagen sowie Massenarbeitslosigkeit, Kapitalflucht, Schattenwirtschaft und Über-

5 Diese Aussage ist als Feststellung eines e m p i r i s c h e n Sachverhalts zu verstehen. Das heißt weder, daß die heute weitgehend politisch erzeugten Rahmenbedingungen hinzunehmen sind, noch leugnet sie, daß es Bestrebungen gibt, Rahmenbedingungen gezielt zu verändern.

stundenüberhänge – zeigt, *wie* sich Verschiebungen im Verhältnis von Sozialpolitik und Marktwirtschaft bzw. von sozialer Regulierung und Deregulierung auswirken. Aber auch dann ist es nur selten möglich, *einzelne* Wirkungen *eindeutig bestimmten* Ursachen zuzurechnen und daraus die entsprechenden politischen Handlungsempfehlungen theoretisch schlüssig abzuleiten *und* diese dann im Gesetzgebungsprozeß reibungsfrei umzusetzen. Diese Unsicherheitsmomente bzw. Brüche liegen in der Natur einer Sache, die durch dynamische Wechselverhältnisse, nicht aber durch einsinnige Abhängigkeiten geprägt ist. Außerdem haben auf beiden Seiten die institutionellen Verhältnisse und die Organisationen kollektiven Handelns ein erhebliches Eigengewicht, was die Möglichkeiten des Umgangs mit wirtschaftlichen Herausforderungen betrifft. Jedenfalls liegt es jenseits der Kapazität einer politischen Steuerung im demokratischen Wohlfahrtsstaat, *ex ante* das »richtige« Maß von Sozialpolitik bestimmen zu können, auch wenn dies *jede* Politik – und ihre Kritiker mit besseren Rezepten – von sich behauptet.

Das Beispiel der USA liefert nun für die Wechselbeziehungen zwischen Sozialpolitik und Marktentwicklung in mehrfacher Hinsicht aufschlußreiches Anschauungsmaterial:

- Zunächst zeigt die Entwicklung der amerikanischen Außenwirtschaft seit dem Ende des Bürgerkrieges, wie der Zollpolitik vorrangig sozialpolitische Funktionen zugeschrieben wurden und wie ferner durch die Einführung bundesstaatlicher Sicherungseinrichtungen in der Weltwirtschaftskrise ein bis dahin nicht vorhandener Handlungsspielraum für eine liberale Handelspolitik geschaffen wurde, und wie schließlich bestimmte Eigenheiten dieser Handelspolitik – hauptsächlich ihre Handhabung als eine Eingriffsverwaltung, ihre Konzentration auf bestimmte Sektoren der amerikanischen Wirtschaft, ihre voluntaristisch-unilaterale Ausrichtung und ihre vielfältigen zusätzlichen sozialpolitischen Kompensationsmechanismen – auf bestimmte Defizite in der Bandbreite und in der Effizienz des amerikanischen Wohlfahrtsstaates selbst zurückgeführt werden können.
- Dann zeigt die jüngste Entwicklung der amerikanischen Handelspolitik, in welcher Weise Institutionen der Sozialpolitik als Voraussetzung dafür wirksam werden können, Handelsschranken weiter zu senken und eine Verstärkung der Importkonkurrenz zuzulassen – und wo die *sozialen* und damit

auch sozialpolitischen Grenzen einer weiteren Öffnung der amerikanischen Nachfragemärkte liegen.

- Endlich zeigt eine bisher wenig beachtete Entwicklung auf dem Gebiet der amerikanischen *fiscal welfare*, welche neuen Strukturformen von Sozialpolitik mit den neuen Markt-, Betriebs- und internationalen Konkurrenzverhältnissen größere Kompatibilitäts- und damit auch Durchsetzungschancen haben als die traditionellen Interventions- und Transferprogramme von Sozialversicherung und Sozialhilfe – und wie trotz bzw. gerade wegen dieser sozialpolitischen Reformprojekte die amerikanische Handelspolitik protektionistischer wurde.

II. Der Protektionismus der USA

Nach England, das sie allerdings bald überflügeln sollten, waren die USA in der zweiten Hälfte des 19. Jahrhunderts das kapitalistische Land *par excellence*. Hier konnten Kapitalismus und Marktwirtschaft – ungehindert von Traditionen ständischer Sozialorganisation und absolutistischer Staatsintervention – sich die gesellschaftlichen Verhältnisse formen, die ihnen maximale Entwicklungschancen boten (Sombart 1906). Aber in einer Hinsicht folgten die Vereinigten Staaten nicht dem Vorbild Englands: Die USA schlossen sich bis in die Mitte des 20. Jahrhunderts umfassend und nachhaltig vom Rest der Welt ab und waren in ihrer Entwicklung ganz auf sich selbst bezogen (Irwin 1996b). Tabelle 3.1 zeigt den relativ geringen Grad der weltwirtschaftlichen Integration der USA in verschiedenen Perioden.

Tabelle 3.1: Die Weltmarktintegration[1] der USA, des Vereinigten Königreichs und Deutschlands, 1913-1998

Land/Jahr	1913	1950	1970	1987	1998
USA	3,9	2,9	4,4	7,4	11,9
UK	27,7	13,1	16,6	21,1	27,4
Deutschland	19,9	9,8	17,4	23,3	28,3

Anmerkung: [1] Bestimmt als Durchschnitt aus Export und Import von Gütern, in Prozent des Bruttosozialprodukts.
Quellen: Krugman (1995: 331) und eigene Berechnung nach IMF (1999a).

Tabelle 3.2: Zollschranken im Vergleich, 1913

Land	Zölle in Prozent aller Importe	ungefährer Durchschnittszoll (Industrie)
USA	21,4	44
Frankreich	8,7	20
Deutschland	7,9	13
UK	5,7	0

Quelle: Bairoch (1989: 77, 139).

Die USA sind, historisch-vergleichend betrachtet, ein Nachzügler in der Ausbildung des Wohlfahrtsstaates. Während Bismarck und Lloyd George noch vor dem Ende des »langen 19. Jahrhunderts« den modernen Sozialversicherungsstaat begründeten, brauchten die USA erst die soziale Herausforderung der wirtschaftlichen Katastrophe durch die Große Depression, um die politischen Widerstände gegen umfassende bundesstaatliche Kompetenzen in der Organisation einer öffentlich zu verantwortenden Einkommenssicherung auszuschalten (Amenta 1998). Das lag auch daran, daß Zollschranken dort lange Zeit von den Politikern und ihren Wählern als funktionale Äquivalente für Sozialpolitik verstanden wurden (Eaton/Grossman 1985). Dieser handelspolitische Umstand hat die Herausbildung eines Wohlfahrtsstaates hinausgezögert und verzerrt und schließlich eine eigenständige Form von Wohlfahrtsstaatlichkeit erzeugt.[6] Nach dem Bürgerkrieg war die Hochzollpolitik damit legitimiert und begründet worden, durch sie könnten die im internationalen Vergleich wesentlich höheren Einkommen geschützt und Beschäftigung stabilisiert werden.[7] Für die Unternehmer stand dabei im Vordergrund, daß sie über die Importzölle einen Ausgleich für ihre höheren Lohnkosten bekommen und damit einen Wettbewerbsnachteil gegenüber ausländischen Konkur-

6 Zum Nachzüglerstatus bzw. zur unterschiedlichen Wohlfahrtsstaatlichkeit der USA vergleiche die Diskussion bei Glazer (1988: 168-192, 204-205; 1998) und Amenta/Skocpol (1989).

7 Sombart (1906: 81-126) belegt in seiner klassischen Begründung des »Fehlens« nicht nur von Sozialismus, sondern auch von Sozialstaatlichkeit mit einer Reihe von Statistiken, daß in den meisten Sektoren die amerikanischen Löhne in der Regel doppelt so hoch waren wie in Europa.

renten kompensieren konnten. Wie Intensität und Höhe der Zölle in Tabelle 3.2 zeigen, waren die USA 1913 verglichen mit Europa die außenwirtschaftlich am stärksten bewehrte Festung.

Präsident Benjamin Harrison bezeichnet das »Zollschutzsystem« der USA 1892 als

»mighty instrument for the development of our national wealth and a most powerful agency in protecting the homes of our workingmen from the invasion of want. [...] A general process of wage reduction can not be contemplated by any patriotic citizen without the gravest apprehension. It may be [...] possible for the American manufacturer to compete successfully with his foreign rival in many branches of production without the defense of protective duties if the pay rolls are equalized, but [...] the distress of our working people when it is attained [...] [is] not pleasant to contemplate« (zit. nach Eckes 1995: 279).

Handels- und Sozialpolitik im New Deal

Die Integration der amerikanischen Wirtschaft in weltwirtschaftliche Zusammenhänge ist demnach ein vergleichsweise junges Phänomen. Die institutionellen Grundlagen, die auch heute noch die Handelspolitik bestimmen, wurden erst im *New Deal* geschaffen. Der *New Deal* Franklin Delano Roosevelts nationalisierte und institutionalisierte nicht nur Sozialpolitiken. Zum *New Deal* gehörte auch ein Umbruch in der US-amerikanischen Handelspolitik. Nur vier Jahre auf den berüchtigten *Smoot-Hawley Tariff Act* von 1930 – der die Schutzzölle auf ein Rekordniveau hob und der deshalb auch als Hauptursache der Depression gilt – folgte der *Reciprocal Trade Agreement Act* (RTAA), mit dem das Ende des »amerikanischen Systems« des Schutzzolls eingeläutet wurde (Lusztig 1996). Mit diesem Gesetz ermächtigte der amerikanische Kongreß den Präsidenten, mit anderen Ländern in bindende Verhandlungen über gegenseitige Zollsenkungen einzutreten und das Ergebnis umzusetzen, ohne dafür beim Kongreß eine Genehmigung einholen zu müssen. Schritt für Schritt wurde der US-amerikanische Markt für Importe geöffnet. Bis 1945 wurden mit 27 Ländern 32 bilaterale Handelsverträge auf der Grundlage strikter Gegenseitigkeit abgeschlossen und die durchschnittlichen Zollsätze um 44% verringert (Destler 1986: 10). Der RTAA von 1934 markierte einen scharfen Bruch mit dem bis dahin wirksamen Regime eines Hochprotektionismus, und dieses Gesetz wurde dann auch zum Ausgangspunkt der amerikanischen Bemühungen um eine neue liberale Weltmarktordnung nach dem Zweiten Weltkrieg. Das führte 1947 zum *General Agreement on Trade and Tariffs* (GATT), über das dann im weiteren Fortgang, vor allem seit den 1970er Jahren, die Weltmarktöffnung organisiert und stabilisiert wurde.

Sozial- und handelspolitischer Umbruch stehen auch im *New Deal* in einem Wechselverhältnis. Die Schutzzollpolitik diente dazu – und wurde auch politisch so legitimiert –, die Beschäftigung zu stabilisieren, Veränderungen in der primären Einkommensverteilung zu unterbinden und Verteilungs- wie Konsummuster schrittweise und in einem selbstbestimmten, also p o l i t i s c h gestalteten Tempo anzupassen. Die Institutionalisierung nationaler Sozialpolitikprogramme in der Weltwirtschaftskrise, insbesondere die Einführung einer Arbeitslosenversicherung, aktiver Beschäftigungsprogramme und von Elementen einer Bundessozialhilfe, eröffnete der Roosevelt-Regierung die Möglichkeit, die amerikanischen sozialen Probleme innenpolitisch direkt und unmittelbar anzugehen – und gleichzeitig ihren internationalen Handel freier zu gestalten.[8] Diese Öffnung handelspolitischer Handlungsspielräume durch eine Stärkung des sozialpolitischen Einkommensschutzes war aber nicht das Ergebnis einer überlegenen rationalen Planung, in der die relativen Vor- und Nachteile einer handels- und einer sozialpolitischen Einkommenssicherung miteinander verglichen werden. Roosevelt selbst war mit einer wirtschaftsnationalistischen Plattform gewählt worden und er erklärte in seiner Antrittsrede: »Our international trade relations, though vastly important, are in point of time and necessity secondary to the establishment of a sound national economy« (zit. nach D. M. Kennedy 1999: 388).

Allerdings zeigt bereits der Blick auf die zeitgenössische Literatur, daß die sozialpolitische Legitimierung der Zollpolitik eine Sache ist, ihre faktischen wohlfahrtlichen Auswirkungen aber eine andere. Die Hauptnutznießer waren bestimmte Produzen-

8 Einen Überblick über die sozialpolitische Entwicklung gibt Heclo (1995). Der theoretische Zusammenhang zwischen protektionistischer Handels- und Sozialpolitik, der hier in den Vordergrund gestellt wird, findet sich zuerst bei Corden (1997 [1974]: 4) und wird oben in Kap. 2 auf den S. 93 ff. weiter ausgeführt.

tengruppen, denen über die Zollpolitik nicht nur Möglichkeiten in die Hand gegeben wurden, über den Ausschluß von Konkurrenz zu Lasten der Verbraucher Renten abzuschöpfen, sondern auch, Kartelle zu organisieren, was in den damaligen betrieblichen Verhältnissen dann allerdings zum Nachteil der Arbeiter ausschlug (H. Levy 1905; Hobson 1907). Über ihre Kartellorganisation konnte sowohl den Lohnforderungen der Arbeiter als auch den Versuchen, Gewerkschaften zu organisieren, sehr wirksam begegnet werden (Montgomery 1987).[9] Im Vergleich zu Kontinentaleuropa waren die Vereinigten Staaten jedoch lange Zeit ein Hochlohnland und deshalb auch ein entsprechend gesuchtes Einwanderungsgebiet (Sombart 1906; J. Williamson 1998a: 154-158). Die transatlantische Massenmigration war dann allerdings auch der Grund dafür, daß diese Privilegierung des Faktors Arbeit immer stärker ausgehöhlt wurde (J. Williamson 1995, 1996). Die Reallohnverluste der amerikanischen Arbeiterschaft im letzten Jahrzehnt vor dem Ausbruch des Ersten Weltkriegs mobilisierten eine Gewerkschaftsbewegung gegen die liberale Einwanderungspolitik. Die restriktiven Einwanderungsgesetze, die dann nach dem Ersten Weltkrieg verabschiedet wurden, vervollständigten den Protektionismus der USA (Jones 1992; Goldin 1994). Abbildung 3.1 zeigt, wie sich die Einwanderung in die USA in absoluten Zahlen seit 1900 entwickelte. Die massive Einschränkung der Zuwanderung nach dem Ersten Weltkrieg führte dazu, daß der Anteil der amerikanischen Bevölkerung, der in den USA geboren wurde, von 71,3 % im Jahr 1900 kontinuierlich auf 94,4 % 1970 anstieg, um danach aufgrund der zunehmenden Einwanderung wieder auf einen Wert von knapp unter 90 % (1997) zu fallen (nach U. S. Census Bureau 1999: 872).

Der wohl entscheidende Faktor für diese Begründung und Formung protektionistischer Außenwirtschaftspolitik dürfte die frühe Demokratisierung der USA – Einführung des allgemeinen Männerwahlrechts[10] – und die Herausbildung eines Zwei-

9 Die Anti-Kartellgesetze wurden vor dem Ersten Weltkrieg sehr viel weniger gegen Unternehmen als gegen Gewerkschaften eingesetzt und waren damit das wichtigste Mittel der Blockierung einer Arbeiterbewegung (A. T. Mason 1925).

10 Der letzte Einzelstaat schaffte 1830 Mindestbesitzregelungen als Bedingung des Wahlrechts ab. Es gibt in den USA nach wie vor keine bundeseinheitliche Regelung des Wahlrechts (Keyssar 2000).

Abbildung 3.1: Einwanderung in die USA, 1900-1997 (in Mio.)

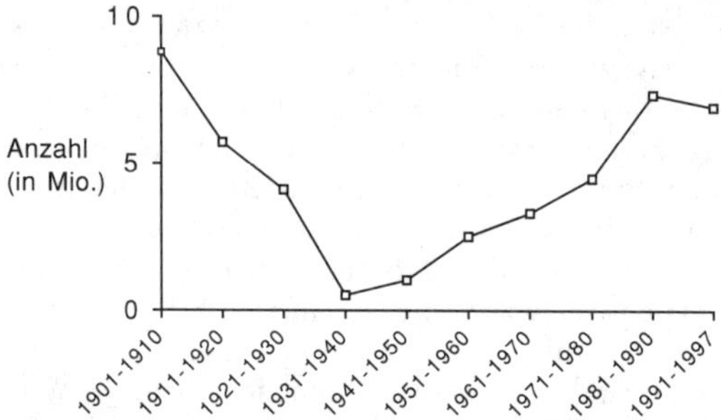

Quelle: U. S. Census Bureau (1999: 872).

parteiensystems sein, für das die sozialen Bedürfnisse von Lohnarbeitern ein zentrales Datum in der Konkurrenz um Stimmen darstellten. Gerade die Republikaner setzten Zollschutz (*protection*) mit Wohlfahrt gleich. Der amerikanische Wirtschaftswissenschaftler und ehemalige Vorsitzende der *U. S. International Trade Commission* Alfred E. Eckes, Jr. beschreibt in seiner Geschichte der amerikanischen Handelspolitik, wie es der Republikanischen Partei über eine beschäftigungspolitisch motivierte Hochzollpolitik zwischen 1860 und 1928 gelang, 14 von 18 Präsidentenwahlen zu gewinnen (1995: 281).

Die ausdrücklich sozialpolitische Motivierung der Zollpolitik ist deshalb mit ein Grund dafür, warum die USA bis zum *New Deal* keine bundesstaatliche Sozialpolitik nach dem Muster Bismarcks oder Lloyd Georges eingeführt hatten.[11] Die Sozialpoli-

11 Ein weiterer wichtiger Grund ist die Finanzierung des Bundesstaates. Bis zum Ersten Weltkrieg waren die Zölle die wichtigste Einnahmequelle. Das erste Gesetz, das vom amerikanischen Kongreß unter der neuen Verfassung verabschiedet wurde, war ein Gesetz zur Erhebung von Zöllen und wurde vom Abgeordneten Madison mit der Begründung eingebracht, dem Bundesstaat Einnahmen zu verschaffen und die Industrie zu schützen (*Duty Act* of July 4, 1789 – O'Halloran 1994: 2). Die amerikanische Verfassung gibt dem Kongreß, und nicht dem Präsidenten, das alleinige Recht, Handelsverträge abzuschließen, und sie verbot die Einführung einer direkten Einkommenssteuer. Es war dann der 16. Verfassungszusatz, der 1913 in Kraft trat und dem Bundesstaat das Recht gab, eine Einkommens-

tik des *New Deal*, insbesondere die neuen allgemeinen Sozialhilfesysteme und die ebenfalls allgemeine, aber in der Regie der Einzelstaaten verbleibende Arbeitslosenversicherung, verschafften der amerikanischen Regierung dann allerdings die Möglichkeit, vom Protektionismus zunehmend abzurücken und eine zumindest vom Ansatz her liberale Außenwirtschaftspolitik durchzusetzen und zu betreiben (Lusztig 1996: 49-70).

Mit der frühen sozialpolitischen Wendung der (Außen-)Wirtschaftspolitik wurde in den USA ein Prinzip beherrschend, das Max Corden (1997 [1974]: 74) die »konservative Wohlfahrtsfunktion« nennt. Damit bezeichnet er in idealtypischer Zuspitzung folgende Maxime des Regierungshandelns: Jegliche irgendwie bedeutsame absolute Verminderung der Realeinkommen nennenswerter Teile der Bevölkerung ist zu vermeiden. Nach Corden ist dies »konservativ«, weil damit nicht ausdrücklich, aber doch faktisch weitgehend die bestehende Einkommensverteilung als die bestmögliche und eben deshalb als erhaltenswerte betrachtet wird. In einer solchen Wohlfahrtsfunktion werden trotz ihres gleichen Umfangs Einkommense i n b u ß e n sehr viel höher gewichtet als Einkommensz u w ä c h s e.

Mit der »konservativen Wohlfahrtsfunktion« kann verständlich gemacht werden, warum jede Zollpolitik mit sozialen Aufgaben einer Einkommens- und Beschäftigungssicherung in Verbindung gebracht wird und was von ihr politisch erwartet wird. Sie verdeutlicht weiter, welche entlastende Wirkung die Einführung von Sozialpolitik für die Regulierung der Außenwirtschaft haben kann. In dem Maße, wie sich s o z i a l e Ziele über e i g e n e Formen von S o z i a l politik verwirklichen lassen, kön-

steuer zu erheben. Die Einkommensteuer wurde auch deshalb eingeführt, um der finanzwirtschaftlichen Begründung der Hochzollpolitik die Grundlage zu nehmen und der Handelspolitik neue Spielräume für eine Senkung der Zölle zur ermöglichen (Hody 1996: 58 und 68). Bereits 1894 sah das »freihändlerische« Zollgesetz (Wilsons *Free Trade Act*) vor, die Wirkung der Zollsenkungen auf den Staatshaushalt mit der Einführung einer Einkommenssteuer auszugleichen (Terrill 1969). Das Einkommenssteuergesetz wurde allerdings 1896 vom Obersten Gerichtshof als verfassungswidrig verworfen. Auch das Einkommenssteuergesetz, das 1913 in Kraft trat, wurde als Teil eines zollsenkenden *Tariff Act* (*Underwood Tariff*) eingebracht. Zum Zusammenhang von amerikanischer Handelspolitik und der Finanzwirtschaft des Bundesstaates vgl. Baack/Ray (1985) und Hansen (1990).

nen Regierungen darauf verzichten, in ihrer Außenwirtschaftspolitik Zölle und andere Instrumente einzusetzen, mit denen sie bislang versucht hatten, den Importdruck auf die einheimische Wirtschaft zu mindern oder Importkonkurrenz ganz auszuschalten. Die sozialpolitische Effizienz des Wohlfahrtsstaates wird erhöht und die Zölle können gesenkt werden, was sich volkswirtschaftlich in niedrigere Preise für Verbraucher und verbilligte Vorprodukte der Industrie übersetzen kann und deshalb neben der wirtschaftlichen auch eine politische Dividende verspricht.

Anders ausgedrückt: Über eine entsprechende Sozialpolitik kann ein Land überhaupt erst in die Lage versetzt werden, eine größere Weltmarktintegration seiner Volkswirtschaft zuzulassen und die Vorteile internationaler Arbeitsteilung zu nutzen. Für die USA kann festgestellt werden, daß sich die sozialpolitischen (»interventionistischen«) und die außenwirtschaftspolitischen (»liberalen«) Initiativen Roosevelts gegenseitig stabilisierten.[12] Einmal wurden überhaupt die Grundlagen für eine Öffnung der amerikanischen Märkte im Austausch gegen entsprechende Exportchancen der amerikanischen Wirtschaft geschaffen, und dann schlugen sich im weiteren Lauf der Dinge die neuen Wachstumschancen der Wirtschaft auch als eine Erweiterung sozialpolitischer Handlungsspielräume nieder. Es kann aber nicht argumentiert werden, Roosevelt und Cordell Hull, der Architekt der neuen Handelspolitik, hätten diese außenwirtschaftspolitische Kehrtwende deshalb unternommen, um sich die finanzwirtschaftlichen Grundlagen für eine expansive Sozialpolitik zu verschaffen.[13] Es war allerdings Cordell Hull, der als Mitglied des

12 Diese gegenläufige Logik von Handels- und Sozialpolitik, die durch die *New Deal*-Gesetzgebung institutionelle Formen annahm, wird, was ihre wechselseitige Stabilisierung und damit die Nachhaltigkeit dieser Reformen betrifft, immer noch kaum verstanden: »Policy logic might have inclined them toward protectionism in the 1930s, since in the New Deal they [die Demokraten] were the party that became committed to aggressive intervention in the US economy. Instead, throughout the 1940s and 1950s they maintained their low-tariff tradition [...]« (Destler 1986: 29).

13 Hull erwähnt in seiner zweibändigen Autobiographie in den Abschnitten, die sich mit der Handelspolitik beschäftigen, die Sozialpolitik des *New Deal* überhaupt nicht als möglichen positiven Faktor für die Verabschiedung des *Trade Agreement Acts* und die damit ermöglichte Handelsvertragspolitik. Hull zeichnet aber den erbitterten Widerstand der Sozialpolitikfraktion in der Roosevelt-Regierung gegen die liberale Wende in der Handelspolitik nach (Hull 1948, I: 353). Die Handelsvertragspolitik nach

Kongresses 1907 ein Einkommensteuergesetz einbrachte, das dann nach einer Verfassungsänderung 1913 auch beschlossen werden konnte (Hull 1948: 48-61).

Handelspolitische Kompensation für wohlfahrtsstaatliche Defizite

Die amerikanische Handelspolitik nach dem Zweiten Weltkrieg war keine reine, sondern immer eine durch vielerlei Einschränkungen und Vorbehalte kompromittierte Freihandelspolitik (Magee/Young 1987; Goldstein 1988; Irwin 1994; Rodrik 1995; Cameron/Tomlin 2000). Zum einen hatte diese Politik schon den einen Geburtsfehler, daß die Agrarwirtschaft vom RTAA ausgeschlossen blieb. Dieser Ausschluß setzte sich dann in den Regeln des GATT fort, als die USA für ihre nach wie vor protektionistische Agrarpolitik von den Vertragsparteien des GATT einen *waiver*, eine Ausnahmegenehmigung, verlangten und erhielten (Dam 1970: 260). Mit dieser Herausnahme der Agrarwirtschaft aus der neuen liberalen Welthandelsordnung wurde das Schicksal der Agrarpolitik insgesamt – auch in der sich entwickelnden EG – besiegelt. Sie genießt bis heute einen Sonderstatus. Der Grund für die USA, und später für die meisten anderen Länder, am agrarpolitischen Protektionismus festzuhalten, war der Umstand, daß die Familienlandwirtschaft, in der Haushalt und Betrieb im Unterschied zu den Unternehmen in anderen Sektoren n i c h t getrennt sind, als sozial und wirtschaftlich verwundbar galt und es gleichzeitig für die Betreiber dieser Betriebe keine eigenständigen – oder seinerzeit nur sehr unzureichende – Einrichtungen eines Einkommensschutzes gab. Hier sind Zölle, Quotenregelungen, Garantiepreise und Exportsubventionen nach wie vor die wichtigsten Mittel, mit denen Regierungen versu-

1934 war aber nicht freihändlerisch-dogmatisch, sondern pragmatisch ausgerichtet. Sie wurde von einem neu eingerichteten Koordinierungsgremium innerhalb der Regierung formuliert, das die wahrscheinlichen Folgen jeder Zollsenkung sorgfältig prüfte: »It studied our trade with that nation, to see which imports from her could receive lower duties *without competing unfairly or injuriously with our domestic industry or agriculture*, and which of our exports should receive lower duties from her by way of compensation« (Hull 1948 I: 366 – Hervorhebung durch die Verf.).

chen, Ziele zu erreichen, die in den Erwerbsverhältnissen anderer Sektoren durch Sozialversicherung und Sozialhilfe nicht nur effektiver, sondern außenwirtschaftlich auch neutraler erfüllt werden (Rieger 1995 a, b; 2000).

Neben dieser Sonderrolle der Agrarpolitik zeichnet sich die Handelspolitik der USA in der Nachkriegszeit trotz ihrer grundsätzlich freihändlerischen Orientierung dadurch aus, daß alle größeren Veränderungen in der Außenwirtschaftspolitik, von den verschiedenen GATT-Runden bis zur NAFTA, von eigens organisierten sozialpolitischen Kompensationsleistungen begleitet wurden. Dieser Mechanismus nahm verschiedene Formen an. Einmal wurden seit 1962 in Form von *Trade Assistance Acts* gelegentlich sehr umfangreiche Spezialprogramme für den Einkommensschutz und die Umqualifizierung von Arbeitern eingeführt, die aufgrund der verstärkten Importkonkurrenz ihren Arbeitsplatz verlieren würden (J. H. Jackson 1997a: 201-203; Schoepfle 2000). Ferner fiel die Senkung der Zollschranken in jenen Sektoren, die besonders beschäftigungsintensiv waren, regelmäßig niedriger aus als in anderen, in denen Arbeitsplätze weniger gefährdet waren (Hillman 1982; McKeown 1984; Wallerstein 1987; Bhagwati 1988: 77). Schließlich war die Vereinbarung »freiwilliger Exportbeschränkungen« ein wichtiges Mittel, durch befristetes Aussetzen von Importkonkurrenz Zeit für betriebliche Anpassungsprozesse zu gewinnen, etwa für Umstrukturierung und für die Requalifizierung der Beschäftigten (Tonelson 1994).

Obwohl seit dem *New Deal* direkte sozialpolitische Problemlösungen institutionalisiert waren, zögerte der amerikanische Kongreß immer wieder, der Exekutive umfassende Vollmachten für den Abschluß internationaler handelspolitischer Verträge zu erteilen. Jede handelspolitische Ermächtigung des Präsidenten ist bereits aus verfassungsrechtlichen Gründen immer befristet und steht unter dem regelmäßig vom Obersten Gerichtshof eingeforderten Vorbehalt, daß der Kongreß für die Handelspolitik verantwortlich ist. In den multilateralen GATT-Runden genauso wie in den bilateralen Verhandlungen folgt die Exekutive in enger Abstimmung mit Vertretern des Senats einem »Punkt-für-Punkt-Verfahren«. Der Kongreß wollte so in jedem Einzelfall der Maxime »Kein Schaden für die Wirtschaft« Rechnung tragen, also zugunsten der Unternehmen wie der Arbeitnehmer bestimmter Branchen intervenieren können. Die Kennedy-Regierung entwickelte dann – um internationale Zollschranken schneller durch »Paket-Vereinbarungen« senken zu können, in denen eine Vielzahl von Punkten gebündelt wurden, und um dafür entsprechend umfassende Vollmachten zu erhalten – Anfang der 1960er Jahre ein neues Ausgleichsinstrument, das die sozialen Folgen wachsender Importkonkurrenz auffangen sollte:

»Appreciating that future tariff cuts would affect some U. S. industries and workers adversely as reciprocal concessions created new export opportunities, administration strategists chose to eviscerate the escape clause. Instead, the president would obtain authority to provide adjustment assistance to import-impacted workers and firms. [...] In his own public statements President Kennedy lauded the adjustment assistance option. He told the December 1961 AFL-CIO [Dachverband der US-Gewerkschaften] convention that this new program of safeguards would ›provide a recognition of the national responsibility in the period of transition for those industries and people who may be adversely affected‹« (Eckes 1995: 186).

Michael Aho und Thomas Bayard (1980) zufolge brachte der *Trade Adjustment Act* (TAA) von 1962 den entscheidenden Durchbruch für die Internationalisierung der amerikanischen Wirtschaft. Erst durch den TAA wurde die Annahme der *Trade Acts* in den 1970er und 1980er Jahren und der Erfolg der drei folgenden GATT-Runden sichergestellt. Die amerikanischen Handelsbeauftragten konnten von »Punkt-für-Punkt«-Verhandlungen zu Paket-Vereinbarungen überwechseln, was zu einer massiven Beschleunigung der Zollsenkungen und einem Quantensprung im Umfang der Güter, die von Zollreduzierungen erfaßt wurden, führte (vgl. ausführlicher Kap. 2, S. 133 ff.).

Die Größe der amerikanischen Wirtschaft und ihre weltwirtschaftliche Bedeutung machte die nationale Handelspolitik der USA zu einer entscheidenden Größe der internationalen Wirtschaftsordnung. Der TAA von 1962 und vor allem der Ausbau dieses Instruments in den folgenden zwei Jahrzehnten versetzten die amerikanische Politik in die Lage, die außenwirtschaftlichen Verhältnisse für geo- und sicherheitspolitische Ziele zu instrumentalisieren. Bis zum TAA war die *escape clause* das wichtigste Mittel, über das der Präsident nach einer entsprechenden Empfehlung der *International Trade Commission* Zölle wieder erhöhen oder Importquoten verhängen konnte, um einheimische Betriebe vor »schädlicher« Konkurrenz zu schützen.[14] Mit dieser Form von Handelspolitik verband sich aber immer das doppelte Problem, daß es einmal die Regeln des GATT in Frage stellte, das in Artikel XIX ein eigenes Verfahren des Umgangs mit »übermäßiger« Importkonkurrenz im Gefolge von Zollsenkungen bereitstellt, und daß sie protektionistische Gegenmaßnahmen der Regierungen der betroffenen Exportländer provozierte. Umgekehrt wurde für die inneramerikanischen Verhältnisse kritisiert, außen- und vor allem sicherheitspolitische Rücksichten würden zu oft Nachteile für die einheimische Wirtschaft bedeuten. Weißes Haus und Kongreß waren deshalb in einen Dauerkonflikt über die Art und Weise, wie die Handelspolitik zu betreiben sei, verstrickt. Für den Kongreß waren dabei die innenpolitischen, für das Weiße Haus die außenpolitischen Verhältnisse der jeweils dominante Maßstab ihrer Politik. Die Leitlinie für Senat und Abgeordnetenhaus gegenüber der Exekutive war eindeutig: »No U.S. industry which has suffered serious injury should be cut off from relief for foreign policy reasons« (Eckes 1995: 216).

Der geo- und vor allem der sicherheits- und demokratiepolitische Handlungsspielraum wurde also durch die exklusiv wirtschaftsnationalistische *escape clause*-Politik empfindlich eingeschränkt, und umgekehrt haben außenpolitische Ziele und Zwänge der Weltmacht USA die sozialpolitische Effektivität der *escape clause* immer wieder in den Hintergrund treten lassen. Der TAA stellte eine Alternative bereit, die außenpolitisch und außenwirtschaftlich neutral war. Tabelle 3.3 zeigt, wie sich im Gefolge der Institutionalisierung und dann der sukzessiven Ausdehnung der Leistungen des TAA ein Rückgriff auf das Instrument der rein zollpolitisch orientierten *escape clause* zunehmend erübrigte.

14 Eine *escape clause* war seit 1935 normaler Bestandteil der bilateralen Handelsvertragspolitik der USA. Ihre jeweilige Form und die konkreten Verfahren konnten zwar je nach handelspolitischen Umständen anders aussehen, ihr Inhalt war allerdings immer derselbe: Schutz der einheimischen Industrie vor der Importkonkurrenz von Ländern, die niedrigere Lohnkosten und damit Wettbewerbsvorteile hätten (Eckes 1995: 220). Die *escape clause* balancierte die liberale, auf Zolls e n k u n g e n zielende Handelspolitik mit der traditionellen Zolls c h u t z politik, die durch die liberale Handelspolitik abgelöst wurde.

Tabelle 3.3: Escape-clause-Verfahren und ihr Erfolg, 1975-1993

Präsident	Zahl der eröffneten Verfahren	Positive Empfehlung der ITC	Zollerhöhungen durch Präsidenten	Erfolgsrate in %
Ford (1975-77)	15	9	6	40
Carter (1977-81)	29	18	9	31
Reagan (1981-85)	10	5	3	30
Reagan (1985-89)	7	2	1	14
Bush (1989-93)	2	1	0	0

Quelle: Eckes (1995: 245).

Der TAA von 1962 spiegelt die relativ schwach ausgebildete US-amerikanische Arbeitslosenversicherung und Sozialhilfe wider (Aho 1985).[15] Zum einen ist die Arbeitslosenversicherung kaum mit ihren kontinentaleuropäischen Pendants vergleichbar. Ein Drittel der amerikanischen Arbeiter wird von ihr überhaupt nicht erfaßt, die Lohnersatzraten sind niedrig, die Leistungsdauer ist auf maximal 26 Wochen beschränkt, und es gibt weder eine der deutschen Arbeitslosenhilfe vergleichbare Anschlußleistung noch einen irgendwie »normalen« Übergang in ein Sozialhilfesystem (O'Leary/Wandner 1997). Die durchschnittlichen wöchentlichen Leistungen beliefen sich 1996 auf 254 US-$ in Massachusetts und 141 US-$ in Mississippi – dies markierte die Bandbreite der Sätze.[16]

Dazu kommt, daß seit 1986 das Arbeitslosengeld besteuert wird. Bei einem Arbeitslosengeld von weniger als 10 000 US-$ im gesamten Steuerjahr lag der Steuersatz bei 5,6 %, und er steigt bei den höheren Einkommensgruppen progressiv an. 1998 lag der durchschnittliche Steuersatz bei 18,3 %.[17] Nimmt man den bun-

15 Für die historischen Ursprünge der restriktiven Armutspolitik und den Einfluß dieser puritanischen Erbschaft vgl. Katz (1983) und Patterson (1994). Für eine systematische und breite erste Bilanz der Reformen der einkommens- und vermögensgeprüften US-Sozialpolitik in den 1990er Jahren vgl. Blank (1997), Heclo (2001) und Schelkle (1999).

16 Die Lohnersatzraten bewegen sich zwischen 50 und 70 % (vgl. dazu Green Book 1998: 340-341; 2000: 292–295).

17 Vgl. dazu Tabelle 4.4 in Green Book (1998: 339; 2000: 292). Nach den Angaben bei Goodin u.a. (1999: 169-171) führt die Besteuerung der

deseinheitlichen Mindeststundenlohn von 5,15 US-$ als Maßstab, dann kommt ein Arbeiter mit 40 Arbeitsstunden pro Woche auf 206 US-$. Übersetzt man diese Zahl in einen Bruttojahresarbeitsverdienst ohne Urlaub, dann zeigen diese 10 712 US-$ abzüglich von knapp 600 Einkommenssteuern US-$, daß das Arbeitslosengeld gerade noch ausreicht, um einen einzelnen Arbeitnehmer über die Armutsschwelle von 8 667 US-$ zu heben.[18] Zu dieser Schwäche der passiven Arbeitsmarktpolitik kommt hinzu, daß sich Ansätze einer aktiven Arbeitsmarktpolitik nicht durchsetzen konnten.[19] Außerdem sind die horizontal (nach Problemarten bzw. Problemgruppen) und vertikal (Verteilung der Zuständigkeiten im föderalen System) fragmentierten Sozialhilfeprogramme kaum auf die Risiken und Bedürfnisse großer Teile der Arbeiterschaft zugeschnitten. Sie konzentrieren sich auf Randlagen der Bevölkerung, so auf ethnische Minderheiten und unvollständige Familien – wobei beides regelmäßig überlappt (Sandefur/Tienda 1988; Marmor u. a. 1990; Quadagno 1994).

Anders als in Westeuropa werden die amerikanischen Einrich-

Sozialleistungen dazu, daß es in den USA keinen positiven Nettoeffekt der staatlichen Armutsbekämpfung gibt. Das Phänomen, daß der Staat den ärmeren Bevölkerungsgruppen mit der einen Hand nimmt, was er mit der anderen gegeben hat, ist auch in anderen Wohlfahrtsstaaten zu beobachten, wenn auch nicht im gleichen Ausmaß wie in den USA: In Deutschland hat das Bundesverfassungsgericht versucht, dies dadurch zu verhindern, daß es Löhne in Höhe des Existenzminimums der Sozialhilfe auch steuerrechtlich für unantastbar erklärte (BVerfGE [Amtliche Sammlung der Entscheidungen des Bundesverfassungsgerichts], Bd. 87: 153-181 usf.). Goodin u. a. stützen ihre Untersuchungen auf Paneldaten für den Zeitraum 1985 bis 1994. Für die USA kann vermutet werden, daß die Ausdehnung des *Earned Income Tax Credit* 1996 die Effizienz staatlicher Armutsverhinderung beträchtlich erhöht hat. Diese Reform und ihre armuts- (und handels)politischen Folgen werden auf S. 232–242 näher beschrieben und untersucht.

18 Für einen Vier-Personenhaushalt mit zwei Erwachsenen und zwei minderjährigen Kindern lag die Armutsschwelle 1999 bei 16 895 US-$ (U. S. Census Bureau, Poverty 1999 – Poverty Tresholds 1999, in: http://www.census.gov/hhes./poverty/treshld/tresh99.htm – 10. 7. 00).

19 Heclo wies wiederholt (1995, 1994) darauf hin, daß das Wegfallen einer gesetzlich verallgemeinerten aktiven Arbeitsmarktpolitik Ende der 1940er Jahre, die in der *New Deal*-Gesetzgebung noch angelegt war, eines der Einfallstore für die Rückentwicklung des amerikanischen Wohlfahrtsstaates seit den 1970er Jahren geboten hat. Mit der Frage, warum sich in den USA keine aktive Arbeitsmarktpolitik dauerhaft durchsetzen ließ, beschäftigen sich Schmid u. a. (1992) und Weir (1992).

tungen der *staatlichen* Sozialpolitik nicht als Leistungsprogramme angesehen, mit denen *allein* eine angemessene Einkommenssicherheit für den durchschnittlichen Arbeitnehmer sichergestellt werden soll und kann (Ellwood 1988). Privatversicherungswirtschaftliche Formen der Vorsorge und betriebliche Leistungsprogramme als Teil des Arbeitsvertrages spielen neben dem staatlichen Element des Sozialschutzes eine mindestens ebenbürtige Rolle (Stevens 1988). Damit ist aber die soziale Sicherheit sehr weitgehend an den Beschäftigtenstatus und das Beschäftigungsschicksal des einzelnen Marktteilnehmers gebunden. Aus diesem Grund schenken in den USA große Teile der Bevölkerung den außenwirtschaftlichen Verhältnissen, vor allem der Importkonkurrenz und der Exportabhängigkeit, so viel Aufmerksamkeit. Unter den besonderen wohlfahrtsstaatlichen Bedingungen der USA ist die Außenwirtschaft ein *unvermittelt* wirksam werdender und *nicht* durch sozialpolitische Einkommensquellen *kompensierbarer* Bestimmungsfaktor ihrer Lebenslage.

Als *Wähler* verfügen die amerikanischen Arbeitnehmer allerdings auch über so etwas wie eine Vetomacht gegen importerleichternde Gesetzgebung – wenn ihnen dieses Veto nicht eigens durch soziale Versprechungen seitens der Regierung abgekauft wird. Sie zwingen damit die Regierung im Fall unerwünschter Folgen der Handelspolitik, soziale Gegen- und Ausgleichsmaßnahmen zu treffen. Genau dies soll ein *zusätzliches* und hier vor allem *handels*sozialpolitisches Instrument leisten, durch das die Verlierer verschärfter Importkonkurrenz direkt für ihre Einkommenseinbußen aus Steuermitteln entschädigt werden (Finger 1982; Mussa 1993). Das schließt die Entschädigung für Verluste solcher Vorteile ein, die aus der »Seniorität« am Arbeitsplatz fließen. Tabelle 3.4 zeigt, wie sich bei zwei Stichproben die Empfänger der *Trade Adjustment Assistance* von »normalen« Arbeitslosen und von Arbeitslosen unterscheiden, die ihren Anspruch auf Arbeitslosengeld erschöpften. Dabei fällt einmal auf, daß die Handels-Sozialhilfe insbesondere jenen Arbeitnehmern zugute kommt, die vergleichsweise lange ihren Arbeitsplatz innehatten und entsprechend bessere Lohnnebenleistungen erhielten, und daß die Mitgliedschaft in einer Gewerkschaft der wahrscheinlich entscheidende Hebel dafür ist, überhaupt für diese Leistungen in Frage zu kommen.

Tabelle 3.4: Merkmale der früheren Arbeitsplätze der Empfänger von Trade Adjustment Assistance, Arbeitslosengeld und der Arbeitslosen insgesamt, vor und nach 1988

	Empfänger von TAA		Industriearbeiter nach Erschöpfung von Alv		Arbeitslose insgesamt	
			Stichprobe			
	vor 1988	nach 1988	vor 1988	nach 1988	vor 1988	nach 1988
Durchschnittlicher Wochenlohn	448	458	394	372	408	435
			Lohnnebenleistungen			
bezahlte freie Tage	95,4	93,5	78,0	70,7	k. A.	
bezahlter Urlaub	96,3	94,8	83,6	77,9		
Krankengeld	53,6	57,1	45,6	40,6		
Krankenversicherung	93,4	93,4	74,9	70,6	75,1	72,5
Betriebsrente	85,5	78,8	53,7	47,8		
	Beschäftigungsdauer: am früheren Arbeitsplatz					
im Durchschnitt	14,6	12,2	9,0	7,0		
Anteil mit 10jähriger Beschäftigung und mehr, in %	59,3	54,2	36,0	24,7	34,3	35,3
Mitglieder einer Gewerkschaft, in %	72,7	65,5	37,2	29,9	16,2	15,9

Anmerkung: Alv = Arbeitslosenversicherung
Quelle: Decker/Corson (1995: 762).

Die Ambivalenz und die Widersprüche der amerikanischen Handelspolitik sind damit u. a. bestimmt durch ein wohlfahrtsstaatliches System, das in den Augen der Arbeitnehmer keinen ausreichenden Sozialschutz bietet. Aus diesem Grund wurden den Maßnahmen der Außenwirtschaftspolitik regelmäßig sozialpolitische Fesseln angelegt. Daß dieser amerikanische Sonderweg überhaupt eingeschlagen werden konnte, hat seinen tieferen Grund in der amerikanischen Verfassung. Artikel I Sektion 8 bestimmt: »The Congress shall have power [...] to regulate commerce with foreign nations.« Die verfassungsrechtlich festgelegte Alleinzuständigkeit der Repräsentativeinrichtungen des Bundesstaates gibt der amerikanischen Handelspolitik ihre ausgeprägt sozial-demokratische Qualität und macht sie für eine protektionistische Instrumentalisierung besonders anfällig.[20]

Trotz der großen Erwartungen, die an die *Trade Adjustment Assistance* als Alternative zu einer protektionistischen Steuerung der amerikanischen Außenwirtschaft bestanden, konnte sich dieses Instrument nicht behaupten. Ein kompliziertes, langwieriges Antragsverfahren, breite Ermessensspielräume der Verwaltung und eine jeweils von der politischen Konstellation im Kongreß abhängige Mittelzuweisung machten diese Form eines außenwirtschaftlichen Schutzes politisch unzuverlässig und sozialpolitisch ineffektiv (Aho 1985: 235-239). Der Niedergang der Handels-Sozialhilfen ist durch den Wandel von der Industrie- zur Dienstleistungs- und schließlich zur Informationsgesellschaft und durch die politische Schwächung der US-amerikanischen Gewerkschaften noch zusätzlich beschleunigt worden. Abbildung 3.2 zeigt die Ausgabenentwicklung der *Trade Assistance Programs*.

Ein erstes Problem der *Trade Assistance* – verglichen mit den sozialen Rechten, die z.B. Sozialversicherungen garantieren können – ist ihre strukturelle Unsicherheit: Kann d i e s e Arbeitslosigkeit bzw. d i e s e Schließung eines Unternehmens wirklich konkret und zweifelsfrei auf eine plötzliche, unvorhersehbare Zunahme von Importen zurückgeführt werden? Je weniger das der Fall ist, desto mehr wird ein derartiges Programm zum Objekt politischer Intervention und Manipulation. Und kann ferner ausgeschlossen werden, daß nicht technischer Fortschritt, sinkende Produktivität, Managementfehler oder ein verändertes Konsumentenverhalten ausschlaggebend gewesen sind? Wie kann unter diesen systemischen Unsicherheitsmomenten eines betrieblichen Schicksals eine Regierungseinrichtung unterschiedliche Raten des Einkommensersatzes je nach Betroffe-

20 So berichtet Hudec (1999: 127): »For fans of direct democracy Smoot Hawley [der Höhepunkt des amerikanischen Protektionismus zu Anfang der 1930er Jahre] has to be one of their all-time favorite statutes. Seldom has so much of the US electorate had so much direct impact on so many details of a major statute.«

Abbildung 3.2: Ausgaben für Trade Adjustment Assistance und Importe, 1975-1997

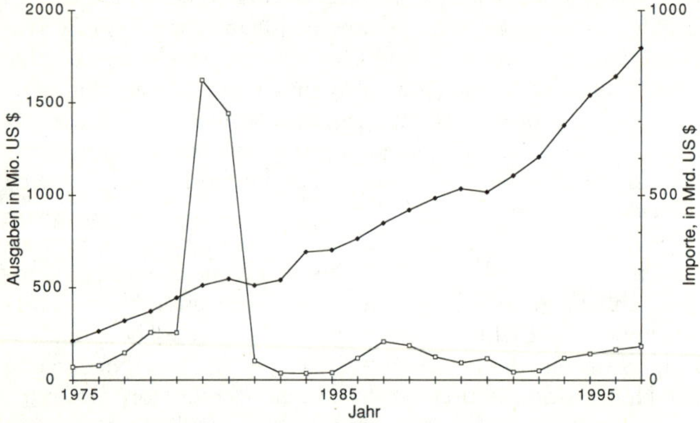

Quellen: Für die TAA Green Book (1998: 388), für die Importe IMF (1999a: 132f.).

nengruppe rechtfertigen und wie einen ungleichen Zugang unterschiedlicher Arbeitnehmergruppen zu einer öffentlich subventionierten Umschulung? Anstatt also soziale Unsicherheitslagen so zu behandeln, daß sie auf die Arena der Wirtschaft beschränkt bleiben und dort, als Leistungsanreize, möglichst produktive Energien freisetzen, können gerade die scheinbar zielgenauen Programme mit ihren hochgradig diskretionären Elementen zur Quelle neuartiger, nun politisch geführter Umverteilungskonflikte und zu eigenständigen Bezugsgrößen eines opportunistischen Verhaltens werden.[21] Die Handels-Sozialpolitik ist also auch insofern institutionell Ersatz-Sozialpolitik, weil sie nicht als ein soziales Bürgerrecht ausgestaltet werden kann, das an allgemeine Regeln gebunden ist. Der Ab-

21 Insoweit führte die Handels-Sozialpolitik die besondere amerikanische Sozialpolitikpraxis fort, die sich seit dem Bürgerkrieg als Versorgungsgesetzgebung mit Patronagecharakter herausgebildet hatte. Die Veteranenrenten für die Soldaten der Union wurden aus Zolleinnahmen finanziert, über die der Kongreß verfügte und die den Abgeordneten und Senatoren die Mittel für eine Wahlkreispflege besonderer Art in die Hand gab (Amenta/Skocpol 1989; Skocpol 1995; Bensel 1984).

Übersicht 3.1: Voraussetzungen für eine Inanspruchnahme von Trade Adjustment Assistance (»Certification Requirements«)

»A two-step process is involved in the determination of whether an individual worker will receive trade adjustment assistance: (1) certification by the Secretary of Labor of a petitioning group of workers in a particular firm as eligible to apply; and (2) approval by the State agency administering the program of the application for benefits of an individual worker covered by a certification.

The process begins by a group of three or more workers, their union, or authorized representative filing a petition with the ETA [*Employment and Training Administration* des *Department of Labor*] for certification of group eligibility. To certify a petitioning group of workers as eligible to apply for adjustment assistance, the Secretary must determine that three conditions are met:

1. A significant number or proportion of the workers in the firm or subdivision of the firm have been or are threatened to be potentially or partially laid off;
2. Sales and/or production of the firm or subdivision have decreased absolutely; and
3. Increased imports of articles like or directly competitive with articles produced by the firm or subdivision of the firm have ›contributed importantly‹ to both the layoffs and the decline in sales or production.

[...]

The Secretary is required to make the eligibility determination within 60 days after a petition is filed. A certification of eligibility to apply for TAA covers workers who meet the requirements and whose last total or partial separation from the firm or subdivision before applying for benefits occurred within 1 year prior to the filing of the petition.«

Quelle: Green Book (1998: 384; 2000: 337–349).

schnitt aus der Darstellung der *Trade Assistance* des *Committees on Ways and Means* des Repräsentantenhauses in Übersicht 3.1 vermittelt einen Eindruck davon, wie und unter welchen Voraussetzungen Leistungen nach dem *Trade Assistance Act* beantragt werden können.

Ein zweites Problem dieser Form, die Erwerbsbevölkerung gegen die Risiken einer Öffnung der Nachfragemärkte zu sichern, ist ihre soziale Ineffektivität. Das Instrument der Handels-Sozialpolitik ist auf die politische Durchsetzung von Handelsverträgen zugeschnitten und zielt nicht auf ihre strukturelle Wirkung im Sinne einer effektiven wirtschaftlichen Sicherung und

Abbildung 3.3: Arbeitslose und Empfänger von Trade Adjustment Assistance, 1975-1997

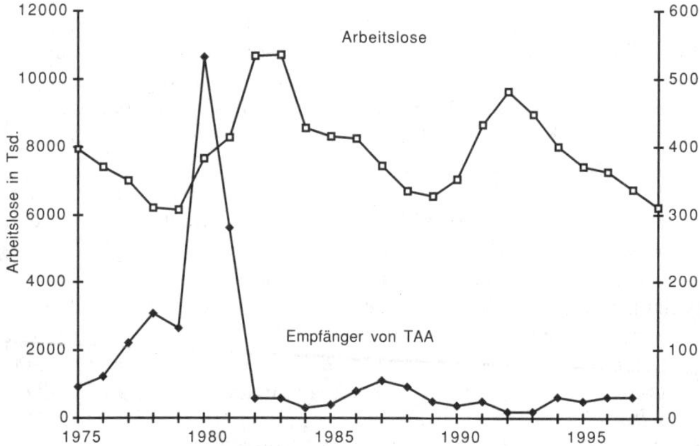

Quellen: Für TAA-Empfänger Green Book (1998: 388), für die Zahl der Arbeitslosen U. S. Census Bureau (1999: 879).

auch nicht auf eine berufliche Mobilitätshilfe. Sie ist, was den Entscheidungsprozeß betrifft, hochgradig situations- und machtabhängig. Abbildung 3.3 zeigt, daß die Handels-Sozialpolitik außerhalb der Reichweite der Masse der Arbeitslosen liegt und, sieht man von der Entwicklung Anfang der 1980er Jahre einmal ab, vom Trend der Arbeitslosigkeit weitgehend unberührt blieb.

Der Inhalt dieser Handels-Sozialpolitik – welche Leistungen werden aufgrund welcher Kriterien wie lange und in welcher Höhe für welche Gruppen bezahlt? – ist abhängig von den jeweiligen Kräfteverhältnissen einmal im amerikanischen Kongreß und dann zwischen Kongreß und Weißem Haus. Von zentraler Bedeutung ist dabei der Einfluß der Gewerkschaften. Wie weit ist der jeweilige Präsident Gewerkschaften verpflichtet bzw. auf die Stimmen von Gewerkschaftsmitgliedern für seine Wiederwahl angewiesen? Das gleiche gilt für die Abgeordneten des Repräsentantenhauses und die Senatoren. Das politische Angebot an Handels-Sozialpolitik als Duldungsprämie für bestimmte Arbeitnehmergruppen bemißt sich deshalb regelmäßig allein danach, was in der jeweiligen Situation unbedingt nötig ist, um ei-

Abbildung 3.4: Erfolgsrate von Eingaben um Trade Adjustment Assistance und Handelsbilanzdefizit, 1975-1998

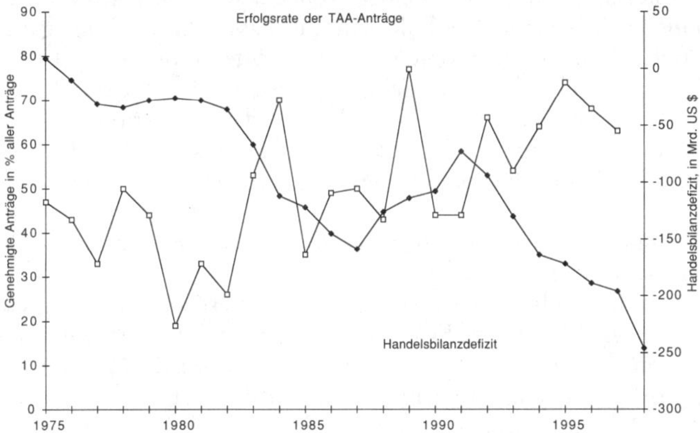

Quellen: Für TAA-Eingaben Green Book (1998: 385), für das Handelsbilanzdefizit IMF (1999b: 928f.).

nen Handelsvertrag über die verschiedenen Hürden des Gesetzgebungsprozesses zu bringen.

Ein drittes Problem ist die Art und Weise, wie die Handels-Sozialpolitik umgesetzt wird. Die Ermessenspielräume der Verwaltung dürften sehr groß sein. Zumindest lassen die stark schwankenden Zertifizierungs- bzw. Genehmigungsraten, die die Abbildung 3.4 zeigt, vermuten, daß es nicht nur der soziale Problemdruck verschärfter Importkonkurrenz ist, der die Handhabung dieses Instruments bestimmt. Jedenfalls stieg mit dem stetig wachsenden Handelsbilanzdefizit die Erfolgswahrscheinlichkeit von TAA-Petitionen.

Der handelspolitische backlash 1997

Die für amerikanische Verhältnisse sehr weitgehende Öffnung der inländischen Nachfragemärkte und der damit verbundene Druck der Importkonkurrenz hätten ohne die sozialpolitischen Puffer der Arbeitslosenversicherung und der Sozialhilfeeinrichtungen kaum so stattfinden können, wie sie tatsächlich zu beobachten waren. Die im letzten Abschnitt beschriebenen Mechanismen sind nur Z u s a t z einrichtungen, die für sich genommen eine liberale Handelspolitik nicht zugelassen hätten. Eine ganz andere Frage ist aber, ob der derzeit für den Normalarbeitnehmer erreichbare soziale Schutz ausreicht, die amerikanische Handelspolitik gegen die Versuchungen des Protektionismus zu sichern. Eine jüngere Episode der amerikanischen Handelspolitik, der Beobachter eine größere Bedeutung für die weitere Entwicklung der Außenwirtschaft zumessen als dem Scheitern der Krankenversicherungsreform in der ersten Amtszeit Clintons, läßt das Gegenteil vermuten.[22]

Im November 1997 verweigerte der amerikanische Kongreß Präsident Clinton die Ermächtigung für eine *fast track*-Gesetzgebung in der Handelspolitik für sein Vorhaben, die NAFTA zu vertiefen und auf Lateinamerika auszudehnen. Diese Verweigerungshaltung wurde trotz wiederholter Versuche für die gesamte restliche Amtszeit Clintons aufrechterhalten und erstreckte sich dann auch auf die Versuche, China unter amerikanischer Führung in die WTO einzubinden. *Fast track*-Gesetzgebung bedeutet, daß über Gesetzesvorschläge insgesamt vom Kongreß entschieden werden muß. Repräsentantenhaus und Senat können nicht nachträglich bestimmte *package deals* (Verhandlungspakete) der Exekutive aufschnüren bzw. zusätzliche Forderungen als Preis für die Verabschiedung eines Gesetzes stellen. Sie können nur das Gesamtpaket, so wie es von der Exekutive geschnürt ist, annehmen oder ablehnen.

In der amerikanischen Außenwirtschaftspolitik war seit dem RTAA die *fast track*-Ermächtigung die Grundlage dafür, daß die Regierung überhaupt mit anderen Staaten Handelsverträge abschließen konnte. Solange jede Verabredung zwischen Regierungen durch innen- und interessenpolitisch motivierte Nachverhandlungen im Kongreß verwässert oder grundsätzlich in Frage gestellt werden kann, ließ und läßt sich kein Staat auf Gespräche über einen Handelsvertrag mit der amerikanischen Regierung ein. Das Scheitern der Ermächtigung für die *fast track*-Gesetzgebung

22 Vgl. dazu »Clinton Rebuked«, *International Herald Tribune*, 12. 11. 1997, S. 8, sowie T. Friedman (1997), Glassman (1997), Pfaff (1997) und Scott (1997).

führte dann auch unmittelbar zum Abbruch der Verhandlungen mit den mittel- und südamerikanischen Staaten über eine Erweiterung der NAFTA und eine stärkere Integration Lateinamerikas in den nordamerikanischen Handelsraum (Baldwin/Magee 2000).

Die Gegner einer *fast track*-Ermächtigung stellten entscheidend darauf ab, welche sozialen Konsequenzen eine weitere Senkung der außenwirtschaftlichen Schranken gegenüber Ländern haben würde, die über niedrigere Lohn- und Sozialleistungsstandards als die USA verfügten: weitere Absenkungen des Lohnniveaus, höhere wirtschaftliche Unsicherheit und steigende Arbeitslosigkeit. Das konnte nicht zuletzt deshalb politisch nachhaltig durchschlagen, weil nach dem Radikalumbau durch die Sozialhilfereform von 1996 die amerikanischen Sozialhilfen (vor allem Alleinerziehendenhilfe, Nahrungsmittelhilfe) in keiner Weise mehr als Schutzmechanismen jenseits der Erwerbsarbeit wahrgenommen werden, die dem sozialen Risiko einer hochgradig wettbewerbsorientierten kapitalistischen Arbeitskraftbewirtschaftung entgegenwirken und damit für den einzelnen Beschäftigten akzeptabel sind.

Die Sozialhilfereform, die im August 1996 als *Personal Responsibility and Work Opportunity Reconciliation Act* (PRWORA) verabschiedet wurde, erfüllte tatsächlich das Versprechen, *to end welfare as we know it* (Teles 1996). Die Überführung des unter Roosevelt eingeführten *Aid to Families With Dependent Children* (AFDC, damals ADC) und verschiedener *welfare-to-work-programs* in *Temporary Assistance to Needy Families* (TANF) lief auf ein Streichen der Politik des *New Deal* und der *Great Society*-Programme hinaus, die ab 1964 von Präsident Lyndon B. Johnson eingeführt worden waren. Mit ihrer grundsätzlichen Befristung von Leistungen auf Lebenszeit unabhängig von individueller Bedürfnislage auf maximal 60 Monate (5 Jahre) Bezug insgesamt, der Verschärfung von Arbeitserzwingung für Leistungsempfänger in den Sozialhilfen, der Befristung der Nahrungsmittelhilfe und der neuen Generalermächtigung an die Einzelstaaten, weitergehende, arbeitsforcierende Reformen vorzunehmen, bedeutete TANF einen radikalen Rückbau des amerikanischen Sozialhilfestaates.[23] Zwischen Januar 1994 und Juni 1999 haben sich

23 Vgl. u. a. Blank/Haskins (2001), Blank (2000), Gebhardt (1999, 1998, 1997), Gebhardt/Jacobs (1997), Heclo (2001), Kamerman/Kahn (1997), Weaver

die Bezugszahlen von AFDC/TANF von fünf auf 2,5 Mio. Empfänger halbiert, und auch die Zahlen der Empfänger von Nahrungsmittelmarken sind stark gefallen, so daß derzeit weniger Menschen AFDC/TANF erhalten als 1971 (Blank 2000: 4).[24]

Vor dem Hintergrund eines ohnedies recht schwach ausgebauten Sozialschutzes bedeuteten die Reformen einen einschneidenden Verlust sozialer Rechte. Sie schränkten die Chancen, einen Arbeitsplatzverlust mit sozialpolitischen Mitteln auszugleichen, weiter ein und vergrößerten damit die Risiken nicht nur von Einkommens-, sondern auch von Statusverlusten.[25] In unserem Zusammenhang mußte 1996 dieser Verlust an real vorhandener und öffentlich garantierter sozialer Sicherheit weit stärker

(1997, 2001) und Wiseman (1997). Eine breitere Bestandsaufnahme zur Arbeitsmarktintegration, auf die diese Programme zielen, bieten Freeman/Gottschalk (1998) und jetzt Card/Blank (2000). Zur Umsetzung und zu den Auswirkungen von TANF, die etwa 1997 einsetzen, vgl. als Überblick Blank (2000) und Schoeni/Blank (2000); zu einer ersten Bestandsaufnahme der einzelstaatlichen Folgeprogramme Nathan/Gais (1999) und zum gesamten Reformkomplex vor allem die Veröffentlichungen aus dem *Assessing the New Federalism*-Projekt des *Urban Institute* in Washington DC, die alle unter »http://www.urban.org« aufzufinden sind. Brauner/Loprest (1999) fassen die Untersuchungen zusammen, die sich mit dem Verbleib ehemaliger Empfänger von Sozialhilfe befassen.

24 Blank (2000: 19) weist darauf hin, daß Clintons Sozialhilfereform diese Entwicklung nur teilweise erklären kann: »This is the result of a conflux of events that all came together at the same time: a strongly expanding economy, substantial revisions in public assistance that emphasized work and reduced benefit eligibility, and major policy changes that increased the return to work and the subsidies to support work, particularly among single mothers.« Ferner wirkt auch ein deutlicher, langanhaltender Trend zur Zunahme der Arbeitsaufnahme und Arbeitsbereitschaft bei bestimmten Untergruppen als »Pushfaktor«.

25 TANF wurde in den USA genau in dem Zeitraum umgesetzt, als eine – seinerzeit noch nicht absehbare – Beschäftigungsentwicklung begann, die zu den günstigsten Arbeitsmarktbedingungen der letzten 30 Jahre führte. Insoweit wird die volle Bedeutung dieses Verlusts von sozialen Rechten erst bei ungünstigeren Arbeitsmarktentwicklungen in der Zukunft nachzuvollziehen sein. Zudem hat der Kongreß den Finanzausgleich auf dem Stand von 1994 eingefroren, ein Jahr mit relativ hohen Empfängerzahlen. Das Fallen der Empfängerzahlen hat deshalb für die Einzelstaaten einmalige, extrem günstige Bedingungen (»Reformnischen«) für die Finanzierung von Qualifizierungsprogrammen und von Kinderbetreuung geschaffen, die sich bei schlechter Konjunktur sofort verflüchtigen können. Ohnehin wird die gesamte Gesetzgebung 2002 zur Revision anstehen (vgl. Weaver 2000).

durchschlagen als der ausgebliebene Zugewinn an sozialer Sicherheit, der 1994 durch Clintons Scheitern bei der Einführung einer Krankenversicherung festzustellen war (Hacker 1997; Skocpol 1997). Präsident Clinton reagierte ausdrücklich auf diese neue sozialpolitische Lage, als er versprach, in seine Handelsinitiative erneut soziale Spezialprogramme – Bundesmittel für regionale bzw. sektorale passive und aktive Arbeitsmarktpolitiken – einzuplanen, die den möglichen negativen Konsequenzen verstärkter Weltmarktintegration begegnen sollten. Solche Absichtserklärungen reichten aber weder den demokratischen noch den republikanischen Abgeordneten dafür aus, Clinton die *fast track*-Vollmacht zu erteilen.

Die Zurückhaltung, was eine weitere Liberalisierung der amerikanischen Nachfragemärkte betrifft, ist also nicht weiter verwunderlich. Über die amerikanische Handelspolitik wird derzeit in einer sozioökonomischen Landschaft entschieden, die durch ein hohes Armutsrisiko und eine zunehmende Einkommensungleichheit geprägt ist. Was das letztere betrifft, zeigt Tabelle 3.5 die Situation der USA im internationalen Vergleich.

Diese Angaben zeigen, daß in den USA die Einkommensungleichheit nicht nur sehr viel ausgeprägter ist als in Deutschland oder Schweden, sondern daß diese Ungleichheit seit 1979 erheblich zugenommen hat, während sie in Schweden im wesentlichen stabil geblieben ist und in Deutschland nur leicht zugenommen hat. Ungleichheit als solche ist aber noch kein sozial- und auch kein armutspolitisches Problem. Deshalb stellt sich die Frage, welche Realität sich hinter diesen Kennzahlen verbirgt und mit welchen politischen Konsequenzen sie sich verbindet. Diese Frage ist deshalb von besonderer Bedeutung, weil im gleichen Zeitraum, in dem in den USA der Umfang der Armutsbevölkerung zunahm und die Einkommensungleichheit größer wurde, auch ihre Weltmarktintegration große Fortschritte machte. Zwischen 1960 und 1994 hat sich der traditionell eher geringe Anteil der Summe von Exporten und Importen am Bruttosozialprodukt von 8,9 auf 22,3 % mehr als verdoppelt (Cline 1997: 32). Wie Abbildung 3.5 zeigt, hat sich in den 1990er Jahren das Handelsbilanzdefizit erheblich vergrößert, ein Umstand, der gerade wegen der mehr oder weniger gleichzeitig zu beobachtenden Zunahme sowohl von Einkommensungleichheit wie von Beschäftigungsunsicherheit für die Handelspolitik eine immer

Tabelle 3.5: Einkommensungleichheit in den USA, Deutschland und Schweden von den Mitt-1970er zu den Mitt-1990er Jahren

		Median	Ø	Gini-Koeffizient	% < 0,5 des Median	% > 1,5 des Median	90/10-Verhältnis
USA	1974	15 906	17 593	0,317	15,9	21,2	10,17
	1979	17 092	18 640	0,303	15,9	21,4	8,96
	1986	18 077	20 251	0,336	17,9	24,7	11,03
	1991	17 715	20 172	0,340	17,9	24,7	11,14
	1994	17 511	20 736	0,364	18,5	26,5	13,50
Deutschland	1991	13 159	14 497	0,245	5,6	16,6	4,97
	1984	12 948	14 234	0,250	6,5	16,3	5,16
	1989	14 417	15 849	0,248	5,6	16,3	5,29
	1994	14 150	15 722	0,272	8,5	17,7	6,59
	*1994	13 659	15 143	0,264	7,5	17,2	6,09
Schweden	1975	11 359	11 719	0,214	6,4	11,3	4,26
	1981	11 440	11 872	0,196	5,2	10,4	3,88
	1987	11 623	11 977	0,217	7,3	10,5	4,76
	1992	13 508	14 295	0,228	6,5	13,1	4,99
	1995	12 476	13 127	0,220	6,5	11,8	5,21

Anmerkungen: Die absoluten Angaben der Median- und Durchschnittseinkommen beziehen sich auf standardisierte Äquivalenzeinkommen. Das Medianeinkommen stellt den Betrag in der Einkommensverteilung dar, über welchem und unter welchem 50% der Einkommen liegen. Das Medianeinkommen ist gegen Ausreißer – beispielsweise wenige Milliardäre – besser geschützt als das Durchschnittseinkommen. Äquivalenzeinkommen sind eine Möglichkeit, aussagekräftige Vergleichszahlen durch Berücksichtigung der Haushaltsgröße (*economies of scale*) zu erhalten. Der Gini-Koeffizient ist ein klassisches Ungleichheitsmaß, das zwischen 0 und 1 variieren kann. Bei 0 erhält jeder Haushalt das gleiche Einkommen, 1 bedeutet, daß ein Haushalt alle Einkommen bezieht. 50% des Medianeinkommens ist ein Standardmaß für die Größe der Armutsbevölkerung, während der Prozentsatz des 1,5fachen des Medianeinkommens den Umfang der oberen Einkommensgruppen beschreibt. Das 90/10-Verhältnis ist ein Konzentrationsmaß der Einkommensverteilung. Es gibt an, um ein Wievielfaches die Einkommen des obersten Zehntels der Einkommensempfänger größer sind als die Einkommen des untersten Zehntels. Die Zahl für Deutschland *1994 schließt die neuen Bundesländer mit ein.
Quelle: Osberg (2000: 13).

Abbildung 3.5: Exporte und Importe der USA, 1970-1999 (in Mrd. Dollar)

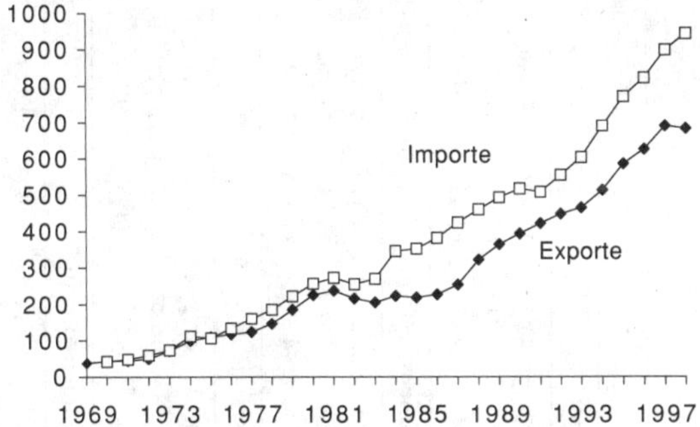

Quelle: IMF (1999a: 128f., 132f.).

größer werdende Rolle spielte. Hier interessiert aber nicht, ob hinter dieser Korrelation auch ein objektiver Kausalzusammenhang von Weltmarktöffnung und Einkommensentwicklung gefunden werden kann, sondern welche Handels- und welche Sozialpolitik vor diesem Hintergrund betrieben wurde und welche Verbindung zwischen beiden besteht.

Die Veränderung der Arbeitsmärkte

Es sind vor allem zwei Entwicklungen der amerikanischen Arbeitsmärkte, die zusammen mit der vergrößerten Ungleichheit in den Mittelpunkt der öffentlichen Aufmerksamkeit rückten. Die erste sind Einkommensverluste von großen Bevölkerungsgruppen, und die zweite sind die gewachsenen Schwierigkeiten von Familien, finanziell über die Runden zu kommen. Tabelle 3.6, die auf Drei-Jahres-Durchschnitte abstellt, um konjunkturelle Effekte zu neutralisieren, zeigt, wie in den 1980er Jahren bis weit in die Mittelschichten hinein die Markteinkommen zurückgingen und die Einkommensungleichheit deutlich zunahm.[26] Daß die

26 Während 1968-1970 die Reichsten über 11,44mal soviel Gesamtfamilieneinkommen verfügten wie die Ärmsten, war es 1988-1990 schon das 17,45fache.

Tabelle 3.6: Die Entwicklung von US-Familienjahreseinkommen in ihren verschiedenen Komponenten, 1968-1970, 1978-1980, 1988-1990 (Haushaltsvorstand zwischen 18-64 Jahren; in US-$)

Jahr	Insgesamt	(Ärmste)				Dezil					(Reichste)
		1.	2.	3.	4.	5.	6.	7.	8.	9.	10.
						Familieneinkommen insgesamt					
1968-70	30 182	6 275	13 502	18 078	21 813	25 252	28 763	32 818	37 966	46 536	71 778
1978-80	32 535	5 372	12 855	18 087	22 871	27 263	31 691	36 615	42 624	51 736	76 230
1988-90	34 522	4 966	12 237	17 900	22 979	27 775	32 756	38 422	45 457	56 185	86 837
						Jahreseinkommen des beschäftigten Familienvorstands					
1968-70	23 034	4 106	10 139	14 236	17 583	20 051	22 377	24 495	27 328	31 375	50 427
1978-80	23 376	3 448	9 454	13 240	16 559	20 006	22 800	25 794	28 821	33 504	48 389
1988-90	22 889	3 567	8 283	12 146	15 500	18 219	21 193	24 369	28 155	33 320	51 251
						Beschäftigungsquote der Familienvorstände in %					
1968-70	92,9	69,7	85,9	91,8	94,6	95,9	96,8	97,2	97,6	98,3	98,4
1978-80	98,6	59,8	80,0	87,1	92,2	93,2	95,2	96,0	97,6	97,3	97,8
1988-90	88,8	55,2	80,6	87,1	90,8	93,2	94,5	95,6	96,2	97,2	97,5
						Jahresarbeitsstunden je beschäftigtem Familienvorstand					
1968-70	2 187	1 685	2 001	2 119	2 159	2 229	2 241	2 245	2 287	2 315	2 418
1978-80	2 117	1 518	1 875	2 013	2 094	2 142	2 179	2 217	2 230	2 260	2 418
1988-90	2 121	1 426	1 877	2 022	2 109	2 149	2 179	2 212	2 238	2 266	2 382

Jahr	Insgesamt	(Ärmste) 1.	2.	3.	4.	Dezil 5.	6.	7.	8.	9.	(Reichste) 10.
		Jahreseinkommen des beschäftigten Partners in US $									
1968-70	8 319	1 831	3 393	4 303	5 282	5 934	7 198	8 576	10 101	12 261	15 653
1978-80	9 956	2 204	4 050	5 213	6 493	7 526	8 800	10 127	11 812	13 938	17 871
1988-90	12 624	1 523	4 582	6 120	7 794	9 316	10 787	12 763	14 814	18 121	24 844
		Beschäftigungsquote der Partner in %									
1968-70	54,2	41,3	45,1	46,3	46,4	51,7	55,5	60,1	63,2	65,9	58,9
1978-80	64,4	40,5	47,4	56,3	62,6	63,6	67,0	70,0	74,0	76,0	69,1
1988-90	73,7	47,1	56,3	66,5	71,3	74,8	77,4	80,0	83,5	84,4	80,8
		Jahresarbeitsstunden des beschäftigten Partners									
1968-70	1 411	1 095	1 099	1 167	1 221	1 279	1 409	1 500	1 597	1 672	1 729
1978-80	1 454	1 054	1 091	1 186	1 325	1 369	1 454	1 408	1 599	1 666	1 675
1988-90	1 644	1 194	1 291	1 410	1 545	1 606	1 659	1 718	1 760	1 827	1 842
		Anteil der Ehemann/Ehefrau-Familien (»Doppelverdiener«) in %									
1968-70	88,4	58,8	78,3	86,1	91,0	93,0	93,8	94,7	95,2	95,8	96,7
1978-80	85,2	47,7	71,4	80,3	87,3	90,3	92,5	94,4	95,4	95,9	97,0
1988-90	86,8	48,1	77,4	85,1	89,0	92,0	93,1	94,6	95,4	96,0	96,8

Anmerkung: Die Dezile werden hier und in den Tabellen 3.7 und 3.8 in umgekehrter Reihenfolge zu Fogel numeriert.
Quelle: Fogel (2000: 277f.).

Familieneinkommen dennoch vergleichsweise weniger abnahmen, hängt hauptsächlich damit zusammen, daß die Partner, vor allem die Ehefrauen, zunehmend einer bezahlten Erwerbsarbeit nachgingen. Obwohl also ein Doppelverdienerhaushalt mehr und mehr zur Norm wurde, reichten die Arbeitseinkommen immer weniger aus, die Bedürfnisse der Familie zu befriedigen. Das gilt verschärft für die unteren Einkommensgruppen, da dort die Beschäftigungsquoten und die Jahresarbeitsstunden am stärksten nachließen und ausgleichende Mechanismen wie das Doppelverdienertum noch am wenigsten ausgeprägt waren.

Tabelle 3.7 gibt einen Eindruck von der größeren Verwundbarkeit der amerikanischen Familienhaushalte. Der Anteil der Haushalte, deren Ausgaben die Einkommen übersteigen, hat sich insgesamt fast verdoppelt und hat vor allem das Verarmungsrisiko in den unteren Einkommensgruppen stark vergrößert. Von einem Armutsr i s i k o muß deshalb gesprochen werden, weil ja nicht davon auszugehen ist, daß es die g l e i c h e n Haushalte sind, die dauerhaft in Schwierigkeiten sind.

Tabelle 3.7: Anteil der US-Haushalte mit einem Defizit in Dezilen, 1972-1973 und 1994 (in %)

		Dezil									
	Alle	1.	2.	3.	4.	5.	6.	7.	8.	9.	10.
1972-73	20,4	52,9	50,4	33,0	23,7	16,3	10,7	7,0	4,8	3,0	2,0
1994	37,3	80,5	65,8	56,6	44,9	34,6	30,0	22,6	16,0	13,8	8,8

Quelle: Fogel (2000: 279).

Die durchweg zunehmenden Anteile defizitärer Haushalte zeigen eine erheblich erhöhte Wahrscheinlichkeit für sehr viel größere Bevölkerungsgruppen, daß sich Einkommensverluste und Einkommenseinbußen als massive wirtschaftliche Problemlage bemerkbar macht. Tabelle 3.8 macht weiter deutlich, daß sich auch die relativen Haushaltsdefizite erheblich vergrößerten und, was die durchschnittlichen Lebensverhältnisse betrifft, nicht nur die untersten 20%, sondern inzwischen die unteren 40% der Haushalte mit einem beachtlichen Defizit konfrontiert sind.

Tabelle 3.8: Einnahmen und Ausgaben der US-Haushalte nach Einkommensdezilen, 1972/1973 und 1994 (Jahresangaben in US-$)

	1972/73			1994		
Dezil	Einkommen	Ausgaben	Ersparnisse	Einkommen	Ausgaben	Ersparnisse
1. (Ärmste)	2 146	2 948	−802	5 302	11 281	−5 978
2.	3 545	3 949	−404	10 189	14 297	−4 109
3.	5 449	5 085	364	14 797	18 575	−3 778
4.	7 484	6 177	1 307	19 997	22 470	−2 473
5.	9 546	7 210	2 336	26 050	25 649	402
6.	11 637	8 149	3 488	32 676	29 369	3 309
7.	13 891	9 163	4 728	40 853	34 584	6 269
8.	16 552	10 473	6 079	51 154	39 492	11 662
9.	20 214	11 766	8 448	65 082	47 547	17 535
10. (Reichste)	29 336	15 775	13 561	103 638	66 626	37 012
Insgesamt	11 981	8 070	3 911	36 981	30 993	5 987

Quelle: Fogel (2000: 280f.).

Die Vergrößerung der Armutspopulation und ihre handelspolitischen Folgen

Das *Census Bureau*, das Statistische Bundesamt der USA, wies für 1998 13,9 Mio. Personen aus, deren Haushaltseinkommen weniger als 50 % des Betrags der offiziellen Armutsgrenze betrug (5,1 % der Gesamtbevölkerung), 34,5 Mio. lagen insgesamt unter der Armutslinie (12,7 %), und auf 46 Mio. Amerikaner (17,9 %) kommt man, wenn man die »Fast-Armen« (*almost poor*) dazuzählt, also jene, deren Einkommen die Armutsschwelle um maximal 25 % überschreitet (Angaben nach Dalaker 1999). Eine andere Erhebungstechnik gibt ein genaueres Bild der Armut in den USA. Nach den Daten des *Survey of Income and Program Participation* (SIPP) waren 1994 etwa 40 Mio. Menschen als arm anzusehen, was eine durchschnittliche monatliche Armutsrate von 15,4 % bedeutet. Die Zusammensetzung dieser Armutsbevölkerung verändert sich aber über die Monate und Jahre hinweg deutlich. Nur etwa ein Drittel der Personen, die 1993 und 1994 im monatlichen Durchschnitt als arm erfaßt wurden, war auch das ganze Jahr über arm. Von den 21,4%, die einmal während des Jahres 1994 als arm eingestuft wurden, gehörte ungefähr ein Viertel (5,3%) das ganze Jahr hindurch zur Armutsbevölkerung.[27]

Armut ist aber nicht nur Einkommensarmut, sondern kann die Betroffenen bereits aufgrund ihres Status vom Zugang zu lebenswichtigen Leistungen ausschließen. Die gleiche Datenquelle zeigt, daß während des gesamten Jahres 1993 etwa 19,4 Mio. Amerikaner ohne Krankenversicherungsschutz waren.[28] Über einen 28monatigen Zeitraum hinweg hatten 73% aller Amerikaner ohne Unterbrechung einen Krankenversicherungsschutz, also hatten 27% bzw. 66,6 Mio. mindestens in einem Monat dieses Zeitraums keinen Anspruch auf Arzt- und Krankenhausleistungen – auch nicht auf die des bedürftigkeitsgeprüften *Medicaid*. 11,8% bzw. 4,8 Mio. Amerikaner waren während der gesamten 28monatigen Untersuchungsperiode ohne jeden Anspruch auf Krankenhilfe. Von jenen Amerikanern, die im gesamten Zeitraum einer Beschäftigung nachgingen, hatten 86,5% Anspruch auf Gesundheitsleistungen. Dieser Prozentsatz verringert sich auf 73,5% für jene, die während des gesamten Zeitraums zumindest einer Teilzeitbeschäftigung nachgingen, und auf 58,1% für jene, deren Beschäftigungsverhältnis mindestens einmal unterbrochen wurde. Diese Angaben machen deutlich, in welchem Maße eine dauerhafte Vollzeitbeschäftigung die Voraussetzung dafür ist, in die wohlfahrtsstaatlichen bzw. betrieblichen Leistungssysteme einbezogen zu werden.

Bei der Versorgung mit Gesundheitsleistungen ist weiter von kritischer Bedeutung, wie sie sich über die Erwerbsbevölkerung

27 Vgl. dazu Naifeh (1998). Die Daten des SIPP geben nicht nur Aufschluß über Armutsraten, sondern auch über den Umfang der Zugänge zu und der Abgänge aus der Armutsbevölkerung und die durchschnittliche Verweildauer in Armut. Zu den grundsätzlichen Aspekten dieser Dynamik von Armut vgl. Leisering/Leibfried (1999: 55ff.).

28 Vgl. dazu Bennefield (1998). »Krankenversicherungsschutz« bezieht sich auf folgende Leistungsprogramme: die staatliche Krankenversicherung für Rentner (*Medicare*), die bedürftigkeitsgeprüfte Krankensozialhilfe (*Medicaid*), die Krankenversicherung für Mitglieder der Armee und ihre Angehörigen, die Krankenversicherungsleistungen, die von Arbeitgebern und Gewerkschaften angeboten werden, und die Mitgliedschaft in privaten Krankenversicherungen; vgl. auch Currie/Yelowitz (2000).

verteilt. Erstens gibt es große Unterschiede zwischen den Sektoren, was die Bereitschaft – oder die Fähigkeit – der Unternehmen betrifft, ihren Beschäftigten eine Krankenversicherung anzubieten. In der Landwirtschaft und im Handel sind es 35,5 bzw. 26,7% der Beschäftigten, die keinen Krankenversicherungsschutz haben. Zweitens sind es vorwiegend die Gutverdienenden, die in den Genuß betrieblicher Krankenversicherungsleistungen kommen. So haben 49,2% der Erwerbstätigen mit einem Familieneinkommen unterhalb der Armutsschwelle keinen Versicherungsschutz. Selbst bei einem Einkommen, das doppelt so hoch ist wie die Armutsschwelle, haben noch 35,6% keinen betrieblichen Versicherungsschutz, und beim Dreifachen der Armutsschwelle gilt das für immerhin 20,3% der Beschäftigten der entsprechenden Einkommensklasse. Drittens spielt auch das Alter eine entscheidende Rolle. Von den 31,1 Mio. Beschäftigten, die jünger als 30 Jahre sind, haben 27,5% keinen Versicherungsschutz, und bei den 37,7 Mio. Beschäftigten im Alter zwischen 30 und 39 Jahren sind es noch 17,7%, die trotz der familienbiographisch kritischen Bedeutung dieses Lebensabschnitts über keinen Krankenversicherungsschutz verfügen.[29] Ein vierter Faktor des ungleichen Zugangs zu den Leistungen einer Krankenversicherung sind Rasse und ethnische Herkunft. Von den Weißen (ohne Hispanics) haben elf Prozent keinen Versicherungsschutz, bei den Asiaten sind es 20,8%, bei den Schwarzen 21,2% und bei den Hispanics ziemlich genau ein Drittel der Erwerbstätigen (33,4%). Und schließlich gibt es fünftens noch enorme regionale Unterschiede. Nach den Daten des Census Bureau waren 1997 bis 1999 jahres- und landesdurchschnittlich 16% ohne Versicherungsschutz, wobei Texas mit 24,1% am schlechtesten und Minnesota mit 8,8% am besten abschneidet.[30]

Die Daten des SIPP zeigen weiter, daß 1995 bald 49 Mio. Amerikaner, also ungefähr ein Fünftel, in einem Haushalt lebten, der Schwierigkeiten hatte, für das Lebensnotwendige zu sorgen.[31]

29 Die Daten beziehen sich auf 1996 und sind im Green Book von 2000 (S. 1066ff.) zu finden. Das in Washington ansässige *Urban Institute* führt seit 1997 einen regelmäßigen nationalen Familiensurvey durch, der sich vor allem mit der Entwicklung des Krankenversicherungsschutzes beschäftigt (http://www.urban.org).

30 Zu den ethnischen und den regionalen Unterschieden vgl. Pear (2000).

31 Vgl. dazu und zu den folgenden Angaben Bauman (1999).

Abbildung 3.6: Die Effizienz wohlfahrtsstaatlicher Armutsverringerung

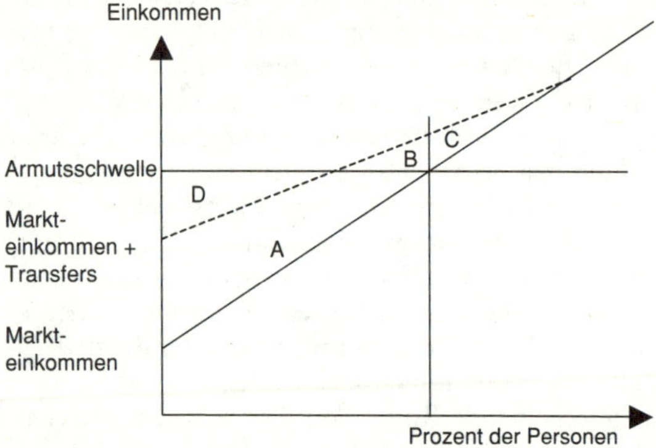

Quelle: Beckerman (1979) nach H. Kim (2000: 5).

Damit sind Haushalte gemeint, die entweder die Gas-, Heizöl- und Stromrechnung oder die Miete oder Hypothekenrate nicht bezahlen konnten oder die auch nicht in der Lage waren, den Arzt oder Zahnarzt zu besuchen. Von den insgesamt elf Prozent Amerikanern, die in einem Haushalt leben, der mit mehr als einer dieser Schwierigkeiten konfrontiert war, ist ungefähr ein Viertel arbeitslos. Über elf Millionen Amerikaner gaben 1995 an, nicht ausreichend Lebensmittel zur Verfügung zu haben. Aufschlußreich ist auch, wer diesen Amerikanern tatsächlich geholfen hat: 17,2 % aller Amerikaner berichteten, in einer Situation, wo sie selbst nicht mehr für das Lebensnotwendige sorgen konnten, eine Unterstützung bekommen zu haben. 4,9 % erhielten diese Unterstützung von staatlichen Einrichtungen, 6,1 % von der Familie, 2,4 % von Freunden und 1,6 % von kommunalen Einrichtungen. Diesen Daten zufolge ist es um die Fähigkeit des amerikanischen Wohlfahrtsstaates, Armut zu verhindern bzw. armutstypische Mängellagen auszugleichen, nicht sonderlich gut bestellt.

Abbildung 3.6 macht deutlich, wie sich die Effizienz einer wohlfahrtsstaatlichen Verringerung von Armut erfassen läßt. Auf der horizontalen Achse sind Personen bzw. Haushalte als kumulierende Prozentsätze der Gesamtbevölkerung angeordnet, auf der vertikalen die Höhe ihrer Einkommen. Die durchgezogene Linie stellt ihr Markteinkommen dar, die gestrichelte Linie das Markteinkommen einschließlich der Transfereinkommen. Nimmt man die Armutsschwelle als Maßstab, dann ist A + D die Einkommensarmutslücke ohne öffentliche Transfereinkommen. Der Gesamtumfang der Transfers ist A + B + C. Von diesen Transfers gehen A und B an die Armen, während C Nichtarme unterstützt. Obwohl der Betrag B an Personen geht, die zu den Armen zählen, geht er über den Betrag der Armutsschwelle hinaus und ist insofern genauso wie C »Verschwendung«. Nur der Betrag A verkleinert die Einkommensarmutslücke. Das Maß für die Effizienz der Armutsreduzierung ist deshalb A/(A + B + C). D ist die Armutslücke, die auch nach dem Eingreifen des Wohlfahrtsstaates verbleibt. Die Gesamteffizienz der Armutspolitik ist also A/(A + D).

Im internationalen Vergleich fallen die USA in zweierlei Hinsicht auf. Erstens heben ihre Markteinkommen effizienter als die anderer Länder die Beschäftigten über die Armutsschwelle.[32] Diese allein über den Arbeitsmarkt zustandegekommene Einkommensarmutslücke beträgt in den USA 6,1% (1995), in Deutschland 8,7% (1994) und in Schweden 10,4% (1995).[33] Zweitens ist die Reduzierung der Einkommensarmutslücke in den USA aufgrund wohlfahrtsstaatlicher Transferleistungen beträchtlich niedriger als in anderen Ländern. Diese Transfers verringern die Einkommenslücke um 61 %, während sie in Deutschland um 89% und in Schweden um 88% verringert wird (eigene Berechnungen nach den Angaben bei Kim 2000: 13). Deshalb ist im internationalen Vergleich die Einkommensarmutslücke »nach staatlichen Transfers« in den USA um einiges höher als in anderen Ländern. Dieses D beläuft sich in den USA auf 2,4%, in Deutschland auf 0,9% und in Schweden auf 1,3%. Die vergleichsweise gute Gesamteffizienz des amerikanischen Transfersystems von 51,3% (Deutschland 46,4% und Schweden 41,1%)

32 Von diesen Mikrodaten kann nicht auf den Gesamtumfang von Armutspopulationen geschlossen werden. Diese standardisierte Datenquelle kann aber deutlich machen, was in einer vergleichenden Perspektive Marktwirtschaft und Sozialpolitik tatsächlich für die nationale Wohlfahrtsproduktion leisten.

33 Vgl. dazu Kim (2000). Seine Berechnungen haben die Mikrodatensammlung der *Luxembourg Income Study* (LIS) zur Grundlage.

kann vor allem auf die geringere Markteinkommensarmut zurückgeführt werden. Aus diesem Grund schlägt die sehr niedrige Transferquote des amerikanischen Wohlfahrtsstaates auch nicht in dem Umfang auf die Leistungsfähigkeit der Armutspolitik durch, wie dies oft vermutet wird. In den USA (1997) macht die Gesamt(netto)summe der wohlfahrtsstaatlichen Transfers 7,4 % der Einkommen insgesamt aus. In der Bundesrepublik (1994) liegt diese (Um-)Verteilungsquote bei 16,8 % und in Schweden (1995) bei 22,5 % (Kim 2000: 13).[34]

Diese Angaben beziehen sich alle auf die Zeit vor der Sozialhilfereform, die 1996 verabschiedet wurde. Mit dieser Reform wurde zwar die amerikanische Sozialhilfepraxis noch restriktiver, als sie es bereits bis dahin gewesen war. Es gab aber auch eine Neuerung, die nach allem, was man bisher weiß, zu einer effektiveren Armutspolitik geführt hat. Dabei handelt es sich um den Ausbau des *Earned Income Tax Credit* (EITC). Wie diese Einrichtung funktioniert, und was sie für die Handelspolitik bedeutet, wird im nächsten Abschnitt beschrieben. Vorher soll noch die sozialpolitische Seite des außenwirtschaftlichen Protektionismus der US-Regierung genauer betrachtet werden.

Es ist vor allem der Ausbau einer unilateralen und »ergebnisorientierten« Handelspolitik seit Anfang der 1990er Jahre jenseits der Sozial-Handelspolitik, die zeigt, daß die zunehmende Importkonkurrenz der Globalisierung – unter den Bedingungen fehlender allgemeiner Sozialschutzinstrumente – einen außenwirtschaftlichen Sozialprotektionismus provozierten, dem unter den Bedingungen einer sehr weitgehenden und dann noch verschärften Arbeitsmarktabhängigkeit der Lebenslage politisch nichts entgegengestellt werden kann. Das wachsende Handels-

34 Eine anders angelegte Untersuchung der Einkommens-Mikrodaten der *Luxembourg Income Study* zeigt ebenfalls die geringe Bedeutung der wohlfahrtsstaatlichen Transfers für die Lebenslage des amerikanischen Arbeitnehmers. De Nardi u. a. (2000: 26f.) stellen fest, daß sich das durchschnittliche Bruttoeinkommen der Erwerbsbevölkerung (25-64 Jahre) in den USA (1994) zu 84,4 % aus dem Arbeitseinkommen zusammensetzt und daß die Anteile der Sozialversicherungen bei 2,4 % und die der Sozialhilfe bei 1,3 % liegen. In Deutschland (1994) beträgt der Anteil des Arbeitseinkommens 82,2 %, der Sozialversicherungsleistungen 4,8 % und der Sozialhilfeleistungen 1,6 %. In Schweden (1995) liegt der Anteil des Arbeitseinkommens bei 74,9 %, der der Sozialversicherungsleistungen bei 16,2 % und der der Sozialhilfeleistungen bei 2,3 %.

bilanzdefizit, also die sehr viel höheren Importe im Verhältnis zu den Exporten schien der Handelspolitik eindeutige Signale zu geben. Seine politische Bedeutung ergibt sich durch die wohlfahrtsstaatlichen Verhältnisse der USA. Der Zwang zur Marktverwertung der Arbeitskraft ist in den USA sehr viel höher als in den europäischen Ländern und von den konkreten Ergebnissen dieser Marktverwertung hängt aufgrund der großen Bedeutung betrieblicher Sozialleistungen auch der wirtschaftliche und damit der soziale Schutz ab, den der einzelne für sich und seine Familie erreichen kann. Wenn es um die Versorgung mit Einkommen, die äußere Lebensstellung und das innere Lebensschicksal der amerikanischen Erwerbsbevölkerung geht, dann sind in jeder dieser Dimensionen Markt und Wettbewerb dominant. Wenn die Importkonkurrenz als Bedrohung wahrgenommen wird, und genau das wird ja durch die Handelsbilanzzahlen nahegelegt, und gleichzeitig die ohnedies geringen Angebote staatlicher sozialer Sicherheit weiter eingeschränkt werden, dann werden auch diese außenwirtschaftlichen Gefährdungspotentiale für Arbeitsplätze und Einkommen unter den besonderen Bedingungen des amerikanischen politischen Systems sehr leicht und unmittelbar zu Forderungen nach einer stärkeren Kontrolle der Importkonkurrenz und einer aktiven, »ergebnisorientierten« Exportpolitik führen. Genau dies läßt sich auch mit steigender Tendenz für die 1990er Jahre feststellen. Die Handelspolitik selbst ist nach der Ratifizierung des WTO-Beitritts und des NAFTA-Vertrages antriebs- und richtungslos geworden (Lovett 1999). Die nie völlig zum Schweigen gebrachten Widerstände gegen jede weitere Liberalisierung haben sich nicht nur verstärkt, sondern vervielfältigt, was zu politisch sehr einflußreichen Koalitionen aus Umweltschützern, Industriearbeitern und ideologisch motivierten Wirtschaftsnationalisten geführt hat (Matthews 1997; Cohen 2000: 239-259).

Die Grundlage des enormen Beschäftigungswachstums der 1990er Jahre waren die Produktivitätssprünge der amerikanischen Wirtschaft. Dahinter verbirgt sich jedoch sozialer Sprengstoff. Wenn sich wie in der ersten Hälfte des Jahres 2000 ein Beschäftigungswachstum von 1,8 % in ein reales Wirtschaftswachstum von sechs Prozent übersetzt, dann bedeutet ein Wirtschaftswachstum von 2,5 % ein *Sinken* der Beschäftigung um bis zu einem Prozent. Eine dauerhaft niedrige Arbeitslosenquote setzt ein sehr hohes wie stetiges Wirtschaftswachstum voraus, weil die Produktivitätsfortschritte sich immer weniger beschäftigungswirksam zeigen. In der ersten Hälfte der 1990er Jahre bedeutete ein Prozent Wirtschaftswachstum ein Wachstum der Beschäftigung um 0,78 %. In der zweiten Hälfte der 1990er Jahre übersetzte sich ein Prozent Wirtschaftswachstum nur noch in 0,1 % Beschäftigungszuwachs. Ein Kommentar in der *New York Times* merkt dazu folgendes an:

»If consumers were in sounder financial shape, the job losses that a slowdown might bring would not be so worrisome. But installment debt and stock market margin debt carried by consumers are now an astounding 245 percent of disposable personal income. It is off the charts thanks to margin debt, which now accounts for more than 3,5 percent of disposable income, up from an average of 0,78 percent for the 30 years ended in 1995. This debt load also means that consumer spending could contract significantly, exacerbating the downturn« (Morgenson 2000).

In den USA ist die Sozialpolitik für die Nichtrentner anders als in Westeuropa keine Lebensstandardversicherung, und die niedrigere Sozialleistungsquote bedeutet für die amerikanische Volkswirtschaft, daß die wohlfahrtsstaatlichen Leistungssysteme nicht als automatische Stabilisatoren bei Konjunkturabschwüngen und Konjunktureinbrüchen wirken, die den Betrieben ein stabiles Nachfrageklima sichern. Das heißt aber nicht, daß es in den USA weniger Nachfrage nach sozialer und wirtschaftlicher Sicherheit gäbe als in Europa. Sie bedient sich nur anderer Formen.

Tabelle 3.9 beschreibt die wichtigsten Instrumente, mit denen die amerikanische Handelspolitik »Ergebnisse« erreichen kann und damit das Prinzip einer liberalen Außenwirtschaft kompromittiert. Sie macht deutlich, in welch hohem Maß die amerikanische Außenwirtschaft durch interessenspezifische Interventionen geprägt sein kann, eine wie große Vielfalt politischer Akteure beteiligt ist und wie sich die Grundlage für den wesentlich politischen Wettkampf um außenwirtschaftliche Protektionsvorteile gestaltet.[35] Diese Instrumente sind die institutionellen Grundlagen für den US-amerikanischen »kontingenten« Protektionismus.

35 Eine Beschreibung der Vielfalt »konstitutiver Interessen« in der amerikanischen Handelspolitik bieten Deardorff/Stern (1998) und einen Überblick der Erklärungsversuche des Sonderwegs der amerikanischen Handelspolitik gibt Rodrik (1995).

Tabelle 3.9: Die wichtigsten US-amerikanischen Instrumente für die Regulierung von Importen

	Jüngste gesetzliche Grundlage	Träger von Maßnahmen	Zeitlich befristet?	Bürger als Auslöser?	Öffentliche Anhörung?	Begründungen veröffentlicht?	Gerichtlich anfechtbar?
Escape Clause[1]	(Fester Bestandteil bilateraler Handelsverträge seit 1935)	ITC/Präsident	ja	ja	ja	ja	nein
Anti-dumping[2]	Trade Agreements Act of 1979, § 101	ITA(DOC)/ ITC	ja	ja	ja	ja	ja
Strafzölle[3]	Trade Agreements Act of 1979, § 101	ITA(DOC)/ ITC	ja	ja	ja	ja	ja
Beschwerde gegen Maßnahmen ausländischer Regierungen[4]	Trade Act of 1974, § 301	US-Trade Representative/ Präsident	ja	ja	ja	ja	nein
Unfaire Handelspraktiken[5]	Trade Act of 1974, § 341 (Tariff Act of 1930, § 377)	ITC/Präsident	ja	ja	ja	ja	ja
Nichtmarktliche wirtschaftliche Sicherheitsvorkehrungen[5]	Trade Act of 1974, § 406	ITC/Präsident	ja	ja	ja	ja	nein
Textilien[6]	Agricultural Act of 1956, § 22	Präsident	nein	nein	ja	ja	nein

	Jüngste gesetzliche Grundlage	Träger von Maßnahmen	Zeitlich befristet?	Bürger als Auslöser?	Öffentliche Anhörung?	Begründungen veröffentlicht?	Gerichtlich anfechtbar?
Nationale Sicherheit[7]	Trade Expansion Act of 1962, § 232	DOC/ Präsident	ja	ja	ja (»if it is appropriate«)	ja	nein
Milchprodukte[8]	Agricultural Adjustment Act of 1933, § 22	USDA/ITC/ Präsident	nein	nein	ja	ja	nein
Fleisch[9]	Meat Import Act of 1979, § 1	Präsident	nein	nein	ja (öffentliche Beratung)	ja	nein
Steuerrecht (*Houdaille*)[10]	Internal Revenue Code, § 103(a)(7)(D)	Präsident	nein	nein	nein	nein	nein
Meistbegünstigungsklauseln[11]	Trade Act of 1974, Title V	Präsident	nein	nein	nein	ja	nein
Freiwillige Exportbeschränkungen[12]	Trade Expansion Act of 1962, § 252	Präsident	nein	nein	nein	nein	nein
	Agricultural Act of 1956, § 204	Präsident	nein	nein	nein	nein	nein
Zölle[13]	Tariff Act of 1930, § 516	Treasury	ja	ja	ja	ja	ja

Quelle: J. H. Jackson (2000a: 293-4).

Anmerkungen: Verwendete Abkürzungen: ITA = *International Trade Administration;* ITC = *International Trade Commission;* DOC = *Department of Commerce;* USDA = *Department of Agriculture.*

[1] Dieses Instrument räumt für den Fall, daß die Zunahme von Importen einen »erheblichen Schaden für die betroffene Industrie« verursacht, dem Präsidenten die Möglichkeit ein, diese Importe mit bestimmten Beschränkungen – Zollerhöhungen oder festen Quoten – zu belegen, die einen Zeitraum von fünf Jahren nicht überschreiten dürfen. [2] Für den Fall, daß die Preise der Importe unter den Preisen der Heimatmärkte liegen, kann die Preisdifferenz mit einem entsprechenden Zollsatz ausgeglichen werden. [3] Strafzölle können zusätzlich zu den normalen Zollsätzen in jenen Fällen erhoben werden, in denen Importe durch die Regierung des Ursprungslandes subventioniert werden. [4] Hier geht es um Verfahren, in denen sich US-Firmen und Bürger über handelspolitische Maßnahmen anderer Regierungen beschweren können, durch die sie benachteiligt werden. Die USA sind verpflichtet, einer Beschwerde nachzugehen. Für den Fall, daß sie eine Beschwerde für gerechtfertigt hält, ist sie berechtigt, mit der betreffenden Regierung in Verhandlungen einzutreten, um die Ursache der Beschwerde zu beseitigen. Der Präsident hat nach diesem Verfahren das Recht, in geeigneter Weise Maßnahmen zu ergreifen, um die ausländische Regierung zum Einlenken zu bewegen. [5] Hier handelt es sich um eine sehr allgemein gehaltene Ermächtigung der US-Regierung, gegen »unfaire« Handelspraktiken vorzugehen. Dabei geht es nicht nur um die importierten Güter selbst, sondern auch um Patent- und *Copyright*verletzungen und Monopolstellungen. Die *International Trade Commission* kann auf der Grundlage dieses Gesetzes *Importe* mit einem Bann belegen. Gegen eine derartige Entscheidung kann der Präsident ein Veto einlegen. [6] Ein nationales Ermächtigungsgesetz gibt dem Präsidenten das Recht, im Rahmen des Textilabkommens des GATT (*International Multifiber Agreement*) mit textilimportierenden Ländern bilaterale Handelsverträge mit dem Ziel einer Beschränkung der Importe abzuschließen. [7] Hier geht es um die Gefährdung der nationalen Sicherheit durch Importe, die der einheimischen Industrie einen Schaden zufügen. Bislang haben nur Beschwerden, die sich auf die Einfuhr von Raffinerieprodukten konzentrierten, Erfolg gehabt. [8] Dieses Gesetz ist die Grundlage für Quotenregelungen, die sich auf eine Reihe von Milchprodukten erstrecken. [9] Dieses Gesetz gibt der Regierung die Möglichkeit, die Einfuhr von Fleisch an die Entwicklung von einheimischer Nachfrage und einheimischem Angebot zu binden. [10] Hier geht es um Vorschriften des amerikanischen Steuerrechts, die dazu führen können, daß einheimische Wettbewerber aufgrund der steuerlichen Privilegierung des Kaufs importierter Vorprodukte gegenüber einheimischen Konkurrenten einen Vorteil haben können. [11] Auf der Grundlage dieses Gesetzes können Waren aus Entwicklungsländern zollfrei importiert werden. Der Präsident kann die Liste dieser Waren in bestimmten Abständen überprüfen und verändern. [12] Es gibt zwar keine gesetzliche Grundlage außerhalb der Vorschriften für den Textil- und Agrarsektor, die den Präsidenten ermächtigen, mit ausländischen Regierungen in Verhandlungen über Exportbeschränkungen einzutreten. Statt dessen gibt es die sogenannten »freiwilligen Exportbeschränkungen« mit quasi-gesetzlicher Geltung. [13] Die Zollgesetze der USA schreiben vor, daß über jeden Import eine Erklärung abgegeben werden muß. Die Zollsätze für die einzelnen Güter sind sehr verschieden und wurden in den letzten Jahren in vielen Bereichen stark verringert.

Die differenzierten rechtlichen und verfassungsmäßigen Grundlagen dieser Interventionsordnung, vor allem was die Möglichkeiten von Arbeitnehmern und Betrieben betrifft, selbständig Verfahren anzustoßen, die protektionistische Maßnahmen zum Ziel haben und dafür auch die Gerichte bemühen können, machen die kaum zu unterschätzende beschäftigungspolitische Relevanz der Handelspolitik verständlich. Der »kontingente« Charakter des amerikanischen Protektionismus zeigt sich insbesondere darin, daß er so weitgehend von den wechselnden Arbeitsmarkt- und Einkommensentwicklungen bestimmt ist.[36] Es ist ein *stand-by*-Mechanismus, der bei Bedarf genutzt wird. Trotzdem stellt sich die Frage, wer denn tatsächlich von dieser sozialen Handelspolitik profitiert. Ohne jeden Zweifel können nur die Sozialschutz- und Sicherheitsargumente dieses System einer außenwirtschaftlichen Eingriffsverwaltung legitimieren. Die komplexen, immer auch von politischem Einfluß bestimmten und notwendigerweise auf sektorale und oft nur betriebliche Einzelfälle gerichteten Verfahren eines handelspolitischen Sozialschutzes sorgen aber nicht nur dafür, daß die weiteren Wirkungen dieser Politik gerade von den schwächeren, nicht organisierten Gruppen, die von Importen und Handelspolitik betroffen sind – nicht zuletzt auch von der Masse der Verbraucher –, weitgehend nicht bemerkt werden. Sie führen auch dazu, daß viele potentiell Anspruchsberechtigte die entsprechenden Leistungen nicht erhalten können.[37]

36 Der Begriff »kontingente Protektion« wurde von Rodney Grey, dem kanadischen Handelsbeauftragten für die Tokyo-Runde des GATT geprägt (Rugman/Anderson 1987: 9).

37 V. Jackson (2000: 291) meint, daß die starke Verrechtlichung der amerikanischen Verfahren, vor allem die Möglichkeit, ihre Ergebnisse vor Gericht anzufechten, die Verwaltung in die Lage versetzt, »Sonderinteressen« abzuwehren. Damit wird aber unterschätzt, daß dieses System nicht nur »Sonderinteressen« geradezu züchtet, sondern »Sonderinteressen« auch zur Grundlage hat. Es ist nicht der Markt, sondern die (Interessen-)Politik, die die amerikanische Außenwirtschaft steuert. Jagdish Bhagwati hat die Ursache dafür in einem Artikel im *Economist* auf die folgende Formel gebracht: »It's the Process, Stupid« (27. 3. 1993, S. 69 – auch in Bhagwati 1998: 145-148). Die Anreize des Systems sorgen für mehr, nicht für weniger Protektionismus. Dahinter steckt eine politische Logik. Im Oktober 2000 berichtete die *New York Times* von einem im Senat formulierten Vorschlag einer Gesetzesänderung, nach der die Mehreinnahmen in Folge eines »erfolgreichen« *anti-dumping*-Verfahrens – das in der Regel mit einer Zollerhöhung für das angeblich zu

Mit der eingeschränkten Öffentlichkeit verbindet sich auch eine hohe Anfälligkeit für Manipulation und Korruption. Das System der amerikanischen Handelspolitik ist für das systemische *rent seeking*, das es auslöst und unterstützt, bekannt. Für die Volkswirtschaft bedeutet das eine Ressourcenverschwendung.[38] Stellt man nur auf die tatsächlich von der *International Trade Commission* verfolgten Fälle »schädlicher« oder »unfairer« Importkonkurrenz ab, so unterschätzt man zudem die w e i t e r e n Wirkungen dieser Interventionsordnung. Im Jahresdurchschnitt leitet diese Behörde vier Verfahren ein. Auf jeden Fall, in dem tatsächlich ein offizielles Verfahren eingeleitet wird, kommen jedoch mindestens 100 Fälle, in denen die beschwerdeführende Partei ihren Antrag zurückzieht. Im größten Teil dieser Fälle geschieht dies deshalb, weil die Importeure mit einer »freiwilligen« Anhebung ihrer Preise auf die »Anfrage« an die Handelsbehörde reagierten, ob ein *dumping* vorliegt oder ein Importprodukt Marktanteile verringert. Außerdem kann die Regierung signalisieren, ein offizielles Verfahren sei derzeit inopportun, oder sie benutzt informelle Kanäle zu ausländischen Regierungen, um den gewünschten Effekt zu erreichen (Noland 1997: 3). Abbildung 3.7 zeigt die Entwicklung der zwei wichtigsten handelspolitischen Instrumente, mit denen die USA außerhalb des GATT- bzw. des WTO-Systems sich vor »unfairem Handel« und *dumping* zu schützen versuchen und die sehr weitgehend den Importschutz im Rahmen von *escape clauses* abgelöst haben.

Der im Sommer 2000 geschlossene Handelsvertrag mit China ist ein Musterbeispiel für eine ergebnisorientierte und wasserdichte Handelspolitik, was mögliche negative Konsequenzen für Beschäftigung und Löhne angeht. Das Weiße Haus stellte den schärfsten Kritikern einer »permanenten Normalisierung« der

billig angebotene Produkt abgeschlossen wird –, nicht dem Schatzamt, sondern dem Industriezweig zukommen soll, der das *anti-dumping*-Verfahren ausgelöst hat (»Protection on the Sly«, *New York Times* vom 23. 10. 2000, S. A23).

38 Vgl. A. O. Krueger (1974) für eine klassische Darstellung des *rent seeking*, und Magee u. a. (1989), für die die Regulierung der amerikanischen Außenwirtschaft ein politisches »schwarzes Loch« darstellt. Für Bhagwati (1982) ist die Handelspolitik ein Paradebeispiel für »directly unproductive, profit-seeking [somit:] DUP activities«. Grossman/Helpman haben in einem Artikel in der *American Economic Review* (1994) den Charakter der amerikanischen Handelspolitik auf die Formel *protection for sale* gebracht.

Abbildung 3.7: Strafzoll- und anti-dumping-Verfahren in den USA, 1980-1999

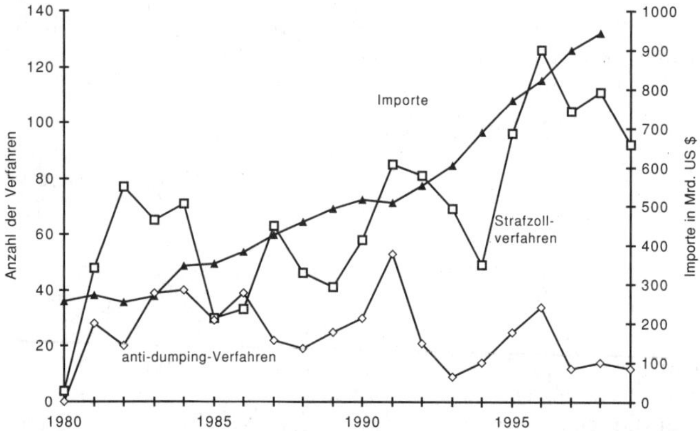

Quellen: Vgl. http://ia.ita.gov/stats../cvdrev1.htm für die Strafzoll- und anti-dumping-Verfahren; http://ia.ita.gov/stats./adrev1.htm für die Importe IMF (1999a: 132f.).

Handelsbeziehungen mit China – den Gewerkschaften und den Agrarverbänden – diese Vereinbarung als ein »einseitiges«, risikoloses Geschäft zu ihren Gunsten dar.[39] China senkt in beträchtlichem Umfang die Agrar- und Industriezölle und gewährt darüber hinaus feste Einfuhr- und Binnenhandelsquoten. Umgekehrt brauchen die USA keine Konzessionen zu machen, sondern können ihre Überwachungsinstrumente noch weiter ausbauen.[40]

39 Die seinerzeitige Handelsbeauftragte der US-Regierung, Charlene Barshefsky, beschrieb in einer Rede an der John F. Kennedy-School der Harvard University am 13.4.2000 den Handelsvertrag als *one-way concession* (China's WTO Accession in American Pacific Strategy, The White House/China Trade Relations Working Group; http://chinapntr.gov/speeches/barshefsky0413.htm – 11.7.00).

40 Die gesetzliche Grundlage dieser Normalisierung besteht in der Ausdehnung der Meistbegünstigungsklausel auf China. Diese Klausel ist die Grundlage des gesamten Handelsvertragssystems der USA und erstreckt sich auf über 160 Länder. Neben China sind Afghanistan, Kuba, Laos, Nordkorea, Serbien/Montenegro und Vietnam von der Meistbegünstigungsklausel ausgenommen. Der dem Senat vorgelegte und inzwischen

Die importbeschränkenden bzw. Exportmärkte öffnenden Wirkungen dieser Interventionsordnung für die US-Außenwirtschaft lassen sich naturgemäß nicht beziffern. Ganz im Gegenteil hat sich die weltwirtschaftliche Integration der USA, wenn man allein die Bruttosumme der Importe und Exporte als Maßstab nimmt, in den letzten anderthalb Jahrzehnten erheblich beschleunigt. Wie Abbildung 3.8 zeigt, haben inzwischen Waren, die zollfrei in die USA eingeführt werden können, das Übergewicht gegenüber Waren gewonnen, die mit Zöllen belegt werden.

Zu dieser Abbildung ist noch folgendes anzumerken. Erstens steht jeder Importvorgang im Schatten von sehr wirksam zu handhabenden handelspolitischen Eingriffsinstrumenten. Jeder Import unterliegt dem Vorbehalt, daß er keinen »Schaden« anrichtet – also weder den Absatz einheimischer Produzenten berührt noch weitere irgendwie »negative« Wirkungen für Beschäftigung und Löhne hat. Ob und vor allem wie dieser Vor-

von ihm angenommene Text des Gesetzes umfaßt 69 Seiten. Eine halbe Seite genügt für die (Wieder-)Herstellung »normaler« Handelsverhältnisse. Der Rest detailliert Überwachungs- und Schutzvorschriften und beginnt mit der klassischen Schutzklausel: »If a product of the People's Republic of China is being imported into the United States in such increased quantities or under such conditions as to cause or threaten to cause market disruptions to the domestic producers of a like or directly competitive product, the President shall, in accordance with the provisions of this section, proclaim increased duties or other import restrictions with respect to such product, to the extent and for such period as the President considers necessary to prevent or remedy the market disruption« (Calendar No. 575, 106. Congress, 2d Session, H. R. 4444, S. 6). Das Gesetz enthält weiter verschärfte Überwachungsvorschriften, schreibt niedrigere Schwellenwerte für *anti-dumping*-Verfahren und zusätzliche Schutzmechanismen vor, die sowohl über das hinausgehen, was die WTO gewährleistet, als auch über das, was bislang im Arsenal der nationalen Handelspolitik an Kontroll- und Abwehrmechanismen zur Verfügung stand. Schließlich stellt das Gesetz zusätzliche Ressourcen für die Überwachung des Handels mit China bereit: Die Fachabteilungen des Handelsministeriums und der *U. S. International Trade Commission*, die den Vertrag und die WTO-Mitgliedschaft Chinas überwachen sollen, werden um 100 bzw. 75 % vergrößert und ihre Ressourcenausstattung verbessert. Für das Budget 2001 stellte der Präsident eine Ausweitung des Kreditprogramms für den Handel mit China in Aussicht und ein Spezialprogramm, das kleineren Unternehmen über das Internet den Handel mit China erschließen soll: »an export advisor on every desktop« (»Labor Aspects of PNTR: Benefits for American Workers and Farmers«, The White House-China Trade Relations Working Group, June 6, 2000; http://www.chinapntr.gov/factsheets/Labor%20Aspects. htm – 11.7.00).

Abbildung 3.8: Zollfreie und verzollte Einfuhr in die USA, 1930-1998 (in Mrd. US-$)

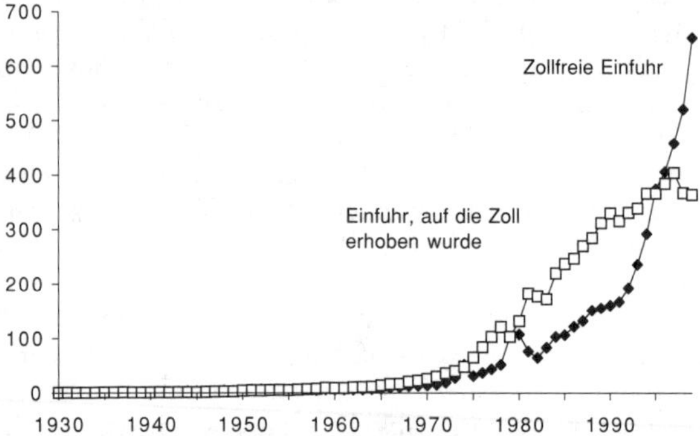

Quelle: U. S. International Trade Commission (2000: 4).

behalt eingelöst wird, ist allerdings eine andere Frage. Man kann indes davon ausgehen, daß die Tatsache, daß es bislang nicht gelungen ist, die Zunahme der Importe mit den wirtschaftlichen Schwierigkeiten der Beschäftigten in Niedriglohnsektoren in einen direkten Zusammenhang zu bringen, mit der protektionistischen Effizienz der amerikanischen Handelspolitik zusammenhängt.[41]

41 Empirische Nachweise dieses Nichtzusammenhangs finden sich bei Krugman/Lawrence (1993, 1994), Krugman (1995), Davis u. a. (1996) und Pryor/Schaffer (1999). Dieses negative Ergebnis kann aber auch damit zusammenhängen, daß die Natur des Zusammenhangs nicht richtig verstanden wird. So haben Krugman/Lawrence in ihren bereits bezeichneten sehr einflußreichen Artikeln zu zeigen versucht, daß der tatsächliche Umfang von Einfuhren aus Niedriglohnländern (»2,8 %«) in keinem erklärungskräftigen Verhältnis zu der im gleichen Zeitraum beobachteten massiven Abwärtsbewegung der Löhne steht. Leamer (2000: 37) merkt dazu folgendes an: »Do you remember the case of Krugman Air, which uses a secret input – Mexican power – to fly its airplanes at low cost? When Krugman Air started to compete in the U. S. market, it offered to fly U. S. routes at half the going price. The response of U. S. carriers was to match the price and find various ways to cut cost including lowering hourly wages by 30 % and expanding hours per week by 10 %. ›Not us‹, explained the economists who worked for Krugman Air, ›we couldn't have been responsible for all that reduction in wages. We are too small. We only have a 2,8 % market share.‹«

Zweitens sind das NAFTA- und ähnliche Präferenzabkommen[42] Mittel einer Handelsu m l e n k u n g von einer freien Außenwirtschaft, die nur noch unter der Aufsicht des multilateralen GATT und der WTO steht, in ein territorial begrenztes Freihandelsgebiet, das sich durch ein sehr viel höheres, bilateral ausgehandeltes Schutzniveau auszeichnet.[43] Die Einfuhren aus Mexiko und Kanada machten 1999 schon 18,4 % der amerikanischen Gesamteinfuhren aus. Wenn der Handel mit Mexiko im gleichen Umfang wie in den letzten Jahren wächst, dann wird er im Jahr 2004 den Handel mit Europa übertreffen (Weiner/Gori 2000: 12). Anders als in der multilateralen Verhandlungsarena der WTO können die USA mit ihrer bilateralen Handelsvertragspolitik den innenpolitischen Vorbehalten z. B. von Gewerkschaften oder Umweltschutzorganisationen sehr viel leichter Rechnung tragen. Das am 24. Oktober 2000 unterzeichnete Freihandelsabkommen zwischen den USA und dem Königreich Jordanien bindet die Abschaffung aller Zölle und Importbeschränkungen an s a n k t i o n i e r b a r e Vorgaben für Jordanien, was Arbeitnehmerrechte und Umweltschutz betrifft.[44] Artikel 6

42 Neben der NAFTA gibt es seit 1976 das *Generalized System of Preferences*, das für den Handel mit Entwicklungsländern gilt (1999 1,3 % der Gesamteinfuhr), Handelsvergünstigungen auf der Grundlage des *Caribbean Basin Economic Recovery Act*, der seit 1984 in Kraft ist, des *U. S.-Israel Free Trade Area Agreement* (1985) und des *Andean Trade Preference Act* (1992) fallen von ihrem Umfang her nicht weiter ins Gewicht. Sie machten 1999 weniger als ein Prozent der Gesamteinfuhr aus.

43 Vgl. dazu die Aufsätze, die Bhagwati unter dem Titel »Free Trade Areas Are Not Free Trade!« in seinem Sammelband von 1998 wieder abgedruckt hat (S. 269-312). Nach Bhagwati drücken sich in dieser handelspolitischen Kehrtwendung die Interessen eines »selbstsüchtigen Hegemons« aus. NAFTA und ähnliche Handelsverträge werden von seiten der USA dafür benutzt, die Kosten ihrer »Billigkonkurrenten« über Sozial- und Umweltschutzvorschriften zu erhöhen. Anders als in der multilateralen Arena der WTO können die USA in ihrer Handelsvertragspolitik ihre wirtschaftliche Überlegenheit unmittelbar ausspielen.

44 Diesem Freihandelsabkommen muß der Kongreß noch zustimmen. Die Zustimmung gilt als sicher, weil der Wert des Handels mit Jordanien bislang weniger als 300 Mio. US-$ ausmachte und weil – sehr viel wichtiger – Jordanien im Rahmen der amerikanischen Nahost-Politik als Verbündeter gilt (*Office of the United States Trade Representative*, »The U. S. – Jordan Free Trade Agreement Fact Sheet«, 27. 10. 2000; »Labor Praises Social Agenda Of Trade With Jordan«, *New York Times*, 25. 10. 2000, S. C1 und C12). Anders als ursprünglich von Präsident Clinton geplant, bindet der Handelsvertrag mit China die chinesische Regierung weder an die UN-

Absatz 1 des Vertragsentwurfs gibt als Maßstab für Arbeitnehmerrechte die verschiedenen Regelwerke der *International Labor Organization* vor. Artikel 6 Absatz 2 verweist ausdrücklich auf das Problem eines *social dumping* in Handelsbeziehungen:

»The Parties recognize that it is inappropriate to encourage trade by relaxing domestic labor laws. Accordingly, each Party shall strive to ensure that it does not waive or otherwise derogate from, or offer to waive or otherwise derogate from, such laws as an encouragement for trade with the other party.«

Die Absätze 3 bis 5 betonen zwar zunächst die nationale Autonomie der Sozialpolitik, räumen dann aber den Vertragspartnern gegenseitige Überwachungsrechte für die Einhaltung von Sozialstandards ein, machen Vertragsverletzungen sanktionierbar und etablieren schließlich einen Mechanismus, um die Überwachung zu koordinieren.[45] Das Freihandelsabkommen mit Jordanien ist das erste Vertragswerk überhaupt, das der Einhaltung von Sozialstandards einen zentralen Stellenwert einräumt.[46]

Menschenrechtskonvention noch an die ILO-Konventionen. Entsprechende Zusätze, die zunächst von Abgeordneten im Repräsentantenhaus und dann von einzelnen Senatoren in den Gesetzgebungsprozeß eingebracht wurden, fanden keine Mehrheiten (*New York Times*, »Senate Votes to Lift Curbs on U.S. Trade with Bejing: Strong Bipartisan Support«, 20.9.2000, S. A1 und A12).

45 Die USA haben von den acht wichtigeren Konventionen der ILO nur zwei – die Abschaffung von Kinderarbeit und die Abschaffung von Zwangsarbeit – ratifiziert. Weder die Konventionen, die die Gewerkschaftsrechte von Arbeitnehmern festschreiben (Konv. 87 und 98), noch die Antidiskriminierungskonventionen (Konv. 100 und 101) wurden von den USA übernommen, und dementsprechend können sich amerikanische Arbeitnehmer auch auf diese Konventionen nicht berufen. Jordanien hat von diesen acht Konventionen sieben ratifiziert. Die Ausnahme ist Konv. 87 über die Vereinigungsfreiheit und Kollektivverhandlungen. Vor diesem Hintergrund hätte Jordanien mehr Grund als die USA, auf die Einhaltung von Sozialstandards zu drängen. Die Nichtratifizierung der ILO-Konventionen hat die USA aber nicht daran gehindert, ein aktives Mitglied der ILO zu sein. Das gilt ganz besonders für die Arbeitgebervertreter, die ja aufgrund der korporatistischen Struktur der ILO in dieser Einrichtung über einen eigenen Einfluß verfügen (Power 1968). Die Nichtratifizierung wird mit der föderalen Struktur der USA erklärt. Es gibt kein einheitliches Arbeitsvertragsrecht, und in den Einzelstaaten sind z.T. Gesetze in Kraft, die es Arbeitnehmern sehr schwer machen, sich gewerkschaftlich zu organisieren (Sørenson 1952; Rogers 1990).

46 Diese Aussage ist insofern nicht ganz richtig, als *Public Law* 106-200 vom 18.5.2000 die Handelsvertragspolitik des Präsidenten mit 48 afrikanischen

Drittens ist ein großer Teil des grenzüberschreitenden Handels eine Transaktion zwischen Teilen ein und desselben Unternehmens. Die wachsende Bedeutung der amerikanischen multinational operierenden Unternehmen hat dazu geführt, daß ein immer größer werdender Teil des internationalen Handels der USA faktisch *intra-firm*-Handel ist (Coldwell/Reid 1998). Ein Drittel aller US-Exporte von Gütern und mehr als zwei Fünftel aller Importe von Gütern fanden 1994 innerhalb eines Unternehmens statt (Zeile 1997). Im Unterschied zu echten transnationalen Markttransaktionen ist ein *intra-firm*-Handel sehr weitgehend von Konkurrenzverhältnissen, Veränderungen von Preisen und Wechselkursen und der allgemeinen wirtschaftlichen Situation des Ziel- bzw. Gastlandes unabhängig. Es ist also nicht, zumindest nicht unmittelbar, der Markt, der diesen Teil des internationalen Handels bestimmt, sondern es sind zunächst einmal unternehmensinterne Entscheidungen.

Intra-firm-Handel bedeutet eine Internalisierung und damit die Ausschaltung transnationaler Marktrisiken. Diese Transaktionen stellen keine Beziehung zwischen unabhängigen Marktteilnehmern her, sondern sind gewissermaßen eine Familienangelegenheit. Der *intra-firm*-Handel ist auch eine Möglichkeit, wie sich Unternehmen vor den Risiken einer interventionistischen, situationsgebundenen und opportunistisch ausbeutbaren

Staaten und den 24 Staaten der Karibik an die Verpflichtung dieser Staaten auf die ILO-Konvention Nr. 182 – Abschaffung von Kinderarbeit – bindet. Dieses Gesetz ermächtigt den Präsidenten zum Abschluß von Handelsverträgen, ist aber als solches noch kein Handelsvertrag. In diesem Zusammenhang ist allerdings auch darauf hinzuweisen, daß die *International Trade Commission* in verschiedenen Fällen die Existenz einer Arbeitslosenversicherung in einem Exportland als unzulässige Subvention eines Importgutes behandelt hat, auf die mit der Verhängung eines höheren Zollsatzes reagiert werden kann. In den 1980er Jahren verhängte die *International Trade Commission* u.a. wegen der kanadischen Arbeitslosenversicherung Gegenzölle auf die Einfuhr von Reifen der *Michelin Tires Company of Canada* und auf die Einfuhr von kanadischen Fischen. Die Verfahrensregeln der ITC bei *anti-dumping*- und Straf- bzw. Gegenzollverfahren schreiben vor, daß die Leistungen der amerikanischen Arbeitslosenversicherung bei der Feststellung der »Tatsache« einer »unfairen« Subventionierung ausländischer Produzenten n i c h t in Betracht gezogen werden dürfen (Rugman/Anderson 1987: 43 und 46). Hier wird also offensichtlich mit verschiedenen Maßstäben gemessen.

Handelspolitik schützen können.[47] Es ist deshalb kein Zufall, daß dem amerikanischen *intra-firm*-Handel eine besonders große Bedeutung in der Außenwirtschaft mit jenen Ländern zukommt, mit denen sich die USA regelmäßig in Handelskonflikte verstricken. Im Durchschnitt der Jahre 1983 bis 1994 machte der *intra-firm*-Handel zwischen Japan und den USA 72 % des Handels mit Gütern aus, der mit Deutschland 55 %. In beiden Ländern ist in diesem Zeitraum der Anteil des *intra-firm*-Handels angestiegen: mit Japan von 68 auf 77 %, mit Deutschland von 52 auf 63 % (Doremus u. a. 1998: 123). *Intra-firm*-Handel bedeutet für die betroffenen Firmen, daß ein großer Teil ihrer b e t r i e b l i c h e n Außenwirtschaft mit den klassischen Instrumenten der nationalen Handelspolitik – Zölle, Schutz- und Ausnahmeregeln, Strafzölle und *anti-dumping*-Verfahren – nicht beeinflußt werden kann und aus Unternehmersicht auch nicht beeinflußt zu werden braucht. Im Gegenteil kann davon ausgegangen werden, daß *intra-firm*-Handel von Unternehmen eingesetzt wird, um erst gar nicht mit den Einrichtungen der Handelspolitik in Konflikt zu geraten (Bonturi/Fukasaku 1993).[48]

Für die betroffenen Staaten hat *intra-firm*-Handel den nicht zu unterschätzenden Vorteil, daß er, was die bestehende Einkommensverteilung betrifft, weitestgehend neutral ist. Anders als bei Handel *at arms-length* können hier möglicherweise sehr unterschiedliche Wohlfahrtsstaatswelten gar nicht erst aufeinander prallen. Entsprechend geringer ist die Gefahr, daß sich die absoluten Unterschiede in Lohnkosten als Druck auf die Löhne bemerkbar machen.

Zusammenfassend kann festgehalten werden, daß die amerikanische Handelspolitik in ihrer institutionellen Struktur und

47 Destler/Odell (1987) behandeln den nicht sehr wirkungsvollen, aber nichtsdestotrotz bestehenden Widerstand von amerikanischen Unternehmen gegen den erratischen, »kontingenten« Protektionismus, der vor allem vom Kongreß in die amerikanische Handelspolitik getragen wird.

48 Z. B. sind die Preise des *intra-firm*-Handels keine Markt-, sondern von Unternehmenseinheiten festgelegte Transferpreise. Sie können so festgelegt werden, daß möglichst wenig Steuern und Zollabgaben fällig werden – und stellen deshalb die Finanzverwaltungen vor erhebliche Probleme. Außerdem haben gerade die USA aufgrund des großen Umfangs des *intra-firm*-Handels große Probleme, nur solche Produkte mit Strafzöllen zu belegen, die echte Importe darstellen und damit auch allein das Exportland treffen.

auch in ihrer Steuerung anders gestaltet ist als etwa die der EU oder Japans. Jeder Liberalisierungsschritt genauso wie die Offenheit der Nachfrage- und der Angebotsmärkte insgesamt steht in den USA unter dem Vorbehalt einer immer wieder neu zu organisierenden kompensierenden Sozialpolitik und einer intervenierenden Handelsschutzpolitik. Politisch wirksam mit dem Ziel einer Beeinflussung der außenwirtschaftlichen Verhältnisse wird dieser Vorbehalt in Situationen, in denen sich größere Gruppen der Bevölkerung Beschäftigungs- und Einkommensverlusten ausgesetzt sehen. Was bedeutet in diesem Zusammenhang die Sozialhilfereform des Jahres 1996, die als Übergang von *welfare* zu *workfare* gilt? Das läßt sich nur beurteilen, wenn wir die Aufmerksamkeit von der Sozialhilfe im engeren Sinne abwenden und uns den Veränderungen im weiteren Umfeld zuwenden, insbesondere der wachsenden »Steuersozialhilfe« für die *working poor*, die den ganzen Sozialh i l f e staat der USA neu fokussiert hat.

Eine neue Sozialpolitik:
Die negative Einkommenssteuer des EITC

Die zwei hauptsächlichen Formen einer wohlfahrtsstaatlichen Einkommensgarantie sind Sozialversicherung und Sozialhilfe. Die Sozialversicherungen sind regelmäßig beitragsfinanziert, schließen unmittelbar an den Arbeitsvertrag an, und sie orientieren sich an der Erhaltung des Lebensstandards bei vorübergehendem oder endgültigem Ausscheiden aus dem Erwerbsleben. Die Leistungen der Sozialhilfe sind von einer eigens festgestellten Bedürftigkeit abhängig und sollen ein sozial definiertes Existenzminimum sichern.

Beide Sicherungsformen haben viel von ihrer ursprünglichen Legitimität und Rationalität verloren. Unter dem kombinierten Einfluß demographischer Verschiebungen im Altersaufbau der Bevölkerungen in den entwickelten Wohlfahrtsstaaten und des Wandels der Arbeitsmärkte – Arbeitslosigkeit, flexible und unsichere Beschäftigungsformen – sind Sozialversicherungen zu gleichermaßen teuren und schwerfälligen Einrichtungen geworden. Teuer, weil sie als Lohnnebenkosten erheblich zu Buche schlagen können, und schwerfällig, weil sie als Besitzstände großer Be-

Abbildung 3.9: Ausgaben des US-Bundesstaates für AFDC[1] *(TANF) und EITC, 1980-2001*[2] *(in Mrd. US-$)*

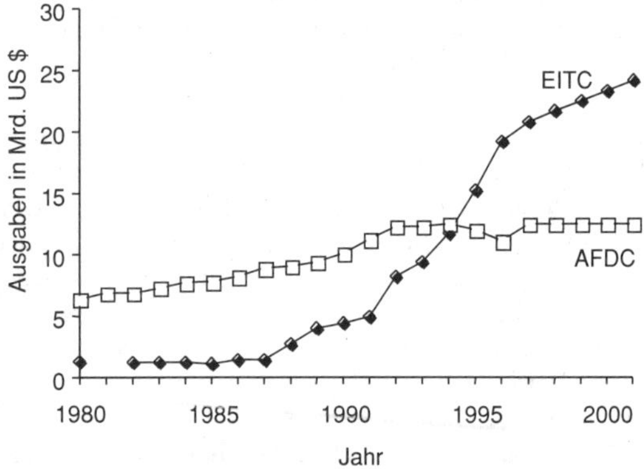

Anmerkungen: [1] Ab 1997 erfolgen die Bundeszahlungen im Zuge der Einführung der *Temporary Assistance for Needy Families* als *Block Grant* und ersetzen die Ausgaben für die Programme AFDC, *Emergency Assistance for Needy Families* (EA) und *Job Opportunities and Basic Skills Development* (JOBS). Die Höhe der Zahlung bestimmt sich nach der großzügigsten folgender Möglichkeiten: Durchschnittliche Ausgaben der Jahre 1992-94, Ausgaben 1994 oder Ausgaben 1995. Insgesamt belaufen sich die *Block Grants* für AFDC, EA und JOBS in den Jahren 1997-2002 auf 16,6 Mrd. US-$. Die Ausgaben für AFDC allein wurden nicht näher beziffert, daher wird in der Grafik für die Jahre ab 1997 vereinfachend der Wert von 1994 fortgeschrieben. Die Ausgaben für AFDC enthalten weder die Ausgaben der Einzelstaaten noch die Verwaltungskosten. [2] Bei den Zahlen für 1997-2001 handelt es sich um Voranschläge.
Quelle: Green Book (1998: 1357, Tab. 1-5.; 1359, Tab.1-6. für EITC; 411, Tab. 7-4.; 503 ff. für AFDC bzw. TANF).

völkerungsgruppen durchgreifende innere Reformen kaum zulassen und gegenüber einem Umbau des Wohlfahrtsstaates insgesamt – von staatlicher zu marktlicher Produktion sozialpolitischer Güter – weitgehend resistent sind.[49] Sozialhilfeprogramme können insofern kontraproduktiv sein, als sie einmal als Armuts-

49 Zu diesen beiden Problemen der Sozialpolitik im entwickelten Wohlfahrtsstaat und ihrem inneren Zusammenhang vgl. Rüthers (1996), Pierson (1994, 1998) und Rieger (1998a). Zu den Grenzen dieser Argumentation vgl. Leibfried/Leisering u. a. (1995), Leisering/Leibfried (1999) und Leisering/Walker (1998).

fallen wirken und ihre Klienten in ihrem Status fixieren, anstatt sie in Arbeitsmärkte zu integrieren, und dann weil sie durch ihre Leistungen als *disincentives* wirken und damit die Funktionsfähigkeit von Arbeitsmärkten untergraben. Die oben skizzierte grundlegende Revision einiger amerikanischer Sozialhilfen wurde mit eben solchen Argumenten begründet und politisch durchgesetzt.

Wie Abbildung 3.9 zeigt, ist das AFDC als eines der bislang wichtigsten Sozialhilfeprogramme inzwischen durch ein Maßnahmesystem überlagert worden, mit dem ein neuer Weg in der Sozialpolitik beschritten wird. Der *Earned Income Tax Credit* (EITC) ist eine ausschließlich bundesstaatlich finanzierte[50], landesweit einheitlich festgesetzte negative Einkommenssteuer (Howard 1993, 1997; Green Book 2000: 808–812; Haveman/Wolfe 1998). Allerdings, wie der Name schon anzeigt, sind seine Leistungen auf Arbeitnehmer beschränkt. Bis 1994 war das EITC auf Arbeitnehmerfamilien mit Kindern begrenzt. Der Schwerpunkt der Zuwendungen liegt aber weiterhin auf Familien. Das EITC zielt auf die Beseitigung der »Armutsfalle« und wird heute als primäres Instrument der *work first*- und *making work pay*-Strategie (Lerman 1999: 231-234) angesehen. Wenn das Arbeitseinkommen einen bestimmten Satz unterschreitet, schießt das Finanzamt Einkommen zu, was auf eine Art von »Finanzamts-Kombilohn« hinausläuft. Der Arbeitgeber wird insofern direkt subventioniert, als er seinen Sozialversicherungsbeitrag dem bei ihm Beschäftigten, wenn dieser Anspruch auf EITC hat, direkt zukommen läßt und damit der Staat bzw. die Sozialversicherungskasse auf diese Einnahmen verzichtet.[51]

50 Alle anderen auf Geldleistung zielenden Armutsprogramme, die sich mit dem Arbeitsmarkt überschneiden könnten, beruhen auf einer Mischfinanzierung von Bund und Einzelstaaten.

51 Der an das IRS (*Internal Revenue Service*) abzuführende Sozialversicherungsbeitrag beträgt seit 1998 15,3 % und ist hälftig vom Arbeitgeber und Arbeitnehmer zu tragen. Bei einem jährlichen Durchschnittseinkommen von 27 583 US-$ beträgt der Arbeitnehmeranteil 2 110 US-$. Bei 50% dieses Durchschnitts, der Armutsgrenze, beträgt diese Beitragslast 1 055 US-$. Auf diesen Betrag zielen die vom IRS angesprochenen 100 US-$ monatlich zusätzlich in der Lohntüte des Arbeitnehmers, die in Übersicht 3.2 (S. 236) angesprochen werden (Zahlenangaben für 1997: *Congressional Research Service, The Library of Congress*: *CRS Report for Congress* (94-27 EPW), Social Security: Brief Facts and Statistics, Updated May 1, 1998; http://concordcoalition.org/entitlement/crs050 198.html – 8. 7. 00).

Übersicht 3.2: EITC-Benachrichtigung an Arbeitgeber

»Are you interested in providing your employees the benefit for increased take home pay at virtually no cost to your enterprise? The Internal Revenue Service (IRS) has a program called the Advance Earned Income Tax Credit (Advance EITC) that does just that. Employees can get extra money in their paychecks rather than having to wait until they file their tax return.

This is how it works. You make the advance payments to your employees from the employment taxes you would normally deposit or send to the IRS. The amount is paid to the employees – with no income tax withheld. You then claim the amount as a timely payment on your quarterly employment tax form (Form 941).

Signing up for the Advance EITC payment is easy. All your employees need to do is give you a Form W-5, *Earned Income Credit Advance Payment Certificate*. You do not need to send Form W-5 to IRS. Just keep the form on file.

Over 15 million workers may qualify for this paycheck ›boost‹. To qualify for Advance EITC, working parents or grandparents must have at least one qualifying child and their annual income for 2000 must be less than approximately $ 27 000, or less than approximately $ 31 000 with two or more qualifying children. For many workers receiving the Advance EITC each paycheck can make a difference in buying groceries, paying rent, and meeting other daily needs. For example, an employee who earns minimum wage would see their take home pay increased by over $ 100 each month«.

Quelle: Tax Information for Business, EITC Information for Employers – IRS (http://www.irsustreas.gov/prod/bus_info/eit-emp.html – 14. 6. 00).

Übersicht 3.2 gibt wieder, wie die amerikanische Finanzbehörde bei den Arbeitgebern dafür wirbt, ihren Beschäftigten das EITC zugänglich zu machen.

In den USA werden also systematisch Löhne subventioniert, so wie es erstmals in der Grafschaft Speenhamland in England an der Wende vom 18. zum 19. Jahrhundert in großem Maßstab mit den damals üblichen Instrumenten sozialer Sicherung geschah (Polanyi 1978 [1944]: 113-147). Speenhamland wurde aber als katastrophaler Fehlschlag bewertet, weil diese Sozialpolitik dazu führte, daß die bereits kontinuierliche Abwärtsbewegung der Löhne in einen freien Fall überging. Die Arbeitgeber wußten, daß die Lücke zwischen Lohn und Existenzminimum von der öffentlichen Hand aufgefüllt wird, und kürzten deshalb die Löhne noch schneller (Blaug 1963; Stadermann 1995). In den USA wird versucht, diesen Effekt der öffentlichen Lohnsubventionierung durch eine Mindestlohngesetzgebung auszuschalten. Der gesetzlich vorgeschriebene Mindestlohn wurde deshalb seit dem Amtsantritt von Präsident Clinton gleichzeitig mit der Ausdehnung des EITC erhöht. Trotzdem kann davon ausgegangen werden, daß die beachtlichen Reallohnsenkungen, die große Teile der amerikanischen Beschäftigten in den letzten anderthalb Jahrzehnten hinnehmen mußten, auch durch diese Lohnsubventionierung mit gestützt worden sind: Der gesetzliche Mindestlohn liegt nämlich in der Regel so niedrig, daß ein damit erreichtes Einkommen auch für einen alleinstehenden Beschäftigten nicht ausreicht, um über die Armuts- bzw. Sozialhilfeschwelle zu kommen.[52]

Das EITC wurde erstmals 1974 unter Präsident Richard Nixon eingeführt und war damals noch ein kleines, recht unscheinbares Programm, nachdem der sozialpolitisch gesehen revolutionäre Hauptbestandteil, die Familienbeihilfen, vom Kongreß abgelehnt wurde (Moynihan 1973; Burke/Burke 1974; Patterson 1996: 720). Es verzeichnete seit der zweiten Hälfte der 1980er Jahre sein größtes Wachstum, beschleunigt vor allem durch drei große Novellen seit 1986 (Green Book 1998: Anhang K). In den USA ist EITC, betrachtet man die Empfängerzahlen, seit längerem zum größten Sozialhilfeprogramm überhaupt aufgestiegen, wobei die Leistungen des EITC – als Lohnzuschläge – allerdings pro Empfänger deutlich niedriger ausfallen als etwa beim AFDC/TANF. Im monatlichen Durchschnitt des Jahres

52 Das bundesstaatliche Mindestlohngesetz erstreckt sich auf alle Unternehmen mit einem Umsatz von mehr als 500 000 US-$. Kleinere Unternehmen fallen dann unter dieses Gesetz, wenn sie staatenübergreifend tätig sind oder ihre Produkte die Staatsgrenzen überschreiten und dabei ihre Beschäftigten entsprechende Transport- und Kommunikationsmittel benutzen (*interstate commerce*). Außerdem fallen die Arbeitsbedingungen aller Beschäftigten in bundesstaatlichen, staatlichen und kommunalen Einrichtungen einschließlich der Krankenhäuser und Schulen unter dieses Gesetz. Der größte Teil der Staaten hat eigene Mindestlohngesetze. Sind deren Sätze höher, haben sie Vorrang vor den bundesstaatlichen Standards. Wenn deren Sätze niedriger sind, gelten sie nur für Beschäftigungsverhältnisse, die nicht unter das Bundesgesetz fallen. In Kalifornien liegt der Mindestlohn bei 5,75 US-$, in Massachusetts bei 6,25 US-$, in New Mexico bei 4,25 US-$, in Georgia bei 3,25 US-$, in Kansas bei 2,65 US-$ und in Wyoming bei 1,60 US-$. Die Angaben entsprechen dem Stand vom 1. 1. 2000.

1994 hatte es 54 Mio. Leistungsempfänger, gegenüber 34 Mio. bei der bedürftigkeitsgeprüften Krankensozialhilfe – *Medicaid* –, 14 Mio. beim AFDC und nahezu 29 Mio. bei der Nahrungsmittelhilfe *Food Stamps* (alle Angaben nach U.S. Census Bureau 1996: 371). Wie Abbildung 3.9 (S. 234) zeigt, liegt der Bundesaufwand für das EITC seit 1993 über dem für AFDC und später TANF. Diese Schere hat sich immer weiter geöffnet.

Im Süden der USA, dem traditionellen Niedriglohngebiet, erhielten 1992 16,6% aller Steuerpflichtigen EITC-Leistungen, wobei sich der jährliche Durchschnitt auf 954 US-$ belief. Im Nordosten erhielten acht Prozent der Steuerpflichtigen Leistungen (865 US-$), im Mittleren Westen zehn Prozent (890 US-$) und im Westen elf Prozent (895 US-$) (Myles/Pierson 1997: 463). Zwischen 1989 und 1998 wurden die EITC-Leistungen für Familien mit einem Kind um 90% und mit zwei und mehr Kindern um 214% erhöht, verstärkt noch durch vier sukzessive Anhebungen des Mindestlohns in diesem Zeitraum (1990: 3,35 US-$, 1997: 5,15 US-$). Insgesamt erhöhte sich allein aufgrund dieser Maßnahmen das Einkommen einer Alleinerziehenden mit einem Kind um 26% und mit zwei Kindern um 40% (Blank 2000: Tabelle 2).[53]

Obwohl die (nicht nur politische) Stimmung allgemein gegen Sozialpolitik, und vor allem *welfare*, eingestellt war (Gilens 1999), entging EITC nicht nur den einschneidenden größeren (Sozialhilfe) und kleineren Reformschnitten (Sozialversicherung).[54] Das EITC wurde, ganz im Gegenteil, schrittweise, zuletzt mit einem deutlichen Sprung 1993, ausgebaut, so daß man insoweit von einer Entwicklung gewissermaßen vom *welfare*

53 Meyer/Rosenbaum (1999) führten jüngst etwa die Hälfte des deutlichen Anstiegs in der Arbeitsmarktteilnahme alleinerziehender Mütter, der zwischen 1984 und 1996 festzustellen ist, auf die Erweiterung des EITC zurück. Während solche »Sogeffekte« kaum strittig sind, gilt anderes für die nur langsame Zunahme der Zahl der Arbeitsstunden bzw. die Verbesserung der Jobs selbst (Schelkle 1999: 51f.).

54 Auch hier sind allerdings erste öffentliche Auseinandersetzungen um betrügerische Inanspruchnahme festzustellen, die dieses Programm, das bislang *fool-proof* schien, umstritten gemacht haben und gefährden (Blank 1997: 113f.; nähere Nachweise bei Schelkle 1999: 54). »The [crucial] question being whether assessing the eligibility via tax declarations is inherently more fraud prone than the old-fashioned way of assessment by caseworkers« (ebd.: 54).

zum *workfare state* sprechen kann.[55] Die entsprechenden Gesetzesinitiativen wurden von republikanischen und demokratischen Abgeordneten gemeinsam getragen. Etwaige partei- bzw. interessenpolitische Unterschiede lassen sich nicht ausmachen, auch deshalb nicht, weil die Programmausweitungen jeweils Bestandteil umfangreicher *package deals* waren. Die politische Funktion des EITC-Ausbaus läßt sich daran ablesen, daß die Erweiterungen immer im Gleichschritt mit Steuersenkungen erfolgten, die die Besitz- und Mittelklassen begünstigten (Myles/Pierson 1997). Der klassische Südstaaten-Vorbehalt in der politischen Unterstützung der Entwicklung und des Ausbaus von Sozialleistungen läßt sich für das EITC gerade nicht ausmachen. Ganz anders als die Mindestlohngesetzgebung, die entsprechend umstritten ist (Schelkle 1999: 58, mit Fn. 98 und 40 sub 4), tastet das EITC auch die regional unterschiedlichen Lohnniveaus nicht an, sondern garantiert sie zumindest indirekt.

Es sind vor allem fünf Umstände, die dem EITC besondere Einführungschancen gaben und ihm ein höheres Maß an Verträglichkeit mit den neuen betrieblichen und wirtschaftlichen Wettbewerbsverhältnissen verleihen:

• Zuerst ist die sozialpolitische Effektivität zu nennen. *Disincentives*, also Anreize, den Lebensunterhalt außerhalb des Arbeitsmarktes über den Wohlfahrtsstaat zu bestreiten, sind definitionsgemäß ausgeschlossen: Voraussetzung für den Empfang dieser Leistung ist das Bestehen eines Arbeitsverhältnisses.[56] Die

55 Charakteristisch für das EITC ist, daß seit 1975 eine anhaltende und ununterbrochene Ausweitung der Reichweite bei den zu ergänzenden Arbeitseinkommen, der Erhöhung des Leistungsniveaus und des Adressatenkreises festzustellen ist (Green Book 1998: Tabelle 13-12). Das steht im völligen Gegensatz zur sonstigen Entwicklung der amerikanischen Sozialpolitik.

56 Auch die Mindestlohngesetzgebung knüpft am Arbeitsverhältnis an. Dieses Instrument hat in der angloamerikanischen Rechtstradition deshalb eine so große Bedeutung, weil es dort historisch und weitgehend auch aktuell an entsprechende Funktionen erfüllenden allgemeinverbindlichen Tarifverträgen fehlt. Auch beim Mindestlohn sind beachtliche Erhöhungen festzustellen, nachdem die Sätze über Jahrzehnte stagnierten und damit durch die Inflation die armutsrelevante Bedeutung der Mindestlohngesetzgebung immer weiter eingeschränkt worden war (vgl. Blank 1997: xvii und 114ff.; 2000: 16ff.). Die letzte Anhebung erfolgte nicht zufällig 1996 – gewissermaßen »ein Wink mit der Karotte« – noch kurz vor der Sozialhilfereform. Der Mindestlohn wurde in zwei Schritten von 4,25 US-$

amerikanische Version der negativen Einkommenssteuer enthält gerade k e i n e Elemente eines »garantierten Mindesteinkommens« für a l l e Bürger unabhängig vom aktuellen oder früheren Beschäftigungsverhältnis.[57]

• Weiter werden durch dieses Instrument – anders als beim Mindestlohn – die Arbeitgeber nicht direkt belastet, ist also eine Neutralität dieser Leistungen, was die Lohnkosten betrifft, die regional stark variieren, gewährleistet.

• Ferner ist die sozialpolitische Effizienz anzuführen. Das EITC ist technisch relativ einfach zu organisieren, weil es ein Teil der Bundesfinanzverwaltung ist.[58] Anders als bei anderen Sozialhilfen unterbleibt die (personal-)aufwendige Überwachung der persönlichen Lebensführung. Der vergleichsweise geringe Aufwand an Budgetmitteln – 1994 schlugen allein die Kosten der Nahrungsmittelhilfe mit über 27 Mrd. US-$ zu Buche – gefährdet weder das Ziel eines ausgeglichenen Staatshaushalts, noch steht er dem Ziel eines »schlanken« Staates entgegen.

• Weiter läßt sich das EITC unmittelbar mit einer leistungs- und wettbewerbsorientierten Betriebsorganisation verknüpfen. Diese Organisation verspricht in der neuen globalen Konkur-

auf 5,15 US-$ erhöht. In realen Werten liegt der Mindestlohn damit allerdings immer noch 19% unter dem Stand von 1979 (J. Bernstein 1999: 1). Da beim Mindestlohn, anders als beim voll lohnsubventionierenden EITC, der Arbeitgeber alle »Kosten« trägt, sind die Beschäftigungseffekte immer umstritten (ebd.: 115). Außerdem sind die regionalen Unterschiede beträchtlich, nicht zuletzt aufgrund der traditionellen Südstaatenvorbehalte gegen die Verteuerung der Niedriglöhne.

57 Der »Arbeitsbezug« macht dieses Modell auch für die deutsche Politik interessant (Zukunftskommission 1998: 223-268; Scharpf 1995; Paqué 1999a), wie die Diskussion um den Niedriglohnbereich im Bündnis für Arbeit 1999 gezeigt hat. Damit verbindet sich jedoch in den USA eine Politik, die für N i c h t arbeitende k e i n e öffentliche Garantie des Existenzminimums mehr abgeben will. In Deutschland dürfte eine derartige Politik auf einen sehr viel stärkeren politischen und auch verfassungsrechtlichen Widerstand treffen. Da in Deutschland eine effektivere u n d sicherere allgemeine Grundsicherung durch die Sozialhilfe besteht, könnte hier eine beschäftigungsabhängige Zusatzsicherung eine größere Wirksamkeit entfalten (Leibfried u. a. 1998; Schmähl 1999, 2000).

58 Etwa zehn Einzelstaaten stocken das EITC, insbesondere seit der zweiten Hälfte der 1990er Jahre, aus eigenen Mitteln und in eigener Verwaltungsregie auf (Blank 2000: 10; Johnson/Lazere 1998: 9-10), um auf diese Weise auch von ihren Steuern entsprechende Nachlässe – bzw. zusätzlich Zuschüsse – gewähren und *make work pay* zusätzlich fördern zu können.

renz um so wirksamer zu sein, je weniger die Sozialpolitik Arbeitnehmern *exit*- und *voice*-Optionen gegenüber Entscheidungen der Betriebsführung einräumt, und je stärker die Anreizmechanismen betrieblicher Steuerung wirken können (Ramaswamy 1994).

• Schließlich ist das EITC eine weniger sichtbare – und damit weniger gefährdete – Sozialleistung. Nur ein Teil ist tatsächlich ausbezahlte Sozialleistung; die Hauptlast sind nicht bezahlte Einkommenssteuern und Sozialversicherungsbeiträge. Das EITC macht sich also weniger auf der Ausgaben- als auf der Einnahmenseite des Staatshaushalts bemerkbar (Blank 1997: 114). Das EITC ist also finanzwirtschaftlich weitgehend verdeckt, auch im Blick auf die allgemeine Steuerlast der Wirtschaft bzw. der Arbeitnehmer.

Für die Handelspolitik, genauer den handelspolitischen Spielraum der amerikanischen Regierung bedeutet das EITC jedoch, daß der innenpolitische Protektionsdruck nicht verringert, sondern im Gegenteil erhöht wird. Diese Form von Sozialpolitik entlastet die Handelspolitik nicht, sondern stellt noch mehr ihre wahrscheinlichen Beschäftigungswirkungen in den Mittelpunkt der Innenpolitik. Jede negative Veränderung des Arbeitsmarktes, die irgendwie mit einer Veränderung der außenwirtschaftlichen Verhältnisse in Verbindung gebracht werden kann, übersetzt sich unmittelbar und sehr wirkungsvoll in Forderungen nach handelspolitischer Intervention, weil das EITC eben vornehmlich keine Einkommense r s a t z leistung ist.[59] Wie die Import- und Exportzahlen zeigen, hat der Umfang der amerikanischen Außenwirtschaft in einem Maße zugenommen, daß in so gut wie allen betrieblichen Verhältnissen internationalen Faktoren ein entscheidender Stellenwert eingeräumt werden muß. Das enorme Handelsbilanzdefizit, das schon immer als »Beweis« für eine übermäßig generöse Importpolitik gilt, wird unter diesen neuen sozialpolitischen Bedingungen noch mehr, als es bereits bisher der Fall war, zu einem außenwirtschaftspolitischen Handicap. Daß dieses Handelsbilanzdefizit von den Nettozuflüssen ausländischen Kapitals mehr als ausgeglichen wird, fällt innenpolitisch

59 Einkommensersatz leistet das EITC nur bei Einkommen, die so n i e d r i g sind, daß sie in seinen Wirkungsbereich fallen. Sofern das gesamte Einkommen entfällt, kann das EITC naturgemäß keinen Ersatz leisten.

sehr viel weniger ins Gewicht. Das hängt wahrscheinlich auch damit zusammen, daß die positiven Beschäftigungswirkungen ausländischer Direktinvestitionen eng begrenzt sind. Zwischen 1977 und 1991 erhöhte sich der Anteil der Arbeitnehmer, die in Betrieben mit ausländischen Eigentümern beschäftigt sind, von 1,7 auf 5,3 %. Bis 1997 ging dieser Anteil auf 4,9 % zurück, während sich der Output dieser Betriebe von 1991 bis 1997 von 5,8 auf 6,2 % der Gesamterzeugung erhöhte (Zeile 2000: 141, 146). Außerdem wurde bereits in den 1970er Jahren bemerkt, daß die neuen Arbeitsplätze nicht in Bereichen der Wirtschaft entstanden, die einem vergrößerten Importdruck ausgesetzt sind, sondern in jenen, in denen es entweder aufgrund des technologischen Fortschritts (noch) keinen außenwirtschaftlichen Wettbewerb gibt, oder die außenwirtschaftlich weniger verwundbar sind, also in den Dienstleistungen (Eckes 1995: 217).

III. Ausblick

Ein Blick auf die USA kann helfen, die Diskussion über Sozialpolitik und Wohlfahrtsstaat in Deutschland in eine andere Perspektive zu stellen und sie zu bereichern. Als ein erstes Ergebnis kann festgehalten werden, daß sich die Wirkungen der staatlichen Sozialpolitik, was die Funktionsfähigkeit und die Dynamik einer außenwirtschaftlich offenen Marktwirtschaft betrifft, einer eindeutigen Kalkulation bereits aus strukturellen Gründen entziehen. Sozialpolitikreform, auch wenn sie wie im amerikanischen Beispiel zu einer effektiveren Armutsverhinderung führt, kann trotzdem oder gerade deswegen dazu führen, daß die Handelspolitik, und nicht die Sozialpolitik, als Mittel eines wirksamen Sozialschutzes angesehen wird. In den USA wurde der Protektionismus im letzten Jahrzehnt verschärft und die unilateralen Instrumente werden zu Lasten der Einbindung in ein multilaterales System internationaler Handelspolitik ausgebaut. Bereits in den 1980er Jahren wurde festgestellt, daß sich in den USA die Kosten für ihr System kontingenter Protektion auf ein Vielfaches von dem belaufen, was sie zur Unterstützung des GATT-Sekretariats beitragen – von den Aufwendungen, die ausländische Firmen für Lobbyisten und Rechtsanwälte tragen müssen, weil ihre Importe auf die Tagesordnung des Kongresses geraten oder vor der ITC herausgefordert werden, ganz zu schweigen (Rugman/Anderson 1987: 45). Die amerikanische Handelspolitik wurde für ihre Partner sehr viel weniger berechenbar. Konkrete positive Ergebnisse für Beschäftigung und Löhne im US-Binnenmarkt unter gleichzeitigem Ausschluß jeglicher Gefährdung von Beschäftigung und Einkommen durch Importkonkurrenz sind ihr zentrales Rationalitätskriterium, nicht die Regeln und Verfahren einer internationalen Wirtschaftsordnung. »*Building Prosperity at Home*« ist das Prinzip der amerikanischen Außenwirtschaftspolitik.[60] Aus diesem Grund entschieden sich die USA in den Fällen anscheinend bedrohlicher Importkonkurrenz immer für ihre nationalen Verfahren, und nicht für das Verfahren, das Artikel XIX des GATT bereitstellt (Finger u. a. 1982). Von einer Orientierung an »bedingungslosem Freihandel« kann unter diesen Umständen nicht die Rede sein. Das genaue Gegenteil ist der Fall.

Die Handelspolitik stellt die Mittel bereit, den Austauschverkehr einer Volkswirtschaft über die Grenzen hinweg nach innenpolitischen und damit nach sozialpolitischen Gesichtspunkten planmäßig zu begünstigen oder zu hemmen. Über die Vernunft oder Unvernunft dieser Pläne ist damit aber noch nichts ausgesagt. Der Handelspolitiker ist genauso wie der Sozialpolitiker ein Berufspolitiker mit einem Vierjahresvertrag, der allein einem nationalen Publikum verantwortlich ist und dessen weiteres Berufsschicksal auch ganz allein von diesem Publikum abhängt. Deshalb kann und wird auch immer wieder die Außenwirtschaft sozialpolitisch reguliert werden. Dies gilt für die USA in besonderem Maße.

Außerdem gibt die Beschreibung der Struktur und der Politik des Wohlfahrtsstaates Hinweise darauf, welche Art von Handelspolitik in ihm überhaupt möglich ist und an welche zusätzlichen Bedingungen die Öffnung von Nachfragemärkten gebunden werden kann, um dieses Ziel zu erreichen. Der real existierende Wohlfahrtsstaat ist eine kritische Variable für die Wahrscheinlichkeit kontraproduktiver Verhaltensände-

60 »*Building Prosperity at Home*« lautet eine Zwischenüberschrift in einer Rede, in der Charlene Barshefsky als Handelsbeauftragte von Präsident Clinton am 25. 9. 2000 vor dem *World Affairs Council* in Los Angeles eine Bilanz der Handelspolitik 1992-2000 zog (»Trade Policy 1992-2000: The Clinton Record and the Road Ahead« S. 4).

rungen seiner tatsächlichen und potentiellen Leistungsempfänger, wenn diese mit den Forderungen nach tiefgreifenden Anpassungsprozessen in ihren Betrieben konfrontiert werden. Negative Anreize gibt es aber auch in der Handelspolitik:

»The U. S. Farm and Steel Support Bill recently signed by the President included a unique steel provision that gives U. S. steel companies compensation from tariffs levied on foreign steel imports as a result of successful antidumping suits. This is a drastic departure from the typical protocol, where tariff revenues go to government coffers. At a time when the steel industry is reeling from poor pricing, this new legislation will add fuel to the rising tide of antidumping suits filed by steel companies against their foreign competitors« (Moreno 2000: 1).

Je leichter erreichbar die Instrumente protektionistischer Handelspolitik sind, desto größer ist die Wahrscheinlichkeit, daß nicht produktiv und zukunftsorientiert, sondern unproduktiv und gegenwartsorientiert auf die Entwertung des eigenen Humankapitals und die Gefährdung des sozialen Status reagiert wird. Den Beschäftigten und ihren Vertretern genauso wie dem Personal der Betriebsführung stellt sich die Frage, ob sie versuchen sollen, diese, nach ihrer Wahrnehmung von »Außen« und zu Gunsten von »Fremden« über sie hereinbrechenden Herausforderungen über die handelspolitische Schließung zu blockieren, oder ob sie darauf vertrauen, daß sie nicht nur in anderen, sondern auch in besseren Beschäftigungsverhältnissen zukünftig Einkommen erwirtschaften können. Die Einrichtungen des Wohlfahrtsstaates können ihnen dabei tatsächlich im Wortsinne dieses Risiko versichern (H.-W. Sinn 1995, 1996). In den USA verwenden Gewerkschaften wie Betriebe sehr viel Ressourcen auf ein handelspolitisches *Lobbying*, einmal um ihre Nachfragemärkte vor ausländischer Konkurrenz zu schützen, und dann, um sich an Angebotsmärkten sichere Absatzmöglichkeiten zu verschaffen. Um letzteres geht es bei der »ergebnisorientierten« Handelspolitik und dem *managed trade*, die das Kennzeichen der beiden Amtszeiten Bill Clintons waren. Der hohe Zufluß ausländischer Direktinvestitionen in die USA ist zu einem großen Teil auch dadurch verursacht, daß die Güter eben nicht so einfach dorthin exportiert werden können, sondern statt dessen in den USA produziert werden müssen, wenn man die amerikanischen Märkte bedienen will. Und der hohe Druck von Wanderungsbewegungen auf die Grenzen der USA kann auch damit erklärt werden, daß nicht genügend Handel zugelassen wird. Wenn die Güter die Grenzen nicht überschreiten können, dann kommen statt dessen die Menschen. Freihandel und faktische internationale Bewegungs- und Niederlassungsfreiheit verhalten sich komplementär zueinander (Dowty 1987; Wellisch/Walz 1998).

Auf der anderen Seite der Gleichung von Handels- und Sozialpolitik bestimmen die Strukturen der politischen Steuerung des Wohlfahrtsstaates sehr weitgehend darüber, ob und wie seine Einrichtungen in Reaktion auf die neuen wirtschaftlichen und insbesondere auch betrieblichen Verhältnisse verändert werden können. Auch hier ist wieder die Frage, ob versucht wird, diese Einrichtungen gegen den Anpassungsdruck zu bewahren, oder ob sie marktadäquat reformiert werden. Bei dieser Entscheidung sind erstens die Identität des Medianwählers, zweitens die Einrichtungen einer Gewaltenteilung einschließlich der föderalen Verfassungselemente und, drittens, das Gewicht der korporatistischen Einflußkanäle gegenüber denen der parlamentarischen Demokratie von kritischer Bedeutung.

Was das erste betrifft, geht es hauptsächlich darum, ob die Mehrheit der Wahlbevölkerung an Konsum oder an Erwerb interessiert ist, anders ausgedrückt: welche Rolle der Markt und damit Wettbewerb für ihre Lebenslage und ihre Lebenschancen spielen. Je größer die mit öffentlichen Mitteln zu befriedigende Konsumorientierung ist, also je größer der Anteil von Rentnern und anderen Versorgungsklassen einschließlich der Beschäftigten im öffentlichen Dienst im Verhältnis zu jenen ist, für die Marktchancen über ihre Lebenslage und ihr Berufsschicksal entscheiden, desto größer die Wahrscheinlichkeit, daß nicht die Zukunfts-, sondern die Gegenwartsinteressen das Parteiwahlkalkül bestimmen. Hier kann für die USA festgestellt werden, daß sie nach wie vor eine Arbeitnehmergesellschaft ist, für die Erwerbs- und damit Zugewinninteressen auch im Mittelpunkt der Parteienkonkurrenz stehen. Fast 70% der amerikanischen Bevölkerung stehen im Erwerbsleben – mit steigender Tendenz. Aufschlußreich für diese kulturell dominante Erwerbsorientierung ist auch, daß inzwischen der *Senior Citizens' Freedom to Work Act of 2000* verabschiedet wurde. Dieses Gesetz erlaubt es Arbeitnehmern, auch nach dem 65. Lebensjahr ihren Arbeitsplatz zu behalten, ohne dafür mit Leistungskürzungen bei ihrer

Altersrente bestraft zu werden.[61] Bei den Reformprojekten der Sozialpolitik spielt die Marktadäquanz der Einrichtungen sozialer Sicherung die zentrale Rolle: niedrige Lohnnebenkosten, keine negativen Leistungsanreize und größtmögliche Flexibilität für die Staaten und für die Betriebe bei der Steuerung der Sozialpolitik. In diesem Meinungsklima ist Sozialpolitik gegen den Markt weitgehend tabu. Statt dessen gehen die Anstrengungen dahin, Wege und Mittel zu finden, wie privatwirtschaftliche Interessen und marktwirtschaftliche Instrumente dafür genutzt werden können, soziale Ziele zu erreichen.

Bei dem zweiten Punkt, den Möglichkeiten eines politischen Widerspruchs, die von der Verfassung eingeräumt werden, geht es darum, ob das System der Willensbildung und Beschlußfassung darauf angelegt ist, schnell und mit durchschlagender Wirkung Entscheidungen treffen zu können, oder darauf, den Gesetzgebungsprozeß insofern zu verlangsamen, als über den Einbau gegenmajoritärer Elemente dem Widerspruch größtmögliche Geltung verschafft wird. Die beiden Gegenpole werden hier von der englischen und von der amerikanischen Verfassung verkörpert. Das *efficient secret* der englischen Verfassung ist die Fusionierung von Exekutive und Legislative (Bagehot 1928 [1872]: 9). Regierung und Verwaltung, also der Staat, sollen die Gesetze bekommen, die sie brauchen. Umgekehrt gibt die amerikanische Verfassung jedem der drei Gewaltenträger Mittel in die Hand, den Gesetzgebungsprozeß zu blockieren. Hier war die Idee leitend, lieber auf ein »gutes« Gesetz zu verzichten als mit der Massenproduktion »schlechter« Gesetze leben zu müssen (Hamilton u. a. 1993 [1787/88]: 434f.). Wie die Sozialpolitikreformen des letzten Jahrzehnts zeigen, haben die Vetomöglichkeiten dann keine besondere Bedeutung für einen effektiven Gesetzgebungsprozeß, wenn es um die Erreichung negativer Ziele geht: Deregulierung, Abschaffung und Einschränkung von Leistungsgesetzen. Es ist sehr viel einfacher, einen negativen als einen positiven Konsens zu finden. In der Ablehnung können

61 Altersrentenempfänger zwischen 65 und 69 Jahren mußten für drei US-Dollar Erwerbseinkommen eine Rentenkürzung von einem US-Dollar hinnehmen. Diese Vorschrift wurde abgeschafft (*Social Security Earnings Test Elimination Bill Unanimously Passed by Senate*, ElderWeb.com Newsletter, 22. 3. 2000; http://www.elderweb.com/news/nws000322a.htm – 9. 7. 00).

sich durchaus entgegengesetzte Haltungen treffen, weil sie nicht artikuliert werden müssen und keine Überzeugungsarbeit geleistet werden muß. Die Durchsetzung eines positiven Gestaltungswillens ist demgegenüber ein sehr viel anspruchsvolleres Projekt. Unter den Bedingungen, in denen Politik in den USA gemacht wird, kann einem Widerspruch gegen positive Politik sehr viel leichter Wirksamkeit verschafft werden als der Loyalität gegenüber einem bestimmten Programm. Zudem schließt es auch der inzwischen in den USA erreichte Grad gesellschaftlich-kultureller Heterogenität aus, jene Art von wohlfahrtsstaatlichem Einkommensschutz einzuführen, der eine diskretionäre und sozialschutzorientierte Handelspolitik ersetzen und den Übergang zu einem echten Freihandelsregime erleichtern könnte.

Bei dem Verhältnis der korporatistischen zu den demokratisch-parlamentarischen Einflußkanälen kommt es darauf an, wer in welchen Sachbereichen das letzte Wort hat. Der norwegische Sozialwissenschaftler Stein Rokkan hat die relative Bedeutung dieser beiden Einflußkanäle auf die Formel gebracht: »Numbers count, but resources decide.« In den USA gibt es weder eine zentralisierte Wirtschaftsverfassung auf der Grundlage verfassungsrechtlich gesicherter Tarifautonomie, noch gibt es die Selbstverwaltung der Sozialversicherungseinrichtungen, die von national organisierten Arbeitsmarktparteien getragen wird und die ihnen auch sozialpolitische Einflußchancen sichert. Einer wirkungsvollen Kartellierung der Arbeitsmärkte sind deshalb sehr enge Grenzen gezogen.[62] Dafür sorgen auch die wirtschaftsliberalen Vorgaben der Verfassung, die in einzelnen Staaten zu *Right to Work*-Gesetzen führten und die den Wirkungskreis von Gewerkschaften eng beschränken (Feinman 1976; Fried 1984).

62 In den USA war und ist es sehr viel schwieriger, den Arbeitsmarkt vom generellen Kartellverbot auszunehmen. Deshalb kommt dort dem Argument von den positiven Wirkungen einer freien Wettbewerbsordnung auch für die Arbeitsbeziehungen bzw. den einzelnen Arbeitnehmer eine sehr viel größere Bedeutung zu als im europäischen Kontext. Die klassische Begründung liefern Armen A. Alchian und Harold Demsetz (1972), die hervorheben, daß sich die Beziehung zwischen Geschäftsinhaber und Kunden in nichts von der zwischen Inhaber und Angestellten unterscheidet. Sowohl der Kunde wie der Angestellte sollten die Freiheit haben, das Geschäftslokal zu verlassen, wenn es ihnen nicht gefällt, wie sie behandelt werden.

In den USA kann der Einfluß von Arbeitnehmern und auch von Arbeitgebern nur durch den und im Kongreß wirksam gemacht werden. Die sozialökonomische Dynamik wird auch aufgrund dieser letztlich konstitutionellen Weichenstellung in vorzugsweise handelspolitische Kanäle gelenkt und macht sich hier vor allem negativ, als Stör- und Blockierungspotential, bemerkbar.

Wie das Beispiel der USA zeigt, sind es Entscheidungsprozesse, die von sozialen Strukturen bestimmt werden, die außerhalb dessen liegen, was politisch verfügbar ist, und die zu einem bestimmten, im Ergebnis aber unerwarteten Zusammenhang von Außenwirtschaft und Sozialpolitik führen. Die Globalisierung selbst erzwingt weder das richtige Maß noch die richtige Form von Sozialpolitik. Sozialpolitik hat ihren eigenen Maßstab. Über sie wird also in eigenen Arenen entschieden. Sie setzt deshalb den verschiedenen Marktbürgern, Arbeitnehmern und Managern selber Daten, an denen sich dann deren weiteres Verhalten orientiert.

Umgekehrt können bestimmte Formen der Sozialpolitik zu den Grundlagen einer außenwirtschaftlichen Öffnung gehören. Ohne diese Öffnung gibt es unter den Bedingungen der letztlich immer sozialen Demokratie des allgemeinen Wahlrechts keine Globalisierung. Aber daraus läßt sich keine irgendwie zwingende Rechtfertigung des sozialpolitischen *Status quo* gewinnen. Insgesamt plädieren wir für eine erweiterte Sicht der Sozialpolitikanalyse und der vergleichenden Wohlfahrtsstaatsforschung. Unsere Arbeit soll dazu anregen, die außenwirtschaftliche Dimension von Gesellschaften als Bestimmungsfaktor ihrer wohlfahrtsstaatlichen und vor allem ihrer wohlfahrtsgesellschaftlichen Entwicklung ernst zu nehmen. Die nationalstaatlichen Schalen, die das Verhältnis von Institution und Individuum – und damit die institutionalisierten Lebensläufe – bislang bestimmten, sind in der allgemeinen und besonders in der europäischen wirtschaftlichen (Teil-)Globalisierung nicht nur dünner und durchlässiger geworden, sie werden auch neu geformt. Die Ergebnisse dieser Transformationen fallen regelmäßig anders aus als erwartet oder erwünscht. Der Bedarf an schlüssiger Erklärung und umfassender Orientierung ist enorm gewachsen. Das ist eine Herausforderung an die Sozialpolitikforschung, aber auch an die Sozialwissenschaft insgesamt.

Die USA werden als Hauptbefürworter und Hauptpropagandist der Internationalisierung von Märkten angesehen. Deshalb ist es wichtig, die innenpolitischen Voraussetzungen gerade der amerikanischen Freihandelspolitik in den Blick zu nehmen. Sozialpolitik und Handelspolitik sind eng miteinander verbunden. Beide Politiken zielen auf die Korrektur der primären Einkommensverteilung im Markt und bilden dabei ein System kommunizierender Röhren, das zu einem Gleichgewicht tendiert. Um die weitere Entwicklung von Sozialpolitik im Zeitalter der globalen Wirtschaft zu analysieren und zu verstehen, sind deshalb Wechselwirkungen zwischen Handels- und Sozialpolitik von besonderem Interesse. Um diese analytisch und theoretisch genauer fassen zu können, sind die Gleichgewichtsmodelle der Ökonomen hilfreich: »It is essential to take into account general equilibrium, in which everything affects everything else in at least two ways« (Krugman 1995: 328). Handels- und Sozialpolitik sind deshalb so eng miteinander verknüpft, weil die Nachfrage nach wirtschaftlicher und sozialer Sicherheit *inelastisch* ist. Wenn sie nicht mit sozialpolitischen Mitteln befriedigt wird, dann mit den Mitteln einer protektionistischen Handelspolitik.

Kapitel 4

Zwei Welten der Wohlfahrtsdemokratie. Weltmarkt und Sozialpolitikreform in Deutschland und den USA

»The trial by market everything must come to.«

Robert Frost, Christmas Trees (1975 [1916]: 106)

I. Einleitung

Zu Beginn des neuen Jahrhunderts scheinen Deutschland und die USA unterschiedlichen Welten anzugehören. Der Harvard-Politikwissenschaftler Peter Hall, langjähriger und informierter Beobachter Deutschlands, geht davon aus, daß das deutsche System sich gegenwärtig in seiner größten Krise seit dem Zweiten Weltkrieg befindet (1997: 313). Die Arbeitslosenquoten verharren auf einem Niveau, das dem am Ende der Weimarer Republik durchaus vergleichbar ist – und es zeichnet sich keine Besserung ab. Inflexibilität und begrenzte Aufnahmefähigkeit des Arbeitsmarktes stellten das »Modell Deutschland« in Frage, also die Leistungsfähigkeit dieser »koordinierten Wirtschaft« (Soskice 1990), die mit einem transferintensiven Wohlfahrtsstaat gekoppelt ist. In den USA mit ihrer »freien« Wirtschaft herrscht demgegenüber die Auffassung vor, man sei im Gelobten Land angekommen, wo stetiges Wirtschaftswachstum, niedrige Arbeitslosigkeit und geringe Inflationsraten Hand in Hand gingen (S. Weber 1997). Innerhalb eines Jahrzehnts haben sich damit die Fronten völlig verkehrt. Noch Anfang der 1990er Jahre wurden die gleichen institutionellen Verhältnisse völlig anders bewertet. Für amerikanische Ökonomen galt insbesondere die soziale Regulierung der US-Arbeits- und Gütermärkte als ausgesprochener Wettbewerbsnachteil in der globalen Konkurrenz (Nivola 1997). Obwohl weiterhin umstritten ist, was dieses Auseinanderdriften der beiden Volkswirtschaften eigentlich verursacht hat und welche kausale Bedeutung den politisch-institutionellen Rahmenbedingungen für den wirtschaftlichen Erfolg von Nationen zukommt, dient heutzutage regelmäßig die eine oder andere

Variante eines »amerikanischen Modells« in Europa als wirtschaftspolitisches Vorbild. Sozialer Fortschritt und wirtschaftliche Höherentwicklung sind jedoch wahrscheinlich mehr gegen die herrschenden Natur- oder Sozialverhältnisse als durch sie erreicht worden. Beschränkungen der Lage müssen nicht zu einer Lähmung führen, sondern können im Gegenteil eine Steigerung individueller wie kollektiver Anstrengung provozieren.

Sieht man von Modell-Metaphysik, mechanistischen Vorstellungen und mode- wie medienbedingten Aufmerksamkeitszyklen ab, so haben beide Länder doch trotz der radikalen Entgegensetzung ihres wirtschaftlichen Schicksals im letzten Jahrzehnt des 20. Jahrhunderts eines gemeinsam: Ihre wohlfahrtsstaatlichen Einrichtungen sind in die Defensive geraten und werden bereits seit längerem mit ähnlich-, wenn nicht mit gleichlautenden Begründungen kritisiert. Diese Kritik scheint nicht zuletzt aufgrund der neuen weltwirtschaftlichen Verhältnisse Wirkung zu zeigen oder zumindest größere Wirkungschancen zu bekommen. Vor allem wird die Leistungsfähigkeit einkommens- und vermögensabhängiger, also bedarfsgeprüfter Sozialleistungen bezweifelt. Diese Leistungen dienten gar nicht als allerletztes Netz sozialer Sicherung, sondern wirkten als Anreize, sich dem Arbeitmarkt zu entziehen, oder als »Armutsfallen«. Diese Leistungen seien selbst das Problem und nicht die Lösung des Problems – Armut und Ausgrenzung –, für die sie sich ausgäben (Murray 1984, 1999). In beiden Ländern hat auch die Kritik an der wohlfahrtsstaatlichen Versorgung des Durchschnittsbürgers zugenommen. Der kleine Mann sei sozialpolitisch groß geworden. Hier werde Geld an Gruppen verteilt, die zu einer Selbsthilfe sehr wohl in der Lage seien. Meinhard Miegel (1983) hat deshalb vergleichsweise früh auf die »verkannte Revolution« in den Einkommens- und Vermögensverhältnissen der Bundesrepublik aufmerksam gemacht. Mit der breiteren Durchsetzung konkurrenzgesteuerter Märkte und der neuen Reichtumsquelle der Börse hat sich schließlich auch der allgemeine Bewertungsmaßstab verschoben, mit dem Kosten und Nutzen einer staatlichen sozialen Sicherung und Versorgung mit Diensten beurteilt werden. In beiden Ländern stellen sich Mitglieder von Pflichtversicherungen, insbesondere der Altersversicherung, die Frage, ob ihrer Investition in Form von hohen Sozialversicherungsbeiträgen auch ein hinreichender (Renten-)Ertrag gegenübersteht. Derzeit fallen diese Erträge, verglichen mit den durchschnittlichen Wertzuwächsen bei einer Anlage in Aktien, eher mager aus (Börsch-Supan 2000a, b).

Diese Auseinandersetzungen sind, genauer betrachtet, so alt wie der Wohlfahrtsstaat selbst. Die Verkehrung von »Lösungen« in »Probleme« (Flora 1981) scheint zum Wesen der Sozialpolitik zu gehören. Die Rationalität und die Legitimität dieser Kritik sollen hier aber nicht weiter diskutiert werden. In diesem Kapitel soll ein anderes Problem erörtert werden. Wie ist es in den beiden Ländern um die sozialpolitischen Tatsachen, vor allem was die wohlfahrtsstaatliche Reformpolitik betrifft, bestellt? Wie nachhaltig war diese Kritik für die Systeme wohlfahrtsstaatlicher Leistungserbringung? Welche Rolle kam der »Globalisierung« in den Auseinandersetzungen um die Sozialpolitik in den beiden Ländern zu? Und wie verhalten sich dabei die neuen volks- und weltwirtschaftlichen Realitäten zu den politischen Realitäten des demokratisch-parlamentarisch verfaßten entwickelten Wohlfahrtsstaates? Schließlich haben sich aus der im Endeffekt wesentlich sozial-demokratischen Kombination von interessengesteuertem Parteienwettbewerb und entwickelter Wohlfahrtsstaatlichkeit schon immer besondere Blockierungsrisiken für die Funktions- wie für die Entwicklungsfähigkeit von marktwirtschaftlichen Strukturen ergeben (Olson 1982; Higgs 1987). Ist dieses Problem mit der Globalisierung verschwunden, die angeblich, was die Steuerung von Gesellschaften betrifft, zwangsläufig und notwendigerweise den Staat gegenüber dem Markt in den Hintergrund treten läßt?

Vergleicht man die deutschen Institutionen der Sozialpolitik mit dem ganz anders aufgebauten Wohlfahrtsstaat der USA, dann liegt die Vermutung auf der Hand, diese Strukturergebnisse demokratischer Sozialpolitik führten auch zu jeweils anderen Herausforderungen und dann auch zu ganz anderen Ergebnissen, als es darum ging, im Gefolge der Globalisierung die Einrichtungen des Wohlfahrtsstaates an die veränderten gesamtwirtschaftlichen Umstände anzupassen. Folgt man dem, was für die einen offensichtliche Forderung wirtschaftspolitischer Vernunft und für andere der »Terror der Ökonomie« ist, dann wäre für Deutschland mit seiner wohlfahrtsstaatlichen »Volleinkommensgarantie« und entsprechend blockiertem Arbeitsmarkt und überregulierten Unternehmen eine strikt marktwirtschaftlich orientierte Reform von Arbeitsrecht und Sozialpolitik zu erwarten. Und umgekehrt spricht einiges für die Vermutung, daß in den USA die Doppelbewegung von außergewöhnlichem Wirtschaftswachstum und erheblicher Zunahme von Einkommens- und Vermögensunterschieden eine Gegenbewegung provoziert, die als stärker umverteilende Sozialpolitik ihren Niederschlag finden wird. Tocqueville machte bereits darauf aufmerksam, daß die Demokratie nicht nur die materielle Eifersucht züchtet, sondern ihren Bürgern auch die politischen Mittel in die Hand gibt, zugleich handfeste Ergebnisse zu erzielen (Tocqueville 1987 [1848]: 293-297). Welche Entscheidungen und welche Entwicklungen sind tatsächlich in den beiden Ländern zu beobachten?

Drei jeweils scharf kontrastierende und nicht den Erwartungen entsprechende Sachverhalte stehen hier im Mittelpunkt des Interesses. Erstens ist in Deutschland nicht nur wenig Reform, sondern vor allem eine Reformpolitik zu beobachten, die gegen den Trend steht, der von der Globalisierung bestimmt wird.

Die Regierung Schröder nahm nicht nur die (wenigen) sozialpolitischen Maßnahmen zurück, mit denen die Regierung Kohl Betriebe sozial- und arbeitsrechtlich entlasten wollte, sondern hat darüber hinaus die sozialpolitische Regulierung für die Teilzeitarbeit intensiviert und vor allem die Kosten dieser Beschäftigungsform gesteigert. Der Inhalt der drei wichtigsten Gesetze ist in Übersicht 4.1 zusammengefaßt. In den USA wurden 1996 das Leistungsrecht und die Organisation der bundesstaatlichen Sozialhilfe auf eine neue Grundlage gestellt. Die Möglichkeiten, soziale Leistungen außerhalb des Arbeitsmarktes zu beziehen, wurden radikal eingeschränkt, und zentrale Kompetenzen der Sozialhilfepolitik wurden auf die Bundesstaaten übertragen. Im gleichen Zeitraum wurden durch Bundesgesetz die Mindestlohnsätze beträchtlich erhöht und das System der »negativen« Einkommenssteuer durch das EITC weiter ausgebaut.

Zweitens weisen die Grunddaten der Arbeitsmarktentwicklung in Deutschland und den Vereinigten Staaten in entgegengesetzte Richtungen.

In (West-)Deutschland wuchs zwischen 1960 und 1990 die Bevölkerung von 55 Mio. auf 63 Mio., also um rund 15 %. Die Zahl der Erwerbstätigen stieg im gleichen Zeitraum mit acht Prozent um wenig mehr als die Hälfte. Nach der Wiedervereinigung fiel die Zahl der Erwerbstätigen kontinuierlich von 37,8 (1991) auf

35,9 Mio. (1998). In den USA wuchs zwischen 1960 und 1998 die Bevölkerung von 181 Mio. auf 270 Mio., das sind etwa 50%. Die Erwerbsbevölkerung nahm im gleichen Zeitraum um ziemlich genau das Doppelte zu, nämlich um 100% (eigene Berechnungen nach den Daten des Sachverständigenrates 1999: 214f.).

Drittens rückten in den 1990er Jahren die Elemente einer »sozialen« interventionistischen Handelspolitik ins Zentrum der innenpolitischen Auseinandersetzungen in den USA.

Eine defensive, auf Verhinderung von Importkonkurrenz zielende Regulierung der Außenwirtschaft ist ein traditionelles Merkmal der amerikanischen Handelspolitik. Jede Marktöffnung steht unter dem typisch merkantilistischen Vorbehalt, daß die einheimischen Produzenten nicht geschädigt werden. Die bürokratische Kontrolle der außenwirtschaftlichen Grenzen und das behördliche Ermessen haben in den 1990er Jahren weit mehr als in anderen Ländern zugenommen (Russell 1999). *Anti-dumping*-Verfahren und *countervailing duties* – Straf- und Gegenzölle, mit denen auf angeblich wettbewerbsverzerrende Subventionen exportierender Länder geantwortet wird – wurden zu den wichtigsten Instrumenten der nationalen Handelspolitik der USA. Zum Jahresende 1995 waren in den USA 294 *anti-dumping*-Maßnahmen in Kraft, in der EU 133. Zwischen 1991 und 1995 haben die USA im Jahresdurchschnitt 49,4 und die Europäer 32,4 Verfahren eingeleitet.[1] Seit dem *Exon-Florio*-Zusatz zum *Omnibus Trade and Competitiveness Act* von 1988 erfaßt die amerikanische Regulierung der Außenwirtschaft auch die zufließenden ausländischen Direktinvestitionen (Kang 1997). Der verstärkte Importschutz ist außerdem noch durch eine bilaterale Handelsvertragspolitik ergänzt worden, die eine Förderung der Exporte zum Ziel hat. In den beiden Amtszeiten Präsident Clintons seit 1992 haben die greifbaren inneramerikanischen, beschäftigungswirksamen Ergebnisse, und nicht etwa die multila-

1 Angaben nach Congressional Budget Office (1998: Appendix B: Statistical Tables). Nach der Statistik des *Congressional Budget Office* entfallen auf die USA Ende 1995 25,1% aller *anti-dumping*-Maßnahmen, die in Kraft sind, auf die EU 15,9%. Andere Länder, die in großem Umfang und mit steigender Tendenz auf *anti-dumping*-Verfahren als Mittel einer Importkontrolle zurückgreifen, sind Kanada und Australien. *Anti-dumping*-Maßnahmen sind in der Standortschutzpolitik das am häufigsten eingesetzte außenwirtschaftliche Abwehrmittel der entwickelten Industriegesellschaften.

teralen Regeln einer internationalen Wirtschaftsordnung, die Ziele und Mittel der amerikanischen Außenwirtschaftspolitik bestimmt. Für die Bundesrepublik gilt dagegen, daß die Außenwirtschaft in sehr viel eingeschränkterem Maße Objekt staatlicher Regulierung und Intervention ist. Diese Tatsache ist weniger auf die Europäisierung der Handelspolitik und den Europäischen Binnenmarkt zurückzuführen als auf das Außenwirtschaftsgesetz von 1962, nach dem – was Exporte und Importe betrifft – alles erlaubt ist, was nicht verboten worden ist.

Im folgenden wird gezeigt, daß und wie diese entgegengesetzten Entwicklungen und kontrastierenden Strukturen untereinander in einer bestimmten Weise verknüpft sind und sich über diese Verknüpfung erklären lassen. Es geht hier aber nicht nur um historische und aktuelle Unterschiede in den Entwicklungen von Sozialpolitik, Arbeitsmärkten und Handelspolitik, die beschrieben und hinsichtlich einiger ihrer Ursachen, Formen und Wirkungen erklärt werden sollen. Einfach ausgedrückt, geht es vor allem darum zu zeigen, daß sowohl in den USA wie in der Bundesrepublik der Wohlfahrtsstaat als *wirtschaftliche* Realität unterschätzt und die Globalisierung als *politische* Realität überschätzt wird. Durch den jeweiligen institutionellen Kontext – also die Spielregeln der Politik und die Kräfte- und Machtverhältnisse der gesellschaftlich zentralen Gruppen – wird sehr weitgehend bestimmt, *wie* sich der wirtschaftliche Wandel seit Mitte der 1980er Jahre äußerte und warum auf ihn so und nicht anders reagiert wurde. Der Druck der Raumrevolution der Globalisierung macht sich nicht etwa in einem freien Feld, sondern zunächst und vor allem im engen Kapillarsystem der nationalstaatlich gebundenen *Volks*wirtschaft bemerkbar. Und der Begriff des Wohlfahrtss*taates* unterschlägt das wichtigste Element seiner Entstehung, die Grundlage seiner fortlaufenden Existenz und den immer wieder erneuerten Ausgangspunkt seiner Dynamik, nämlich seine systematische Verknüpfung mit der parlamentarischen Demokratie. Der treffendere Begriff ist Wohlfahrts*demokratie* (Marshall 1992c [1972]: 110). Es ist die Struktur und vor allem die besondere innere Machtverteilung der Wohlfahrtsdemokratie, die für die Gestaltung der Globalisierung in den einzelnen Ländern bestimmend ist.

Übersicht 4.1: Die sozialpolitischen Maßnahmen (»Gegenreform«) der Regierung Schröder

Gesetz zu Korrekturen in der Sozialversicherung und zur Sicherung der Arbeitnehmerrechte vom 25. November 1998

Aussetzung des »demographischen Faktors«, der mit dem Rentenreformgesetz 1999 eingeführt wurde, für 1999 und 2000; die Einsparmaßnahmen dieses Gesetzes bei den Berufs- und Erwerbsunfähigkeitsrenten werden rückgängig gemacht.

In der Rentenversicherung wird die Rentenversicherungspflicht auf arbeitnehmerähnliche Selbständige (»Scheinselbständige«) ausgeweitet. Der Schwellenwert, bis zu dem Betriebe dem Kündigungsschutzgesetz nicht unterliegen, wird von zehn wieder auf den vorherigen Stand von fünf Arbeitnehmern herabgesetzt. Ab 1999 beträgt die gesetzliche Lohnfortzahlung bei Krankheit und bei Kuren wieder 100%. Die zeitliche Befristung (bis Ende August 1999) im Arbeitnehmer-Entsendegesetz wird aufgehoben.

Gesetz zur Stärkung der Solidarität in der gesetzlichen Krankenversicherung vom 10. Dezember 1998

Zur **Entlastung der Versicherten und Patienten** wurden folgende Maßnahmen getroffen:

Rückführung der Zuzahlungen für Arzneimittel nach den Packungsgrößen: von 9 DM auf 8 DM, von 11 DM auf 9 DM und von 13 DM auf 10 DM. Völlige Freistellung der chronisch Kranken von Zuzahlungen zu Fahrtkosten, Arznei-, Verband- und Heilmittel, wenn sie zuvor ein Jahr lang 1 % (bislang 2 %) ihres Einkommens für die Behandlung derselben Krankheit bezahlen mußten. Abschaffung der Dynamisierung der Zuzahlungsbeiträge bei Beitragssatzerhöhungen. Aussetzung des »Krankenhausnotopfers« von 20 DM je Mitglied für 1998 und 1999.

Zur »**Rücknahme von Elementen der privaten Versicherungswirtschaft**« wurden folgende Regelungen getroffen[1]: Die Möglichkeit zur Einführung von Selbstbehalten, Beitragsrückzahlungen, Zuzahlungen und erweiterten Leistungen in der Satzung der einzelnen Krankenkasse entfällt. Die generelle Wahlmöglichkeit für Versicherte zwischen Sachleistungen und Kostenerstattung wird wieder auf freiwillig Versicherte beschränkt. Die obligatorische Einführung der Kostenerstattung bei Zahnersatz und bei kieferorthopädischen Behandlungen wird aufgehoben. Das Festzuschußsystem bei Zahnersatz wird wieder durch die Sachleistung der Krankenkassen nach dem bis Mitte 1997 geltenden Recht ersetzt. Zahnersatzleistungen für Kinder und Jugendliche, die nach dem Jahre 1978 geboren sind, werden wieder in den Leistungskatalog aufgenommen. Die Möglichkeit der Zahnärzte, auf der Grundlage der privaten Gebührenordnung abzurechnen, wird abgeschafft.

Gesetz zur Neuregelung der geringfügigen Beschäftigungsverhältnisse vom 4. März 1999

Mit diesem Gesetz wird die Geringfügigkeitsgrenze bundeseinheitlich auf 630 DM Arbeitsentgelt pro Monat festgeschrieben. Die bisherige Pauschalbesteuerung (20 % plus Kirchensteuer und Solidaritätszuschlag) kann durch eine Beitragspflicht zur Gesetzlichen Renten- und Krankenversicherung (12 % bzw. 10 %) ersetzt werden, wodurch dann die Pauschalbesteuerung entfällt (»Freistellung«). Steuerrechtlich kann im Anschluß an die Neuregelung bei »geringfügig Beschäftigten« zwischen drei Fällen unterschieden werden: Besteuerung nach Lohnsteuerkarte, Pauschalbesteuerung und, neu hinzugekommen, Freistellung von Besteuerung.

Anmerkung: [1] Das »Gesetz zur Reform der gesetzlichen Krankenversicherung ab dem Jahr 2000« vom 4. November 1999 will Wettbewerbsverzerrungen zwischen der Gesetzlichen und der Privaten Krankenversicherung beseitigen, indem eine Risikoselektion zu Lasten der GKV durch einen Wechsel von PKV zur GKV älteren Personen erschwert wird. Die Prämienbelastung älterer Versicherter in der PKV soll durch einen PKV-Standardtarif mit abgesenkten privatärztlichen Gebührensätzen begrenzt werden.
Quelle: Zusammengestellt nach Sachverständigenrat (1999: 112-117).

II. Bedeutung und Grenzen sozialpolitischer Regulierung für die Wirtschaft

Bevor die deutschen und amerikanischen Sozialpolitikverhältnisse einer näheren Betrachtung unterzogen werden, soll zunächst der systematische Gesichtspunkt erläutert werden, der die Untersuchung leitet. Die Frage ist zunächst, welche Entwicklungen in den beiden Ländern aus welchen Gründen auf ein sozialwissenschaftliches Interesse stoßen und nach einer Erklärung verlangen.

Es geht im Zusammenhang mit der Globalisierung bei der Sozialpolitik nicht allein um die Problemlösungseffektivität staatlicher Maßnahmen und um ihre relative Kostengünstigkeit, sondern auch um ihre w e i t e r e n Konsequenzen. Fragen der Effektivität und der Effizienz lassen sich, zumindest in der theoretischen Betrachtung, direkt angehen und, solange man über die Ziele der Sozialpolitik und damit auch den sozialpolitischen Maßstab einig ist, mehr oder weniger eindeutig beantworten. Die global gewordene Marktwirtschaft und insbesondere die globalisierten Produktionsprozesse haben allerdings Aspekte von Sozialpolitik in anderen Bereichen von Wirtschaft und Gesellschaft sichtbar werden lassen, die bislang weniger Aufmerksamkeit gefunden haben, obwohl sie die wohlfahrtsstaatlichen Verhältnisse und ihre politische Steuerung erheblich komplizierten. Diese Aspekte sind von einer sehr viel größeren Ambivalenz geprägt. Deshalb sind sie politisch sehr viel schwieriger zu bewerten. Eine sozialwissenschaftliche Untersuchung kann zumindest klären, wo genau die Probleme liegen, die sich den verantwortlichen Akteuren hier stellen.

Ein erster Aspekt ist die Bedeutung wohlfahrtsstaatlicher Regulierung für die Entstehung und Vernichtung von Arbeitsplätzen. Arbeitsbedingungen sind Wirtschaftsbedingungen, und diese Arbeitsbedingungen sind heute sehr weitgehend das Ergebnis sozialpolitischer Intervention und Regulierung. Dabei geht es nicht nur um die finanzielle Seite, also ihre Kosten, sondern auch darum, daß diese Sozialpolitik einmal dem wirtschaftlichen Handeln inhaltliche und organisatorische Grenzen zieht und dann auch diesem Handeln Ziele setzt und dafür Mittel bereitstellt (Lindbeck/Snower 1996). Ein sozialpolitisch gewandeltes Arbeitsrecht, und nicht mehr eine allgemeine Arbeitsvertragsfreiheit, ist heute jene Ordnung, die den Produktionsmitteleinsatz für den Produktionsfaktor Arbeitskraft steuert (Zöllner/Loritz 1998: 6). Ein zweiter Aspekt ist die Bedeutung des Wohlfahrtsstaates für die handelspolitischen Entscheidungen und damit für die Strukturen der Außenwirtschaft. Hier geht es darum, daß die Einrichtungen der Sozialpolitik auch in Verhältnissen Wirkungen entfalten, wo ihre traditionellen Anliegen der Einkommenssicherung, des Arbeitnehmerschutzes und der Versorgung mit Gesundheits- und anderen Dienstleistungen nicht im Vordergrund stehen oder nicht unmittelbar tangiert werden. Im Unterschied zu den Fragen zu Effektivität und Effizienz von Sozialpolitik ist in diesen Zusammenhängen bereits deshalb mit einer grundsätzlichen Ambivalenz zu rechnen, weil immer mindestens zwei Wertmaßstäbe aufeinanderprallen (Esping-Andersen 1990; Marshall 1975 [1965], 1992a). Damit ist auch eine erste zentrale sozialwissenschaftliche Schwierigkeit bezeichnet. In entsprechenden empirischen Untersuchungen stehen nämlich Wertkonflikte im Zentrum der Aufmerksamkeit, die als solche nicht ohne weiteres auflösbar sind. Bei einer sozialwissenschaftlichen Untersuchung muß es also zunächst darum gehen, diese Wertkonflikte offenzulegen und dann darum, ihre *ursächliche* Bedeutung im Rahmen von Erklärungen, die Objektivitätsmaßstäben genügen wollen, zu zeigen.

Eine zweite, nicht nur sozial*wissenschaftliche*, sondern auch sozial*politische* Schwierigkeit besteht darin, daß diese *weiteren* Folgen der Sozialpolitik zu *unbeabsichtigten* Ergebnissen mit strukturprägender und strukturerzeugender Wirkung führen können.

Im Rahmen einer allgemeineren Wohlfahrtsbetrachtung, die sich nicht auf die aktuellen Arbeitsplatzbesitzer konzentriert, sondern *alle* Arbeitswilligen einbezieht, sind die Arbeitsmarkt*ergebnisse*, die ja den Ausgangspunkt von Sozialpolitik in der Marktwirtschaft bilden, in letzter Instanz das Aggregat einer sehr großen Zahl von *Entscheidungen*, die laufend und immer wieder neu in jedem einzelnen Unternehmen getroffen werden. Dadurch wird der Sozialpolitik, die über den Zwang des Rechts einer Marktwirtschaft, die von *privaten* Akteuren getragen wird, ihren Stempel aufdrücken will, eine erste Grenze gezogen. Denn für diejenigen, die diese für den Arbeitsmarkt ersten und letzten Entscheidungen treffen, sind die wohlfahrtsstaatlichen Rahmenbedingungen und die sozialpolitischen Absichten des Gesetzgebers zunächst einmal nur *ein* Datum neben vielen anderen. In den Betrieben wird auf der Grundlage von *Alternativen* entschieden. *Wie* sich Manager, Unternehmer und Investoren diesen Alternativen gegenüber verhalten, kann sich sehr weitgehend der Kontrolle des Gesetzgebers entziehen, weil die letzte Entscheidung in den Händen privater Interessenten liegt. Für jede Wirtschaftsverfassung im soziologischen Sinn, also für die Art der *faktischen* Möglichkeit, die Entscheidungen dieser Vielzahl *privater* Träger durch Anordnungen zu beeinflussen, ist die jeweilige *Machtverteilung* im Gemeinwesen entscheidend, und diese Machtverteilung ist in letzter Instanz von Raumverhältnissen bestimmt (Weber 1972 [1921]: 194). Beweglichkeit, die Fähigkeit eines räumlichen Ausweichens und damit der Beherrschung von Räumen, war und ist die elementarste politische Kraft *gegen* die Organisation von Staaten, die wesentlich Gebietsherrschaft und damit immer räumlich beschränkt und in ihrem Verhalten wesentlich gebunden ist (Ratzel 1923: 63). Bei der Untersuchung der Formen und der Konsequenzen einer »Globalisierung« kommt es deshalb darauf an, in den politischen Ereignissen und Entwicklungen ihre Raumbedingungen, ihre Abhängigkeit von Raumverhältnissen, zu erkennen und ihren Beitrag für die Erklärung kritischer Sachverhalte herauszuarbeiten. Der Raum ist eine eigene politische Kraft, und nicht nur ein neutraler Träger politischer Kräfte. Jedes mit räumlichen Veränderungen – Raumverhältnissen und Raummaßstäben – verbundene Geschehen ist von besonderer Bedeutung, weil diese die Eigenschaft haben, lange und über alle gesellschaftlichen Verhältnisse hinweg nachzuwirken (Ratzel 1940).

Eine zweite Grenze sozialpolitischer Intervention und Regulierung ergibt sich daraus, daß für Arbeitsmarktergebnisse nicht nur das Personalmanagement mit seinen Entscheidungen über Einstellung, Beförderung, Entlassung, Höhe des Lohnes und Umfang der Lohnnebenleistungen, sondern auch die Entscheidungen in den weiteren Gliederungen der Wertschöpfungskette relevant sind, und hier vor allem die Entscheidungen über den jeweiligen Standort der einzelnen Glieder dieser Kette. Die Sozialpolitik, und hier hauptsächlich das Individual- und das kollektive Arbeitsrecht, ist mit ihrem Versuch, den Einsatz des Produktionsfaktors Arbeit bestimmten Regeln zu unterwerfen oder mittels Intervention bestimmte Ergebnisse zu erreichen, auf eine *Teil*ordnung des Betriebs beschränkt.

Daneben gibt es aber auch noch andere Teilordnungen, die ebenfalls das personalpolitische Autonomieintervall von Betrieben bestimmen. Es sind zwar verschiedene, untereinander allerdings voneinander abhängige und bis zu einem bestimmten Grad in ihren Ergebnissen auch auswechselbare Entscheidungsmaterien, mit denen sich ebenfalls erstrangige *sozial*politische *Wirkungen* verbinden, *ohne* daß sich damit auch eine entsprechende Zugriffsfähigkeit von Sozial- oder auch nur von Wirtschaftspolitik verbinden würde. Selbst dann aber, wenn sich der gesetzgeberische Zugriff auf die Arbeitsvertragsverhältnisse sehr intensiv gestaltet, können die Ergebnisse nicht nur weit hinter den Erwartungen zurückbleiben, sondern geradezu in das Gegenteil ausschlagen. In den fortgeschrittenen Volkswirtschaften ist deshalb regelmäßig eine zunehmende Informalisierung des wirtschaftlichen Handelns – hauptsächlich Schwarzarbeit – die unmittelbare Folge des Überziehens arbeitsrechtlicher Regulierungen, und in den Entwicklungsländern ist es der weit geringere Umfang formeller Arbeitsverhältnisse gegenüber der Arbeit im informellen Sektor, den die staatliche Bürokratie wenig oder überhaupt nicht unter Kontrolle hat.

Ein weiterer, dritter Faktor, der eine gesetzliche Regulierung, die bestimmte, korrigierende Wirkungen gegen die von ihrer Wirkungsweise her ergebnisoffene Marktwirtschaft erreichen will, auf Grenzen stoßen läßt, ist der jeweilige institutionelle Kontext, in dem sich die einzelnen Unternehmen befinden. Dieser Kontext kann sich sehr unterschiedlich gestalten. Globalisierung bedeutet auch, daß die Marktbedingungen, denen Unternehmen ausgesetzt sind, keinen gemeinsamen volkswirtschaftlichen Nenner mehr haben. Ein und dieselbe Maßnahme der Sozialpolitik kann für Unternehmen in verschiedenen Sektoren, aber auch bei Unternehmen unterschiedlicher Größe und Marktlage, ganz andere Reaktionen auslösen. Mit der Globalisierung der Märkte und Produktionsprozesse steigt die Wahrscheinlichkeit, daß wohlfahrtsstaatliche Regulierungen und Interventionen Wirkungen zeitigen, die ihren Absichten genau entgegengesetzt sind.[2] Unter den neuen weltwirtschaftlichen Bedingungen ist die Kenntnis der tatsächlichen Marktbedingungen und Marktlage für die Schöpfer wie für die ausführenden Organe der Sozialpolitik naturgemäß sehr viel kleiner als für jene, die den Märkten kontinuierlich ausgesetzt sind und deren Situation unmittelbar durch sie bestimmt ist. Je verschlungener und weitreichender die marktlichen Verhältnisse sind, desto mehr entziehen sich die möglichen Folgen und die Nebenfolgen der Sozialpolitik der Voraussicht jener, die sie in die Welt setzen.

Und schließlich haben sich, viertens, mit der Etablierung von Weltmärkten den Unternehmen und ihren Investoren erheblich vergrößerte Entscheidungsspielräume und neue Vergleichsmöglichkeiten eröffnet. In diesen neuen Verhältnissen stößt jede staatliche Sozialpolitik deshalb an Grenzen, weil es eine Sozialpolitik konkurrierender Staaten gibt. Die fragmentierte Welt der Wohlfahrtsstaaten ist bereits deshalb ein Faktor, der auf selbständige Weise Sozialpolitik beschränkt, weil jede Expansion und

2 In der Organisationstheorie hat sich dafür der Ausdruck *post-decision surprise* (Harrison/March 1984) eingebürgert.

jede weitere Regulierung die wahrscheinliche Reaktion derjenigen im Auge behalten muß, die durch sie belastet werden.

Wie weit sich diese Grenzen in der Realität tatsächlich bemerkbar machen, läßt sich nicht generell, sondern nur von Fall zu Fall feststellen. Manager und Investoren sind z. B. angesichts von Steuerdruck und Regulierungen nicht so kosmopolitisch, wie Adam Smith vermutet hat[3], und Manager, Investoren und Fondsverwalter legen in ihrem Verhalten einen sehr viel größeren *home bias* an den Tag, als es Ökonomik und Globalisierung erwarten lassen (Obstfeld/Rogoff 2000). Es geht also nicht um ein allgemeines Problem, das sich der Sozialpolitik des entwickelten Wohlfahrtsstaates mit der Globalisierung stellt, sondern immer nur um Einzelprobleme bestimmter Länder, die für sich erörtert werden müssen. Verallgemeinernd kann nur festgehalten werden, daß auch in einer »koordinierten« Volkswirtschaft letztlich das in Wettbewerbsmärkten gefundene Lohnniveau die Beschäftigungschancen bestimmt. Die wohlfahrtsstaatlichen Leistungsansprüche genauso wie Schutz- und Mitwirkungsrechte, die sich mit dem Arbeitsplatz verbinden, schlagen sich in den Lohnsätzen ebenso nieder wie individuelle Qualifikation, Wissen und Arbeitsmotivation. Verschiebungen im relativen Wert der Arbeit, die aus dem technologischen Wandel folgen und die sich nicht in einem veränderten Lohngefüge niederschlagen, wirken sich als Arbeitslosigkeit aus. Tragen die Löhne diesen Entwicklungen – warum auch immer – nicht Rechnung, so wirkt sich dies nicht nur negativ auf die Beschäftigung insgesamt aus, sondern auch auf die einzelnen Marktteilnehmer, die an einem höheren Ertrag der Investition in ihr Humankapital interessiert sind.

3 »The proprietor of stock [im Unterschied zum Grundbesitzer, der an sein Land gefesselt ist] is properly a citizen of the world. He would be apt to abandon the country in which he was exposed to a vexatious inquisition, in order to be assessed to a burdensome tax, and would remove his stock to some other country where he could either carry on his business, or enjoy his fortune more at his ease« (Smith 1937 [1776]: 800). Daß die Verhältnisse komplexer sind, zeigt z. B. die Geschichte der Einkommens- und Vermögenssteuer in der Schweiz, wo es auch heute noch unter den Kantonen einen weitgehend unkoordinierten Steuerwettbewerb gibt, obwohl Artikel 129 der Schweizer Verfassung insoweit Vorsorge getroffen hat: »Der Bund legt Grundsätze fest über die Harmonisierung der direkten Steuern von Bund, Kantonen und Gemeinden« (Cohn 1889).

Man kann weiter festhalten, daß trotz aller »harten« Bestandteile von Globalisierung, vor allem was die neue Infrastruktur der Kommunikations- und Transporttechnologien betrifft, die Unternehmen sich immer noch in einer wesentlich sozialpolitisch gestalteten Umwelt bewegen müssen – und daß sich daran nur wenig ändern wird. Es ist ja nicht so, daß die Globalisierung die Unternehmen irgendwie generell von Staatseinfluß befreien könnte. Egal wohin sich Unternehmer und Investoren wenden, sie werden immer mit staatlichen Akteuren konfrontiert sein, die nicht nur eigene Interessen haben, sondern auch über eigene Machtmittel verfügen. Das Wichtigste ist immer der Schutz der Eigentumsrechte (Anderson/Young 2000; Jay 2000: 284-310; Soto 2000: 153-205). Wie sich diese unvermeidlich wohlfahrtsstaatliche Umwelt auswirkt, kann nicht a priori abgeleitet, sondern nur empirisch bestimmt werden. Es steht aber außer Zweifel, daß sie z.B. insofern einen entscheidenden Unterschied machen kann, als sie betrieblichem Wandel förderlich sein kann oder aber ihn hemmt (Wolff 1996; Wolff/Lazear 2001).

Mit dem Verweis auf die Globalisierung verbindet sich schließlich regelmäßig das weitere allgemeine Argument, Regierungen könnten diese nicht mehr durch politische Maßnahmen beeinflussen, weil die neuen Technologien staatliche Grenzen ignorierten. Aber Technologie als solche gewährt nur Möglichkeiten und schafft noch keine Wirklichkeiten. Es braucht Menschen, die sie nutzen – Unternehmer, die neue Chancen ausloten, und Arbeitnehmer, die an diesen Perspektiven kreativ mitwirken wollen. Und dafür kommt es weiterhin auf staatliches Handeln an, vor allem in bezug auf die Ordnung einer Weltwirtschaft, die sich aus einer Vielzahl von Einzelvolkswirtschaften zusammensetzt. Trotz einer vergleichsweise effizienten Infrastruktur – der Goldstandard ist dafür das beste Beispiel, weil er nicht nur jedes Währungsrisiko ausschloß, sondern den Regierungen »goldene Zügel« (Schumpeter 1952 [1927]) anlegte – sind schon frühere Globalisierungsbewegungen durch Veränderungen ihrer politisch-sozialen Randbedingungen wieder stark beschränkt worden (J. G. Williamson 1998a, b).

Die zunehmende Interdependenz auf den Weltmärkten, die sich seit 1985 an den durchschnittlich mindestens doppelt so hohen Zuwächsen des Welthandels gegenüber dem Wachstum des Weltsozialproduktes ablesen läßt (vgl. S. 83), ist keine Einbahnstraße, sondern eine sowohl umkehr- wie rücknehmbare Entwicklung (Krugman 1995: 328; Jay 2000: 286-288; Keohane/Nye 2000). Dafür kann es die verschiedensten Gründe geben. Einer ist schlicht wirtschaftsimmanent, insofern als sich das wirtschaftliche Interesse erneut den Binnenmärkten zuwenden kann, weil sich hier wieder die größeren und vor allem aber die sicheren Renditechancen eröffnen. Der *Survey of Current Business* des U.S. Department of Commerce stellte z. B. fest, daß die ausländischen Direktinvestitionen z. T. erheblich weniger rentabel sind als die direkt vergleichbaren inneramerikanischen Investitionen.[4] Ein anderer Grund ist der sich aufschaukelnde und zunehmend politikbestimmende Widerstand von sozialen Gruppen, die ihr Einkommen und ihren Status von der Dynamik des globalen Kapitalismus und von Importkonkurrenz bedroht oder beeinträchtigt sehen. Ob eingebildet oder wahr – die Menschen handeln entsprechend ihren Ängsten, und es finden sich immer Politiker, die diese Stimmung mit protektionistischen Parolen in Wählerstimmen verwandeln. Diese Entwicklung läßt sich für viele Länder immer wieder zeigen. In der Wirklichkeit der Außenwirtschaftspolitik des 20. Jahrhunderts war deshalb Freihandel die Ausnahme und Protektionismus die Regel (vgl. dazu Kap. 2, S. 183 ff.). Die Mehrheit der Menschen ist risikoavers und hält es für »unfair«, wenn sich irgend jemandes Einkommen durch äußere Einflüsse maßgeblich verringert, die eine Regierung – jedenfalls theoretisch betrachtet – kontrollieren könnte.[5] Mit diesem Umstand wird insbesondere in Massendemokratien mit Parteienwettbewerb zu rechnen sein.

4 Im Zeitraum 1988 bis 1997 lag der durchschnittliche *return on assets* (ROA) von US-Betrieben in ausländischem Besitz bei 5,1 %, während der entsprechende Industriedurchschnitt bei 5,7 % liegt. In 22 von 30 Sektoren außerhalb des Finanzsektors lag der durchschnittliche ROA der ausländischen Direktinvestitionen kontinuierlich unter dem der amerikanischen Investitionen. Die zwei Hauptursachen für das niedrigere ROA sind einmal der Marktanteil und dann das Alter der Investition. Je höher der Marktanteil, desto geringer der Abstand zum ROA vergleichbarer amerikanischer Investitionen. Das gleiche gilt für das Alter. Je länger die Investition zurückliegt, desto größer die Wahrscheinlichkeit, daß sie ähnliche Ergebnisse erzielt wie die ihrer amerikanischen Konkurrenten (Mataloni 2000).

5 Dies entspricht der »konservativen Wohlfahrtsfunktion« von Max Corden (1997 [1974]: 74-76; Deardorff 1987). Dieses Konzept ist besonders nütz-

Als erstes muß daher gefragt werden, genau welche Formen der Sozialpolitik mit welchen Strukturen der Außenwirtschaft in welcher Verbindung stehen und welche Arbeitsmarktverhältnisse sich daraus ergeben. Weder die Installierung noch die Aufrechterhaltung außenwirtschaftlich freier Märkte, sei es für Arbeit, Güter oder Dienstleistungen, sind von der Sozialpolitik unbeeinflußt. Umgekehrt verbinden sich mit den existierenden Strukturen wie mit den verschiedenen Reformen der Sozialpolitik jeweils unterschiedliche Chancen für Regierungen genauso wie für die privaten Akteure, sich an die Gegebenheiten einer globalen Marktwirtschaft mit ihren enorm erweiterten Möglichkeiten anzupassen und sich den kontinuierlichen Anpassungszwängen zu stellen – oder auf die Instrumente einer protektionistischen Handelspolitik zurückzugreifen. Bei der Beantwortung der ersten stellt sich gleich eine zweite Frage: Lassen sich die verschiedenen Effizienzdimensionen von Sozialpolitik – Sicherung von Einkommen, Schaffung von Arbeitsplätzen, Gewährleistung von Freihandel, gesellschaftliche Integration und Kosteneffizienz – einfach zusammenrechnen, oder gibt es zwischen ihnen *trade offs*, geht also der Erfolg in einer dieser Dimensionen irgendwie notwendig oder zwangsläufig auf Kosten der Entwicklung in einer der anderen?

Im folgenden wollen wir uns auf diese Fragen konzentrieren und einige Antworten skizzieren. Zuerst beschreiben wir, wie sich die Globalisierung als technologische und Raumrevolution für die Industrie- und Unternehmensorganisation darstellt und welche Folgen sich aus diesem systemischen Wandel für die sozialpolitischen Verhältnisse ergeben. Dann geben wir einen kurzen Überblick zur Sozialpolitikstruktur und zu den jüngsten Sozialpolitikreformen in beiden Ländern. In einem weiteren Schritt versuchen wir dann, den unerwarteten Pfad zu erklären, den die deutsche Sozialpolitikreform unter den Bedingungen einer sich globalisierenden Marktwirtschaft eingeschlagen hat. Schließlich erläutern wir, warum die Sozialpolitikreform der USA paradoxe Konsequenzen hatte, obgleich sie den Imperativen der Globalisierung besser zu entsprechen scheint.

lich, um das Funktionieren der Außenwirtschafts- im Verhältnis zur Sozialpolitik zu verstehen (vgl. S. 93ff.)

III. Entwicklungspfade einer globalen Marktwirtschaft und Herausforderungen des Wohlfahrtsstaates

Globalisierung bedeutet für Unternehmen zweierlei. Einmal erweitern sich die Möglichkeiten beträchtlich, firmenspezifische Wettbewerbsvorteile jenseits der Grenzen des Heimatmarktes zu nutzen. Dies gilt auch umgekehrt. Also müssen die bislang durch die vergleichsweise höheren Kosten betrieblicher Internationalisierungsstrategien in ihren Heimatmärkten vor ausländischer Konkurrenz geschützten Unternehmen damit rechnen, daß ihnen ihre Absatzmärkte auch noch von außen bestritten werden. Die technologischen Veränderungsschübe der letzten zwei Jahrzehnte haben vor allem die Transport- und Kommunikationskosten stark verringert und damit die selbständige Bedeutung der geographischen Lage für die Bestimmung der Industrie- wie der Unternehmensstruktur deutlich begrenzt (Schaefer 1998; Benvenisti 1999). Einerseits durch diese Entwicklungen mit angetrieben, andererseits von davon unabhängigen Beweggründen bestimmt, haben die Regierungen weiter – durch multilaterale Vereinbarungen oder durch einseitige Maßnahmen – Handelshindernisse beseitigt oder verringert. Und schließlich haben Regierungen wiederum z. T. im Alleingang und z. T. koordiniert im Rahmen zuerst des GATT und dann der WTO die rechtlichen Grundlagen für eine Internationalisierung der Produktion geschaffen (Hudec 1999; J. H. Jackson 1997a, 2000a).

Die Internationalisierung der Produktionsverhältnisse

Es ist vor allem die Internationalisierung der Produktion, die der Globalisierung ihre kritische Bedeutung gibt.[6] Der betriebliche Ressourceneinsatz, hauptsächlich Kapital und Managementkapazität, hat dadurch neue Formen angenommen. Sie bedeuten erweiterte Möglichkeiten unternehmerischen Handelns, aber auch neuartige Risiken. Während sich beim »klassischen« Exportgeschäft die Ressourcenbindung fast ausschließlich auf das Inland

6 Der folgende Überblick stützt sich insbesondere auf Schanz (1995), Osterloh/Weibel (1996), Coldwell/Reid (1998), Grafers (1999) und Tilly/Welfens (1999).

Abbildung 4.1: Intensitätsstufen der Internationalisierung

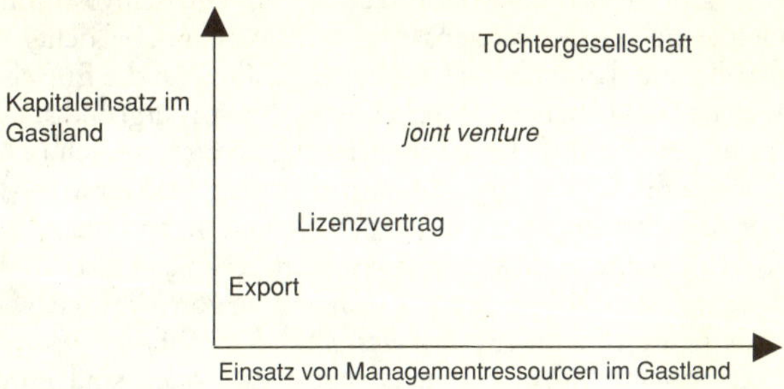

Quelle: Schanz (1995: 16).

beschränkt, erfolgt bei unabhängigen Tochtergesellschaften die Verwertung firmenspezifischer Wettbewerbsvorteile – gemessen am Einsatz von Management- und Kapitalressourcen – fast vollständig im Ausland. Abbildung 4.1 zeigt die verschiedenen Intensitätsstufen einer Internationalisierung von Unternehmen.

Exporttransaktionen werden zwischen rechtlich und wirtschaftlich selbständig bleibenden Vertragspartnern abgewickelt, wobei sich das Unternehmen entweder unabhängiger Absatzorgane bedient oder unmittelbar an einen ausländischen Abnehmer liefert. Bei internationalen Lizenzverträgen geht es um die Vermarktung von *know-how*. Lizenzfähig sind allerdings nicht nur immaterielle Güter, die wie Patente und Marken einen gewerblichen Schutz genießen, sondern auch solche, die allein über Verträge verwertet werden, also Fabrikationsgeheimnisse oder Marketingkonzepte. Ihre große Bedeutung ergibt sich vornehmlich daraus, daß trotz der neuen Infrastruktur Transportkosten immer noch prohibitiv hoch sein können. Einer Untersuchung zufolge waren bei der Hälfte der befragten Unternehmen die Transportkosten der Grund dafür, eine Lizenz ins Ausland zu geben, und bei einem Viertel waren es die hohen Kosten für den Aufbau eigener Vertriebskanäle (Welch 1993, zitiert nach Schanz 1995: 35). Neben den Kosten des physischen Transports sorgen vor allem die Kosten für die Anbahnung von grenzüberschreitenden Geschäften und für die Überwachung von Verträgen dafür, daß Gütermärkte trotz Globalisierung einen ausgeprägten *home bias* haben und es eine entsprechende volkswirtschaftliche Segmentierung gibt (Obstfeld/Rogoff 2000). Bei Direktinvestitionen handelt es sich um Vermögensanlagen im Ausland, bei denen die Kontrolle und damit ein maßgeblicher Einfluß auf die Entscheidungen der erworbenen Unternehmung im Vordergrund steht.

Unter dem Einfluß der Globalisierung veränderte sich in hohem Maße die Bedeutung von *joint ventures*. Sie waren in den 1960er und 1970er Jahren unter den Bedingungen hoher Handelsbarrieren und restriktiver Investitionsgesetze in ihrer Mehrzahl *second best*-Strategien zur Erschließung von Märkten, während sie heute zunehmend *first best* sind. Sowohl *joint ventures* wie die anderen Formen von Direktinvestitionen sind immer weniger handels- und wirtschaftspolitisch, sondern fast ausschließlich b e t r i e b s wirtschaftlich motiviert. Die wirtschaftspolitische und vor allem die steuerrechtliche Inländergleichbehandlung ausländischer Investoren, die in den entwickelten Volkswirtschaften inzwischen (fast) die Regel ist[7], hat dazu geführt, daß der Produktion durch die Gründung eigener Niederlassungen, bei der alle oder zumindest die wichtigsten Fertigungsstufen im Ausland durchlaufen werden, in der wichtigsten Wirtschaft, nämlich der der USA, eine verschwindend geringe Bedeutung zukommt. Von den 282 Mrd. US-$, die 1999 als ausländische Direktinvestitionen in die USA flossen, entfielen 276 Mrd. US-$ auf den Kauf amerikanischer Unternehmen und sechs Milliarden US-$ auf Neugründungen (Howenstine/Troia 2000: 53).

Mit der Globalisierung bietet sich für die Unternehmen nicht nur eine neue technische Infrastruktur, sondern auch ein sehr viel geringeres Risiko, Ressourcen im Ausland zu binden. Es sind deshalb immer mehr die internationale Verwertung unternehmensspezifischer Wettbewerbsvorteile und die Reaktionen auf die Auslandsaktivitäten konkurrierender Unternehmen, die in Verbindung mit abweichenden Standortbedingungen im Heimat- und Gastland – Sachkapitalrendite, Marktgröße, Faktorkosten und Wechselkursentwicklungen – die betrieblichen Entscheidungen bestimmen.

7 Die »Ausnahmen«, die, gerade was die USA und Deutschland betrifft, immer noch große Bedeutung haben können, werden unten näher beschrieben und diskutiert.

Die Folgen sind bekannt. Seit 1983 hat sich der Welthandel doppelt so schnell entwickelt wie die Produktion. Der kumulative Zuwachs des Güterexports belief sich bis 1993 auf 70,5 %, der entsprechende Produktionszuwachs auf 34,6 % (Preeg 1995: 12f.). Nicht nur politisch, sondern auch weltwirtschaftlich war 1989 eine »Wende«, als seither in den entwickelten Volkswirtschaften mehr als die Hälfte der nationalen Produktion durch Unternehmen erzeugt werden, die in ausländischem Besitz sind (Dunning 1997a: 9). Die Weltwirtschaft wird heute nicht mehr vom Handel allein, sondern auch von ausländischen Direktinvestitionen bestimmt. Bereits zwischen 1980 und 1992 ist der globale Direktinvestitionsbestand viermal so schnell gewachsen wie der internationale Güterhandel (Nunnenkamp u. a. 1994: 6f.). Tabelle 4.1 zeigt die Globalisierung von Handel, Produktion und Investition in den 1990er Jahren.

Trotz nachlassendem globalen Wirtschaftswachstum und gegen diesen Trend liegen die Wachstumsraten von Handel, Direktinvestitionen und grenzüberschreitenden *mergers and acquisitions* z. T. um ein Mehrfaches über der Zunahme des Weltsozialproduktes. Nach den Zahlen der *United Nations Conference on Trade and Development* (UNCTAD) stieg in den 1990er Jahren die Zahl der Länder kontinuierlich an, die ihre Investitionsbedingungen liberalisierten. Von den 145 Gesetzgebungsveränderungen, die 1998 von der UNCTAD (2000: 9) erfaßt wurden, erleichterten 136 ausländische Direktinvestitionen, und neun erschwerten sie. Tabelle 4.1 gibt auch einen Hinweis darauf, wie sich unter den Bedingungen der Globalisierung die »komplexe Interdependenz« zwischen den Volkswirtschaften auswirkt. Die »asiatische Krise«, die von einem vergleichsweise unbedeutenden Schwellenland ausging, hat sich nicht nur in einem atemberaubenden Tempo ausgebreitet und in Tagesfrist Wertpositionen, die über Jahrzehnte aufgebaut wurden, wieder zerstört, sondern so gut wie keine Volkswirtschaft unberührt gelassen.[8] Verglichen

8 Unter dem Titel *Global Contagion – A Narrative: Networked Economies, Stunted Lives* veröffentlichte die *New York Times* im Februar 1999 eine Reihe von Artikeln, die sich mit den Hintergründen und den Wirkungen der »asiatischen Krise« auseinandersetzt. Die Autoren haben ihre Reportagen inzwischen auch in Buchform veröffentlicht (Kristof/WuDunn 2000). Für die Erfahrungen der einzelnen Länder in Ost- und Südostasien und »Lehren« aus der Finanzkrise vgl. Woo u. a. 2000.

Tabelle 4.1: Ausgewählte Indikatoren der Weltwirtschaft in den 1990er Jahren

	Wert in lfd. Preisen (Mrd. US-$)			Jährliches Wachstum in Prozent				
	1996	1997	1998	1986-90	1991-95	1996	1997	1998
BSP zu Faktorkosten	29024	29360	k. A.	12,0	6,4	2,5	1,2	k. A.
Export von Gütern und Dienstleist.	6523	6710	6576	15,0	9,3	5,7	2,9	–2,0
FDI-Zuflüsse	359	464	644	24,3	19,6	9,1	29,4	38,7
FDI-Abflüsse	380	475	649	27,3	15,9	5,9	25,1	36,6
FDI-Inlandsbestand	3086	3437	4088	17,9	9,6	10,6	11,4	19,0
FDI-Auslandsbestand	3145	3423	4117	21,3	10,5	10,7	8,9	20,3
Internat. Fusionen	163	236	411	21,3	10,5	10,7	8,9	20,3

Quelle: UNCTAD (2000: 2, Tabelle 1.1).

mit dieser Entwicklung verliefen die Schuldenkrisen der 1980er Jahre in Zeitlupentempo (Keohane/Nye 2000: 109).

Aufgrund seiner Größe, seiner liberalen Struktur und seiner Wachstumsdynamik ist der amerikanische Markt für die neue Weltwirtschaft von besonderer Bedeutung. Seine Attraktivität spiegelt sich vor allem im Zufluß ausländischer Direktinvestitionen. Wie Abbildung 4.2 zeigt, ist nach dem Rückgang ab 1987 und der langsamen Erholung ab 1992 in den Jahren 1998 und 1999 der Zufluß ausländischer Direktinvestitionen förmlich explodiert. Das gleiche gilt für den Zufluß von Portfolioinvestitionen. Der Bestandswert dieser ausländischen Kapitalanlagen

Abbildung 4.2: Zu- und Abflüsse ausländischer Direktinvestitionen und Bestand an Portfolioinvestitionen im In- und Ausland in den USA, 1970–1998

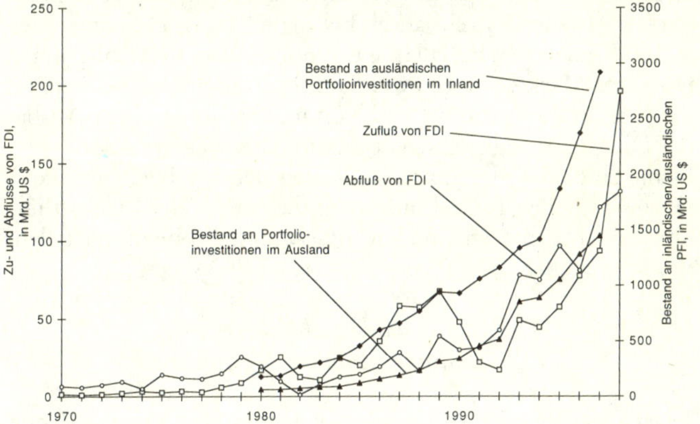

Quelle: IMF (1999a: 928f.).

belief sich 1997 auf 36% des amerikanischen Bruttosozialproduktes.

Die gesteigerte Möglichkeit, nationale Märkte von außen zu bestreiten, ist eine Folge der Globalisierung der Wirtschaft, die von durchschlagender Bedeutung für die nationale Sozialpolitik und ihre Reform ist.[9] Die Kosten für den Markteintritt ausländischer Anbieter sind massiv gefallen; der säkulare Wandel von der Industrie- zur Dienstleistungs- und dann zur Informationswirtschaft hat ebenfalls die unvermeidlichen Mindestkosten gesenkt, die bei einem Marktzugang wie bei einem Marktaustritt anfallen. Historisch betrachtet haben allerdings Zölle und eine breite Palette funktional äquivalenter Maßnahmen, die allesamt als Handelshindernisse wirken, jeweils besondere nationale Wirtschaftsstrukturen erzeugt und stabilisiert, in denen die Sozialpolitik eine herausragende Rolle für die Herausbildung der Unternehmens-

9 Die Standardabhandlung zu diesem Thema ist Baumol u.a. (1982), allerdings noch ohne Bezug auf die Globalisierung.

und Arbeitsmarktorganisation und für die Gestaltung der marktlichen und politischen Arenen spielt. Herausgefordert werden das heutige Verhältnis von Markt und Staat und die institutionelle Struktur von Sozialpolitik vor allem durch diese extern bewirkte erhöhte Bestreitbarkeit bislang national fragmentierter und einer einheitlichen politischen Kontrolle unterworfener Märkte. Diese zwei Faktoren, die drastische Senkung der Kosten für Transport und Kommunikation und der Ausbau der Dienstleistungswirtschaft, bestimmen, welcher Art die Probleme sind, die die einzelnen Staaten dabei haben, ihre wohlfahrtsstaatlichen Einrichtungen an die neue weltwirtschaftliche Situation anzupassen, und wie massiv diese Probleme ausfallen.

Der Aufstieg des Wohlfahrtsstaates und die Desintegration der Weltwirtschaft

Es ist allerdings ein Irrtum zu glauben, die wechselseitige Isolierung von Volkswirtschaften hätte es früher leichter gemacht, eigenständige Formen der Arbeitspolitik und des Sozialstaates – meist als Sozialversicherungen – zu entwickeln und durchzusetzen. Die Entwicklung verlief genau umgekehrt. Die arbeits- und sozialpolitischen Regulierungen sind die Kehrseite jener Entglobalisierung der Volkswirtschaften, die seit dem Ende des 19. Jahrhunderts bis zu den 1950er Jahren eine international fragmentierte Wohlfahrtsstaatenwelt schuf, die erst langsam wieder zusammenwächst.

Die Einführung wohlfahrtsstaatlicher Transfersysteme und die Intensivierung der sozialpolitischen Regulierung der Betriebe waren eine unter mehreren politischen Antworten auf die inneren Probleme der sich entwickelnden Industriegesellschaften in den letzten Jahrzehnten des 19. Jahrhunderts (S. Neumann 1949; Olson 1963; Rimlinger 1977; Przeworski/Sprague 1986). Die Handelspolitik war dabei oft und z. T. auch sehr weitgehend ein Ersatz für jene Sozialpolitik, die mit der Demokratisierung und Parlamentarisierung unvermeidlich wurde und über die die Vertreter der besitzlosen, lohnabhängigen Gruppen der Bevölkerung in die Schaltzentralen der politischen Macht einrückten. Das galt insbesondere für die Entwicklung in den USA, wo die Einkommenssicherung nicht mit sozial-, sondern mit zollpolitischen

Mitteln betrieben wurde (Huston 1983). Eine staatliche Sozialpolitik macht aber nicht *per se* eine außenwirtschaftliche Schließung notwendig (Knorr 1951 a, b). Von kritischer Bedeutung sind die institutionellen F o r m e n , die für die Sozialpolitik gewählt werden, und in diesen Entscheidungsprozessen spielten allerdings die außenwirtschaftlichen Verhältnisse so gut wie keine Rolle – was nicht heißt, die Strukturen der Handelspolitik und der Außenwirtschaft hätten als Rahmenbedingungen und damit außerhalb der Wahrnehmung der Akteure keinen Einfluß gehabt. »Soziale« Ziele können jedoch auf den verschiedensten Wegen angestrebt werden, von Preiskontrollen über die Verstaatlichung von Betrieben und Industriezweigen bis zur Sozialversicherungspolitik, vom individuellen über das kollektive Arbeitsrecht bis zur unmittelbaren Verpflichtung von Betrieben für die wirtschaftliche Lage ihrer Beschäftigten. Jedes dieser Mittel hat andere Konsequenzen auch für die Außenwirtschaft. Vor allem für eine diskretionäre Sozialpolitik, die ganz bestimmte, einzelne Sektoren, Regionen oder Personengruppen schützen will, gilt jedoch, daß sie ihre Ziele nur erreichen kann, wenn sie über die Instrumente der Handelspolitik auch über die nationalen Grenzen hinaus gesichert werden. Für die Agrarpolitik, die im Grunde eine Form von S o z i a l politik g e g e n den Markt ist, war dies der historische Regelfall, und dies trifft immer noch zu (G. Wright 1964; Rieger 2000). Der für das damalige Schicksal der Weltwirtschaft entscheidende Punkt ist der, daß zunehmend und in der Regel auch ohne größere Widerstände die außenwirtschaftlichen Verhältnisse von einer exklusiv nationalen Sozialpolitik bestimmt wurden. Wenn man sich also eines Bildes bedienen will, dann rückten unter dem Einfluß dieser – wohlfahrtsstaatlich motivierten, durch das allgemeine Wahlrecht und die neuen volksherrschaftlichen Momente in den Staatsverfassungen vorangetriebenen protektionistischen – Handelspolitik die Länder immer weiter auseinander, nachdem sie durch die von einem sehr dynamischen Kapitalismus getragene Globalisierungsbewegung von der Mitte des 19. Jahrhunderts bis zum Ausbruch des Ersten Weltkriegs stärker zusammengerückt waren.[10]

10 Der englische Sozialist Richard Crossman nannte jenes System, das sich dann in Westeuropa und Nordamerika nach dem Zweiten Weltkrieg sowohl gegen die sozialistische wie gegen die marktliberale Herausforderung

Es ist aber auch ein Irrtum zu glauben, die wohlfahrtsdemokratische Revolution sei die Ursache der Entglobalisierung, oder, anders gewendet, jede umfassende Sozialpolitik habe einen handelspolitischen Protektionismus zur notwendigen Folge, wie immer wieder behauptet wird (Voigt 1992: 26-28; Krauss 1997: 35-59). Die historischen Tatsachen sehen anders aus.

Deutschlands organisierter Kapitalismus und der Übergang zum Protektionismus

In Deutschland wurde der Protektionismus vor allem durch die Kartellbildung vorangetrieben und so durch die Organisierung der Wirtschaft »von unten« einer liberalen Ordnung die Grundlage entzogen. Die staatliche Sozialpolitik beeinflußte die Handelspolitik wenn überhaupt, so nur indirekt. Die Gewerbefreiheit, die 1869 durch die Gewerbeordnung des Norddeutschen Bundes eingeführt und dann auf das Deutsche Reich verallgemeinert wurde, wirkte nach der damals herrschenden Meinung nur gegen staatliche, nicht gegen private Wettbewerbsbeschränkungen. Im Kaiserreich breiteten sich Kartelle auf breiter Front aus. Unter den größeren Industrienationen war das Deutsche Reich die einzige, die Kartellverträge zivilrechtlich schützte. Nicht zuletzt deshalb erwiesen sich diese unternehmensübergreifenden Konstruktionen als dauerhafter und, was die Industriestruktur betrifft, auch als durchschlagender als ihre ausländischen Pendants (Schröter 1996: 132f.). Das Reichsgericht sah 1897 Kartelle als grundsätzlich zulässig an: Es verstoße nicht gegen die Gewerbefreiheit, »wenn sich Gewerbegenossen zu dem in gutem Glauben verfolgten Zweck miteinander verbinden, einen Gewerbezweig durch Schutz gegen die Entwertung seiner Erzeugnisse und den sonstigen aus Preisunterbietung Einzelner hervorgehender Nachteile lebensfähig zu erhalten« (zit. nach Mussler 1998: 24). Jede inländische Regulierung von Preisen muß jedoch, wenn sie wirksam sein will, einen Schutz auch davor

behaupten konnte, »Wohlfahrtskapitalismus«: Der Wohlfahrtsstaat sei der Höhepunkt eines langen Prozesses, in dessen Verlauf der Kapitalismus »zivilisiert« und zu einem großen Teil mit der Demokratie versöhnt wurde (Marshall 1992c [1972]: 109).

bieten, daß die einheimischen Produzenten von ausländischer Konkurrenz unterboten werden. Kartelle bedeuten Renten und signalisieren damit ausländischen Anbietern Gewinnchancen. Kartelle erfüllen also nur dann ihren Zweck, wenn über Zölle oder andere handelspolitische Maßnahmen nichttarifärer Art – wie Lizenzen und Quoten – auch ein außenwirtschaftlicher Schutz organisiert wird.

Der außenwirtschaftliche Protektionismus des deutschen Reichs war auch eine Folge der Kartellierung der Wirtschaft, und bei dieser Kartellierung wurden – trotz ihrer Wahlverwandtschaft mit der merkantilistisch-obrigkeitsstaatlichen Tradition – ihre privatwirtschaftlichen Ursprünge hervorgehoben. Für Gustav Schmoller, den einflußreichsten Ökonomen des Kaiserreichs, waren Kartelle »ein System der Gerechtigkeit und der Billigkeit«, ihre Leiter »Erzieher, welche den Gesamtinteressen eines Gewerbezweiges den Sieg über die egoistischen Gruppeninteressen, über die egoistischen Einzelinteressen verschaffen wollen« (zit. nach Mussler 1998: 24). Er betonte ihren zünftlerisch-genossenschaftlichen Charakter. Für die Mehrheit der Rechtswissenschaftler des Kaiserreichs wie der Weimarer Republik stand fest, daß sich – in der Frage der Kartelle – das Recht der Wirtschaft anzupassen habe, nicht umgekehrt. Einer ihrer führenden Vertreter, Hans Carl Nipperdey, hielt auf dem Juristentag 1928 fest, die Privatrechtsordnung sei nicht dazu geschaffen, sich gegen die wirtschaftliche Entwicklung zu stemmen, und sie sei auch nicht dazu da, um mit ihr reine Ethik zu betreiben (Mussler 1998: 25).

Unter das Verdikt einer »reinen Ethik« fiel auch die klassisch-liberale Wirtschaftstheorie samt ihrer natürlichen Verlängerung, dem Freihandel:

»Das liberale Wirtschaftssystem bot uns die entgegengesetzte Theorie einer vom individuellen Staate losgelösten, kosmopolitischen Wirtschaftsverfassung, die aus dem Mikrokosmos der Individualwirtschaft den Makrokosmos einer Weltwirtschaftsverfassung erschaffen will, aber an den natürlichen Widerständen nationaler Wirtschaftspolitik scheitert, die sich in der zweiten Hälfte des 19. Jahrhunderts kraftvoll entwickelt und die kosmopolitische zur Staatswirtschaftsverfassung zurückbildet. Diese Entwicklung wird jedoch nicht der Initiative des Staates verdankt, sie erfolgt vielmehr als Ergebnis ökonomischer und sozialer Konflikte, die auf dem Boden der errungenen politischen Freiheit durch das kraftvoll aufblühende wirtschaftliche Organisationswesen Gehalt und Gestalt gewinnen. Ihre Ergebnisse bieten der Regierung zumeist fertiggeformte Bausteine für den Ausbau der staatlichen Wirtschaftsverfassung, die zu einer ständig umfangreicheren und auch komplizierteren Entwicklung gelangt« (Tschierschky 1924: 25).

Die Vermachtung der Wirtschaft und die Vergesellschaftung des Staates hatten allerdings auch eine sozialpolitische Seite. Das Kartellierungsinteresse der Wirtschaft, die einen nationalstaatlichen Rahmen zur Voraussetzung hat, der ihr den notwendigen außenwirtschaftlichen Schutz bietet, traf sich mit einem selbständigen wohlfahrtsstaatlichen Interesse der politischen Träger des Reichs und später auch der Weimarer Republik.

Der Schutzzoll hatte für Bismarck zwei Aufgaben zu erfüllen: Einmal bildete er eine Einnahmequelle des Reichs, die es von den Finanzüberweisungen der Einzelstaaten – und der darauf beruhenden Machtstellung des Bundesrates – unabhängiger machen und aus der »Kostgängerrolle« befreien sollten. Diese neue Quelle sollte dem Staat die Mittel an die Hand geben, »den Bedürfnissen des Sozialismus reformierend entgegen [zu] kommen«.[11] Und dann ließ sich mit einer aktiven Schutzzollpolitik eine größere Sicherheit der wirtschaftlichen Verhältnisse bewirken: »Der einheimischen nationalen Arbeit und Produktion im Felde sowohl wie in der Stadt und in der Industrie sowohl wie in der Landwirtschaft [...] Schutz zu gewähren« (Bismarck in der Reichstagsrede vom 8. 5. 1879, zit. nach Gerloff 1913: 158). Die Schutzzollpolitik war für Bismarck ein Instrument der Sicherung einer autokratischen Herrschaft, mit dem sich die ostelbische Führungsschicht Preußens und die Träger der neuen industriewirtschaftlichen Entwicklung im Westen des Reichs gleichzeitig einbinden ließen. Gegenüber der Industrie war die Möglichkeit entscheidend, sie für die neue sozialpolitische Kostenbelastung durch zusätzlichen Zollschutz entschädigen zu können (Gerschenkron 1943).

11 Bismarck in der Reichstagsrede vom 12. 6. 1882, zitiert nach Gerloff (1913: 141). Diese Hoffnung hat sich bekanntlich nicht erfüllt. Die berühmte »*clausula* Frankenstein« zementierte den finanzwirtschaftlichen Partikularismus des Reichs: »Derjenige Ertrag der Zölle und der Tabaksteuer, welcher die Summe von 130 Millionen Mark in einem Jahre übersteigt, ist den einzelnen Bundesstaaten nach Maßgabe der Bevölkerung, mit welcher sie zu den Matrikularbeiträgen herangezogen werden, zu überweisen« (Gerloff 1913: 162).

Teilweise war also die deutsche ähnlich wie die amerikanische Kartellbewegung ausdrücklich durch diesen politisch motivierten Protektionismus ausgelöst worden, weil er unternehmensübergreifende Verbindungen mit dem Ziel politischer Einflußnahme begünstigte.[12] Außerdem versprach die Kartellierung eine wirksamere Abwehr gegen die Herausforderung der sozialistischen Gewerkschaften zu leisten, und zwar für die einzelnen Unternehmen wie für den Staat. Schließlich wurden auch ausdrücklich sozialpolitische Motive zugunsten der Kartellierung angeführt. Robert Liefmann hat in seiner bei Max Weber angefertigten Freiburger Dissertation über die deutschen Kartelle angemerkt: Der Staat könne eine über Kartelle und ähnliche Vertragswerke koordinierte Wirtschaft sehr viel leichter sozialpolitischer Regulierung unterziehen und ihr sozialpolitische Lasten auferlegen als einer freien Wirtschaft (1897: 198). Wie die Entwicklung in den Anfangsjahren der Weimarer Republik und dann die Wirtschaftspolitik der Nationalsozialisten zeigte, hatte diese Vorstellung einer »leiturgischen«, von den zwangsverpflichteten Betrieben zu tragenden Deckung sozialpolitischer Bedarfe eine durchaus prophetische Qualität (F. Neumann 1984 [1963]: 38).

Die sozialpolitischen Motive des amerikanischen Protektionismus

Für die längerfristige Entwicklung der amerikanischen Sozialpolitik in ihrem Verhältnis zur Handelspolitik waren drei Weichenstellungen entscheidend, die einen eigenen wohlfahrtsd e m o - k r a t i s c h e n Entwicklungspfad und damit auch eine dauernde Ausnahmestellung des amerikanischen Wohlfahrtsstaates u n d der amerikanischen Handelspolitik begründeten. Die erste Weichenstellung bildete der *Interstate Commerce Act* von 1887 und der *Sherman Antitrust Act* des Jahres 1890 – beides Instrumente einer sich zunehmend politischen Einfluß verschaffenden Mas-

12 Schumpeter vertrat die Überzeugung, im Unterschied zum deutschen Fall sei der Schutzzoll in den USA kein Faktor einer Ausbeutung der Konsumenten gewesen, weil der große amerikanische Binnenmarkt echte Monopolstellungen verhindert habe. Er erhöhte allerdings die Profitrate und habe damit der sich schnell entwickelnden Industrie zusätzliches Kapital zugeführt (Schumpeter 1991[1940]: 173).

senbewegung der Anti-Kartell- und Anti-Trustpolitik. Zwar entwickelten sich unter dem Einfluß der Schutzzölle *Trusts* und Kartelle in den USA genauso wie im Deutschen Reich als zunehmend bestimmendes Merkmal der Wirtschaftsstruktur, aber in den USA wurde dieser Gang der Dinge zunehmend kritisch betrachtet und dann ausdrücklich bekämpft. Bis 1914 war die wettbewerbspolitische, antimonopolistische Regulierung der amerikanischen Wirtschaft allerdings in ihrer Wirksamkeit beschränkt, konnte aber immerhin als Prinzip der Unternehmensordnung behauptet werden.[13]

Die zweite Weichenstellung besteht darin, daß die Politik auf den Konsumenten fokussiert wurde. Die enorme Heterogenisierung der amerikanischen Gesellschaft im Zuge der Massenzuwanderung ab 1870 machte für die Parteipolitik den Konsumenten zu dem gemeinsamen Nenner ihrer Konkurrenz (Hofstadter 1955: 171-173). Zwischen 1870 und 1914 stieg die Bevölkerung von etwa 40 Mio. auf knapp 100 Mio. Einwohner. Davon waren 25 Mio. Neueinwanderer. Mehr als vier Fünftel der Einwanderer stammten weder aus Großbritannien noch aus Irland, also aus den Ländern, die in den frühen Jahrzehnten den Hauptteil der Einwanderer gestellt hatten und die einem ähnlichen Kulturkreis und

13 Bis in die 1920er Jahre waren der *Interstate Commerce Act* und der *Sherman Act* nicht nur von symbolischer Bedeutung, sondern wurden auch, geschützt durch die Interpretation des Bundesgerichtshofes (*Supreme Court*), als Mittel eingesetzt, um die Streik- und Organisationsfähigkeit der Arbeiterschaft soweit wie möglich einzuschränken und um die 1894 vom Kongreß verabschiedete Einführung einer Einkommenssteuer für verfassungswidrig zu erklären (Wiebe 1967: 92). Allerdings ließ der Bundesgerichtshof den einzelstaatlichen Obersten Gerichten einen sehr großen Handlungsspielraum, sowohl was die Regulierung der *Trusts* im öffentlichen Interesse als auch was die Sozial und Steuergesetzgebung anging (ebd.: 81). Durchschlagskraft bekam der *Sherman Act* unter Theodore Roosevelts Präsidentschaft und seiner erfolgreichen Gründung eines *Bureau of Corporations* im ebenfalls neugegründeten *Department of Commerce and Labor* (ebd.: 191). Der *Hepburn Act* von 1906 – laut Wiebe (ebd.: 192) das wichtigste Gesetz aus der Amtszeit Theodore Roosevelts – verschaffte der *Interstate Commerce Commission* die von den progressiven Reformern lang ersehnte Handlungsfähigkeit. Allerdings setzte der *Webb-Pomerance Act*, der in der Präsidentschaft Woodrow Wilsons verabschiedet wurde, die *Anti-Trust*-Gesetze für das Verhalten der amerikanischen Industrie im Ausland außer Kraft. Der *Edge Act* aus der gleichen Zeit institutionalisierte die Unterstützung privatwirtschaftlicher Finanzgeschäfte durch die amerikanische Bundesbank (J. Williamson 1974: 94).

Sprachraum zugerechnet werden können (Zahlenangaben berechnet nach U.S. Census Bureau 1976: 8, 105-106). Schutz der Verbraucher gegen die Preispolitik der Monopole, Kontrollen der Lebensmittelindustrie, Regulierung der Gebühren der Unternehmen, die die Wasser- und Stromversorgung betrieben, und Bankenaufsicht wurden zu Themen, die deshalb in den Mittelpunkt der bundesstaatlichen Parteipolitik rückten und damit institutionelle Qualitäten erhielten, weil Verbraucherinteressen einen gemeinsamen Nenner für eine Bevölkerung versprachen, die jenseits dieses Interesses und der demokratischen Teilhabe an der Politik kaum noch andere Gemeinsamkeiten besaß.[14]

Die dritte Weichenstellung liegt in der zunehmend gewichtiger werdenden Wendung gegen den Protektionismus. Auch hier spielte die Politisierung von Verbraucherinteressen eine immer größere Rolle. Das Argument der Republikaner, der Schutzzoll habe wohlfahrtssteigernde Wirkungen – hohe Löhne und sichere Beschäftigungsverhältnisse –, stand zu offensichtlich im Widerspruch zu den tatsächlichen Verhältnissen und wurde auch damals schon als ökonomisch unsinnig erkannt (Edwards 1970). Ein erster unter Präsident Taft unternommener Ansatz, die Zölle zu senken, scheiterte; das führte aber zu einem Verfassungszusatz, dem 16. *Amendment*, mit dem 1913 im Zuge der Revision des Zollgesetzes die Einführung einer Bundeseinkommenssteuer ermöglicht und der weiteren finanzwirtschaftlichen Rechtfertigung des Protektionismus der Boden entzogen wurde (Hody 1996: 58, 68). Die zwei entscheidenden Argumente gegen eine Hochzollpolitik lauteten: Ein kostensenkender und verbraucherfreundlicher Wettbewerb auf den Binnenmärkten werde durch den Importdruck gestärkt und wirke als Mittel gegen *Trusts* und Monopole; und mit der Bereitschaft zu Zollsenkungen eröffneten sich handelsvertragspolitische Möglichkeiten für eine gezielte Erschließung von Auslandsmärkten für amerikanische Produkte.[15] Diese Entwicklung fand ihren ersten politi-

14 Unter dem Druck von Konsumentenorganisationen wurde 1906 der *Pure Food and Drug Act* verabschiedet, der auch, was Verwaltungs- und Kontrollbefugnisse angeht, eine neue bundesstaatliche Kompetenz etablierte. Vgl. dazu Wiebe (1967: 191).

15 An der Rechtfertigung von Zöllen als notwendiger Kompensation für die im internationalen Vergleich höheren Arbeitskosten hielten aber auch Gegner des Protektionismus fest (Hody 1996: 62).

schen Ausdruck im *New Freedom*-Programm von Woodrow Wilson. Der Höhepunkt dieser Entwicklung liegt im Jahr 1934, in dem der *Trade Agreement Act* beschlossen wurde, die USA sich endgültig vom Protektionismus verabschiedeten und als außenwirtschaftliches Grundprinzip den Freihandel institutionalisierten.[16] Rechtstechnisch gesehen war der *Trade Agreement Act* eine Novellierung des *Trade Act*, der 1930 verabschiedet wurde. Seine grundlegende Bedeutung lag einmal darin, daß er Instrumente für eine Reduzierung von Zöllen bereitstellte (Larkin 1937; Feiler 1937), und zum anderen darin, daß mit diesem Gesetz der Kongreß zugunsten der Exekutive auf seine handelspolitischen Vorrechte verzichtete und damit den neuen Kurs gegen *capture* sicherte, also gegen die privilegierende Vereinnahmung der Handelspolitik durch die Interessenten, die seit der Regierung von Andrew Jackson (1829-1837) der Handelspolitik der Union ihren Stempel aufdrückte (Taussig 1888; Kreider 1940; Q. Wright 1944; Destler 1986: 9-36; Destler 1998).

Anders als später in der Bundesrepublik hat jedoch in den USA die Sozialpolitik nie eine protektionistische Handelspolitik überflüssig gemacht. Dem Grundsatz einer freihändlerischen Außenwirtschaft stand und stehen weiterhin die institutionellen Realitäten einer politischen und hochgradig diskretionären wie arbiträren Regulierung von Importen und Exporten entgegen. Was Elmer E. Schattschneider bereits 1935 zum Verhältnis von wirtschaftlicher Vernunft und politischem Kalkül feststellte, gilt auch heute noch:

> »The history of the American tariff is the story of a dubious economic policy turned into a great political success. [...] The very tendencies that have made the legislation bad have, however, made it politically invincible.« (283)

Wie noch zu zeigen ist, liegen wichtige Gründe dafür auch in den Entscheidungen über die Organisation der bundesstaatlichen Sozialhilfe.

16 »For trade is reciprocal; we cannot sell unless we also buy«, erklärte bereits Woodrow Wilson bei der Annahme der Präsidentschaft (zit. nach Hody 1996: 63).

Gerade weil sich »Globalisierung« einem erschöpfenden Zugriff zu entziehen scheint, die bestehenden Verhältnisse angreift und auflöst, aber nicht ordnet und gestaltet, ist es so wichtig, das Grundprinzip eines methodischen Individualismus in Erinnerung zu rufen: daß es sich auch bei dieser Revolution der Raumverhältnisse, von der keine soziale Ordnung verschont wird, um Verhältnisse und Entwicklungen handelt, die in letzter Instanz und erschöpfend in Begriffen des Agierens und Verhaltens von einer oder von mehreren einzelnen Personen beschrieben und erklärt werden können (Weber 1972 [1921]: 6; Arrow 1994).[17] Die Globalisierung ist einmal das Ergebnis, und dann, was noch wichtiger ist, gleichzeitig und unvermeidlich auch wieder Ausgangspunkt eines sozialen Zusammenhandelns, für dessen Verständnis der subjektiv gemeinte, und nicht ein irgendwie objektiv-funktionaler Sinn von kritischer Bedeutung ist. Entscheidend ist, wie die Menschen auf ihre Erfahrungen mit der Globalisierung reagieren. Weil Globalisierung laufend neu »gemacht« wird, muß der immer kontingente, der künstliche, selbstgemachte Charakter jeder ihrer Tatsachen bewußtgemacht werden. Sie hätten auch ganz anders ausfallen können. Soziale Tatsachen haben, anders als die Gegebenheiten der unbelebten Natur, weder ein in ihnen selbst liegendes, unveränderliches und sie erklärendes Gesetz, noch bestimmen sie, was geschehen wird oder auch nur geschehen soll (Arendt 2000 [1967]: 564).[18] Dieser Punkt bezeichnet nicht nur das Kernproblem jeder Sozialwissenschaft, sondern auch die Möglichkeit menschlicher Freiheit.[19]

Die Regelmäßigkeiten in den historischen Wechselverhältnissen von Globalisierung und Wohlfahrtsstaat bieten deshalb nur Orientierungs- und Vergleichsmöglichkeiten, aber keine ob-

17 Mit dem Individualismus als wissenschaftlichem Prinzip kann, muß sich aber nicht ein politisches Programm verbinden (Lukes 1971, 1973; Buchanan 1989).

18 Deshalb sagt Stuart Kauffman, Naturwissenschaftler und Träger des *McArthur Genius Award*, in seinen *Investigations*: »The concept of an agent is, inherently, a non-equilibrium concept« (2000: 8).

19 »That we can change the circumstances under which we live at all is because we are relatively free from them« (Arendt 2000 [1967]: 563).

jektive, verallgemeinerbare Wahrheit jenseits von Zeit und Raum, die uns in die Lage versetzen würde, mit irgendeiner Sicherheit feststellen zu können, mit genau welchen Wirkungen einer zunehmenden außenwirtschaftlichen Verflechtung für die Sozialpolitik und mit genau welchen Konsequenzen der Regulierungen und Programme von Wohlfahrtsstaaten für das wirtschaftliche Handeln wir zu rechnen haben. Der politische Charakter der Lage, die Entscheidungsoffenheit der Situationen, vor die die Globalisierung die Menschen stellt, ist ein für viele unbequemes, aber nicht zu umgehendes Faktum. Die jeweils besonderen Umstände, der Kontext, in dem sich Akteuren Fragen und Entscheidungsprobleme stellen, müssen als B e d i n g u n g e n ihres Handelns ernst genommen werden, weil es auf sie entscheidend ankommen kann. Überlegungen einer »reinen« Theorie, die, von *a priori*-Feststellungen ausgehend, m ö g l i c h e allgemeine oder typische Wirkungen wirtschaftlicher Globalisierungsbewegungen auf die nationalen Sozialpolitikverhältnisse, etwa in Form von spieltheoretischen Versuchsanordnungen, benennen, sind ein weiteres Mittel, einen genaueren Blick für die tatsächlichen Schwierigkeiten zu entwickeln, mit denen die Politik heute konfrontiert ist. Aber weder historische Erfahrungen mit der Globalisierung noch die »geometrischen Wahrheiten« des *a priori*-Räsonnements einer »reinen« Ökonomik können Grundlage eines Urteils darüber sein, wie sich das Verhältnis von Wohlfahrtsstaatlichkeit und Globalisierung in Zukunft gestalten wird und wie darauf reagiert werden soll. Beide beschreiben auf ihre Weise objektive Möglichkeiten, aber keine ist in der Lage, mit irgendeiner Gewißheit vorherzusagen, was geschehen w i r d . Das gleiche gilt für die Frage, was geschehen s o l l.

Verallgemeinerungen, die ein zukünftiges Geschehen bestimmen wollen, sind hier der falsche Weg. Der historische Rückblick hat außerdem gezeigt, daß es falsch wäre, d i e Wirtschaft, gleichgültig ob in einer welt- oder volkswirtschaftlichen Gestalt, gegen d i e Politik zu stellen – und umgekehrt. Die tatsächlichen Beziehungsverhältnisse sind weit komplexer. Entscheidend ist zunächst aber ein weiterer, oft unterschätzter Punkt: Die Ordnung der Wirtschaft ist ein Ergebnis p o l i t i s c h e r Prozesse. Sie ist wesentlich ein Kompromißprodukt, eine Resultante aus gegensätzlichen Interessen. Das gilt auch und vor allem für die Außenwirtschaft. Wer über die außenwirtschaftlichen Verhältnisse entscheiden kann, vor allem was ihre Formen und den Grad der Schließung betrifft, der bestimmt auch sehr weitgehend die Form und die Effektivität einer nationalstaatlichen Ordnung. Es geht um die politische Kontrolle der Außenwirtschaft – oder den Verzicht darauf. In den letzten anderthalb Jahrzehnten des 20. Jahrhunderts schien sich dieses neue, gegen den Freihandel und die Globalisierung des 19. Jahrhunderts erkämpfte Moment einer sehr weitgehenden und vor allem demokratischen, wesentlich innergesellschaftlich bestimmten Kontrolle der Außenwirtschaft wieder umzukehren. »Politik« allgemein und Handels- und Sozialpolitik im besonderen scheinen zu einer abhängigen Variablen, einer Resultante von (welt)wirtschaftlichen Verhältnissen geworden zu sein und damit ihr autonomes Handlungspotential als demokratische Selbstherrschaft verloren zu haben. Als »Beweis« wird regelmäßig auf die Kürzungspolitik und die Krise des Wohlfahrtsstaates verwiesen. Zumindest gilt es den meisten Beobachtern als ausgemacht, daß die heutige Struktur der Märkte und der Industrien nicht nur jede zusätzliche Umverteilungsfähigkeit nationaler Sozialpolitik begrenzt, sondern auch gravierende soziale und politische Probleme für den Sozialpolitikbestand erzeugt, weil die neuen Weltmarktbedingungen und das alte wohlfahrtsstaatliche Arrangement nicht mehr miteinander vereinbar seien.

Diese Sicht der Dinge ist allerdings zu einfach. Sie achtet nicht genügend darauf, was sich bei den Einrichtungen des Wohlfahrtsstaates tatsächlich verändert bzw., angesichts der oft geäußerten Erwartungen, was sich nicht verändert hat. Das gleiche gilt für die Rhetorik: Mit welchen Begründungen wurden Reformen unternommen bzw. konnten sie blockiert werden? Und schließlich ist inzwischen deutlich geworden, daß auf die gleichen neuen Marktverhältnisse, was die Sozialpolitik betrifft, in durchaus unterschiedlicher Weise reagiert wird. Es geht, mit anderen Worten, schlicht darum, eine fragwürdig gewordene Wirklichkeit besser zu verstehen. Genau welche Veränderungen sind es, die im Zusammenhang mit der Globalisierung den wohlfahrtsstaatlichen Status quo herausfordern, und welche Grenzen erlegt der Status quo der Reformpolitik auf?[20]

20 Zur Rolle des *Status quo* in der Reformpolitik vgl. Fernandez/Rodrik (1991) und zu einer Sicht der Reformoptionen Rodrik (2000a, b).

Weil sich die Menschen immer um einiges mehr von dem beeindrucken lassen, was in ihrer persönlichen Gewinn-und-Verlust-Rechnung als Einbuße in Erscheinung tritt oder auch nur in Erscheinung zu treten droht, und sehr viel weniger von einem Zugewinn, ist von besonderem Interesse, wie sich die Globalisierung für die bestehende Verteilung der Steuerlasten unter den verschiedenen Gruppen der Gesellschaft bemerkbar macht.

Das Verhältnis von finanzpolitischer Belastung und sozialpolitischer Privilegierung, das zu einem bestimmten Zeitpunkt in einem Wohlfahrtsstaat zu beobachten ist und das die Beziehungen zwischen den sozialen Gruppen prägt, läßt sich oft nur historisch erklären. In seinem Kern ist dieses Verhältnis durch eine Machtverteilung bestimmt. Es wird vor allem dann als »ungerecht« oder »irrational« wahrgenommen, wenn sich die Rahmenbedingungen, innerhalb deren sich stabile Gleichgewichtslagen von Belastungen und Privilegierungen gefunden haben, einschneidend verändern. Der Konsens über die Maßstäbe ihrer Bewertung wird dünner und kann schließlich ganz verschwinden.[21] In dieser Situation funktioniert auch der politische Mechanismus der parlamentarischen Demokratie, dem die Aufgabe zugefallen war, das Verhältnis von Privatmarktwirtschaft und Solidarsozialpolitik, von Distribution und Redistribution, im Gleichgewicht zu halten, nicht mehr ohne weiteres. Politischer Widerspruch (*voice*), also der Gang zur Wahlurne, die Mobilisierung von Protest und andere Formen einer politischen Einflußnahme derjenigen, die mit dem Status quo unzufrieden sind, und die Abwanderung (*exit*) der Unzufriedenen, stehen in einem Alternativ- bzw. Komplementärverhältnis (Hirschman 1970). *Exit* kann an die Stelle von *voice* treten, und *exit* schwächt die *voice* derjenigen, die zurückbleiben. Die Abschaffung von Kapitalverkehrskontrollen und die inzwischen in den entwickelten Volkswirtschaften fast vollständige Gleichbehandlung von Inländern und Ausländern bedeutet, daß sich dieses politische *exit* der Kapitaltransfers eben nicht mehr mit einem physischen Verlassen des Staates verbinden muß. Die neuen *exit*-Chancen beinhalten, daß sich die erweiterten internationalen Vergleichsmöglichkeiten der Kapitalverwertung nicht mehr oder zumindest nicht in

21 Eine ausführlichere Begründung dieser Perspektive bietet Simmel (1992 [1908]: 687-790).

vollem Umfang in der nationalen politischen Arena als *voice* zu äußern brauchen (Benvenisti 1999).

Es gibt allerdings noch einen zweiten Faktor, der die Wirksamkeit von *voice* einschränkt. Inzwischen existiert eine ganze Reihe von inter- und supranationalen Einrichtungen, von der EU über den Internationalen Währungsfonds bis zu den G7-Konsultationen, über die R e g i e r u n g e n zu Lasten nationaler Legislaturen neue Handlungsspielräume gewonnen haben (Sykes 1999; Gruber 2000). Die dezentralen Mechanismen einer Erzwingung politischer Verantwortung über das freie Spiel von *exit*, *voice* und *loyality* haben durch die internationalen Organisationen an Wirksamkeit verloren, gerade w e i l in ihnen Politik v o n Regierungen f ü r Regierungen gemacht wird.[22]

Betrachtet man zunächst allein die privaten Akteure, und hier vor allem jene, die als Globalisierungsgewinner bezeichnet werden können, dann kann als allgemeiner Umstand festgehalten werden, daß sich für diese international mobilen Gruppen die Grenze dessen, was ihnen finanz- und steuerpolitisch als ihr Anteil an der gesellschaftlichen Lastenverteilung noch zugemutet werden kann, scharf nach unten bewegt. Diese Abwärtsbewegung übersetzt sich in die Herausforderung des wohlfahrtsstaatlichen Status quo und äußert sich in Deutschland etwa darin, daß die vielfältige, historisch gewachsene und deshalb oft kaum mehr durchschaubare Quersubventionierung der verschiedenen Sozialversicherungseinrichtungen von den Leistungsträgern als ungerechtfertigte Belastung wahrgenommen wird, weil ihnen keine entsprechende Gegenleistung mehr gegenüberzustehen scheint. Deshalb wird z. B. eine Steuerfinanzierung von »versicherungsfremden« Leistungen der Sozialpolitik gefordert. In den USA

22 Dies gilt auch für die EU, wie vor allem Moravcsik (1993, 1998), Moravcsik/Nicolaïdis (1998, 1999), Rieger (1995 a) und McKay (1999) gezeigt haben. Die Europäische Kommission hat im europäischen Willensbildungs- und Entscheidungssystem stetig an Einfluß verloren, was zeitweilig durch die herausragende Präsidentschaft von Jacques Delors in den Hintergrund treten konnte. Vgl. dazu auch den folgenden Einblick, den ein Artikel in der *Frankfurter Allgemeinen Zeitung* vom 7. 8. 2000 gewährt: »Als Prodi [der derzeitige Präsident der Kommission] auf dem Gipfel im Oktober [1999] den Bericht seiner drei ›Weisen‹ für die Reformen vorstellte, schlug ihm kühl der Hochmut der Staats- und Regierungschefs entgegen. ›Wir sind die Weisen, auf die es ankommt‹, hielt ihm der Spanier Aznar vor« (Peter Hort, »Prodis harte Prüfungen«, S. 1).

war der inoffizielle und deshalb um so wirksamere Schlachtruf der Republikanischen Partei im Präsidentschaftswahlkampf 2000: »We want our money back.« Der sich für die kommenden Jahre abzeichnende Haushaltsüberschuß soll jenen zugute kommen, die mit ihren Leistungen das Staatssäckel füllten, und nicht jenen, die sich unfähig zeigten, die neuen wirtschaftlichen Chancen zu nutzen.[23]

Es sind die veränderten Rahmenbedingungen der Marktwirtschaft, die dazu führen, daß die Einrichtungen des Wohlfahrtsstaates plötzlich in einem anderen Licht gesehen und deren Leistungen nun mit anderen Maßstäben gemessen werden. Dieser besondere Umstand kann helfen zu verstehen, warum es sich bei der »Krise« der Sozialpolitik um eine kaum greifbare Realität handelt, warum es, sieht man von den USA einmal ab, angesichts des rhetorischen Aufwands zu bemerkenswert wenig Reformertrag gekommen ist und warum mit größeren Veränderungen auch nicht zu rechnen ist.[24] Außer den neuen weltmarktlichen Tatsachen müssen aber auch die normativen Argumente interessieren, die für und gegen Reformen angeführt werden. Diese Argumente können auf eigene, wesentlich wohlfahrtsdemokratische Faktoren in den Reformunternehmungen hinweisen, die nicht nur den globalisierungsinduzierten Interessen entgegenstehen, sondern die ihre Durchschlagskraft einer ganz anderen, ökonomischen Effizienzkriterien unzugänglichen Wertsphäre verdanken. Vor mehr als anderthalb Jahrhunderten beschäftigte sich Alexis de Tocqueville mit der Frage, warum in Demokratien die Leidenschaft für Gleichheit größer ist als die

23 Vgl. z. B. ein *Editorial* im *Plain Dealer* vom 11. 10. 2000: »We work hard for our money, and we would like to keep it and spend it as we wish – not as Gore wishes. We want our money back and a cut in taxes. We want less government« (S. 8B).

24 Das gilt auch dann, wenn die Reformagenda sich auf unzweifelhafte ökonomische Rationalitätskriterien berufen kann. Henry Aaron (1989: 1) bemerkte in seiner Richard T. Ely-Vorlesung der *American Economic Association*, »despite our professional pride in determining our priorities, history strongly suggests that the President's priorities will shape the research agenda of economists [...] more than ours will shape his«. Vgl. dazu auch Aaron (1994a) und Sawhill (1995). Für die USA ist noch anzumerken, daß jenes Reformprojekt, das weit mehr als die Sozialhilfereform aus sachlichen und nicht aus »ideologischen« Gründen auf die Tagesordnung gesetzt wurde, nämlich die Reform des Gesundheitswesens, ohne Ergebnis blieb.

für Freiheit: »Die Wohltaten, die die Freiheit schafft, zeigen sich erst mit der Zeit, und die Ursache ihres Entstehens ist immer leicht zu verkennen. Die Vorteile der Gleichheit werden sofort spürbar, und täglich sieht man sie aus ihrer Quelle fließen. [...] Die Leidenschaft nach Gleichheit dringt von allen Seiten in das menschliche Herz ein, breitet sich darin aus, erfüllt es ganz. Man sage den Menschen nicht, daß sie durch diese blinde, ausschließliche Hingabe an die Leidenschaft ihre teuersten Anliegen aufs Spiel setzen; sie sind taub« (Tocqueville 1987 [1848]: 144f.).

Bei diesen von der Globalisierung getragenen Veränderungen der Rahmenbedingungen einer Gemeinschaft werden die verschiedenen sozialen Gruppen keineswegs in gleicher Weise berührt. Der Reformagenda kann deshalb sehr weitgehend die Legitimität bestritten werden, weil die Veränderungen von *außen* kommen, *exogene* Ursachen haben. Sie können also in der Sicht derer, die glauben, von der Globalisierung nur negativ betroffen zu sein, von den Globalisierungsgewinnern nicht als eigene *Leistung* in Anschlag gebracht werden, die einen *Anspruch* begründet, von Steuer-, Abgaben- und Regulierungslasten befreit zu werden.

Unter den bislang geltenden Bedingungen hatte sich ein Gleichgewicht von Wohlfahrtsstaat und Marktwirtschaft herausgebildet, das nicht zuletzt deshalb den Schein von Normalität bewahren konnte, weil sich in den Raumverhältnissen bis zur Mitte der 1980er Jahre nur wenig veränderte. Der Veränderungswiderstand, mit dem Reformagenden konfrontiert sind, ist auch deshalb so wirksam, weil sich die Sozialpolitik selbst, als System subjektiver öffentlicher Rechte, kaum wandelte. In Deutschland ist ebenfalls der Umfang des Sozialleistungssystems, gemessen als Anteil am Volkseinkommen, seit Anfang der 1980er Jahre im wesentlichen gleichgeblieben.[25] Im internationalen Vergleich liegt die Bundesrepublik hinsichtlich der Leistungen wie der Kosten ihrer Sozialpolitik seit den 1970er Jahren unverändert in einer mittleren Position (Alber 1998, 2000, 2001; Siegel 2001; Adema 1997). Ein und dieselben wohlfahrtsstaatlichen Tatsachen verwandelten sich unter dem Einfluß der Globalisierung

25 Nach den Angaben von EUROSTAT (1999) bewegen sich die deutschen Sozialausgaben seit 1980 zwischen 28 und knapp 30% des Bruttosozialprodukts.

von sozialpolitischen Errungenschaften in Standortnachteile und von arbeitsrechtlichen Fortschritten einer »Humanisierung des Arbeitslebens« zu beschäftigungsfeindlichen Überregulierungen und Blockadeinstrumenten der Arbeitnehmer in der betrieblichen Organisationspolitik. Die sozial- und arbeitspolitischen Sachverhalte sind die gleichen, zeigen jetzt aber unabhängig von ihren ursprünglichen Begründungen ganz andere Wirkungen. Aber warum sollen die wohlerworbenen Leistungs- und Schutzrechte plötzlich illegitim sein?

Jeder Nutznießer wohlfahrtsstaatlicher Einrichtungen geht davon aus, einen wenn nicht selbst verdienten, dann doch gerechtfertigten Anspruch geltend zu machen, und wehrt sich, wenn er das kann, gegen die Kürzung von Leistungen und die Rückverlagerung von wirtschaftlichen Risiken auf ihn selbst. Und dieser Widerstand kann unter den politischen Bedingungen der Massendemokratie und des Parteienwettbewerbs sehr effektiv sein (Olson 1987). Dieses Moment wird noch durch den Eindruck verstärkt, daß auch der neue Reichtum weitgehend »unverdient« ist, z. B. »nur« auf das Konto glücklicher Spekulation geht, also Grundlagen hat, hinter denen keine e i g e n e Anstrengung steht und die deshalb auch keine gesellschaftliche Anerkennung verdienen.[26] Die neue Beweglichkeit der Besitzer wertvollen Kapitals, ihre erweiterten Möglichkeiten, Standorte danach zu vergleichen, welche Rendite sie versprechen – und diesen Vergleich in den innenpolitischen Verteilungskämpfen als Waffe einzusetzen –, hat ihre Grundlage in einer Infrastruktur, die diese

26 Eine Anzeige in der *New York Times* (6. 9. 2000, S. A14) brachte den Widerstand gegen die Abschaffung der Vermögenserbschaftssteuer mit folgendem Slogan auf den Punkt: »Can you be wealthy and have a conscience at the same time?« Der Kern der Auseinandersetzung um die Vermögenserbschaftssteuer ist die s o z i a l e Verpflichtung des n e u e n Reichtums in den USA (Stevenson 2000). Die Anzeigenkampagne gegen die Abschaffung der Vermögenserbschaftssteuer wurde von einer Gruppe der reichsten Amerikaner (»Responsible Wealth«) getragen (Buffett 2000). Im Präsidentschaftswahlkampf 2000 entpuppte sich die Tatsache, daß Dick Cheney, der Kandidat der Republikaner für die Vizepräsidentschaft, weniger als ein Prozent seines Einkommens Wohltätigkeitsorganisationen zukommen ließ – obwohl er nach seinem Ausscheiden aus öffentlichen Ämtern als Vorstandsmitglied einer international agierenden Ölfirma zu einem Multimillionär wurde –, als größtes Handicap (Campbell 2000; Kinsley 2000; Lichtblau 2000; Clymer 2000).

Kapitalbesitzer nicht selber geschaffen haben und deren Gebrauch sie nichts oder nur sehr wenig kostet.[27] Es ist diese Wahrnehmung von »unverdienten« Vorteilen, die dem Widerstand gegen Reformen in Richtung marktadäquater und marktkompatibler Sozialpolitik sein besonderes moralisches Gewicht gibt. Es sind eben nicht nur die irgendwie »technisch« bedingten Entscheidungsblockaden einer Mehrheitsdemokratie, die in der Bundesrepublik mit einem »kooperativen« Föderalismus konfrontiert ist, die für die »Nichtreform« der Sozial- und Arbeitspolitik verantwortlich gemacht werden können. Entscheidend ist zunächst, ob Reformansprüche als legitim empfunden werden, und dann, welche Kräfte die verschiedenen Interessen in der politischen Arena mobilisieren können.

27 Die Amerikanerin Lori Wallach, die *Global Trade Watch* leitet und die die Proteste gegen die Ministerkonferenz der WTO in Seattle organisierte, macht die niedrigen Kosten der Infrastruktur für einen zwar wirtschaftlich profitablen, ökologisch aber sinnlosen internationalen Güteraustausch verantwortlich:
»Moisés Naím: Give us an example of how the current trading system isn't working.
Lori Wallach: One of my personal favorites is that under the current trade rules, it is profitable – or these companies wouldn't be doing this – for U. S. companies to harvest wood in the Pacific Northwest, make it into disposable chopsticks, wrap them in paper, with a note written on the exterior in Japanese, ›For a single use, please dispose‹, put them on a boat, and send them off across the pacific to Japan. Meanwhile, a Japanese company – this was two years ago – harvests timber in Sarawak, Malaysia, processes it into toothpicks, wraps them in plastic, and ships them to the United States. Somehow, it makes economic sense for those two boats to pass in the dark and go off to their respective destinations. Somehow, with all that transportation, all of that extra processing and labeling and translating, that trade is more worthwhile than trees in the United States going into our toothpicks, and the trees in Asia going into the Japanese market.
Moisés Naím: What sort of regulation would you establish to avert this kind of trade? Some people will tell you that your example represents entrepreneurial freedom and free markets in action.
Lori Wallach: Well, yeah, in that particular instance, the number one freedom there is corporate welfare, and subsidies of public funds being used for private gain. And that is particularly the case with transportation systems. I mean, what makes that doable is, basically, the system of petroleum pricing. But also, all the ports and roads that make it reasonable to schlep all that stuff around, to cut it down here and ship it there, and put it on a truck there, and take it here« (*Foreign Policy* 2000: 44f.).

Gleich wo die Ursachen letztlich zu suchen sind, die Lage ist wie sie ist. Die Geschäftsgrundlage sowohl der Sozialpolitik wie der Führung von Unternehmen hat sich verändert, und damit verbinden sich Konsequenzen. Die globalisierungsbedingt jetzt relativ höheren sozialen Kosten der wohlfahrtsstaatlich »überregulierten« Arbeitsmärkte und »verfestigten« Lohnstrukturen haben sich in Deutschland als hohe und anhaltende Arbeitslosigkeit, verbreitete Steuerflucht, Entwicklung einer Schattenwirtschaft und als geringe Anziehungskraft für ausländische Direktinvestitionen bemerkbar gemacht – und sich eben nicht in verstärkten Reformanstrengungen niedergeschlagen.

Sozialpolitisch gewendet, sollen die Transfers für sozial Schwache ohne Belastung der Wirtschaft aufgebracht werden, also durch die Regierung und zwar über allgemeine Steuern (Siebert 1996a, b, 1999a: 241-255). Betrachtet man die neuen Weltmarkt- und Konkurrenzverhältnisse rein für sich genommen, ist diesem Argument die Logik nicht zu bestreiten. Dieser Imperativ einer globalen Marktwirtschaft für die nationale Sozialpolitikreform wird zudem noch von einer neuen makropolitischen Umwelt unterstützt; ausgeglichene Staatshaushalte, niedrige Zinssätze, geringe Inflationsraten und schlanke Verwaltungen werden nun durch hohe Investitionsquoten und vergrößerte Zuflüsse ausländischer Direktinvestitionen prämiert (Tanzi 2000). Großbürokratische Sicherungssysteme und öffentliche soziale Dienste, deren Leistungen als soziale Rechte an einen Arbeitnehmerstatus geknüpft sind und die über Beitragslasten die Lohn- und die Arbeitskosten steigern, scheinen nicht mehr in die neue wirtschaftliche Landschaft zu passen (vgl. Mayer 2001). Auch öffentliche Arbeitsbeschaffung sei keine Option mehr, schlechte Ergebnisse des Arbeitsmarktes zu korrigieren. Privatversicherung, marktliche soziale Dienste und Transfersysteme, die auf Einkommensanreize setzen, entsprächen dem neuen Zeitgeist von Sparhaushalten und produktivitätssteigernder Deregulierung weit besser. Vermarktung der Produktion sozialpolitischer Güter und Betonung arbeitsmarktbezogener Einkommensanreize würden zu den neuen und dominanten Prinzipien in der Wohlfahrtsstaatsreform (Haverkate/Huster 1999: 285-367). Die Einführung von wirklichen oder Quasi-Märkten für die Erbringung wohlfahrtlicher Leistungen (Bartlett u.a. 1998) wirke sich positiv auf den Wettbewerb im öffentlichen Bereich aus und verringere die Wahrscheinlichkeit, daß Dienstleistungserbringer jene Politiker und Dienststellen, die sie eigentlich beaufsichtigen sollen, für ihre Interessen gewinnen könnten. Die kaum noch zu kontrollierenden Gelegenheitsstrukturen für opportunistisches Verhalten, die der Wohlfahrtsstaat bereitstellt, würden durch die neuen Konkurrenzmechanismen verschwinden. Der autonome und sich qua Pfadabhängigkeit selbst weiter durchsetzende Charakter dieses Wandels verringere auch die Wahrscheinlichkeit, daß bestimmte politische Richtungen hierfür in der Wahlkabine bestraft werden würden (Snower 1997).

Unmittelbare Eingriffe in die primäre Einkommensverteilung – sei es durch eine Mindestlohngesetzgebung oder durch eine negative Einkommenssteuer – sind offenbar weniger gefährlich, was eine Verzerrung von Märkten betrifft, weil sie immer eine Beschäftigung voraussetzen. Maßnahmen dieser Art setzen nicht nach dem erzielten Einkommen beim Individuum an, um erst dann über Steuern und Transfers, also durch eine sekundäre Einkommensverteilung, Ressourcen umzuverteilen (Phelps 1994; Snower 1994, 1997; Le Grand 1997: 153; Jerger/Spermann 1998). Schon die primäre Einkommenserzielung und -verteilung des Arbeitsmarktes soll soziale Bedarfe befriedigen. Mindestlohngesetzgebung wie Lohnsubventionierung hebeln die Marktgesetze von Angebot, Nachfrage und weitgehend freier Preisbildung nicht aus, sondern ändern nur die Einschränkungen und Chancen, denen sich alle Marktteilnehmer ausgesetzt sehen (Barr 1993: 743). Ähnlich wird durch die Einführung von »Quasi-Märkten«, etwa im Gesundheitswesen, versucht, an die Eigeninteressen der verschiedenen Leistungsträger dieser Systeme so anzuknüpfen, daß diese für das Gemeinwohl eingespannt werden können. Eigeninteresse und Opportunismus sollen nicht unterdrückt oder mit idealistischen Appellen an ständische Berufs- und Anstandspflichten überspielt werden, vielmehr soll privater Vorteil in den Dienst von Gemeinwohlzielen gestellt werden – und zwar durch die »sichtbare« Hand des Gesetzgebers bzw. der regulierenden Behörde, die eine Rahmenordnung vorgibt (Le Grand 1997: 159; Baier 1999; Bartlett u. a. 1998).

Der Wandel von Arbeits- und Organisationspolitik in den Unternehmen

Der technologisch forcierte Wandel hat die traditionellen Organisationsgrenzen der Unternehmen aufgelöst und erneut bestätigt, was schon Jensen und Meckling (1976: 310) beobachtet haben: »[...] most organizations are simply legal fictions which serve as a nexus for a set of contracting relationships among individuals«. Es wird innerhalb der Unternehmen für die Gestaltung der innerbetrieblichen Verhältnisse zunehmend auf Marktmechanismen zurückgegriffen, und für die Ordnung der Beziehungen zwischen Unternehmen werden hierarchische Elemente eingesetzt (Picot/Reichwald 1994; Picot u. a. 1996). Die Unternehmen stützen sich heute auf eine breite Palette von Instrumenten der Zusammenarbeit; strategische Allianzen ohne wechselseitige Kapitalbeteiligung und funktional begrenzte Netzwerke zwischen Unternehmen sind normale Strukturen der Wirtschaftsorganisation geworden (Markusen 1995). Der hierarchische Kapitalismus wird, so John Dunning, durch »Allianzkapitalismus« ersetzt (1997a, siehe auch 1997b). Wenn heute vor allem die organisatorischen Fähigkeiten des Managements prämiert werden, dann verweist das auf eine weitreichende Verschiebung des für die Erlangung von Wettbewerbsvorteilen Notwendigen: Die Managementfähigkeiten und die Kunst, heterogene Ressourcen optimal zu kombinieren, sind heute mindestens genauso wichtig wie das Eigentum an den Ressourcen selbst, das bislang ausschließlich im Vordergrund stand (Dunning 1997a: 15).

In den neuen Weltmarktverhältnissen ist die Reorganisation von Unternehmen weder etwas Endgültiges, noch gibt es allgemeingültig optimale Organisationsstrategien und Organisationsstrukturen für alle Branchen und Gesellschaften (Milgrom/Roberts 1990). Die Ordnung der Wertproduktion im Inland wie im Ausland ist einem ständigen Anpassungsprozeß ausgesetzt, angetrieben vom neuen Mikromanagement der »flexiblen Produktion«, immer wieder neu und grundsätzlich ansetzender Produktverbesserung und den konkurrierenden Hierarchien im Unternehmen selbst (Best 1990). Die Organisation der Unternehmung selbst wird zu einer strategischen Variablen (Osterloh/Weibel 1996: 125). Für die Effizienz der Arbeitsorganisation kommt es immer stärker darauf an, ob die Arbeitnehmer fähig sind, konstruktiv auf überraschende Entwicklungen zu antworten (MacLeod 1995: 12, der die Situation im japanischen Personalwesen beschreibt). Im voraus läßt sich diese Fähigkeit arbeitsvertraglich nur ansatzweise vereinbaren, so daß es darauf ankommt, ihr ständig durch ein Management von Anreizen den Boden zu bereiten und sie zu stabilisieren.

Bei den unternehmerischen Organisationsstrategien, und hier vor allem beim Einsatz des Produktionsfaktors Arbeit, wird daher nicht wie bislang Koordination, sondern Motivation betont (Wolff 1996). Die Arbeitskraft wird als Quelle von Wissen und Ideen neu bewertet; ihre rein physischen und psychischen Qualitäten rücken zumindest in den entwickelten Volkswirtschaften in den Hintergrund. Die Instrumente des Personalwesens werden daher in Richtung einer stärkeren Vergemeinschaftung individueller Ressourcen revolutioniert. Die Notwendigkeit, ein interaktives Lernen von umfangreichen Gruppen selbständig agierender Arbeitnehmer auf allen Stufen der Wertschöpfungskette zu fördern und zu nutzen, steht heute im Vordergrund betrieblicher Organisationspolitik. Ein systematisches, theoretisch fundiertes Anreizmanagement ist zum Brennpunkt der Unternehmensreorganisation und vor allem des Personalmanagements geworden (Wolff/Lazear 2001; Backes-Gellner u. a. 2001).

Das zeigt nicht nur, wie zwingend die Unternehmen heute auf f r e i w i l l i g erbrachte hochgradig i n d i v i d u e l l e Leistungen angewiesen sind, sondern auch, in welch weitem Maße gerade dadurch die Rahmenbedingungen durch die Sozialpolitik vorgegeben werden und welche Möglichkeiten sie Betrieben in der Gestaltung ihrer inneren Ordnung eröffnen oder aber verschließen. Die Sozialpolitik verschafft Beschäftigten jedoch oft auch *exit*-Optionen vom Arbeitsmarkt – oder Anreize, nicht zu arbeiten, je nach Perspektive des Betrachters. Diese *exit*-Chancen sind allerdings auch Grundlage einer Orientierung an »postmateriellen Werten«, die wiederum einer wesentlich individuellen Wahlfreiheit den Boden bereitet, auf dem sich neue Arbeitsinhalte und Arbeitsformen entfalten können. Generalisierend lassen sich die W i r k u n g e n der allgegenwärtigen und so gut wie keinen Bereich der Arbeitsorganisation unberührt lassenden Sozialpolitik nicht erfassen, außer daß ihre Einrichtungen, Regulierungen und Leistungen positiv wie negativ eine zentrale Größe für die Herstellung und Gewährleistung von *markt*wirtschaftlicher Moral und für die Kontrolle der *nichtvertraglichen* Aspekte von Arbeitsbeziehungen sind. Aus diesem Grund gibt es dieses sehr viel größere Interesse der Unternehmen und ihrer Interessenorganisationen, ihre wohlfahrtsstaatliche Umwelt gezielt zu beeinflussen.[28] Der Zusammenhang von Umweltbedingungen, betrieblicher Arbeitsorganisation und Strategie ist nicht nur enger geworden, es findet zunehmend auch eine Interaktion zwischen ihnen statt: Ihre Beziehungen sollen gezielt verändert werden, um so Wettbewerbs- und Standortvorteile zu schaffen (Aoki 1996).

Die Blaupausen von Reform- und Anpassungsprozessen, auch wenn ihre innere Logik noch so überzeugend und die äußeren Umstände noch so zwingend scheinen, übersetzen sich nicht von selbst in eine andere Sozialpolitik. Die Reformagenda muß nicht nur formuliert, sie muß auch umgesetzt werden. *Ob* und vor allem *wie* die Alternativen zum Status quo in den politischen Entscheidungsraum gelangen, ist eine eigenständige Variable, die den Zusammenhang von »Globalisierung« und »Wohlfahrtsstaat« gestaltet (Pierson 1998). Die Schwierigkeit liegt darin, daß diejenigen, die Reformen tragen müssen, in den alten Verhältnissen verwurzelt sind, in ihnen ihre Machtgrundlage finden und deshalb ein Interesse haben, den Status quo zu verteidigen. In der neuen globalen Rahmenordnung haben die nationalstaatlichen Ordnungen ihre Monopolstellung eingebüßt. Jedes staatliche Recht ist nur noch ein Partikularrecht, das überdies

28 In dem Maße, in dem so gut wie alle Unternehmen zumindest potentiell multinational wurden, hat sich nicht nur im Bereich der wohlfahrtsstaatlichen Bedingungen das Verhältnis von institutionellem Kontext, Organisation und Strategie verändert: »Während ältere Paradigmen der Managementlehre davon ausgehen, daß Unternehmen sich der Umwelt anpassen müssen, gehen neuere Ansätze davon aus, daß Unternehmen gerade dadurch einen strategischen Wettbewerbsvorteil erzielen, indem sie die Umwelt proaktiv beeinflussen und die Regeln des Wettbewerbs verändern« (Osterloh/Weibel 1996: 124). Diesem unternehmenspolitischen Paradigmenwechsel entspricht eine neue Sicht des Freihandels. Grundlage der »neuen« Außenwirtschaftstheorie sind die betrieblichen und damit manipulierbaren Wettbewerbsvorteile, die in den *economies of scale and scope* ihre Grundlage haben (Krugman 1987), und nicht mehr die geographisch fixierten komparativen Vorteile internationaler Arbeitsteilung, von denen David Hume, Adam Smith und David Ricardo ausgingen.

noch mit der Rechtsordnung anderer Staaten konkurriert (Franck 1999). Deshalb haben die staatlichen Akteure ihre feste Verankerung in den historisch gewachsenen Beziehungen zwischen Staat, Wirtschaft und Gesellschaft mit den dazugehörigen Einflußmöglichkeiten genauso verloren wie die Verbände des Arbeitsmarktes.

Die Globalisierung bedeutet, daß die Arbeitsbeziehungen eine neue Grundlage bekommen haben, o h n e daß sich dies aber sofort und unmittelbar in eine neue Ordnung der Konfliktaustragung übersetzte. Nicht mehr die konfliktiven, der Logik eines Nullsummenspiels verhafteten Strategien, sondern die kooperativen und kollaborativen Strategien der Positivsummenspiele bestimmen die neue Konstellation. Der Großteil der klassischen Möglichkeiten des Arbeitskampfes um Löhne und Arbeitsplatzverhältnisse, vom offenen Streik bis zum stillen Widerspruch des Bremsens und der inneren Verweigerung, scheiden heute aus, weil sie selbstzerstörerisch wirken würden. Das gilt auch für die Arbeitgeberseite, die heute unter den Bedingungen der *just-in-time*-Produktion und der sehr schnell von auswärtiger Konkurrenz bestreitbaren Märkte in weiten Bereichen schlicht arbeitskampfunfähig ist (Gentz 1999). Das gleiche gilt für Nationalisierungs- und intensivere Regulierungsstrategien des Staates gegenüber multinationalen Unternehmen. Die geringen Kosten von Kapitalmobilität und der hohe Grad von Importpenetration in den meisten Märkten hat diese Strategien als normale Kampfinstrumente stumpf und zu Maßnahmen der letzten Wahl werden lassen. Dabei definiert Kooperation die soziale Situation nicht nur innerhalb der Unternehmen, sondern auch im Verkehr der Unternehmen miteinander und mit ihrer Umwelt, von den staatlichen Akteuren über die Gewerkschaften bis zu den alten und neuen Anwälten eines Gemeinwohls.

Anreizsysteme haben also einen zentralen Stellenwert gewonnen, und zwar sowohl auf makroorganisatorischer (Staat) wie mikroorganisatorischer (Unternehmen) Ebene. Staatliche Akteure beteiligen sich heute am Standortwettbewerb um freies Kapital, und die Unternehmen konkurrieren um hochqualifizierte Arbeitnehmer. Die Umwelt der Sozialpolitik hat sich also grundsätzlich verändert. Die alten Umweltbedingungen, die die umfassenden Programme sozialer Sicherung in der Nachkriegszeit gestützt haben, sind verschwunden, seien diese nun als Sozialversicherungen oder als einkommenssubsidiäre Einkommenstransfers organisiert.

Große und einheitliche Beschäftigungsgruppen, die sich gleichen oder ähnlichen Beschäftigungssituationen gegenübersahen, werden von deutlich stärker fragmentierten und von individualisierten Gebilden abgelöst. Auch Familien wirken nicht mehr als eine Art Rückversicherung für einen Arbeitsmarkt, auf dem hauptsächlich Männer tätig wären. Frauen sind in großer Zahl auf dem Arbeitsmarkt aktiv geworden, und, so der Arbeitsmarkt dies zuläßt, wird dieser Zustand anhalten (Esping-Andersen 1999). Ebenso wie die Beschäftigungsbedingungen zersplittern auch die persönlichen Beziehungen immer stärker, sie werden diskontinuierlicher und heterogener. Mit zunehmend unterschiedlichen Bildungsmöglichkeiten und vergrößerten Qualifikationsunterschieden nehmen auch die Einkommensunterschiede wieder zu – obgleich man lange angenommen hat, wegen der sozialpolitischen Eingriffe wäre vor allem die Einkommensungleichheit gesellschaftlich und damit auch politisch neutralisiert (Aghion 1998; F. Levy 1998; Fogel 2000). In Deutschland hat dieser Zustand durch eine entsprechende Interpretation der Verfassungsvorgabe, einheitliche Lebensverhältnisse herzustellen (Artikel 106 Absatz 3 Nr. 2 und Artikel 72 Absatz 2 Grundgesetz), auch hinsichtlich regionaler Disparitäten eine quasi-institutionelle Form angenommen. Er wurde durch die föderale Verflechtung sozial- und wirtschaftspolitisch und durch die starke Zentralisierung und Verrechtlichung des Tarifvertragssystems noch zusätzlich gestärkt (Abromeit 1992; Renzsch 1997).

IV. Die Realitäten der Sozialpolitikreform: Ein Zusammenbruch des wohlfahrtsstaatlichen Paradigmas?

Die globale Marktwirtschaft ist nicht die einzige Kraft, die Sozialpolitikreformen antreibt. Eine Bestandsaufnahme und vergleichende Untersuchung wohlfahrtsstaatlicher Arrangements allein unter dem Gesichtspunkt ihrer mehr oder weniger großen Verträglichkeit mit den neuen wirtschaftlichen Verhältnissen läuft nicht nur Gefahr, andere Bestimmungsfaktoren als binnen-

und außenwirtschaftliche Strukturen und andere Funktionen als die rein arbeitsvertraglichen aus dem Blick geraten zu lassen. Diese Perspektive kann nämlich die Widerstandsfähigkeit von Einrichtungen und Arrangements überschätzen, die auch noch aus ganz anderen Gründen mit Problemen behaftet sind und deshalb auf den Prüfstand gestellt wurden. Auch ohne die Herausforderungen der globalen Marktwirtschaft gibt es Gründe, einen genaueren Blick auf die Einrichtungen des Wohlfahrtsstaates zu werfen (Lampert 1994ff.; Siebert 1996b; Kaufmann 1997a, 2000; Pierson 1998; Mayer 2001).

Seit den 1970er Jahren verstärkte sich in der Öffentlichkeit und den Sozialwissenschaften wieder der Eindruck, daß der Wohlfahrtsstaat zunehmend an Existenzberechtigung verliert. Kritiken, wonach der Wohlfahrtsstaat mit seiner Umverteilung von reich auf arm nur »ein Griff in die Tasche des anderen« sei, Armutsfallen aufstelle und eine »Kultur der Abhängigkeit« schaffe, trafen auf breitere Unterstützung – zunächst in der öffentlichen Meinung und dann in der Wahlkabine. Irgend etwas muß falsch gelaufen sein, so der breite Eindruck, wenn ein Wirtschaftswunder eine größere und nicht eine geringere Nachfrage nach »Sozialpolitik« schafft. Gleichzeitig wurden »neue« Armutsrisiken entdeckt, die es noch schwieriger machten, jene »wirklich« Armen auszumachen, die mit mehr Recht als viele der traditionellen Klientele der Sozialpolitik Unterstützung verdienten (Leisering/Leibfried 1999: 188ff.). Neben den Kosten von Sozialpolitiken und den Problemen ihrer Finanzierbarkeit gerieten Auswirkungen auf das Verhalten, die der Abhängigkeit von öffentlichen Einkommenstransfers zugerechnet wurden, immer stärker in den öffentlichen Blick. Eine eindeutige Kausalbeziehung zwischen Sozialaufwand und negativen Arbeitsanreizen konnte bislang trotz intensiver Forschung nicht nachgewiesen werden (Moffit 1992; Atkinson 1999). Gerade deshalb konnte aber auch die öffentliche Diskussion von Gerüchten, Einzelfällen und durch die übertreibenden Beschreibungen von Leistungsmißbrauch bestimmt werden.[29]

29 Schon Barr (1993: 745) verwies darauf, mangels einer empirischen Einkommensverteilung ohne wohlfahrtsstaatliche Interventionen könne man gleichermaßen argumentieren, Sozialpolitik würde nicht Armut bekämpfen, sondern sie im Gegenteil verursachen – wie es Murray (1984) in den

Gleich wie stichhaltig man diese Kritik einschätzt, Wirkungen, die einen institutionellen Niederschlag gefunden hätten, verbanden sich bislang mit ihr nicht. Das ist nicht zuletzt auch darauf zurückzuführen, daß sich von jeher mit dem Ausbau sozialer Rechte auch die Einführung von Mechanismen ihrer Kontrolle verbanden. Die Ursachen der Eigendynamik sozialpolitischer Leistungssysteme, die sich als scheinbar unaufhaltsame Expansion des Wohlfahrtsstaates ausdrückte, sind deshalb aller Wahrscheinlichkeit nach nicht in irgendwelchen Charakterdefiziten bestimmter Leistungsempfänger zu suchen, sondern eher in einer systemischen Eigenart des Wohlfahrtsstaates. Dazu zählt vor allem die Schwierigkeit, im Rahmen einer wesentlich von der Parteienkonkurrenz getragenen demokratischen Sozialpolitik die »wahren« Präferenzen der Wahlbürger zu entdecken und zur Richtschnur darüber zu machen, welche sozialpolitischen Güter in welchem Umfang öffentlich produziert werden sollen. Jedenfalls kann es keinen Zweifel daran geben, daß die gegenwärtigen Strukturen und Leistungskataloge wohlfahrtsstaatlicher Einrichtungen mit den tatsächlichen und nicht anders als öffentlich zu bewältigenden Risiken von Einkommenslosigkeit, Einkommensdefiziten und Einkommensausfällen nicht zur Deckung kommen – aber es kann sehr wohl bezweifelt werden, ob eine solche Deckung überhaupt möglich ist. Die Sozialpolitik tut gleichzeitig zu viel und zu wenig, und das eine ist die Ursache des anderen (Barr 1993: 742). Diese Lücke hat zunächst einmal, was ihre Ursachen und ihre Dynamik betrifft, mit der Globalisierung nichts zu tun, wird aber durch die von ihr geschaffenen neuen Realitäten noch einmal vergrößert.

Die These, die Leistungsfähigkeit institutioneller Steuerung habe nachgelassen bzw. ihre Wirkungen würden durch wesentlich stärkere Kräfte konterkariert, wird politisch eher in den USA als in Deutschland vertreten, obwohl dort dafür auf den ersten Blick sehr viel weniger Anlaß besteht. In den USA ist im Vergleich zur Bundesrepublik der Umfang der bedarfsgeprüften

USA so folgenreich getan hat. Mit anderen Worten, die These eines unbedingten Zusammenhangs zwischen sozialpolitischem Leistungsausbau und negativen Arbeitsanreizen ist in der Form, in der sie regelmäßig und öffentlichkeitswirksam gehandelt wird, nicht falsifizierbar. Deshalb kann sie sich auch behaupten.

Tabelle 4.2: Einkommensabhängige Leistungen des amerikanischen Bundesstaates, 1968-1996 (in % des Bundeshaushaltes)

	Kranken-fürsorge	Bar-leistungen	Ernährungs-hilfen	Wohn-hilfe	Bildungs-hilfe	Ausbildungs-hilfe	Energie-kostenhilfe	Dienst-leistungen
1968	1,54	2,83	0,50	0,44	0,48	0,40	0,00	0,22
1973	2,71	3,49	1,57	1,37	0,74	0,38	0,00	0,69
1978	3,18	3,50	1,86	1,60	0,89	2,11	0,06	0,75
1983	2,92	2,77	2,24	1,54	0,92	0,56	0,25	0,41
1988	3,63	2,85	1,90	1,38	1,05	0,35	0,17	0,42
1990	4,01	2,91	1,90	1,40	1,10	0,32	0,13	0,33
1992	5,69	3,53	2,37	1,59	0,98	0,36	0,12	0,42
1994	6,41	4,34	2,47	1,65	1,00	0,33	0,13	0,52
1995	6,69	4,48	2,43	1,65	1,00	0,31	0,11	0,40
1996	6,66	4,49	2,38	1,63	0,99	0,26	0,08	0,40
1997	6,73	4,49	2,21	1,65	1,03	0,24	0,08	0,42
1998	6,88	4,47	2,02	1,63	1,03	0,23	0,08	0,44

Quelle: Green Book (2000: 1401).

Programme im Verhältnis zu denen der Sozialversicherung sehr viel größer. Der Anteil der Sozialversicherungen an allen öffentlichen Sozialausgaben lag 1995 – neuere Daten lagen im April 2001 nicht vor – bei 46% und der der bedürftigkeitsgeprüften Leistungen bei 18%, also knapp fünf Prozent des Bruttosozialprodukts (4,9%). In Deutschland belief sich 1998 der Anteil der Sozialversicherungen an den Gesamtausgaben, dem »Sozialbudget«, auf 68%, der Anteil der Sozialhilfeausgaben auf lediglich vier Prozent. Selbst wenn man die Inflation berücksichtigt, verfünffachten sich in den USA zwischen 1968 und 1998 die öffentlichen Sozialhilfeausgaben, während die Bevölkerung gleichzeitig nur um 36% wuchs (Green Book 2000: 1395f.). Die Ausgaben des Bundes für Leistungen der Sozialhilfe stiegen von 6,5% seines Haushalts 1968 auf 16,8% 1998.[30] Wie Tabelle 4.2 zeigt, mußte ein immer größer werdender Teil der bundesstaatli-

30 Eigene Berechnungen nach den Angaben des U.S. Census Bureau (2000) und des Statistischen Bundesamtes (1999). In beiden Ländern sind bei dieser Berechnung die Ausgaben für das Bildungswesen nicht berücksichtigt.

chen, einkommens- und bedarfsgeprüften Leistungen für die Krankenfürsorge aufgewendet werden.[31] Diese Entwicklung zeigt zum einen die Abwesenheit einer gesetzlichen Krankenversicherung und zum anderen den medizinischen Fortschritt, der sich auch in diesem Bereich als Kostenexplosion niederschlägt.

In den USA spiegelt die institutionelle Differenzierung wohlfahrtsstaatlicher Programme ethnische und andere Spaltungen, die jene verallgemeinerten Solidaritäten untergraben, die für erfolgreiche Umverteilungspolitiken nötig sind (Quadagno 1994; Skocpol 1995; Rieger 1997; Kuijs 2000). Schließlich trägt die Fragmentierung des Systems der Einkommenstransfers und sonstiger Leistungen an Niedrigeinkommensgruppen zu dem Eindruck bei, die politische – oder institutionelle – Kontrolle sei verlorengegangen. Trotz der Bedürftigkeitsprüfung und der damit gegebenen Möglichkeit einer breitangelegten bürokratischen Kontrolle sind die Wachstumsraten dieser Programmart immer höher als die der Sozialversicherung gewesen. Während noch 1962 die Ausgaben des Bundesstaates für Sozialversicherungsleistungen etwa das Siebenfache der Ausgaben für bedürftigkeitsgeprüfte Leistungen betrugen, halbierte sich bis 1999 dieses Verhältnis auf das Dreieinhalbfache.[32]

In Tabelle 4.3 sind die wichtigsten quantitativen Indikatoren der Unterschiede im Schwerpunkt und im Umfang der Wohlfahrtsstaatlichkeit in den beiden Ländern in einem Überblick zusammengefaßt. Betrachtet man die Sozialausgaben im Verhältnis zum Volkseinkommen, dann fällt auf, daß in Deutschland etwa zehn Prozentpunkte mehr ausgegeben werden als in den USA. Der Unterschied in den Staatsausgaben bewegt sich in einer ähnlichen Größenordnung. Ein ganz anderes Bild zeigen die Gesundheitsausgaben, wo in Deutschland trotz umfassender und großzügiger gesetzlicher Sicherung die staatlichen Ausgaben am Bruttosozialprodukt nur um 1,6 % höher liegen als in den USA. Noch deutlicher wird diese Umkehrung der Verhältnisse, wenn

31 In inflationsbereinigten Zahlen ausgedrückt stiegen die Ausgaben der Staaten und der Gemeinden zwischen 1968 und 1998 in nahezu dem gleichen Umfang (+392 %) wie die bundesstaatlichen Sozialhilfeausgaben (+401 %). Dieser Gleichlauf ist das Ergebnis einer Mischfinanzierung, die mit der Sozialhilfereform 1996, die unten näher erläutert wird, weitgehend abgeschafft wurde.

32 Eigene Berechnungen nach Congressional Budget Office (2000).

Tabelle 4.3: Ausgewählte Indikatoren zum deutschen und amerikanischen Wohlfahrtsstaat, zweite Hälfte der 1990er Jahre

		D	USA
1.	Sozialausgaben in % des Bruttosozialprodukts, 1995	28,1	16,1
2.	Sozialausgaben in % der Staatsausgaben, 1995	54,8	44,8
3.	Gesundheitsausgaben in % des Bruttosozialprodukts, 1998	10,6	14,0
4.	Staatliche Gesundheitsausgaben in % des BSP, 1998	8,1	6,5
5.	Umfang des Wohlfahrtsstaates in % staatlicher Transfers an allen Einkommen[1], 1994 bzw. 1997	16,8	7,4
6.	Armut: Lücke, Abbau, Verbleib, 1994 bzw. 1997[2]		
6a	Lücke vor Transfers (% aller Einkommen vor Steuern)	8,7	6,1
6b	Abbau durch Transfers (% aller Einkommen nach Steuern)	7,8	3,8
6c	Armut nach Transfers in % (wie 6b)	0,9	2,4
7.	Deckungsgrad der Rentenversicherung[3] in %, 1996	56,3	70,7
8.	Deckungsgrad der Arbeitslosenversicherung[3] in %, 1995	55,3	89,0
9a	Wohlfahrtsstaatsreichweite: Deckungsgrad des öffentlichen Krankenschutzes[4] in %, 1997	92,2	45,0
9b	Sicherungslücke: Deckungsgrad des gesamtgesellschaftlichen Krankenschutzes[4] in % (wie 9a + private Krankenversicherung), 1995	99,9	84,2
10.	Deckungsgrad der Unfallversicherung[5] in %, 1995	95,1	85,4

Anmerkungen: [1]»Umfang des Wohlfahrtsstaates« wird hier definiert als Anteil der Nettosumme aller staatlichen Transfers an der Summe der Einkommen nach Steuern. Die Angabe für Deutschland ist für 1994, die für die USA für 1997. [2]Die Angabe für Deutschland ist immer für 1994, die für die USA für 1997. »Armutslücke« bezeichnet die gesamtgesellschaftliche Armut (gemessen als 50% des verfügbaren Äquivalenzeinkommens des Median-Haushaltes) vor jedem staatlichen Eingriff. »Abbau von Armut« gibt an, um wieviel Prozentpunkte diese Lücke durch staatliches Tun – bezogen auf alle Einkommen nach Transfers – geschlossen wird. Spalte 6c weist die nach alledem noch verbleibende Armut aus. [3]Versicherte in % der Bevölkerung von 15-65 Jahren. [4]Versicherte in % der Gesamtbevölkerung. [5]Versicherte in % der Erwerbspersonen.

Quellen: OECD 1999b (Zeilen 1, 2, 9a); U.S. Census Bureau 1999 (Zeilen 3, 4); H. Kim 2000: 13 (Zeilen 5, 6); VDR 2000 (Zeile 7); Statistisches Bundesamt 1999: 58, Tab. 39; 62, Tab. 3.14; 452, Tab. 19.3.2. (Zeilen 7, 8, 9b, 10); Green Book 1998: 8, Tab. 1-2; 328 (Zeilen 7, 8); U.S. Census Bureau 1999: 15, Tab. 14; 397, Tab. 629; 411, Tab. 649 (Zeilen 7, 8, 9b, 10); BMA 2000: Tab. 2.6A und 8.14; 2.3 (Zeile 8);. U.S. Department of Health and Human Services 2000: 339f., Tab. 128, 129 (Zeile 9b).

man die privaten Gesundheitsaufwendungen berücksichtigt. Die gesamten Aufwendungen für Gesundheit ausgedrückt als Anteil am Volkseinkommen liegt in den USA vier Prozentpunkte höher als in Deutschland. In diesem Bereich des Wohlfahrtsstaates bedeutet die größere öffentliche Verantwortung in Deutschland eine stärkere Kontrolle der Ausgaben, während für das amerikanische System ein ungezügeltes Wachstum konstatiert wird, das gleichzeitig große Gruppen der Bevölkerung nur eingeschränkt oder überhaupt nicht in den Genuß von Gesundheitsleistungen kommen läßt (Alber 1988; Newhouse 1996; Pauly 1997; Gottschalk 2000; Reagan 1999; Kruse 1997).[33] Der enorme Unterschied im Umfang des Wohlfahrtsstaates spiegelt sich auch in der Fähigkeit der Sozialpolitik, den Bürgern außerhalb des Marktes ein Einkommen zu verschaffen. In Deutschland sind knapp 17% der Einkommen Transferleistungen des Wohlfahrtsstaates, während der entsprechende Anteil in den USA bei etwas mehr als sieben Prozent liegt. Entsprechend erfolgreicher, nämlich um fast das Doppelte, ist in Deutschland die Sozialpolitik dabei, die »Armutslücke« zu verkleinern.

Die Deckungsgrade der wohlfahrtsstaatlichen Leistungssysteme in den beiden Ländern zeigen einige zusätzliche Unterschiede:

• Bei der Rentenversicherung sichern die USA mit 70,7% der Bevölkerung im Alter zwischen 15 und 65 breiter als Deutschland mit 56,3%. Das liegt nicht nur an einer höheren Erwerbsbeteiligung, vor allem von Frauen, sondern auch daran, daß Selbständige erfaßt werden und in der Familie diejenigen ohne eigenen, marktvermittelten Versicherungsschutz, also vor allem die Ehefrauen, nach zehn Jahren selbständige Ansprüche gegen die Sozialversicherung erworben haben – und nicht nur, wie in Deutschland, familienrechtliche Ansprüche geltend machen können. Außerdem gilt in den USA eine geringere Geringfügigkeitsgrenze als in Deutschland. Das amerikanische System ist hauptsächlich darauf ausgerichtet, für einen möglichst großen

33 In ihrer vergleichenden Untersuchung der deutschen und der US-amerikanischen Gesundheitsreformpolitik brachte Weide (1998: 110) den Unterschied zwischen den beiden Ländern folgendermaßen auf den Punkt: »In the United States, regulation must protect the public by limiting the market forces in health care. In Germany, it must give the patients more collective power to protect themselves.«

Teil der Bevölkerung das Risiko der Altersarmut auszuschalten. Die deutsche Rentenpolitik orientiert sich stärker an der Bewahrung des im Erwerbsleben erreichten Lebensstandards, eine Aufgabe, die in den USA eher den Betriebs- und den Privatrenten überlassen wird. In beiden Ländern ist immer noch der historische Ausgangspunkt für die Rentenpolitik bestimmend. In den USA wollte die Sozialpolitik des *New Deal* eine schnelle und vor allem effektive Einkommenssicherung für die älteren Bevölkerungsgruppen bereitstellen, die von der Massenarbeitslosigkeit und der Vermögensvernichtung der Großen Depression besonders hart betroffen waren. Die deutsche Ausgangslage der 1880er Jahre war von dem politischen Kalkül bestimmt, die »Arbeiteraristokratie« für das Reich zu gewinnen. Aufgrund des Kapitaldeckungsverfahrens konnten nur sehr langsam Ansprüche aufgebaut werden, und in den folgenden Jahrzehnten wurde das System Schritt für Schritt ausgedehnt, allerdings ohne eine gegenüber den Markteinkommen größere Gleichheit der Renten anzustreben, mit dem Resultat, daß für eine zunehmend größer werdende Gruppe von Rentnern Leistungen einer eigenen Alterssozialhilfe notwendig wurde.

• Auch bei der Arbeitslosenversicherung bewahren die USA mit einem Deckungsgrad von 89% – in Deutschland 55,3% – ihre *New Deal*-Tradition einer breiten Sicherung der Bevölkerung. Eine ohnehin sehr viel größere Erwerbsbevölkerung wird auch umfassender versichert. Die Finanzierung obliegt allein den Arbeitgebern. Diese Arbeitslosenversicherung hat allerdings ein deutlich eingeschränkteres Leistungsrecht als ihr deutsches Pendant. Erstens sind die Anspruchsvoraussetzungen strenger. Zweitens fallen ihre Leistungen deutlich niedriger aus, und sie werden drittens für einen sehr viel kürzeren Zeitraum gewährt. Dieses Leistungsrecht zielt auf die Bewältigung kurzer Perioden ohne Erwerbseinkommen und läßt deshalb bei Massen- und Dauerarbeitslosigkeit einen wachsenden Teil der Versicherten ohne weitere, auch nicht bedürftigkeitsgeprüfte Ansprüche. Eine zusätzliche Besonderheit des amerikanischen Systems ist das *experience rating*, das heißt die Arbeitgeber zahlen um so höhere Beiträge, je mehr Arbeitnehmer sie in die Arbeitslosigkeit entlassen.

• Unter Einschluß der privaten Krankenversicherung und der Krankenhilfe der Sozialhilfe sind in Deutschland nach Angaben des Statistischen Jahrbuches 99,9 % der Bevölkerung im Krankheitsfall geschützt (Statistisches Bundesamt 2000: 62, Tab. 3.14, Zeile 9b). Die deutsche Sicherungslücke ist mit 0,1 % verschwindend gering, wohingegen die Lücke in den USA mit gut 15 % beträchtlich ist und immerhin rund 41 Mio. Amerikaner ohne Krankenschutz läßt – wobei diese Lücke am ehesten für Kinder geschlossen wird (Herz u. a. 2000; Riley/Herz 2000). Hier finden wir noch die alte Struktur der Ausgrenzung der *working poor* durch den amerikanischen Wohlfahrtsstaat, die bei den Geldleistungen durch das EITC inzwischen deutlich durchbrochen ist. Für die Mittelklassen wird in den USA der Zugang zu Krankenversicherungsleistungen durch den Arbeitgeber als Teil der Entlohnung eröffnet. Eine Pflichtversicherung mit Mindeststandards (*Medicare*) gibt es allein für die Sozialversicherungsrentner ab dem 65. Lebensjahr. Daneben gibt es noch eine auf wenige, kategorial (»gruppenmäßig«) definierte Armutsgruppen zielende einkommens- und vermögensgeprüfte Mindestversorgung mit Gesundheitsleistungen (*Medicaid*).

• In Deutschland werden von der Unfallversicherung knapp über 90 % der Bevölkerung und damit mehr als doppelt so viel wie in den USA erfaßt (Statistisches Bundesamt 1999: 45, Tab. 3.2, 452f., Tab. 19. 3.1, 19. 3.2; U. S. Census Bureau 1999: 8, Tab. 2, 397, Tab. 629). Der Unterschied ist vor allem darauf zurückzuführen, daß in Deutschland Schulbesuch versicherungsrechtlich wie Erwerbsarbeit behandelt wird. Aber selbst wenn man nur die Erwerbsbevölkerungen in den beiden Ländern betrachtet, werden von der deutschen Unfallversicherung immer noch zehn Prozent mehr erfaßt als in den USA.

Bei der Interpretation der Tabelle 4.3 sind allerdings für die USA zwei Punkte im Auge zu behalten, die beide noch vertieft werden. Erstens kann die staatliche Regulierung der betrieblichen Sozialleistungspolitik nicht nur eine eigene staatliche Produktion sozialer Sicherung und Versorgung sehr weitgehend ersetzen, sondern dieses privatwirtschaftliche Angebot von Sozialpolitikgütern kann von den Unternehmen zudem aus eigenem Antrieb erweitert werden. Und es gibt, zweitens, worauf bereits mehrfach hingewiesen wurde, alternative Möglichkeiten, Arbeitsplätze bzw. Einkommen zu schützen: Die eine ist gewerkschaftliche Organisation, eine andere handelspolitischer Protektionismus.

Nachdem seit 1998 Kongreß und Weißes Haus darüber streiten dürfen, wie der Haushaltsüberschuß zu verteilen ist und gleichzeitig im Rahmen des *New Federalism* seit August 1996 der Kern der Sozialhilfepolitik von der bundesstaatlichen in die Kompetenz der Einzelstaaten übergegangen ist, hat die amerikanische Sozialpolitik einen großen Teil ihres Konfliktpotentials eingebüßt. Sie hat nicht nur neue Verteilungsspielräume gewonnen, sondern verfügt jetzt in Gestalt der Dezentralisierung über ein institutionelles und damit automatisches Steuerungsinstrument, das unter den amerikanischen föderalistischen Bedingungen selbständig einer expansiven Verselbständigung entgegenwirkt (Kramer 2000).[34] Zusammen mit ihren traditionell »liberalen« Elementen – hauptsächlich Mindestleistungen, individualisiertes Äquivalenzprinzip und starke betriebliche Orientierung – hat diese Entwicklung dazu geführt, daß die Strukturen der amerikanischen Sozialpolitiken mit den neuen Zwängen der globalen Marktwirtschaft besser harmonieren als diejenigen der Bundesrepublik.[35]

Die Verlagerung der Verantwortung für den eigenen Lebensunterhalt von der öffentlichen Hand auf den einzelnen, die mit Präsident Clintons Sozialhilfereform 1996 eingeleitet wurde, verschärfte den Zwang, sich den Lebensunterhalt durch Lohnarbeit verdienen zu müssen, sei es direkt durch Arbeitserzwingung (*workfare*) oder durch verschiedene Formen eines indirekt oder direkt bewirkten Abgangs aus der Sozialhilfe (Gebhardt/Jacobs 1997; Gebhardt 1998; Schreyer 2000; Weaver 2000). Die neue Regel eines auf die gesamte Lebenszeit berechneten maximal fünf-

34 Eine Darstellung, wie Roosevelts *New Deal* die vertikale Kompetenzverteilung sozialer Staatsaufgaben zugunsten des Bundesstaates verändert hat, bieten Graebner (1977) und Wallis (1984). Für die Wirkungen einer föderalen Organisation der politischen Ordnung auf die Sozialpolitik vgl. Rose-Ackermann (1981), Peterson/Rom (1989), Graser (2001) und Pierson (1995). Für die interlokale (Standort-)Konkurrenz als Mittel, Sozialpolitik zu begrenzen, vgl. Thibout (1956), Brown/Oates (1987) und Weingast (1995).

35 Für kritische Stellungnahmen auf der Grundlage der jüngsten bundes- und einzelstaatlichen Gesetzgebung, vor allem was die negativen Folgen der Staatenkonkurrenz für die Armutsbevölkerung und die sehr unterschiedliche Leistungsfähigkeit der einzelstaatlichen Sozialhilfepolitik betrifft, die von kritischen Entscheidungen des Obersten Gerichtshofs unterstützt werden, vgl. Cashin (1999), V. Jackson (1998, 2000) und Little (1999).

jährigen Sozialhilfebezugs macht den Paradigmenwechsel unmißverständlich klar.

Aber von mindestens ebensogroßem Gewicht für die neue Hegemonie des Arbeitsmarktes über die Einkommensverteilung ist der schnelle Aufstieg des *Earned Income Tax Credit* (EITC) – eine Art negativer Einkommenssteuer für Arbeitnehmer mit niedrigem Lohn – in der Hierarchie der amerikanischen Sozialpolitik (vgl. S. 233–242). Stellt man Marktkonformität als sozialpolitisches Rationalitätskriterium in den Vordergrund, also möglichst keine Anreize für ein Verlassen des Arbeitsmarktes zu setzen, dann ist ein Programm dieser Art ein optimales Instrument, um Menschen ein zureichendes Einkommen über die Erwerbsarbeit zukommen zu lassen. Zusammen mit einer immer schon sehr begrenzten Arbeitslosenversicherung und einer kaum ausgebauten Sozialhilfe für Kerngruppen der Arbeitnehmer und den hier vorgesehenen sehr niedrigen Einkommensersatzraten erzwingt die scharfe zeitliche Begrenzung der Ansprüche einen im Vergleich zu Deutschland deutlich effektiveren Arbeitsmarkt. Wichtiger noch, die Einrichtungen des amerikanischen Wohlfahrtsstaates haben den Fall der Reallöhne kaum gebremst, der wegen der großen Verschiebungen in der Nachfrage nach Qualifikationen und Fähigkeiten im Gefolge der technologischen Revolutionierung der Produktion und der Globalisierung so gut wie aller Märkte festzustellen ist.

Im Beschäftigungssystem zu sein ist auch mit Blick auf die soziale Sicherung im Alter und bei Krankheit von großer Bedeutung, weil daran die Mitgliedschaft in der Sozialversicherung und die betriebliche Versorgung anknüpfen. Sozialversicherungen wie betrieblich verankerte Leistungssysteme sind auf den Arbeitsmarkt ausgerichtet und nicht gegen ihn in Anschlag gebracht. Die amerikanische Sozialpolitik erweist sich insoweit marktnäher als die deutsche, als »versicherungsfremde Leistungen« weitgehend fehlen. Die zwei Hauptposten im deutschen System sind die Familienorientierung der Krankenpflichtversicherung – die für den einzelnen Versicherten kostenfreie Mitversicherung der Ehefrau und der Kinder – und die verschiedenen Formen einer Anrechnung »gesellschaftlicher« Leistungen in der Kalkulation der Altersrente – hauptsächlich Erziehungszeiten, aber auch der Besuch weiterführender Bildungseinrichtungen und Wehrdienst (Lampert 1994).

Dieser mehr marktkonforme Zuschnitt, der in den USA sowohl den öffentlichen wie den betrieblichen Sozialleistungen zu eigen ist, hat aber einen Haken. Wenn mehr oder weniger alle Arten von Transfers, Zuwendungen und Ansprüche auf Dienstleistungen der sekundären Verteilung nur durch das Nadelöhr der Beschäftigung – dem primären Verteilungssystem – zu erlangen sind, wenn der Staat also kein Einkommen gewährleistet, das von Erwerbsarbeit und Erwerbsfähigkeit unabhängig ist, dann wird sich der wirtschaftliche und damit schließlich auch der soziale Druck ganz darauf konzentrieren, den Beschäftigungszugang (und -abgang) politisch unter Kontrolle zu bekommen.[36] Eine Möglichkeit, dieses Ziel zu erreichen, bietet die gewerkschaftliche Organisation und eine Politik der Regulierung des Arbeitsangebots, der Lohnsätze und der Arbeitsnachfrage (*closed shop*).[37] Dieser Weg wurde in den USA weitgehend verschlossen – aus politischen Gründen, aber auch wegen des säkularen Umbruchs von Wirtschaftsstruktur und Unternehmensorganisation, die der technologische Fortschritt mit bewirkte (Rogers 1990; Freeman/Rogers 1999; Teixeira/Rogers 2000).

Der Protektionismus verspricht einen weiteren Weg, Arbeitsmärkte politisch unter Kontrolle zu bekommen. Löhne und Beschäftigung waren und sind in den USA das durchschlagende Motiv für Protektionismus (Wallerstein 1987; Eckes 1995; Frank

36 Je mehr der Zugang zu einer Versorgung mit Gesundheitsgütern allein von fortgesetzter Erwerbsarbeit abhängig ist, desto mehr wirken sich die Verwerfungen des Arbeitsmarktes – Arbeitslosigkeit und vor allem das unterschiedliche Risiko einer Erwerbslosigkeit für die verschiedenen Bevölkerungsgruppen – in einer unvermittelten Art und Weise aus. 1997 berichteten 13% der zum Zeitpunkt der Befragung Versicherten, sie seien während der vergangenen zwei Jahre zeitweise überhaupt nicht krankenversichert gewesen (Bowman 1999: 2). Für die Schwarzen und die Hispanos liegt dieser Wert sehr viel höher.

37 Vgl. dazu Freeman/Medoff (1984). In England erfanden im 19. Jahrhundert die Gewerkschaften einen Binnenprotektionismus eigener Art, um Konkurrenz auszuschließen: »Some Unions divide the country round them into districts, and will not permit the products of the trades controlled by them to be used, except within the district in which they have been fabricated. [...] At Manchester this combination is particularly effective, preventing any bricks made beyond a radius of four miles from entering the city. To enforce the exclusion, paid agents are employed; every cart of bricks coming towards Manchester is watched, and if the contents be found to have come from without the prescribed boundary the bricklayers at once refuse to work« (Cairnes 1874: 307).

1999). Wegen dieser wesentlich sozialpolitischen Bewertung der Außenwirtschaft hatten amerikanische – im Gegensatz zu europäischen – Regierungen zu keiner Zeit beide Hände frei, um ihr Land auf den Freihandel ausrichten und die amerikanische Volkswirtschaft nachhaltig in den Weltmarkt integrieren zu können. Eine Hand war immer damit beschäftigt, *ad hoc*-Lösungen eines zusätzlichen Sozialschutzes zu finden. Die demokratische Kontrolle der Handelsvertragspolitik ist in den USA bereits aus verfassungsrechtlichen Gründen sehr viel ausgeprägter als in Europa. »To regulate commerce with foreign nations« gehört zu den Prärogativen des Kongresses, also der Legislative, und nicht des Präsidenten, der Exekutive (Artikel I Sektion 8 US-Verfassung). Der amerikanische Kongreß macht die Außenwirtschaftspolitik und engt damit den Handlungsspielraum des Präsidenten sehr weitgehend ein (Franck/Weisband 1979). Der enorme Machtzuwachs, den sich die amerikanischen Präsidenten in verstärktem Maße seit dem Zweiten Weltkrieg über das Instrument der *Executive Orders* und *Executive Agreements* für eine vom Kongreß nicht nur unabhängige, sondern auch von ihm nicht mehr kontrollierbare Außenpolitik sicherten, erstreckte sich nie auf diese *low politics* der außenwirtschaftlichen Verhältnisse (Paul 1998).

Die populistisch-demokratische Parole »Kein Schaden für die eigene Industrie« zwang die amerikanischen Regierungen schon immer dazu, entweder den Abbau von Handelshindernissen von der (Un-)Wahrscheinlichkeit negativer Auswirkungen auf die Beschäftigung abhängig zu machen oder den Widerstand mit Kompensationsleistungen in den unterschiedlichen *Trade Adjustment Acts* zu besänftigen bzw. Arbeitnehmern einen anderen Ausgleich dafür zu gewähren, daß sie durch zunehmenden Importwettbewerb ihren Arbeitsplatz verlieren könnten (Bhagwati 1988; Tonelson 1994; Deardorff/Stern 1998, 2000). Ersteres hat dazu geführt, daß jene Industrien, die – wie die Automobilindustrie oder die Eisen- und Stahlerzeugung – beschäftigungsintensiv und großbetrieblich organisiert sind, einen sehr wirksamen außenwirtschaftlichen Schutz genießen, und letzteres dazu, daß Weißes Haus und Kongreß jenen Gruppen, die sich von einer handelspolitischen Öffnung bedroht fühlen, das Widerstandspotential regelrecht abkaufen müssen.

Eine weitere, eigenständige Quelle von Widerstand gegen eine außenwirtschaftliche Öffnung ist neben den Arbeitsmarkt- und

Beschäftigungsverhältnissen der Grundsatz demokratischer Selbstherrschaft. Bei der Handelspolitik geht es für den amerikanischen Durchschnittsbürger nicht nur um die außenwirtschaftliche Öffnung, sondern auch um die Verlagerung von wirtschaftspolitischen Kompetenzen auf internationale Organisationen, in denen die USA nur ein Mitglied unter anderen sind und wo zumindest direkt demokratisch-parlamentarische Regierungsverantwortung nicht erzwungen werden kann.[38] Außerdem, und das hat in den USA mit ihrer starken demokratischen Tradition einen sehr großen Stellenwert, wird die Einschränkung der eigenen außenwirtschaftspolitischen Souveränität, die sich mit dem Eintritt in die WTO verbindet, kritisiert, und schwächt damit die Position dieser Einrichtung gegenüber den USA (J. H. Jackson 1997a).[39]

Auch für die USA gilt, daß sie, um exportieren zu können, Importe zulassen müssen. Letzteres kann soziale Kosten mit sich bringen. Die Menschen orientieren ihr aktuelles Handeln an den wahrscheinlichen Ereignissen, die die Zukunft bringen kann, und zwar desto mehr, je mehr es gilt, Risiken zu minimieren und

38 Auf einer Anhörung des außenpolitischen Ausschusses des amerikanischen Senats anläßlich des Beitritts der USA zur WTO äußerte sich Ralph Nader, der Gründer und Vorsitzende der größten Verbraucherschutzorganisation, folgendermaßen: »When historians look back on this period [...] either they will focus on it as a moment in which Congress resisted the anti-democratic WTO or they will view it as the moment in which Congress ceded authority to safeguard the interests of this country and its inhabitants to this new autocratic body« (zit. nach Aaronson 1996: 176). Im März 1995 veröffentlichten zwei der einflußreichsten Senatoren, der Republikaner Bob Packwood und der Demokrat Daniel Patrick Moynihan einen gemeinsamen Brief an den Präsidenten der Vereinigten Staaten: »We are writing to propose that the WTO establish its headquarters not in Geneva (where it will be viewed as simply a continuation of the GATT) but [...] here in Washington, D. C. Locating the WTO's headquarters in Washington would do much to [...] help build the support of the American public for its work« (zit. nach Aaronson 1996: 168). Zur »Great 1994 Sovereignty Debate« über den Abschluß der Uruguay-Runde des GATT und die Gründung der WTO vgl. J. H. Jackson (1997b).

39 Obwohl jedes Mitglied einer internationalen Organisation über sein Austrittsrecht einen Souveränitätsvorbehalt in Händen hält, hat der amerikanische Kongreß mit dem *Dole-Amendment* die Ergebnisse der Uruguay-Runde des GATT und den dabei beschlossenen Übergang zur WTO nur unter der Einschränkung ratifiziert, jedweder Minderung amerikanischer Souveränitätsrechte mit einem Austritt begegnen zu können (Gilpin 2000: 111).

Verluste abzuwenden. Widerstand gegen Veränderungen in den Beschäftigungs- und Einkommensverhältnissen ist immer und überall zu finden, wirkt sich aber politisch vor allem dann aus, wenn eine ausländische Quelle der Störungen ausgemacht werden kann (Krugman 1997).

Im globalen Kapitalismus hat die Veränderungsgeschwindigkeit stark zugenommen, und dadurch sind auch die Ansprüche der davon negativ Betroffenen gestiegen, von ihren Regierungen Ausgleich und Hilfe zu erhalten (Scharpf 1997, 2000a, b). Insbesondere in den USA ist die Gefahr eines Rückfalls in den Protektionismus gewachsen, oder genauer: Sich dieser ständigen Gefahr zu wehren gilt die tägliche Arbeit des Weißen Hauses und der Internationalen Handelskommission, der *International Trade Commission*. Vom Kongreß gehen fortlaufend protektionistische Initiativen aus, und jeder Schritt in Richtung Handelserleichterung hängt davon ab, daß flankierend soziale Schutzmaßnahmen angeboten und beschlossen werden.

Ob solche Ausgleichsleistungen wirtschaftlich rational und effizient sind, ist ein anderes Thema (Baldwin 1985b). Jedenfalls beschwichtigen sie den Widerstand der aktivsten Elemente der Arbeitnehmerschaft, der Älteren, die mehr zu verlieren und weniger Ausweichmöglichkeit haben, und der gewerkschaftlich Organisierten – und im Kalkül der nach wie vor nationalstaatlich orientierten Politiker kommt es auf diese Gruppen ganz besonders an (Decker/Corson 1995).[40] Diese Programme mögen der Höhe und dem Umfang nach – verglichen mit dem gesamten Sozialbudget der USA – unbedeutend erscheinen. Aber politisch sind sie unverzichtbar, wie Präsident Clinton 1998 schmerzlich erfahren mußte, als er die Zustimmung des Kongresses zu einer Handlungsvollmacht für die außenwirtschaftliche Gesetzgebung, die *fast track authority*, o h n e einen solchen Ausgleich erhalten wollte. Diese Handlungsvollmacht, die frühere Präsidenten immer im Gegenzug zu sozialen und arbeitsmarktpolitischen Kompensationsleistungen erhalten hatten, blieb Clinton bis zum Ende seiner Amtszeit versagt (Destler 1997; Gilpin 2000: 249).

40 Über die Entstehung der *Trade Adjustment Assistance* berichten Aho/Bayard (1980) und zur sozialen Handelspolitik, die rund um die NAFTA Gegenstand der politischen Auseinandersetzung war, Conybeare/Zinkula (1996).

Eine solche hochgradig situationsgebundene, außerhalb der wohlfahrtsstaatlichen Leistungssysteme angesiedelte und vom Umfang her stark beschränkte außenwirtschaftlich orientierte Sozialpolitik – oder »soziale Handelspolitik« – ist weder in Deutschland noch in anderen europäischen Ländern zu finden. Es existieren zwar auch auf dieser Seite des Atlantiks traditionell protektionistische Nischen, vor allem was die Landwirtschaft und die niedergehende Schwerindustrie (Stahl, Kohle und Schiffbau) betrifft, aber dieser Protektionismus ist kein tägliches Ärgernis für jene, die sich mit dem Management von Import- und Exportpolitik befassen.[41] In Westeuropa ist anders als in den USA Protektionismus sehr weitgehend Theorie geblieben (Kahler 1985), obwohl es auch in der Handelspolitik der EU durchaus Ansätze eines sich als »strategische« Industriepolitik gerierenden Protektionismus gibt (Fröhlich 1994; Freytag 1995).Trotz dieser Einschränkung läßt sich der Unterschied in der Ordnung der außenwirtschaftlichen Verhältnisse auf die Formel bringen, daß in Deutschland, was Importe und Exporte betrifft, alles erlaubt ist, was nicht verboten ist, während in den USA alles verboten ist, was nicht ausdrücklich erlaubt ist.[42] Obwohl dieses grundsätzli-

41 Die außenwirtschaftlichen Kompetenzen sind nicht in ihrer Gesamtheit an die EU übergegangen, wenngleich dieser Eindruck allgemein vorherrscht. Einmal ist es so, daß die WTO die Union als einheitlichen Wirtschaftsraum betrachtet und die Union auch selbst Mitglied ist. In den Entscheidungsprozessen zählt aber nach wie vor jeder einzelne Mitgliedstaat (Benedek 1998a: 16). Sehr viel wichtiger ist allerdings, daß die laufende Kontrolle von Importen und die Förderung von Exporten nach wie vor eine nationale Angelegenheit ist (Epping 1998). Für die Außenwirtschaft der Mitgliedstaaten, die über den Binnenmarkt hinausreicht, verbleiben ihren Regierungen also weiterhin wichtige Handlungsspielräume. Es ist eher so, daß aus Sicht der Mitgliedstaaten die Union als ein zusätzliches Machtinstrument für eigene Interessen in den Block-Auseinandersetzungen mit den USA und mit Japan eingesetzt werden kann. Aus diesem Grund ist die Handelspolitik der Union von einem Dauerkonflikt zwischen Kommission und Ministerrat geprägt, dem auch in diesem Bereich das Recht der Letztentscheidung zusteht (Woolcock 2000).

42 Vgl. dazu Long (1989) und Grafers (1999: 89f.). Artikel 1 Absatz 1 des deutschen Außenwirtschaftsgesetzes legt fest: »Der Waren-, Dienstleistungs-, Kapital-, Zahlungs- und sonstige Wirtschaftsverkehr mit fremden Wirtschaftsgebieten sowie der Verkehr mit Auslandswerten und Gold zwischen Gebietsansässigen (Außenwirtschaftsverkehr) ist grundsätzlich frei. Er unterliegt den Einschränkungen, die dieses Gesetz enthält oder die durch Rechtsverordnung aufgrund dieses Gesetzes vorge-

che Verbot mit Erlaubnisvorbehalt durch zahlreiche generelle Freistellungsklauseln durchbrochen ist, muß ein amerikanischer Exporteur immer damit rechnen, nachweisen zu müssen, auf welche Ausnahmegenehmigung er seine Ausfuhr stützt, während in Deutschland die Behörde dem Exporteur nachweisen muß, welches Verbot er verletzt hat. Jedes Gut, und das gilt ganz besonders für »intelligente« Produkte, muß, um exportiert werden zu können, entweder von einer bereits existierenden Lizenz – einer Genehmigung – gedeckt sein oder eine entsprechende Lizenz muß fallweise erteilt werden. Letzteres gilt für etwa die Hälfte aller Ausfuhren, wobei allerdings die Ausfuhr in die entwickelten Länder, mit denen die USA in ihrer Wahrnehmung in einem Konkurrenzverhältnis stehen und wo es deshalb darauf ankommt, Wettbewerbsvorteile zu schützen, zu 90% von der Erteilung einer Exportlizenz abhängig ist (Long 1989: 2).[43] Der gleiche wettbewerbspolitische Vorbehalt gilt für ausländische Direktinvestitionen. Die USA hat seit 1988 in Gestalt des *Committee on Foreign Investments in the United States* (CFIUS) eine eigene Aufsichts- und Regulierungsbehörde, der jedes größere ausländische Engagement in der amerikanischen Wirtschaft zu melden ist.[44] Wie läßt sich dieser grundsätzliche Unterschied im A n s a t z der Handelspolitik erklären?

schrieben werden« (Hervorhebung durch die Verf.). Das Außenwirtschaftsgesetz wurde am 28. 4. 1961 erlassen. Bis zu seinem Inkrafttreten regelten zunächst die devisenrechtlichen Vorschriften der Alliierten wesentliche Teile des bundesdeutschen Außenhandels nach dem aus den USA übernommenen Grundsatz, alles ist verboten, was nicht ausdrücklich erlaubt ist.

43 Einem Bericht im *New York Times Magazine* (22. 10. 2000, S. 42) zufolge stehen auf der Ausfuhrverbotsliste eine Wegwerf-Unterwasserkamera der Firma Kodak, der Cadillac Deville, aufblasbare Boote und Airbags.

44 Ursprünglich wurde die Einrichtung dieser Behörde militär- und sicherheitspolitisch begründet. Inzwischen geht es sehr viel mehr darum, die Kontrolle über den technischen Fortschritt zu sichern und die daraus fließenden Vorteile für die amerikanischen Unternehmen zu schützen: »Prudent mergers and acquisitions advisers recommend that investors report acquisitions of any domestic company that has cutting-edge technology or products, even if it does no defense-related business. They also advise reporting investment that the public might construe as being related, even indirectly, to national security« (Kang 1997: 303). CFIUS kümmerte sich deshalb auch um den Verkauf einer Firma, die Tulpenzwiebeln züchtet, und eine Firma, die Schwimmbäder herstellt. CFIUS verhindert zwar in der Regel kein Geschäft, das FDI beinhaltet, kann es aber empfindlich ver-

Als Erklärung kommt genau das in Frage, was in Deutschland in den letzten Jahren mit Blick auf die außenwirtschaftliche und die wohlfahrtsstaatliche Lage am meisten kritisiert wird und was Josef Joffe in der *International Herald Tribune* einmal als die deutsche »full income society« bezeichnet hat. Der transferreiche Wohlfahrtsstaat in Deutschland erzeugt – ganz im Gegensatz zu den USA – ein sektorenübergreifendes Klima wirtschaftlicher Sicherheit für annähernd die gesamte Bevölkerung (Lampert 1999). Deshalb sind in Deutschland Handels- und Sozialpolitik institutionell voneinander unabhängig und politisch entkoppelt, während dies im vergleichsweise unterentwickelten US-amerikanischen Wohlfahrtsstaat nicht der Fall ist. In Deutschland erscheinen handelspolitische Themen nur selten in Parteiprogrammen und spielen in Wahlkämpfen kaum eine Rolle. Sie tauchen meistens in Verbindung mit den bereits angeführten Industriezweigen auf, während sie in den USA allgegenwärtig sind und in den Wahlkämpfen die handelspolitische Position der Kandidaten eine entscheidende Größe für ihre Durchsetzungschancen ist. Je nachdem wie sich der Arbeitsmarkt gestaltet, klettert die Handelspolitik auf der Prioritätenliste der Agenda von Weißem Haus und Kongreß nach oben oder wird nach unten gerückt. Je niedriger die Arbeitslosigkeit und je besser die Einkommenschancen, um so stiller wird es um die Handelspolitik, während jeder Anstieg der Arbeitslosigkeit sofort mit der Außenwirtschaft in Verbindung gebracht wird und handelspolitische Antworten gesucht werden.[45] Dabei waren und sind es vor allem die »dritten«

zögern, über Auflagen verteuern oder abschreckend wirken. Auch Gesichtspunkte der inneren Sicherheit können in bestimmten Bereichen der amerikanischen Wirtschaft für ausländische Anleger eine Rolle spielen: »Immer wieder wird von Unternehmen, die amerikanische Telekommunikationsgesellschaften kaufen, verlangt, technisch unnötige Verteilerstationen in den Vereinigten Staaten zu errichten, die dem FBI auch künftig das Abhören erleichtern sollen« (*Frankfurter Allgemeine Zeitung* vom 25. 8. 2000, S. 19: »Deutsche Telekom muß mit FBI rechnen«).

45 Hier liegt auch der Grund dafür, warum in den USA die Wirtschaftswissenschaftler mit ihrem Plädoyer für den Freihandel noch nie Gehör fanden. Für Krugman ist deshalb die obsessive Beschäftigung mit der Theorie des Freihandels ein »soziologisches Phänomen« (1993: 362), seine Kollegin McCulloch bezeichnet die Theorie von der absoluten Vorteilhaftigkeit des Freihandels als »Religion« (1993: 367), und Mussa beantwortet die Frage nach den Ursachen der praktischen Schwierigkeiten mit der Theorie mit »jobs, jobs, jobs« (1993: 373).

Parteien, die regelmäßig die isolationistische Stimmung großer Bevölkerungsgruppen einfangen und damit die beiden großen Parteien zwingen, sich um diese Wähler zu kümmern. Im Präsidentenwahlkampf 1992 war es der unabhängige Kandidat Ross Perot, im Wahlkampf 1996 der republikanische Kandidat Pat Buchanan, die sowohl Demokraten wie Republikaner zur Übernahme protektionistischer Versprechungen für die Handelspolitik zwangen (Aaronson 1996: 9), und im Wahlkampf des Jahres 2000 war es der Kandidat der Grünen Partei, Ralph Nader, der mit seinem Programm einer stärkeren politischen Kontrolle der Außenwirtschaft auf Stimmenfang ging.

Eine rapide zunehmende Importpenetration und damit auch eine sehr viel größere außenwirtschaftliche Abhängigkeit ist für die USA allerdings eine vergleichsweise neue Erfahrung. Die schiere Größe des amerikanischen Binnenmarktes gab aber nicht nur der einheimischen Industrie besondere Wachstumschancen, sondern wirkte für ausländische Unternehmer schon immer als Magnet. Im Gegensatz zur US-amerikanischen Industrie waren die deutschen Unternehmen bereits seit 1870 sehr viel stärker exportorientiert. Deshalb müßte man in Deutschland auch eine größere Bereitschaft erwarten, Importe als Gegenleistung zu akzeptieren oder doch wenigstens hinzunehmen. Aber dem war zunächst nicht so. Trotz der Exportorientierung wurden die Zollschranken bereits kurz nach der Reichsgründung immer stärker erhöht und führten schließlich im Gefolge der Weltwirtschaftskrise zur autarken Wirtschaftspolitik des nationalsozialistischen Regimes (Hirschman 1980 [1945]). Es schien auch Teil der Logik der allgemeinen Entwicklung hin zum Wohlfahrtsstaat zu sein, die eigene Wirtschaft abzuschotten, um sie vor der wohlfahrtsgefährdenden Konkurrenz des Weltmarktes zu schützen. In den Augen der Zeitgenossen bedeuteten Fortschritte in der sozialen Integration und politischen Demokratisierung gleichzeitig und unausweichlich eine internationale wirtschaftliche Desintegration (Moffat 1928; Carr 1945; Röpke 1942). Noch in den ersten beiden Jahrzehnten nach dem Zweiten Weltkrieg schlossen international meinungsführende Sozialwissenschaftler aus, daß es eine Entwicklung hin bzw. wieder zurück zu freierem Handel geben könne (Myrdal 1957; Deutsch/Eckstein 1961). Um die gerade neu begründeten Demokratien Westeuropas in ihrer gemeinsamen Frontstellung gegen die Sowjetunion und den Ostblock nicht zu gefährden, wurde einer umfassenden sozialen Sicherheit Priorität eingeräumt (Knorr 1951a). Parteipolitiker jeder Couleur gingen allerdings davon aus, mit dieser Prioritätensetzung sei jede weitere Öffnung der Wirtschaft nach außen ausgeschlossen. Es war dann aber gerade dieser Wechsel zur »sozialen Marktwirtschaft«, der es späteren Regierungen erlaubte, zunehmend auf Preiskontrollen, Kontingente und Zölle zu verzichten.[46]

Derzeit gibt es in Deutschland eine Vielzahl wohlfahrtsstaatlicher Leistungen, die vergleichsweise einfach zu erhalten sind, die nicht stigmatisieren und die, obwohl bedarfsabhängig, auch einen Teil der Mittelschicht erreichen[47], was eine gewisse wirtschaftliche Sicherheit außerhalb des Arbeitsmarktes gewährleistet, und die den Betroffenen helfen, sich neuen Herausforderungen zu stellen, etwa indem sie in Bildung und Ausbildung investieren (Leisering/Leibfried 1999). Trotz einiger Versuche in

46 Die hauptsächlich von einer großen Zahl selbständiger Familienbetriebe geprägte Landwirtschaft Deutschlands und Westeuropas wurde auch deshalb weiter geschützt, weil sie bereits seit der zweiten Hälfte des 19. Jahrhunderts zunehmend stärker in staatliche Obhut genommen wurde. Die wesentlich arbeitnehmerbezogenen Sozialversicherungen, die seit den 1950er Jahren rasch ausgeweitet wurden, boten für die soziale Sicherung einer Landwirtschaft, in der Haushalt und Betrieb nicht getrennt sind, keine geeigneten Ansatzpunkte. Die Agrarschutzzölle konnten deshalb mit sozialpolitischen Argumenten legitimiert werden. Die Organisation wirtschaftlicher Sicherheit über Zölle ist aber meist nur *second best*. Die Einkommen von selbständigen Familienbetrieben können aber auch durch andere Instrumente – z. B. eine Art negativer Einkommenssteuer oder die je nach Betriebslage unterschiedlich subventionierte privatwirtschaftliche Versicherung – gegen Einkommensausfälle gesichert werden. Trotzdem wurde der Agrarprotektionismus nicht nur auf die europäische Ebene verlagert, sondern dort auch noch weiter ausgebaut. Es ist das Fehlen einer demokratisch kontrollierten Politik auf europäischer Ebene, die dazu geführt hat, daß auch heute noch ein Protektionismus nicht nur für die Landwirtschaft, sondern auch für die Kohle- und Stahlindustrie fortbestehen kann (Rieger 1999b). Der Wähleranteil, der derzeit noch in diesen Sektoren arbeitet, ist inzwischen so klein und die Kosten dieses Protektionismus im Verhältnis dazu so absurd groß, daß kein Zweifel daran bestehen kann, daß in einem demokratisch-parlamentarischen europäischen Regime dieser Protektionismus kaum Überlebenschancen hätte.

47 Zu denken ist hier z. B. an das Wohngeld, die Pflegeversicherung und an ein Gutteil der Versorgung mit Dienstleistungen, etwa im Bereich der Kinderkrippen, Kindergärten usf. (Lampert 1994).

den letzten Jahren, die *workfare*-Regelungen (»Hilfe zur Arbeit«, Arbeitsgebote, Leistungssperren usw.; vgl. Lødemel/Trikkey 2001) in der deutschen Sozialpolitik zu verschärfen, sind z. B. weiterhin so gut wie alle Arbeitnehmer durch die Arbeitslosenversicherung und dabei vor allem durch die Arbeitslosenhilfe zeitlich unbefristet gesichert, und es wird ihnen darüber hinaus eine breite Palette passiv-sichernder Maßnahmen angeboten, die den gleichen Rang wie eine solche aktivierende Politik haben.[48] Noch wichtiger dürfte sein, daß Arbeits- und Sozialverwaltung institutionell und finanziell – und beides zudem föderalistisch weiter fragmentiert – getrennt arbeiten. Dabei gehört die Arbeitsverwaltung weder zur Bundes- noch zur Kommunalverwaltung. Finanzwirtschaftlich gesehen ist sie parafiskalisch organisiert und damit als eigener Fiskus außerhalb der öffentlichen Haushalte angesiedelt; politisch gesehen, ist sie Teil der verbandsautonomen Arbeitsmarktregulierung. Dies hat u. a. zur Folge, daß bereits aus institutionellen Gründen die Richtlinien und Maßnahmen, mit denen Sozialhilfeempfänger auf den Arbeitsmarkt gebracht werden sollen, wenig bewirken können. Sozialhilfe-Sachbearbeiter können den Leistungsempfängern keine Arbeit zuweisen und damit auch Fehlverhalten nur begrenzt sanktionieren. Das arbeitsmarkt- und das sozialpolitische Schicksal der Mitglieder der deutschen Erwerbsbevölkerung wird also von jeweils anderen Faktoren bestimmt, während in den USA versucht wird, die Sozialpolitik dem Arbeitsmarkt unterzuordnen.

Dieses grobe Bild mag erklären, warum deutsche Arbeitnehmer grundsätzlich und auch in der Praxis mit dem Freihandel einverstanden sind. Anders als in den USA lehnen insbesondere die Gewerkschaften das Prinzip einer offenen Außenwirtschaft nicht ab; Exporte bedeuten Beschäftigung und Importe billigere Vorprodukte und Konsumgüter. Aber diese Akzeptanz hat ihren

48 Der Sachverständigenrat zur Begutachtung der gesamtwirtschaftlichen Entwicklung (1998: 35), der die Regierung berät und jährlich einen Bericht zur wirtschaftlichen Lage in Deutschland veröffentlicht, bezifferte die verdeckte Arbeitslosigkeit – damit sind Arbeitsplätze im zweiten Arbeitsmarkt gemeint, die ganz oder teilweise öffentlich finanziert werden – im Verhältnis zur erfaßten Arbeitslosigkeit wie folgt:

	Arbeitslosigkeit	
	erfaßt	verdeckt
Alte Länder	9,8	3,6
Neue Länder	20,1	16,7

Preis. Die Sozialhilfe und die Leistungen der Arbeitsverwaltung sind, erstens, Teil eines recht kostspieligen Wohlfahrtsstaates. 1996 wurden für den sozialen Schutz in Deutschland 30,5 % des Bruttosozialproduktes aufgewendet (EUROSTAT 1999). Beinahe die Hälfte davon entfällt auf Rentenausgaben.

Der Schluß, daß nur ein derart ausgeweiteter und mit diesen besonderen Schwerpunktsetzungen versehener Wohlfahrtsstaat in der Lage ist, die wirtschaftlichen und sozialen Risiken einer Weltmarktintegration hinzunehmen und eben nicht politisch zu blockieren, ist allerdings nicht zwingend. Es sollte nicht vergessen werden, daß über die Formen der deutschen Sozialpolitik gerade nicht mit dem Blick auf die außenwirtschaftlichen Verhältnisse entschieden wurde. Ganz im Gegenteil drückten die Grundentscheidungen für eine parafiskalische Organisation, die Beitragsfinanzierung und eine weitgehend dezentrale Struktur starke Vorbehalte gegen die autokratische Ordnung des Kaiserreichs aus. Insbesondere wollten damals die Staaten dem Bundesstaat kein eigenes Finanzwesen zubilligen, obwohl Bismarck gerade für seine Sozialpolitik eine Steuerfinanzierung anstrebte. Es waren allein innen- und insbesondere machtpolitische Gründe, die zu den Formen der Sozialpolitik führten, die wir auch heute noch haben. Das gleiche gilt für das Arbeitsrecht, das in Deutschland zu einem umfassenden Schutzrecht für Arbeitnehmer ausgebildet wurde und seine Anfänge als liberales Arbeitsvertragsrecht weit hinter sich gelassen hat. Sowohl die Einrichtungen der Sozialpolitik wie das Arbeitsrecht haben sich im Laufe der Zeit weitgehend verselbständigt. Genau aus diesem Grund ist damit zu rechnen, daß genauso wie in früheren Perioden Veränderungen der Rahmenbedingungen dieser Einrichtungen auch heute wieder Konsequenzen haben werden, die ursprünglich überhaupt nicht absehbar waren – und die, obwohl sie massive Anpassungsprobleme nicht nur für Betriebe, sondern gerade auch für die Sozialpolitik selbst bedeutet haben, nicht zu einschneidenden Veränderungen führten.

Zweitens wirkt sich die deutsche Sozialpolitik – und das ist für ihre weiteren Folgen im Rahmen einer globalisierten Volkswirtschaft entscheidend – auch in den Betrieben in einer ganz bestimmten Art und Weise aus. Mit der kostenträchtigen Expansion wohlfahrtsstaatlicher Leistungssysteme und mit der Intensivierung der sozialrechtlichen Regulierung der Arbeitsvertragsverhältnisse wurde die Sozialpolitik ein eigener Faktor für jene fortwährende Schaffung und Vernichtung von Arbeitsplätzen, die zum Wesen einer dynamischen Marktwirtschaft zählt.

In Deutschland läßt sich die Funktion von Sozialpolitik auch weiterhin damit beschreiben, sie garantiere eine *full income society*. Es ist aber nicht nur ein schrumpfender Teil der Bevölkerung, der davon einen Nutzen hat, sondern es wird immer mehr gefragt, ob diese Funktionsbestimmung, was ihre Logik betrifft, aufrechterhalten werden kann. Die Stabilität der Reallöhne trotz Massenarbeitslosigkeit zeigt, daß der Arbeitsmarkt in *Insider* und *Outsider* gespalten ist – und die sozialpolitischen Mechanismen bestärken nicht nur diese Trennung, sondern sind ihre Voraussetzung. Die verbandsautonome Regelung der Arbeitsmärkte hat immer mehr dazu geführt, daß Tarifverträge zwischen Arbeitgebern und Arbeitnehmern zunehmend wie Verträge zu Lasten Dritter wirkten, womit die Arbeitsplatzbesitzer sich und die Höhe ihrer Einkommen schützen. In Deutschland waren 1995 28,9% der Arbeitnehmer gewerkschaftlich organisiert, aber die Ergebnisse der von ihren Vertretungen geschlossenen Verträge erstrecken sich auf 90% der Beschäftigten. In den USA liegt der Organisationsgrad bei 14% und der tarifrechtliche Deckungsgrad bei elf Prozent (ILO 1997: Tabellen 1.2 und 3.2). Der in Deutschland sehr viel höhere Anteil der Langzeitarbeitslosen, der seit Anfang der 1980er Jahre immer mindestens ein Drittel der Arbeitslosen insgesamt ausmachte, zeigt diese Fähigkeit der deutschen Gewerkschaften, den Arbeitsmarkt zugunsten ihrer Mitglieder zu gestalten (Paqué 1998: 21; Sachverständigenrat 1999: 88).[49] Ohne die weiterhin großzügigen Transfers durch die parafiskalisch organisierte Bundesanstalt für Arbeit und die zu zwei Dritteln von den Kommunen (und im übrigen von den Ländern) getragene Sozialhilfe würde der Widerstand gegen das derzeitige System einer »autonomen« Lohnfestsetzung wesentlich größer sein.[50]

49 In den USA fiel zwischen 1983 und 1993 trotz zunehmender Arbeitslosigkeit der Anteil der Langzeitarbeitslosen von 20 auf zwölf Prozent (Paqué 1998: 21). Zu einem breit ansetzenden Vergleich gewerkschaftlicher Organisierung s. Western (1997) und Ebbinghaus/Visser (2000) zu den industriellen Beziehungen in Ostdeutschland vgl. Schroeder (2000).

50 Die Mehrheit der betrieblichen Tarifvereinbarungen, die derzeit Lohnsenkungen und eine größere Flexibilität der innerbetrieblichen Organisa-

Gleiches gilt für die Regulierung der Beschäftigung und der Rechte der Arbeitnehmer am Arbeitsplatz. Insbesondere die Rechtsprechung der Arbeitsgerichte hat die wirtschaftlichen Rechte der Arbeitnehmer gestärkt und den Gewerkschaften einen starken Hebel verschafft, mit dem sie Firmen für ihr Verhalten bei Tarifverhandlungen und bei der Umsetzung von Tarifverträgen sanktionieren können (Rüthers 1996, 2000).[51] Neben dem vergleichsweise hohen Lohnniveau behindert vor allem diese relative Überregulierung des deutschen Arbeitsmarktes das Entstehen neuer Arbeitsplätze. Zudem machen die Löhne einen Großteil der Fixkosten von kleinen Betrieben aus, was für die dynamischen und stark wettbewerbsgeprägten Märkte der Dienstleistungs-, Informations- und Kommunikationsindustrie von großer Bedeutung ist.

Die Möglichkeit deutscher Betriebe, mit neuen Formen und Strukturen der Bezahlung zu experimentieren – einschließlich einer Bindung der Löhne an die Leistungsfähigkeit des jeweiligen Betriebes – ist stark durch das Arbeitsrecht, die Entscheidungen der Arbeitsgerichte und die Präsenz der Gewerkschaften vor Ort begrenzt (Badura 1999; Stege 1999; Koch-Baumgarten 1999). Strategien, wie sie die *American Nucor Corporation*, ein sehr erfolgreicher neuer Betrieb im Stahlbereich in den USA, eingeschlagen hat, werden in Deutschland durch ein zentralisiertes Tarifsystem verhindert. Nominal zahlt *Nucor* den Arbeitnehmern nur 60 % des Durchschnittslohns der Branche, verdoppelt diesen aber effektiv durch ein leistungsbasiertes Bonussystem. Nicht nur die Lohnstruktur, sondern alle Formen leistungs- oder profitbezogener Entlohnung der Arbeitnehmer müssen in Deutschland durch das Nadelöhr der Zustimmung der beiden Hauptakteure des korporatistischen Systems, der Arbeitgeber- und der Arbeitnehmerorganisationen, gehen. Die gegenwärtige Struktur industrieller Demokratie verhindert kleinere wie größere Lohnexperimente, insbesondere einen Mix von marktlichen und

tionsverhältnisse ermöglichen, zielen, auch wenn regelmäßig das Gegenteil behauptet wird, weniger darauf, Arbeitslose in Erwerbsarbeit zu bringen, als den bereits Beschäftigten ihren Arbeitsplatz zu garantieren.

51 Nach Rüthers (1998) orientiert sich das Richterrecht zum Kündigungsschutz nach wie vor an Vorstellungen von einem »Lebensbund« zwischen dem Betrieb und seinen Beschäftigten, die zuerst von Juristen im Dritten Reich formuliert wurden.

öffentlichen Einkommensquellen, der die Voraussetzung dafür bilden könnte, Arbeitsplätze für die unteren Schichten der Arbeitslosen zu schaffen.

Dies ist nicht nur ein Ergebnis der jetzigen Konstellation politischer Kräfte. Unterschiedliche Traditionen politischer Philosophie prägen die Politik und die Gesetzgebung gegenüber Märkten in beiden Ländern. In Deutschland steht der materielle Status des Individuums im Rahmen des Kollektivs im Mittelpunkt des sozialen Denkens. Sein Konsumbedarf oder das, was man als seinen legitimen Lebensstandard ansieht, bestimmt die Ausrichtung der Politik. Die Idee eines »gerechten Lohns« ist immer noch der Maßstab, an dem gemessen wird, wie wirksam die Wirtschaft Grundbedarfe befriedigt. Die Politik der Regierung Schröder, die »630 DM«-Jobs durch Regulierung und Verteuerung aus dem Markt zu drängen oder zumindest mit den neuen Einnahmen die Kassen der Rentenversicherung zu sanieren, genauso wie der Kampf gegen »irreguläre«, also kurzfristige und flexible Beschäftigung, sind von Vorstellungen einer gewissermaßen »formierten« oder »organisierten« Wirtschaft bestimmt. Darin spiegelt sich ein Denken, das am Status quo orientiert ist. »Ordnung« wird als Mittel gesehen, Wandel zu begrenzen und Veränderungen unter Kontrolle zu halten. Märkte und Wettbewerb kommen in Deutschland immer erst an zweiter Stelle, weil sie ergebnis*offen* sind. Es geht dabei nicht nur um Mißtrauen gegenüber Märkten, was ihre Fähigkeit betrifft, Einkommen zu schaffen und zu verteilen. Es handelt sich vielmehr um ein tiefsitzendes Mißtrauen gegenüber dem Ethos und der Art und Weise, *wie* eine dynamische Marktwirtschaft funktioniert (Noelle-Neumann 1998; Köcher 1999). Nicht erst heute ist es ein großes Problem der deutschen Sozialpolitik, daß sich die Mehrheit der Bevölkerung an der Vorstellung orientiert, »eine rein technisch gute und das heißt: eine rationale Beamtenverwaltung und -versorgung ist der letzte und einzige Wert, der über die Art der Leitung ihrer Angelegenheiten entscheiden soll« (Weber 1980d [1918]: 332).

Diese Werthaltung gibt der Sozialpolitik das Maß und die Richtung vor. An ihren eigenen Maßstäben gemessen war sie bislang erfolgreich. Trotz der Raumrevolution, die die Globalisierung betriebs- wie volkswirtschaftlich bedeutet, sind die Ungleichheitsrelationen in Deutschland in den letzten anderthalb

Jahrzehnten weitgehend stabil geblieben. Tabelle 4.4 zeigt die Entwicklung des wichtigsten Ungleichheitsmaßes, des Gini-Koeffizienten.[52] Sie macht einmal den großen Einfluß deutlich, den der deutsche Transfer- und Steuerstaat hat, wenn man den Unterschied von Markt- und Nettoeinkommen betrachtet. Sie zeigt weiter, daß die Zunahme der Ungleichheit sich hauptsächlich auf die neuen Bundesländer konzentriert und somit eine Sonderlage widerspiegelt. Das wichtigste Ergebnis dieser Tabelle besteht jedoch darin, daß sich die Ungleichheiten nur wenig vergrößert haben.

Ein weiteres Ungleichheitsmaß ist die Berechnung von Verhältniswerten aus verschiedenen Dezilgrenzen. Es kann genaueren Aufschluß darüber geben, ob und in welchen Größenordnungen sich die Ungleichheitsrelationen in Deutschland verändert haben. Z. B. drückt das 90/10-Verhältnis aus, um welches Vielfache die Einkommensschwelle des neunten Dezils über dem des ersten Dezils liegt.[53] Tabelle 4.5 beschreibt die Veränderungen im Zeitraum von 1984 bis 1996. Diese Daten zeigen, daß es in Deutschland, läßt man die neuen Bundesländer zunächst einmal außer Betracht, eine bemerkenswerte Stabilität in den mittleren Lagen der Einkommensbezieher gibt. Es gibt allerdings auch eine beachtliche Verschlechterung der untersten Gruppe, während sich die Verbesserung der relativen Lage auf das neunte Dezil konzentriert. Die Daten für die neuen Bundesländer belegen eine massive Verschiebung zu Lasten der unteren Einkommensklassen. Berücksichtigt man, daß diesen Veränderungen ein Wechsel von der Plan- zu einer Marktwirtschaft zugrunde liegt, dann ist diese relative Stabilität eine erstaunliche Tatsache. Es sind hauptsächlich der innerdeutsche Finanzausgleich und vor allem die wohlfahrtsstaatliche Alimentierung des

52 Der Gini-Koeffizient basiert auf dem Konzept der Lorenz-Kurve, die jedem Anteil von Einkommensbeziehern, die zuvor nach der Höhe ihrer Einkommen geordnet wurden, den auf ihn entfallenden Anteil am Gesamteinkommen zuweist. Der Gini-Koeffizient wird aus der Fläche zwischen der Lorenz-Kurve und der sich bei vollständiger Gleichverteilung ergebenden Geraden ermittelt. Er kann einen Wert zwischen null und eins annehmen, wobei null eine vollkommene Gleichverteilung der Einkommen bedeutet und eins die größtmögliche Ungleichverteilung anzeigt.

53 Die Einkommensschwelle des ersten (neunten) Dezils ist als der kleinste Einkommenswert definiert, der von zehn Prozent (90 %) der Bevölkerung nicht überschritten wird.

Tabelle 4.4: Gini-Koeffizienten als Ungleichheitsmaße der Einkommensverteilung in Deutschland, 1984-1996[1]

	Markteinkommen[2]			Nettoeinkommen[3]		
	Alte Länder	Neue Länder	Insgesamt	Alte Länder	Neue Länder	Insgesamt
1984	0,4371			0,2794		
1988	0,4190			0,2665		
1991	0,4234	0,3928	0,4385	0,2775	0,2183	0,2947
1996[3]	0,4443	0,4754	0,4537	0,2936	0,2441	0,2896

Anmerkungen: [1]Die Einkommen sind äquivalenzgewichtet. D. h., die Einkommen des gesamten Haushalts werden nicht durch die Zahl der Haushaltsmitglieder dividiert, sondern durch die Wurzel aus der Haushaltsgröße. Damit soll berücksichtigt werden, daß bei einer gemeinsamen Haushaltsführung Größenvorteile (Skaleneffekte) entstehen. Eine Äquivalenzgewichtung reflektiert also, daß ein Zweipersonenhaushalt nicht das doppelte, sondern nur das 1,4fache eines Einpersonenhaushalts benötigt, um das gleiche materielle Wohlstandsniveau zu erlangen. [2]Einschließlich Arbeitgeberbeiträgen zur Sozialversicherung, vor Übertragungen vom Staat (z. B. Renten) und an den Staat (z. B. direkte Steuern). [3]Unter Berücksichtigung der Zuwandererstichprobe D.
Quelle: Sachverständigenrat (1999: 192).

Großteils der ostdeutschen Einkommensbezieher, die dafür gesorgt haben, daß dieser sozialrevolutionäre Übergang in stabilen Bahnen verläuft. Noch weit mehr als im Westen sind in den neuen Bundesländern Löhne und Einkommen eine politisch manipulierte Größe.

Im Gegensatz dazu wird in den USA der Preis für die Arbeitskraft, der im Wettbewerb des Marktes erzielt wird, auch normativ als »richtiger« Preis und als »gerechter Lohn« angesehen. Deshalb sind die individuellen wie die kollektiven Verteilungsergebnisse des Arbeitsmarktes in den USA anders als in Deutschland in einem sehr viel geringeren Umfang p o l i t i s c h zu verantworten. Für die amerikanische Sozialpolitik ist daher nur ein wirtschaftliches Existenzm i n i m u m von größerer (sozial)politischer Tragweite, und zwar als Mindestlohn wie als Armutsgrenze. Das Individuum wird abstrakt als eine soziale Einheit betrachtet, die auf der Grundlage einiger fundamentaler Rechte selbständig agiert und die allein für alle Ergebnisse ihres Handelns verantwortlich ist.

Tabelle 4.5: Dezilanteile und Dezilverhältnisse in Deutschland, 1984-1996 (äquivalenzgewichtete Nettoeinkommen)[1]

	Alte Länder				Neue Länder		Insgesamt	
	1984	1988	1991	1996[2]	1991	1996[2]	1991	1996[2]
	Dezilanteile[3]							
1. Dezil	3,4	3,5	3,1	2,7	4,1	3,4	3,1	2,8
2. Dezil	5,3	5,5	5,3	5,1	6,3	5,9	5,0	5,2
3. Dezil	6,5	6,6	6,5	6,4	7,4	7,0	6,1	6,5
4. Dezil	7,5	7,6	7,4	7,4	8,2	8,1	7,2	7,5
5. Dezil	8,4	8,6	8,5	8,4	9,0	8,9	8,2	8,4
6. Dezil	9,6	9,6	9,6	9,5	9,8	9,8	9,4	9,4
7. Dezil	10,7	10,8	10,8	10,8	10,9	10,9	10,8	10,7
8. Dezil	12,1	12,3	12,4	12,6	12,1	12,2	12,6	12,4
9. Dezil	14,2	14,5	14,9	15,2	13,7	13,9	15,2	14,9
10. Dezil	22,4	21,1	21,4	22,1	18,5	19,8	22,3	22,2
	Dezilverhältnisse							
90/10	3,37	3,36	3,54	4,15	2,69	3,00	4,01	3,99
90/50	1,74	1,79	1,83	1,92	1,57	1,62	1,97	1,91
50/10	1,94	1,88	1,94	2,16	1,71	1,86	2,04	2,09

Anmerkungen: [1] Für eine Erläuterung zu Äquivalenzeinkommen vgl. Anm. 1 in der nebenstehenden Tabelle 4.4. [2] Unter Berücksichtigung der Zuwandererstichprobe D. [3] Anteil des auf die Haushalte des jeweiligen Dezils entfallenden äquivalenzgewichteten Nettoeinkommens an der Gesamtsumme der Dezile.
Quelle: Sachverständigenrat (1999: 193).

Wie Tabelle 4.6 zeigt, schlägt sich diese ganz andere Haltung auch in anderen Ungleichheitsrelationen und vor allem in einer größeren Toleranz nieder, was die Zunahme von Ungleichheit in der Bevölkerung betrifft. Die unterschiedlichen Methoden der Datenerhebung und der Datenaufbereitung machen einen direkten Vergleich der beiden Länder schwierig. Tabelle 4.6 läßt aber zumindest erkennen, was sich im Unterschied zu Deutschland im Zeitablauf verändert hat.

Trotz der eingeschränkten Vergleichbarkeit wird man doch feststellen können, daß es in Deutschland weniger Arme und weniger Reiche gibt. In diesem Bild fallen für die USA zwei weitere Eigentümlichkeiten auf. Erstens wurden die Fortschritte, die

Tabelle 4.6: Anteile der aggregierten Familieneinkommen in den USA nach Quintilen, 1947-1996

Jahr	(Ärmste) <		Quintil	> (Reichste)		Obere 5 %	Gini-Koeffizient
	1.	2.	3.	4.	5.		
1947	5,0	11,9	17,0	23,1	43,0	17,5	0,376
1949	4,5	11,9	17,3	23,5	42,7	16,9	0,378
1959	4,9	12,3	17,9	23,8	41,1	15,9	0,361
1969	5,6	12,4	17,7	23,7	40,6	15,6	0,349
1979	5,4	11,6	17,5	24,1	41,4	15,3	0,365
1989	4,6	10,6	16,5	23,7	44,6	17,9	0,401
1996	4,2	10,0	15,8	23,1	46,8	20,3	0,425

Quelle: Levy (1998: 199).

die unteren Einkommensgruppen zwischen 1949 und 1969 machten, in den folgenden Perioden weit mehr als nur zurückgenommen: Die unteren 20 % der Familien haben 1996 einen niedrigeren Anteil am Gesamteinkommen als 1949. Dieses Verlieren von Terrain, das bis zum Beginn der 1970er Jahre gewonnen worden war, zeigt auch die Entwicklung des Gini-Koeffizienten. Er fällt bis 1969, um danach sehr stark zuzunehmen. Zweitens erstreckt sich diese Rückwärtsbewegung auf alle Einkommensgruppen – mit Ausnahme der obersten 20 %. Die Mitglieder dieser Gruppe haben ihren Anteil am Gesamteinkommen der USA beträchtlich erhöhen können. Im Vergleich dazu präsentiert die Bundesrepublik weitgehend stabile Verhältnisse in den mittleren Bereichen der Einkommensverteilung. Ansatzweise »amerikanische Verhältnisse« lassen sich allerdings in den neuen Bundesländern erkennen, auch was das Abstiegsrisiko aus den mittleren Rängen der Einkommensverteilung betrifft.

Diese Bilanz muß jedoch um drei Punkte ergänzt werden. Erstens darf die völlig andersartige Entwicklung des Umfangs der Arbeitsmärkte in Deutschland und den USA nicht vergessen werden, die eingangs näher beschrieben wurde. In den USA hat sich die Zahl der Erwerbstätigen in der Nachkriegszeit verdoppelt, während sie in der Bundesrepublik um weniger als zehn Prozent zugenommen hat.

Zweitens macht sich in den USA sozialpolitischer Fortschritt in anderer Weise bemerkbar und bedient sich auch ganz anderer Mechanismen als in Deutschland. Einmal gibt es einen starken Wettbewerb der einzelnen Staaten in der öffentlichen Regulierung des privatwirtschaftlichen Angebots an Krankenversicherungsleistungen. Für die Staaten sind z. B. gesetzliche Vorschriften, die den Unternehmen vorschreiben, welche Verhütungsmedizin sie als Teil einer Versicherungspolice ihren weiblichen Beschäftigten anbieten müssen, ein wirksames Werbemittel in der neuen Standortkonkurrenz um knappes Humankapital (Lewin 2000). Zum anderen zeigt sich aus dem gleichen Grund das Personalmanagement von Unternehmen sehr erfindungsreich, über zusätzliche Versicherungsleistungen Arbeitskräfte an den Betrieb zu binden. Z. B. erstrecken sich inzwischen die Krankenversicherungsleistungen der drei großen Automobilfirmen auf die gleichgeschlechtlichen Lebenspartner ihrer Beschäftigten (Swoboda 2000). Die Firma Ford schätzt, daß sich die zusätzlichen Kosten dieses Programms auf fünf Millionen US-$ jährlich belaufen. Das scheint, betrachtet man den gesamten Aufwand von 2,4 Mrd. US-$, den Ford für Krankenversicherungs- und Gesundheitsleistungen trägt, nicht sehr viel zu sein. Es ist aber sehr viel, wenn man das konservative Meinungsklima der USA und die Möglichkeiten der bundesstaatlichen Sozialpolitik betrachtet. Ein entsprechendes nationales Krankenversicherungsgesetz hätte nicht die geringsten Verwirklichungschancen. Außerdem ist noch zu berücksichtigen, daß es einen Mechanismus gibt, der die betriebliche Sozialpolitik noch zusätzlich und auf eine Weise antreibt, die ihr eine Breitenwirkung verschafft, die sie regelmäßig und sehr schnell über die ursprünglichen personalpolitischen Antriebe und arbeitsmarktspezifischen Anlässe hinauswachsen läßt (Halaby 1986; Dobbin u. a. 1993; Sutton u. a. 1994): Diese wesentlich marktvermittelten Fortschritte in der Sozialpolitik haben deshalb eine überproportionale und vor allem eine dauerhafte Wirkung, weil die Betriebe ihre sozialen Leistungen der gesamten Belegschaft anbieten müssen, um nicht Gefahr zu laufen, wegen Diskriminierung von ihren Arbeitnehmern verklagt zu werden. Die entscheidenden Hebel sind der *Civil Rights Act* von 1964 und die mit ihm verbundene *Equal Employment Opportunity*-Gesetzgebung, welche es dem einzelnen Beschäftigten erlauben, mit Hilfe der Gerichte Veränderungen seiner Arbeitsbedingungen einschließlich der Leistungen der betrieblichen Sozialpolitik zu erzwingen.[54] Die Explosion der Kosten der betrieblichen Gesundheitsleistungen in den letzten Jahren geht weitgehend auf das Konto dieser politisch kaum zu kontrollierenden, über eine unabhängige Judikatur erzwungenen Ausdehnung sozialer Rechte (Freudenheim 2000; Verhovek 2000).

Drittens gibt es eine Kehrseite zu diesen neuen Formen arbeits- und sozialrechtlichen Fortschritts. Neben den zivilrechtlichen Möglichkeiten der Erzwingung wirtschaftlicher Rechte für die Arbeitnehmer haben in den letzten zwei Jahrzehnten z. T. die Gesetzgebung der Staaten und z. T. das Richterrecht die traditionelle Grundlage der Arbeitsvertragsfreiheit, die *employment at will*-Doktrin, zunehmend aufgeweicht und mit Einspruchsrechten bei »ungerechtfertigter Entlassung« versehen (Lazear 1990; A. B. Krueger 1991; Miles 2000). Diese Rechtsentwicklung bedeutet für die Betriebe ein erhöhtes Risiko, bei der Entlassung von Arbeitnehmern eine Klage zu gewärtigen. Sie reagierten darauf, indem sie auf Leiharbeitskräfte und Arbeitskräfte mit befristeten Verträgen zurückgriffen, also auf Arbeitnehmer, auf die sich dieses neue Arbeits- und Sozialrecht nicht erstreckt. Seit 1979 ist dieser Bereich des amerikanischen Arbeitsmarktes fünfmal so schnell gewachsen wie der Arbeitsmarkt selbst (Autor 2000). In den Niedriglohnsektoren herrschen deshalb Leiharbeits- und Kurzzeitverträge vor, weil die Betriebe diesen zusätzlichen Kosten des neuen Sozialrechts ausweichen wollen, die ihnen hauptsächlich von den Gerichten aufgebürdet worden sind. Diese Reaktion der Betriebe ist wohl die Hauptursache dafür, daß das Angebot betrieblicher Sozialleistungen auf die oberen

54 Neben den beiden bereits erwähnten Gesetzen sind weitere zivilrechtliche Mittel einer selbständigen Erzwingung von Arbeitnehmerrechten durch die Betroffenen selbst der *Equal Pay Act* (1963), der *Age Discrimination in Employment Act* (1967), der *Rehabilitation Act* (1973) und der *Americans with Disability Act* (1990). Die Durchschlagskraft dieser Gesetzgebung ergibt sich vor allem daraus, daß seit der Novellierung des *Civil Rights Act* 1991 die Entscheidungen der Gerichte über die Zuerkennung von *punitive damages* Signalcharakter haben und die Unternehmen diese Entscheidungen aufgrund der politischen Wahl von Richtern und des Jury-Systems kaum kontrollieren können. Die unkalkulierbare, populistische Kadijustiz zwingt deshalb die Betriebe zu einer progressiven Personalpolitik. Zum Populismus des Richterrechts vgl. Sherwin (2000).

Einkommensgruppen beschränkt geblieben ist. Auch in den USA ist also zu beobachten, wie eine Gesetzgebung und vor allem eine Rechtsprechung, die das Ziel verfolgt, die sozialen Rechte der wirtschaftlich am meisten verwundbaren Arbeitnehmer zu stärken, das genaue Gegenteil bewirken.

V. Die soziale Arithmetik der Wohlfahrtsdemokratie

Die Unterschiede zwischen beiden Ländern – hinsichtlich ihrer Arbeitsmärkte wie der Dynamik und Form der Sozialpolitikreform – könnten sich auch durch den unterschiedlichen Stand der wirtschaftlichen Entwicklung erklären lassen. Auf dem Weg zu einer Dienstleistungs- und Informationswirtschaft ist Deutschland ein Nachzügler. In den USA sank zwischen 1973 und 1993 der Anteil der Beschäftigten in der Industrie an der Erwerbsbevölkerung von 33 auf 24 %, in Deutschland im gleichen Zeitraum von 47 auf 37 % (Paqué 1998: 26). Deshalb könnte man meinen, in Deutschland sei bereits aus diesen sektoralen Schwerpunktsetzungen heraus die Organisation der Betriebe und die von ihnen angebotenen Beschäftigungen (noch) nicht fortgeschritten genug, um neuen Formen der Sozialpolitik – marktbasiert, anreizorientiert, regelbestimmt und selektiv – hinreichende Entfaltungsmöglichkeit und Schubkraft zu geben. So gesehen wäre der Übergang nur eine Frage der Zeit und nicht ein Problem in der Sache selbst. Früher oder später würden alle entwickelten Wohlfahrtsstaaten den gleichen Pfad in Richtung einer marktbasierten oder zumindest marktadäquaten Produktion sozialer Güter einschlagen und dabei ihre übrigen wohlfahrtsstaatlichen Angebote selektiver und dezentralisierter ausrichten.

Die Sozialstruktur Deutschlands ist jedoch durch einige Unterschiede gekennzeichnet, die die traditionellen Formen der Organisation von Sozialpolitik stützen und die Weichen gegen Reformpolitik stellen. Die demographischen Tatsachen begünstigen die derzeitige Struktur von Renten- und Krankenversicherung. Das Zusammenwirken des epochalen demographischen Übergangs zu einer hochgradig alterslastigen Bevölkerung mit quasi-universellen Sozialversicherungssystemen führt zu einer starken Gleichsinnigkeit der Interessen – und der politischen Orientierungen –, die das Nachdenken über neue Wege der Sozialpolitik mit konservativen Vorzeichen versieht.[55] Rentner stellen in Deutschland 24,8 % der Gesamtbevölkerung und sind damit bereits die größte geschlossene Wählergruppe. Ihnen stehen 40,7 % Erwerbstätige gegenüber.[56] Diese Erwerbstätigen befinden sich aber in sehr unterschiedlichen Arbeitsvertragsverhältnissen. In absoluten Zahlen geht es um 20 Mio. Rentner und 21 Mio. privatwirtschaftlich beschäftigte Arbeitnehmer, die Güter für den Markt produzieren, davon sind zwölf Millionen im Dienstleistungsbereich und im Handel tätig. Nur diese privatwirtschaftliche Gruppe muß sich, so Hans Rosenberg, auf die »anonyme Sozialpolitik des Marktes« (1976 [1967]: 217) verlassen. Wenn man also nur darauf achtet, wie homogen Interessenlagen sind und welche Gruppen sich dann in welcher Größenordnung von den Parteien ansprechen lassen, dann ist es kein Zufall, daß die beiden großen deutschen Parteien sich in ihrer Position zur Reform der Rentenversicherung kaum unterscheiden und nur die kleineren und wesentlich programmatischer ansetzenden Parteien der Liberalen und Grünen versuchen, den Status quo zu verändern, indem sie Marktlösungen oder eine Grundrente vorschlagen (Lampert 1995).

Ein zweiter, Sozialpolitikreform hemmender Faktor ist der Umfang jener Gruppen, die als Dienstleister im deutschen Wohl-

55 Hier ließe sich einwenden, die größere Spreizung der amerikanischen Einkommen sollte es den Politikern erleichtern, umfangreichere Teile der Arbeitnehmerschaft, die jetzt noch durch die *Social Security*, also die Rentenversicherung und die Krankenversicherung für Rentner (*Medicare*), in das staatliche System der Produktion sozialer Sicherung eingebunden sind, dafür zu gewinnen, in ein Marktsystem mit höheren Renditeversprechen überzuwechseln. Der wahrscheinlich wichtigste Grund dafür, warum das bislang nicht der Fall war, sondern ganz im Gegenteil die Sanierung der Sozialversicherungen im Mittelpunkt der Parteienkonkurrenz steht, ist der, daß sich für die Mehrzahl der Beschäftigten das Arbeitsmarktrisiko vergrößert hat. Dieses Risiko ist weniger der Verlust von Beschäftigung als der Verlust von Einkommen. Dazu kommt noch, daß seit einigen Jahren die amerikanische Sparrate sehr niedrig ist und der größte Teil der Haushalte mehr ausgibt als sie einnehmen. Die Sozialversicherungen bedeuten ein Zwangssparen, und die Beträge, die dafür aufgewendet werden müssen, sind nicht der Konsumkonkurrenz ausgesetzt.

56 Diese und die folgenden Zahlen zur Gliederung der deutschen Erwerbsbevölkerung stammen aus dem Statistischen Jahrbuch für die Bundesrepublik (Statistisches Bundesamt 2000) und beziehen sich auf 1998.

fahrtsstaat beschäftigt sind. Das sind, faßt man die Beschäftigten im öffentlichen Dienst, die Verwaltungsangestellten der Sozialversicherung und die Erwerbstätigen im Gesundheitssektor zusammen, beinahe acht Millionen Erwerbstätige. Um einen Übergang zu marktorientierteren und selektiveren Programmen durchzusetzen, müßten auch diese Gruppen davon überzeugt werden, daß dies nicht zu ihren Lasten geht. Derzeit gibt es nicht einmal eine Diskussion darüber, *wie* man mit diesen politisch bereits aufgrund ihrer Größe entscheidenden Gruppen einen solchen Übergang bewerkstelligen könnte. Ihr interessen- und wahlpolitisches Gewicht brauchen sie nicht einmal selbst in Anschlag zu bringen, weil die Parteienkonkurrenz auf eigene Weise und ganz selbständig dafür sorgt, daß ihre Beschäftigungsreservate geschützt bleiben. 1999 ließ sich beispielsweise beobachten, daß die vorhersehbare Beschäftigungsminderung durch einen restriktiveren Zugang zum Kurwesen in der Kranken- und Rentenversicherung den bayerischen Ministerpräsidenten Stoiber veranlaßte, gegen diese bundesgesetzlichen Kürzungen ein Veto einzulegen (die, nebenbei bemerkt, noch von einem Bundesminister Seehofer initiiert worden waren, der auch Mitglied der CSU ist). Weiterhin ist eine Massenarbeitslosigkeit, die auch Mitglieder der Mittelschicht erreicht, nicht gerade dazu angetan, politische Experimente großen Umfangs zu erleichtern.

Die sozialstrukturelle Reichweite der Sozialversicherungen bestimmt, kurz gesagt, auch die Höhe der *politischen* Anpassungskosten, und diese können, in der Perspektive konkurrierender Parteien, nicht nur beträchtlich, sondern prohibitiv sein. Außerdem bestimmt die mehr oder weniger große Homogenität jener Schichten, die ihr Einkommen dem Staat verdanken, die Selektion sozialpolitischer Innovationen. Je universeller und je zentralisierter wohlfahrtsstaatliche Leistungssysteme sind, desto größer werden auch die politischen Kosten eines Übergangs in eine neue Ordnung sein. Gibt es, bei hochgradig vereinheitlichten institutionellen Strukturen, nur eine kleine Zahl wohlfahrtsstaatlicher Programme, so bestehen auch nur wenige Möglichkeiten für institutionelles Experimentieren und Lernen. Sind Systeme fragmentierter, hängen sie also nicht so stark zusammen, und sind die Verwaltungsstrukturen eher dezentral, wie das in den USA der Fall ist, dann ist auch eine zügigere Anpassung an eine neue wirtschaftliche Umwelt zu erwarten, da die sozialpolitischen Innovationen sich nicht nur schneller über die Grenze zwischen öffentlicher und privater Produktion sozialpolitischer Güter, sondern auch über die Grenzen der Gebietseinheiten ausbreiten können (Inman/Rubinfeld 1997a, b; Oates 1999). Föderale Strukturen können nicht nur demokratisches, sondern auch sozialpolitisches Experimentieren fördern und dadurch die Risiken zentralstaatlicher Fehlentwicklungen senken (Osborne 1988).[57] Deshalb ist ferner zu erwarten, daß die oben umrissenen »perversen« Wirkungen der Stärkung von Arbeitnehmerrechten über die Gesetzgebung der Einzelstaaten und das Richterrecht auch deshalb eine Gegenbewegung auslösen werden, weil einmal die Gewerkschaften zu schwach sind, eine nationale Regelung durchzusetzen, und weil zudem eine bundesstaatliche Harmonisierung des Arbeitsrechts keine Verwirklichungschancen hat.

Gegen die scheinbar so zwingenden Erfordernisse der Globalisierung versucht aber die deutsche Politik, so weit wie möglich die Einrichtungen des Wohlfahrtsstaates zu erhalten. Selbst kleinere deregulierende Initiativen, die von der Kohl-Regierung noch kurz vor dem Regierungswechsel umgesetzt wurden und die einem programmatischen Entwurf folgen, der sich an den Verhältnissen einer globalen Marktwirtschaft orientiert – hauptsächlich die Lockerungen des Kündigungsschutzes und die Einführung des demographischen Faktors in die Rentenformel – wurden von den Sozialdemokraten im Wahlkampf zur »Gegenreform« erklärt und nach dem geglückten Regierungswechsel wiederaufgehoben.

57 Die Gegenposition wurde z. B. von Donna Shalala vertreten, die in beiden Amtszeiten Bill Clintons dem Department of Health and Human Services vorstand. Sie verteidigt »big government« als notwendigen Gegenpol zu den letztlich, im nationalen Rahmen, unverantwortlichen Ergebnissen des amerikanischen Föderalismus: »›To me, it's a fundamental debate about federalism‹, she said. ›It depends on what you believe you should have a national government for. I believe that justice and opportunity ought not to be determined by geography – or by country of origin or by your parent's income.‹ The federal role, she argued, ›is to reduce variation.‹ To conservatives, of course, that sounds like redistribution of resources. ›That's exactly what we're talking about,‹ Dr. Shalala said, with nary a flinch. ›Redistribution defines us as a country. That's what the national government does. But it ought to be in a limited way, just for the fundamentals. And in debating what those fundamentals are, we define what the country is about, what our character is about, what we care about‹« (Toner 2001).

Dabei geht es aber nicht nur um eine kleine Verschiebung der Stimmenanteile zwischen den beiden Volksparteien. Die Sprache des Klassenkonfliktes und des Klassenkampfes, einschließlich seiner wesentlich wohlfahrtsstaatlichen Lösungsformeln, lebt wieder auf. Während 1980 noch 25% der Befragten meinten, es gäbe einen »Klassenkampf« und »nicht lösbare Konflikte« zwischen Arbeitnehmern und Arbeitgebern, stieg dieser Wert 1997 auf 44% (Noelle-Neumann 1998). Dieses Meinungsbild könnte allerdings zu einer falschen Einschätzung der tatsächlichen Lage führen. Wahrscheinlich zutreffender urteilte Jan Ross in *Die Zeit* (1999), das Gesamtbild, in dem der Wahlsieg der Sozialdemokraten nur einen Ausschnitt bildet, werde dadurch bestimmt, daß im Kampf zwischen Markt und Wohlfahrtsstaat der Wohlfahrtsstaat die Oberhand behalten habe: Die Gleichheit hat gesiegt. Folgt man Tocquevilles Ausführungen über die »demokratische Leidenschaft für Gleichheit«, dann überrascht dieses Ergebnis allerdings weniger. Im Gegenteil lassen seine Überlegungen erwarten, daß eine Zunahme von Ungleichheiten in der wirtschaftlichen Sphäre eine sehr viel größere egalisierende Gegenbewegung in der politischen Sphäre auslösen wird – wenn es dafür die politischen Voraussetzungen gibt. Die Globalisierung führt dann zu mehr, nicht zu weniger Sozialpolitik, weil sich mit ihr ein verstärktes, materielles Interesse an Staatsautorität verbindet. Die eigentlich interessante Frage ist deshalb, warum es in den USA diese egalisierende, wohlfahrtsstaatlich getragene Gegenbewegung nicht gibt.[58] Der Schlüssel zu dieser Frage sind die von John E. Cairnes als *non-competing groups* bezeichneten Schichten (1874: 71-74). Deren Einkommenslage ist weitgehend marktunabhängig.

Die entscheidenden Kämpfe finden zwischen denjenigen statt, die ein starkes Interesse am Fortbestand der Sozialpolitik haben

58 Diese Perspektive wurde zuerst von Somary (1929) entwickelt. Er analysierte die wohlfahrtsstaatlichen Verhältnisse der Weimarer Republik als »demokratischer Sozialismus«. Zukunfts- gegenüber Gegenwartsinteressen kommen vor allem bei jenen Schichten nicht oder sehr viel weniger zum Tragen, die entweder einkommensschwach oder die aufgrund ihres Alters gegenwartsfixiert sind. Ein bewußter Verzicht auf Gegenwartsgenuß zugunsten ferner Zukunft sei in großem Maßstab nicht leicht von Menschen zu erwarten, die selbst in knapper Konsumlage leben und bei denen Familienbande keine entscheidende Rolle spielen. »In seiner weiteren Konsequenz läuft dieses Verlangen auf das Opfern der gegenwärtigen

Abbildung 4.3: Investitionsquoten in Deutschland und den USA

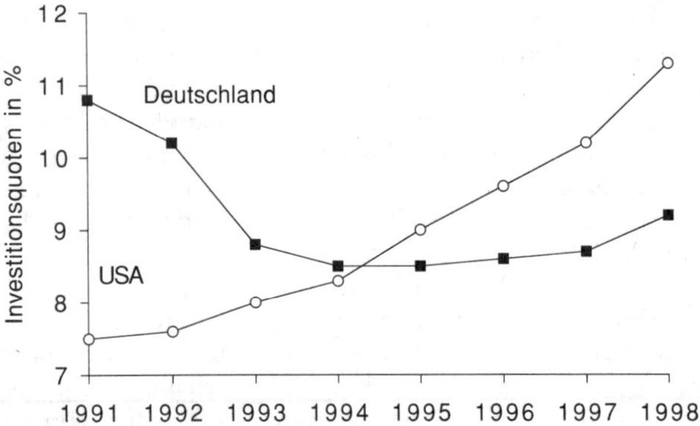

Anmerkung: [1]Reale Ausrüstungsinvestitionen in Prozent des realen Bruttoinlandsproduktes.
Quelle: Sachverständigenrat (1998: 69).

oder aus anderen Gründen eine Lohnkonkurrenz nicht zu fürchten brauchen, und denjenigen, die ihre Chancen auf dem Markt wahrnehmen wollen oder müssen. Die erstgenannte Schicht ist in Deutschland zahlenmäßig weit stärker. Zu ihnen zählen nicht nur die Rentner, sondern auch alle jene, die über Gebührenordnungen oder, was die Landwirte betrifft, über »Marktordnungen« mit vergleichsweise sicheren Einkommen rechnen können. Für die Marktwirtschaft bedeutet ein numerisches Übergewicht dieser Gruppen, daß mit einiger Wahrscheinlichkeit die Zukunfts- den Gegenwartsinteressen geopfert werden. Öffentliche Ausgaben, die erst langfristig Wirkung zeigen, aber für die Pro-

Generationen zugunsten einer künftigen hinaus, und das ist, wo nicht eine dem Urchristentum verwandte Tendenz zur Mitwirkung an der Erlösung des Menschengeschlechts vorhanden ist, nur bei ausgebildetstem Nationalismus möglich. Je gleichmäßiger die Einkommen verteilt sind, desto geringer die Tendenz zur Bildung großer Investitionskapitalien; je mehr Menschen über die Produktionskapitalien zu verfügen haben, desto geringer die Tendenz zur Hintansetzung der gegenwärtigen Bedürfnisse zugunsten der Zukunft. In beiden Richtungen liegt der Sozialismus der Gegenwart noch auf schiefer Ebene, und die organische Verhinderung der Spekulation erschwert seine Stellung noch weiter« (S. 174).

Abbildung 4.4: Zu- und Abflüsse ausländischer Direktinvestitionen und Portfoliokapitalbestände in Deutschland, 1970-1998

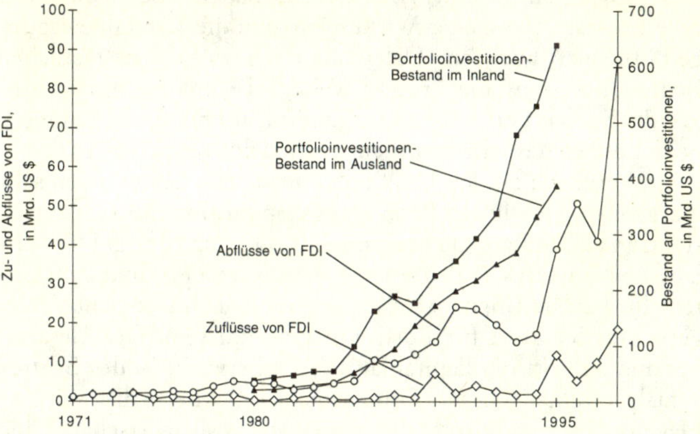

Quelle: IMF (1999a: 458f.).

duktivität entscheidend sind, also hauptsächlich für Bildung und Forschung, werden von den Konsumausgaben verdrängt werden, wenn der Umfang der *non-competing groups* so groß wird, daß ihre Interessen aufgrund der Gesetzmäßigkeiten der Parteiendemokratie zunehmend die politische Tagesordnung bestimmen. Dieses Problem der Zukunftssicherung wird noch dadurch verschärft, daß die öffentlichen Investitionen auch das privatwirtschaftliche Investitionsverhalten bestimmen – privates Kapital wird erst durch eine nichtprivate Infrastruktur produktiv. Abbildung 4.3 gibt die entgegengesetzten Trends der Entwicklung der Investitionsquoten in Deutschland und den USA wieder. Wie diese und die folgende Abbildung zeigen, wandert das längerfristig orientierte Beteiligungskapital aus Deutschland verstärkt ab.

Für die Investitionsquoten genauso wie für die in Abbildung 4.4 dargestellten Verhältnisse und Bewegungen von Investitionskapital gilt, daß die sozialpolitischen und arbeitsrechtlichen Verhältnisse nur ein Bestimmungsfaktor unter vielen anderen sind. Derartig hochaggregierte Indikatoren können auch durchaus entgegengesetzte Entwicklungen verbergen, weil in ihnen eine sehr große Zahl von untereinander weitgehend unabhängig voneinander getroffenen Entscheidungen zusammenfließen. Sozialpolitik und Arbeitsrecht haben aber zumindest investitionsr e l e v a n t e Wirkungen, und die Kapitalbewegungen sprechen auch ein Urteil über die wohlfahrtsstaatlichen Bedingungen bzw. die Art und Weise, w i e mit den Einrichtungen der Sozial- und Arbeitsmarktpolitik auf die neuen Rahmenbedingungen des wirtschaftlichen Handelns reagiert wird.

Im Vergleich zu den USA fällt einmal auf, daß es einen sehr viel größeren Abfluß an Beteiligungskapital gibt. Der Gesamtbestand an ausländischen Direktinvestitionen lag 1995 in Deutschland knapp unter vier Prozent des Bruttosozialprodukts. Im Unterschied zu Beteiligungskapital scheint jedoch Deutschland ein gesuchter Standort für Portfoliokapital zu sein. Der Gesamtbestand an Portfoliokapital lag 1995 bei etwa 26% des Bruttosozialprodukts. Dieser Unterschied reflektiert die stärkere Gegenwartsorientierung des deutschen volkswirtschaftlichen Körpers.

Trotz der globalen Marktwirtschaft bestimmen also immer noch die b i n n e n gesellschaftlichen Verhältnisse die p o l i t i s c h e n Antworten auf die neuen Herausforderungen und damit auch die Gesetzgebung. Die demokratische Ordnung sorgt dafür, daß es Wahlen sind, die mit ihrem rein numerischen Kalkül die Richtung der gesellschaftlichen Entwicklung entscheiden. An der Zusammensetzung der Wählerschaft und an der Identität des wahlentscheidenden Median-Bürgers richten sich die Parteien aus. Die Politiker haben immer noch eine ausschließlich innenpolitische Basis, während Unternehmen gar nicht mehr anders können, als ihren Blick auch nach außen zu richten. Anders als die Märkte der Wirtschaft sind die politischen Märkte eine nationalstaatlich geschlossene Veranstaltung.

VI. Ausblick

»The trial by market everything must come to«, so Robert Frost (1975 [1916]: 106). Aber das heißt nicht, daß der Markt eine bestimmte Entscheidung auch erzwingen kann. Robert Frost hat die Weihnachtsbäume, um die es in seinem Gedicht geht, nicht zu dem Preis verkauft, den ihm der Besucher aus der Stadt geboten hatte. Das war seine Entscheidung. Und er wußte um den Preis seiner Entscheidung.

Die den globalen Kapitalismus bildenden interdependenten Märkte legen die wirtschaftlichen und die sozialen Kosten der nationalen Sozialpolitik offen – was aber als solches noch gar nichts bedeutet. Beschränken wir uns auf die relativ gestiegenen Kosten, so ist es natürlich richtig, daß die Regierenden in entwikkelten Wohlfahrtsstaaten ihre nationalen wirtschaftlichen und sozialpolitischen Entscheidungen nicht mehr unabhängig von den Reaktionen treffen können, die ihnen die Weltmärkte in die Sitzungszimmer tragen. Aber dies ist ebenso wahr wie – im wörtlichen Sinne – bedeutungslos. Regierungen können, müssen aber nicht diesen Preissignalen der globalisierten Wirtschaft für ihre Arbeits- und Sozialpolitik folgen. Zwei weitere Schwierigkeiten machen sich für die Politik in der Globalisierung bemerkbar. Dieselben Signale des globalen Kapitalismus und des Weltmarktes bedeuten, erstens, für jeden etwas anderes. Und eben darauf kommt es an. Für die einen beweist es die Notwendigkeit von mehr, für die anderen von weniger Sozialpolitik. Diese grundsätzliche Ambiguität der Herausforderung des globalen Kapitalismus bedeutet, und das ist das zweite Problem, daß die Inhalte und der Takt der Sozialpolitikreformen mit sehr großer Wahrscheinlichkeit nicht allein durch ökonomische Rationalitätskalküle bestimmt werden. In einer Demokratie entscheidet nicht die »geometrische Wahrheit« wissenschaftlicher Argumente – auch wenn sie scheinbar noch so zwingend ist –, sondern es entscheidet die Zahl der Stimmen, die konkurrierenden politischen Positionen zugerechnet werden. Die Bürger handeln und wählen entsprechend ihren persönlichen Wahrheiten und Interessen, und diese können auf das genaue Gegenteil von dem hinauslaufen, was Globalisierung und Sozialpolitikreform für die Sicherung der gesellschaftlichen Zukunft nahelegen.

Die »Wohlfahrt« kann dabei also durchaus auf der Strecke bleiben. Auch die Wohlfahrts*demokratie* ist keine Garantie für Wohlfahrts*staatlichkeit*. Gesellschaftliche Entscheidungen über Wohlfahrt sind etwas anderes als die Aggregierung individueller Interessen über den Marktmechanismus, und sie sind auch etwas anderes als die politischen Beschlüsse der Mehrheitsdemokratie. Im Unterschied zum Markt ist der Ausgangs- wie der Bezugspunkt des Wohlfahrtsstaates, daß sich der Wert eines Menschen nicht auf seinen Marktwert reduziert. Es ist für den Wohlfahrtsstaat wesentlich, Güter und Dienstleistungen einschließlich von »Einkommen« aus dem Markt herauszunehmen oder seine Wirkungen auf die Verteilung von Gütern, Dienstleistungen und Einkommen zu kontrollieren und zu modifizieren. Im Mittelpunkt der Sozialpolitik steht das Bemühen, Ergebnisse zu erzielen, die der Markt, sich selbst überlassen, nicht hervorgebracht hätte (Marshall 1992c [1972]: 114). Wohlfahrtsstaaten sind heute Wohlfahrtsdemokratien. Am Beginn jeder Sozialpolitik stehen Wahlen und an ihrem Ende parlamentarische Abstimmungen. Es gibt aber keinen Grund anzunehmen, über diesen politischen, demokratischen Mechanismus könne mit ausreichender Sicherheit das entdeckt und umgesetzt werden, was tatsächlich an Sozialpolitik not tut. Eine demokratische Stimmabgabe ist genauso am eigenen Interesse orientiert wie das angeblich so egoistische Verhalten der Marktbürger.

Daß die Globalisierung ihre eigene Agenda von Sozialpolitikreform erzwingt, ist nicht von der Hand zu weisen. Die Ergebnisse von Reformpolitik dürften aber in der Regel anders aussehen als von vielen erwartet – oder befürchtet. Demokratische Politik hat sich schon immer durch ihre Unberechenbarkeit ausgezeichnet, weil ihre Spielregeln keine Inhalte, sondern allein die Formen politischen Handelns bestimmen. Und diese Formen maximieren einen sehr heterogenen Input mit entsprechend überraschenden Ergebnissen (Lindblohm 1959). Die Wahrscheinlichkeit, daß demokratische Reformpolitik genau zu den Ergebnissen führen wird, die z. B. für manche als das unter den Bedingungen der Globalisierung wirtschaftspolitisch Vernünftige zwingend geboten erscheint, ist deshalb nicht sehr groß. Für voreiligen Pessimismus – oder Optimismus – besteht aber schon deshalb kein Anlaß, weil zum einen ein weiteres Merkmal demokratischer Politik darin besteht, daß sie ihre negativen Ergebnisse auch immer wieder korrigieren kann, und weil der Bereich des politisch Verfügbaren und Gestaltbaren immer beschränkt ist. Deshalb gibt es immer Möglichkeiten, daß Wirtschaft und Gesellschaft gerade gegen die politischen Gestaltungen und Interventionen erfolgreich sind. Jedenfalls, und dieser Punkt ist nicht zu unterschätzen, ist diese – trotz der je nach Lager entgegengesetzten Wünsche – allgemeine Forderung nach mehr Politik ein zweischneidiges Schwert. Bei dieser Veranstaltung können Gäste auftauchen, die niemand auf der Liste hatte. In der Demokratie sind die Gäste nicht nur grundsätzlich einander gleichgestellt, sie sind auch die Schiedsrichter und sogar die Saalordner.

Die Signale der globalen Marktwirtschaft haben für jede betroffene Gruppe je nach sozialstruktureller Verortung eine andere Bedeutung und beinhalten ein anderes politisches Verhalten. Es ist ein schwerwiegender Irrtum zu glauben, die scheinbar offenkundigen Wirklichkeiten der neuen Wirtschaft setzten unbestreitbare Parameter für eine Reform und die Politiker hätten ihr Handeln nur daran auszurichten. Die Expansion der Wohlfahrtsstaaten hat dazu geführt, daß in den entwickelten Volkswirtschaften Sozialpolitik und Markt alternative Determinanten der Lebenslage sind (Janowitz 1976). Deshalb werden die Tatsachen der Weltmarktintegration gleichzeitig begrüßt und beklagt. Die Vorstellung, diese neuen Tatsachen seien auch unzweifelhafte normative Maßstäbe, an denen sich Politiker zugunsten des Allgemeinwohles orientieren könnten, ist eine Illusion. Die globale Marktwirtschaft auszuweiten und die Chancen ihrer Erhaltung zu verbessern ist nur eines unter vielen anderen gleichermaßen denkbaren Handlungszielen. Es konkurriert mit einer Vielzahl anderer Ziele und aus sozialwissenschaftlicher Sicht gibt es keinen Grund, sie *per se* für unsinnig zu halten. »Das Kennzeichen des sozialpolitischen Charakters eines Problems ist es ja geradezu«, so schon Max Weber, »daß es nicht auf Grund bloß technischer Erwägungen aus feststehenden Zwecken heraus zu erledigen ist, [sondern] daß um die regulativen Wertmaßstäbe selbst gestritten werden kann und muß, weil das Problem in die Region der allgemeinen Kulturfragen hineinragt« (1956b [1904]: 56 – Hervorhebung im Original).

Ihrem Wesen nach ist Sozialpolitikreform Kulturkampf. Es geht um Entscheidungen über gesellschaftlich zentrale Werte. Die Reformvorschläge jeder Seite wollen »wirklich« und nicht nur »fiktiv« das Wohlfahrtsniveau erhöhen. Alle beteiligten Parteien nehmen das für sich in Anspruch. Die Sozialwissenschaft kann lediglich, erstens, den Beteiligten versuchen klarzumachen, daß bei einer Sozialpolitikreform alles Handeln und jedes Nichthandeln in Verfolgung eines gewünschtes Zieles mehr oder weniger hohe Kosten im Sinne vorhersehbarer Verluste *in bezug auf andere Ziele* mit sich bringen wird. Auf *welches* Ziel sich die Akteure konzentrieren sollen, ist keine Frage, die sich wissenschaftlich lösen läßt. Wenn die Frage nach dem Ziel politisch entschieden ist, kann Sozialwissenschaft, zweitens, dabei helfen, eine Realpolitik der Wohlfahrtsstaatsreform in dem Sinne herbeizuführen, daß sie eine Vorstellung davon entwickelt, *wie* dieses Ziel erreicht werden kann. Von erstrangiger Bedeutung ist dabei nicht nur ein rationales Kalkül in bezug auf die objektive Situation der Wirtschaft und die Stärke der Interessen ihrer Nutznießer, sondern auch der mögliche Widerstand jener, die von einer Reform negativ betroffen *und* in der Lage sind, diese zu blockieren.

Anhang

Entstehungsnachweise und Danksagung

Kapitel 1: Originalbeitrag von Elmar Rieger unter Mitarbeit von Stephan Leibfried.

Kapitel 2: Fellowvortrag von Elmar Rieger am Hanse-Wissenschaftskolleg am 27. Februar 1997. Das englische Manuskript wurde von Stephan Leibfried übersetzt und von Elmar Rieger zusammen mit Stephan Leibfried in die jetzt vorliegende Fassung gebracht. Eine Kurzfassung findet sich in Rieger/Leibfried 2000.

Kapitel 3: Von Stephan Leibfried übersetzte und von Elmar Rieger zusammen mit Stephan Leibfried überarbeitete und erweiterte Fassung von Elmar Rieger (1999a).

Kapitel 4: Überarbeitete und erweiterte Fassung von Elmar Rieger und Stephan Leibfried (1998b) und »The Social Politics of Trade«, ein Vortrag von Elmar Rieger, der im Rahmen einer Konferenz der Social Policy Association im Juni 1998 in Lincoln, England, gehalten wurde.

Für die Unterstützung unserer Arbeit möchten wir vor allem dem Wissenschaftskolleg zu Berlin und dem Hanse-Wissenschaftskolleg in Delmenhorst – und unseren geduldigen Mitkollegiaten – danken, ferner dem Center for Advanced Studies in the Behavioral Sciences in Stanford, CA, dem American Institute for Contemporary German Studies in Washington, der Brown University, dem bisherigen Deutsch-Amerikanischen – Akademischen – Konzil (Bonn), was die Unterstützung eines Sommerinstitutes und eines Projektes zur »Globalisierung« betrifft, der Deutschen Forschungsgemeinschaft für die Bewilligung eines Forschungsprojekts über Sozialhilfereform in Deutschland und den USA, und *last not least* dem Zentrum für Sozialpolitik der Universität Bremen, dem Bremer Sonderforschungsbereich »Statuspassagen und Risikolagen im Lebensverlauf« und der Universität Bremen insgesamt, insbesondere ihrem Kanzler und Rektor. Die Arbeit an diesem Buch war zwischen so vielen Orten seit den 1990er Jahren zu koordinieren – Mannheim, Cambridge, MA, Delmenhorst, Bremen, Heidelberg, Gaishardt, Providence,

RI, für Elmar Rieger und Stanford, CA, Berlin und Bremen für Stephan Leibfried –, daß wir ohne diese Unterstützung des Suhrkamp Verlages, dort vor allem von Raimund Fellinger und Winfried Hörning, von Polity Press, von Cambridge University Press, dort vor allem von John Haslam, und die Unterstützung von vielen Ungenannten diese Arbeit nicht hätten abschließen können. Die Hilfe einiger Personen sei herausgehoben: Jutta und Holger Viebrok unterstützten uns bei der Graphikgestaltung, Gitta Klein bei der komplizierten und aufwendigen Redaktion, die Bibliothek des Wissenschaftskollegs in Berlin bei der Literaturbeschaffung, Stefanie Henneke, Zuzana Krell-Laluhová, Barbara Libelius, Karolina Milewicz, sowie Stefanie Weigmann von der *International Legal Studies Library* der *Harvard Law School* und Torsten Jarks bei der Literaturkontrolle und der Korrektur. Für Hinweise, Kritik und konstruktive Beiträge aller Art danken wir vor allem Brigitta Wolff, Herbert Obinger, Josef Falke, Franz-Xaver Kaufmann, Achim Schmid, Waltraud Schelkle, Martin Seeleib-Kaiser, Benjamin W. Veghte, Uwe Wagschal, Michael Wiseman, Bernhard Zangl und Michael Zürn – und den vielen anderen, die uns durch Kritik und Hinweise in den 1990er Jahren begleitet haben.

Literaturverzeichnis

Eine kurze Literatur(ein)führung

> »On the one hand, economic problems are relative to problems of ends and in that sense are subordinate. But, on the other hand, the correct use of means is not only a universal aspect of all problems of action but it is an indispensable condition of their solution and of all achievement of purpose or creation of value. The fundamental category of economic activity is *power.*«
>
> *Frank H. Knight* (1972 [1941]: 9)

Den nach wie vor kaum absehbaren Rückwirkungen der Globalisierung auf die bestehende Ordnung von Staat, Wirtschaft und Gesellschaft steht ein unziemliches Chaos widersprüchlicher Stellungnahmen gegenüber, bei denen es um die Beeinflussung und nicht um die Aufklärung des Publikums geht. In derartigen Übergangszeiten wird Wissenschaftlichkeit zu einem beliebig einsetzbaren Instrument. Die folgenden Hinweise auf Literatur mit hohem Gebrauchswert sollen dabei helfen, sich ein eigenes Bild von der Lage zu verschaffen und ein eigenes Urteil zu bilden.

Den Kern der Globalisierung bilden marktwirtschaftliche Strukturen. Doch trotz, oder gerade wegen, ihrer zentralen Bedeutung sind brauchbare sozialwissenschaftliche – sprich vorurteilsfreie – Darstellungen der marktwirtschaftlichen Koordination moderner Gesellschaften die Ausnahme. Eine verständlich geschriebene Einführung in die Ökonomik als erstrangige und für ein vertieftes Verständnis der wirtschaftlichen Globalisierung unverzichtbare Analysetechnik, die ohne Mathematik auskommt und auf fachwissenschaftliche Esoterik verzichtet, liefert Sowell (2000). Die beste neuere Diskussion der Besonderheiten, der Leistungsfähigkeit und der Grenzen einer marktwirtschaftlichen Koordination sozialen Handelns leistet Lindblom (2001). Einen ornament- und esoterikfreien, problemorientierten Grundlagentext zur ökonomischen Theorie der internationalen Wirtschaft und der Handelspolitik bieten Krugman/Obstfeld (2000[5]).

Eine vorzügliche, ebenfalls problemorientierte Darstellung der staatlich-politischen Dimensionen der Globalisierung liefert Gilpin (2001), eine Weiterführung seiner schon klassischen Darstellung von 1987. Das politikwissenschaftlich einschlägige Lehrbuch ist Keohane/Nye (2000[3]). Eine umfassende, vorwiegend beschreibende Gesamtschau »globalen Wandels« leisten Held u. a. (1999), und einen ersten datenmäßigen Überblick bieten

Beisheim u. a. (1999). Die besten Orientierungshilfen zum Verständnis der oft unnötig verkomplizierten Beziehungen zwischen (markt)wirtschaftlicher Ordnung, demokratischer Ordnung der Politik und wissenschaftlicher Reflexion sind nach wie vor Knight (1951) und Arendt (2000 [1967]).

Die Eigenart staatlicher Sozialpolitik und ihre Spannung zu den Grundprinzipien einer marktwirtschaftlichen Ordnung wird von T. H. Marshall (1992a) in exemplarischer Weise vorgestellt und untersucht. Über die Grundstrukturen der amerikanischen Sozialpolitik informieren Marmor u. a. (1990) und eine jüngere Einführung in die US-Sozialpolitik (*reading list*[1]; bibliographische Nachweise im *Web* bei http://www.zes.uni-bremen.de/arbeitspapiere/D_abstract_95-01.html). Zur deutschen Sozialpolitik bieten Kaufmann (1997a, 2000a) und Lampert (1998[5]) gute Zugänge. Über die Lage der Sozialpolitik im entwickelten Wohlfahrtsstaat informiert vergleichend Pierson (1993, 1996, 2001).

Die in ihrer Bedeutung kaum zu unterschätzenden Besonderheiten der verfassungspolitischen Grundlagen der amerikanischen, deutschen und europäischen Handelspolitik werden in Hilf/Petersmann (1993) vergleichend beschrieben und erläutert, wobei der Beitrag von Hudec in diesem Band auch in die Besonderheiten des US-amerikanischen Rechtssystems einführt. Eine umfassende, problemorientierte Einführung in das Recht der internationalen Wirtschaft, das sich neben der Darstellung des GATT/WTO-Regimes auch auf die Eigenarten der amerikanischen Handelspolitik konzentriert, bietet Jackson (1997[2]). Das deutschsprachige Grundlagenwerk zum GATT/WTO-Regime ist Senti (2000). Die einschlägigen Vertragstexte enthält Benedek (1998a).

Paradigmatische Untersuchungen zum Verhältnis von (internationaler) Wirtschaft und (nationaler) Sozialpolitik bzw. zur Bedeutung nationalstaatlicher Organisation von Politik in einer marktwirtschaftlich verflochtenen, interdependenten Welt finden sich bei Myrdal (1957), Ruggie (1982), Rogowski (1989), Rodrik (1997; deutsch in Langfassung 2000), Garrett (1998) und Scharpf/Schmidt (2000; Scharpf 2000a). Welche Revolution der Aufstieg des Interventions- und Wohlfahrtsstaates für die nationale wie für die internationale Wirtschaft bedeutet, wird in einer bis heute unübertroffenen Darstellung von Robbins (1937) vorgeführt.

Eine Bibliographie über »Globalization and the Western Welfare State«, in der – mit historisch längerem Atem – die Literatur zu diesem ganzen Themenkomplex bis Mitte der 1990er Jahre ausgewertet und annotiert wird, ist über das *Web* zugänglich (http://www.zes.uni-bremen.de/arbeitspapiere/D_abstract_95-01.html).

1 In der Bibliothek des ZeS der Universität Bremen ist diese Sammlung als *Reader* einzusehen. In wenigen Exemplaren ist diese mehrbändige Sammlung auch über die Staats- und Universitätsbibliothek Bremen unter der Signatur a sow 555.5 7ga/129 ausleihbar.

Für Recherchen im *Web* über die deutsche und amerikanische Sozialpolitik bietet zunächst die *Website* von Irwin Collier an der Freien Universität Berlin einen guten Ausgangspunkt (http://www. wiwiss.fu-berlin.de/w3/w3collie/). Für Recherchen zur internationalen Politik bieten sich z. B. an: die *International Resources of Political Scientists* (http://pslab11.polsci.wvu. edu/polycy/psintrel.html), die *Virtual Resources* (http://mitpress.mit.edu/journals/INOR/deibert-guide/TOC.html) und das *Directory of Internet Resources* der *International Studies Association* (http://csf.colorado. edu/isa/netsources.html).

Ein Linkverzeichnis aller soeben und in dem folgenden Verzeichnis der Abkürzungen erwähnten *Links* findet sich auch im *Web* (http://www.zes.uni-bremen.de/arbeitspapiere/D_abstract_95-01.html). Eine Datei mit allen *Links* kann an gleicher Stelle heruntergeladen werden.

Nur im Literaturverzeichnis verwendete Abkürzungen

samt Hinweisen auf Webadressen: http://www. […]; als Suchmaschine empfiehlt sich [google.de] [1,2]

5:1 (Jan) 560-570	Jahrgang 5, Heft 1 (Januar), S. 560-570 [bei Durchzählung der Hefte 5,1]
2000[5]	Ein Buch erschien 2000 in der 5. Auflage.
AEI	American Enterprise Institute (Press), Washington, DC [aei.org]
AICGS	American Institute for Contemporary German Studies, The Johns Hopkins University, Washington, DC [aicgs.org]
AER	American Economic Review [aeaweb.org/aer/ & Econlit & econis]
AERPP	American Economic Review. Papers and Proceedings [s. AER]
AmJIL	American Journal of International Law [asil.org/Abtajo. htm]
AJS	American Journal of Sociology [journals.uchicago. edu/AJS/home.html]
AP	Arbeitspapier
APSR	American Political Science Review [ssc.msu. edu/~apsr & Econlit]
ArizJICL	Arizona Journal of International and Comparative Law (http://info. law.arizona.edu/journal)
ASS	Archiv für Sozialwissenschaft und Sozialpolitik
BMA	Der Bundesminister für Arbeit und Sozialordnung, Berlin und Bonn [bma.bund.de; bei .../de/asp/gesetze/show.asp findet sich eine Gesetzessammlung zum Arbeits- und Sozialrecht. Vgl. nichtamtlich & eher gewerkschaftlich Bäcker u. a. 2000[3], ergänzend ferner ... sozialpolitik-aktuell.de]
Brookings	The Brookings Institution Press, Washington, DC/London, UK [brook.edu/press/press_hp.htm]
CalManRev	California Management Review [haas.berkeley.edu]
Campus	Campus Verlag, Frankfurt a. M./New York [campus.de/]
CUP	Cambridge University Press, Cambridge, UK/New York, u. a. [cup.org]
ClarP	The Clarendon Press at OUP [s. OUP]
ColLawR	Columbia Law Review [columbialawreview.org]
ColP	Columbia University Press, New York, NY/Chichester, West Sussex, UK [columbia.edu/cu/cup/]

CorUP	Cornell University Press, Ithaca, NY/London, UK [cornellpress.cornell.edu]
DukeUP	Duke University Press, Durham, NC/London, UK [dukeupress.edu]
D&H	Duncker & Humblot, Berlin [duncker-humblot.de]
Elgar	Edward Elgar, Cheltenham, Glos., UK/Northhampton, MA [e-elgar.co. uk]
FAZ	Frankfurter Allgemeine Zeitung [faz.de]
FA	Foreign Affairs [foreignaffairs.org & Econlit]
FP	Foreign Policy [foreignpolicy.org]
HarvLR	Harvard Law Review [harvardlawreview.org]
HUP	Harvard University Press, Cambridge, MA/London, UK [hup.harvard.edu]
Ifw	Institut für Weltwirtschaft an der Universität Kiel [uni-kiel.de/ifw]
IndLabRelR	Industrial and Labour Relations Review [ilr.cornell.edu/depts/ilrrev & Econlit & econis]
IIE	Institute for International Economics, Washington, DC [iie.com]
IHT	International Herald Tribune [iht.com]
IO	International Organization (http://mitpress.mit.edu/journal-home.tcl?issn=00208183 & Econlit & econis)
JbbNSt	Jahrbücher für Nationalökonomie und Statistik [luciusverlag.com/hauptseite/z_nat_oeko/nt_home.htm & econis]
JEH	Journal of Economic History [Econlit & econis]
JEL	Journal of Economic Literature [Econlit & econis]
JEP	Journal of Economic Perspectives [Econlit & econis]
JEPP	Journal of European Public Policy [tandf.co. uk/journals → alphabetical listings → J → Journal ... & econis]
JIEconL	Journal of International Economic Law (http://www3.oup.co. uk/jielaw)
JPE	Journal of Political Economy [Econlit & econis]
JPuE	Journal of Public Economics [elsevier.com/homepage/sae/econbase/Journal ... & Econlit & econis]
JWT	Journal of World Trade [wkap.nl/ → Journal Homepages → alphabetically → Journal ... & econis]
KZfSS	Kölner Zeitschrift für Soziologie und Sozialpsychologie [uni-koeln.de/kzfss & econis]
L+B	Leske + Budrich, Leverkusen bzw. Opladen [leske-budrich.de]
MIT	MIT Press, Cambridge, MA/London, UK [mitpress.mit.edu]

Mohr	J. C. B. Mohr (Paul Siebeck), Tübingen [mohr.de]
NBER	National Bureau of Economic Research, Cambridge, MA [nber.org]
NYT	New York Times (die einzelnen Sections sind *kursiv* hervorgehoben) [nytimes.com]
OOPEC	Office for Official Publications of the European Community (Amt für Veröffentlichungen der Europäischen Gemeinschaften) (http://eur-op.eu. int/)
OUP	Oxford University Press, Oxford, UK/New York, NY [oup-usa.org & oup.co. uk]
PAR	Public Administration Review [niu. edu/pub_ad/par]
Polity	Polity Press, Cambridge, UK [polity.co. uk & vor allem polity.co. uk/global]
PSQ	Political Science Quarterly [psqonline.org]
PUP	Princeton University Press, Princeton, NJ/Cambridge, UK [pup.princeton.edu]
PVS	Politische Vierteljahresschrift [uni-konstanz.de/FuF/Verwiss/Seibel/PVS]
RSF	Russell Sage Foundation (Press), New York, NY [russellsage.org/publications/index.htm]
SCB	Survey of Current Business, U.S. Department of Commerce, Bureau of Economic Analysis [bea.doc. gov/bea/pubs.htm & Econlit]
SUP	Stanford University Press, Stanford, CA/London, UK [sup.org]
TransPu	Transaction Publ., New Brunswick, NJ/London, UK [transactionpub.com]
UCalP	University of California Press, Berkeley, CA/Los Angeles, CA [ucpress.edu]
UChiP	University of Chicago Press, Chicago, IL/London, UK [press.uchicago. edu]
UMicP	University of Michigan Press, Ann Arbor, MI [press.umich.edu]
USGPO	U. S. Government Printing Office [access.gpo. gov]
Westdeutscher	Westdeutscher Verlag, Opladen, dann Wiesbaden [westdeutschervlg.de]
WE	The World Economy [ingenta.com → *journal publisher* → Blackwell → »World Economy« & Econlit & econis]
WldP	World Politics [wws.princeton.edu/world_politics/ & econis]
WP	Working Paper
YLJ	Yale Law Journal [yale.edu/yalelj & econis]
YUP	Yale University Press, New Haven, CT/London, UK [yale.edu/yup]

ZeS	Zentrum für Sozialpolitik, Universität Bremen, Bremen [zes.uni-bremen.de]
ZfB	Zeitschrift für Betriebswirtschaft [econis]
ZSR	Zeitschrift für Sozialreform [uni-kassel.de/fb4/zeitschriften/index.html; *Website* in Vorbereitung]

Anmerkungen:

1 An vielen US-amerikanischen Universitäten sind die meisten der hier aufgeführten Zeitschriften als *e-resources* über »jstor.org/journals« zu greifen, so: AER# (1911-1997) samt AERPP, AmJIL# (1907-2000), AJS# (1895-2000), APSR# (1906-97), IO# (1947-1995), JEH (1941-1995), JEL# (1969-1997), JEP# (1987-1997), JPE# (1892-2000), PSQ# (1886-1996) und WldP (1948-1995). Die mit einem # gekennzeichneten Zeitschriften sind, so [jstor.org/about/individual.html], auch für Einzelinteressenten zugänglich.

2 Was ökonomische Literatur angeht, bietet *Econlit* aus *angloamerikanischer* Perspektive den nützlichsten aktuellen Zugang und einen Rückgriff bis 1969. Welche Zeitschriften hier erfaßt werden, wird vierteljährlich im JEL mitgeteilt und findet sich unter [econlit.org/econlit/ellistjn.html]. Zusätzlich werden Sammelbände und rezensierte Bücher erfaßt. Allerdings ist diese Datenbank nur Mitgliedern der *American Economic Association* bzw. über abonnierende Bibliotheken bzw. Universitäten zugänglich; der Kontakt für individuellen *online dialup access* ist [dialog.com]. Für Büchernachweise lohnt der Rückgriff auf *The Library of Congress* [loc.gov/catalog]. Im deutschsprachigen Raum kann kostenlos für Zeitschriften (ab 1989) auf die Datenbank *econis* der Bibliothek für Weltwirtschaft [uni-kiel.de/ifw/zbw/econis.htm] oder auf *online-contents* im GBV [gbv.de (Datenbanken, Aufsatzdatenbanken OLC ...)] zurückgegriffen werden. Für Bücherrecherchen bietet sich der Karlsruher Virtuelle Katalog (KVK) an [ubka.uni-karlsruhe.de/kvk.html]. Aktuelle Fragen der Weltwirtschaft werden vom *Center für International Development* der *Harvard University* gut erschlossen [cid.harvard.edu/cidtrade]. Ferner für Bücher wie Aufsätze nützlich ist die eher ökonomisch ausgerichtete Literatur-Datenbank JOLIS von Weltbank und IMF (http://jolis.worldbankimflib.org/external.htm).

Die rechtlichen Aspekte des Themas werden meist und zudem aktuell in den Fachzeitschriften behandelt. Diese Zeitschriften sind in den USA umfassend bibliographisch erschlossen. Wegen der hohen Subskriptionskosten ist ein Zugang praktisch nur über die abonnierenden Universitätsbibliotheken gegeben. Es sind vor allem zwei Datenbanken zu erwähnen, die auch über *Lexis* und *Westlaw* zugänglich sind: der *Index to Legal Periodicals* von *Wilson* [silverplatter.com/catalog/wilp.htm] und *Legaltrac* von *Gale* [galegroup.com]. Ferner gibt es den *Index to*

Foreign Legal Periodicals der *American Association of Law Libraries*, der auch nichtenglischsprachige Fachzeitschriften einschließt [law.berkeley.edu/library/iflp], und den *Legal Journals Index* von *Sweet and Maxwell* (http://193 118 187 160/cli.htm), in dem alle Fachzeitschriften Großbritanniens indexiert werden. Die deutsche bzw. europäische Lage stellt sich weit zerklüfteter dar: Ein auch nur ansatzweise einheitlicher Zugang zu den Zeitschriften ist nicht vorhanden. Für Deutschland bietet vornehmlich die Zeitschrift *Karlsruher Juristische Bibliographie* einen Zugang, der aber nicht im *Web* zugänglich ist. Rechtsfragen der internationalen Organisationen und der Europäischen Integration sind im ersten Zugriff erschlossen unter [zerp.uni-bremen.de/deutsch/links/home.php3]. Das Heidelberger völkerrechtliche Max-Planck-Institut unterhält ein »virtuelles Institut« [mpiv-hd.mpg.de/de/vi/vi.cfm] mit einer umfangreichen Aufsatzdokumentation in den Feldern Völkerrecht, Rechtsvergleichung, nationale Rechte (beide einschließlich Arbeits- und Sozialrecht) und Allgemeines, einen ab 1996 kompletten *Online Public Access Catalog* (OPAC), einschließlich Zeitschriftenaufsätze und Sammelwerke, und eine Sammlung einschlägiger *Links* zu Institutionen und auch zu völkerrechtlichen Dokumenten, etwa den Rechtstexten zum GATT und zur WTO. Zu den jeweiligen nationalen Rechten nützlich (http://natlex.ilo. org/scripts/natlexcgi.exe); zu den jeweils national aktuellen Reformvorhaben (http://natlex.ilo. org/leginf/english/index.htm). Ferner für Bücher wie Aufsätze nützlich ist das auch rechtlich aufschlußreiche OPAC der Europäischen Kommission ECLAS, also der *European Commission Libraries Catalog* (http://europa.eu. int/eclas (Internet Ressources), in der inzwischen das rein EU-interne SCAD (http://europa.eu. int/scad) aufgegangen ist. Für reine Büchernachweise gilt im übrigen das gleiche wie schon für die ökonomische Literatur.

Alle Nachweise sind vom Stand April 2001.

Literatur

Aaron, Henry 1989 »Politics and the Professors Revisited« *AERPP* **79:2** (Jan) 1-15

– 1994a »Public Policy, Values, and Consciousness« *JEP* **8:2** (Frühjahr) 3-21

– 1994b »Issues Every Health Care Financing Must Confront« *JEP* **8:3** (Sommer) 31-43

Aaronson, Susan Ariel 1996 *Trade and the American Dream: A Social History of Postwar Trade Policy* Lexington, KY: University Press of Kentucky

Abramovitz, Moses 1986 »Catching Up, Forging Ahead, and Falling Behind« *JEH* **46:2** (Juni) 385-406

Abromeit, Heidrun 1992 *Der verkappte Einheitsstaat* L+B

Achinger, Hans 1971[2. erw.] *Sozialpolitik als Gesellschaftspolitik. Von der Arbeiterfrage zum Wohlfahrtsstaat* Frankfurt/M.: Eigenverlag des Deutschen Vereins für öffentl. und priv. Fürsorge (Reinbek bei Hamburg: Rowohlt 1958[1]; Frankfurt/M.: ebd. 1979[3. erw.])

Addison, John T. & Paul J. J. Welfens, Hg. 1998 *Labor Markets and Social Security. Wage Costs, Social Security Financing and Labor Market Reforms in Europe* Berlin u. a.: Springer

Adema, Willem 1997 »What Do Countries Really Spend on Social Policies? A Comparative Note« *OECD Economic Studies* **28:1** 153-165

Aghion, Phillipe 1998 »Inequality and Economic Growth« in: Aghion/Williamson 5-102

– & Jeffrey G. Williamson 1998 *Growth, Inequality and Globalization. Theory, History and Theory* CUP

Aho, C. Michael 1985 »U. S. Labor Market Adjustment Policies in a Changing World Economy« in: Catherine Stirling & John N. Yochelson, Hg. *Under Pressure. U. S. Industry and the Challenge of Structural Adjustment* Boulder, CO u. a.: Westview 219-260

– & Thomas O. Bayard 1980 »American Trade Adjustment Assistance after Five Years« *WE* **3** Okt 359-376

Alber, Jens 1982[1] *Vom Armenhaus zum Wohlfahrtsstaat. Analysen zur Entwicklung der Sozialversicherung in Westeuropa* Campus (1987[2])

– 1984 »Versorgungsklassen im Wohlfahrtsstaat. Überlegungen und Daten zur Situation in der Bundesrepublik« *KZfSS* **36:2** 225-251 (s. a. ders., »Der Wohlfahrtsstaat als Motor sozialen Wandels: Zu Problemen der sozialen Integration und der Systemintegration« in: ders. *Der Sozialstaat in der Bundesrepublik 1950-1983* Campus 1989: 126-166)

– 1988 »Die Gesundheitssysteme der OECD-Länder im Vergleich« in: Manfred G. Schmidt, Hg. *Staatstätigkeit: International und historisch vergleichende Analysen* Westdeutscher 116-150

– 1998 »Der deutsche Sozialstaat im Licht international vergleichender Daten« *Leviathan* **26:**2 199-227
– 2000 »Der deutsche Sozialstaat in der Ära Kohl« in: Leibfried/Wagschal 2000: 235-275
– 2001 »Recent Developments of the German Welfare State: Basic Continuity or a Paradigm Shift« ZeS, AP 06/01 (erscheint in: Neil Gilbert, Hg. *Continuities and Change in the Welfare State: Marginal Adjustments or a Paradigm Shift?* TransPu 2001 – im Druck)
Alchian, Armen A. & Harold Demsetz 1972 »Production, Information Cost, and Economic Organization« *AER* **62:**5 (Dez) 777-795
Alfino, Mark, John S. Caputo & Robin Wynyard, Hg. 1998 *McDonaldization Revisited: Critical Essays on Consumer Culture* Westport, CT: Praeger
Alighieri, Dante 1995[11] [1307-1321] *Die göttliche Komödie*. Aus dem Ital. v. Wilhelm G. Hertz, München: Artemis & Winkler (Winkler 1957[1])
Allmendinger, Jutta 1999 »Bildungsarmut. Zur Verschränkung von Bildungs- und Sozialpolitik« *Soziale Welt* 50:1 35-50
– & Thomas Hinz 1997 »Mobilität und Lebensverlauf« in: Stefan Hradil & Stefan Immerfall, Hg. *Die westeuropäischen Gesellschaften im Vergleich* L+B 247-285 (= »Occupational Careers Under Different Welfare Regimes: West Germany, Great Britain and Sweden« in: Leisering/Walker 1998: 63-84)
– & Wolfgang Ludwig-Mayerhofer, Hg. 2000 *Soziologie des Sozialstaates. Gesellschaftliche Grundlagen, historische Zusammenhänge und aktuelle Entwicklungstendenzen* Weinheim u. a.: Juventa
Alt, James E., Jeffrey Frieden, Michael J. Gilligan, Dani Rodrik & Ronald Rogowski 1996 »The Political Economy of International Trade. Enduring Puzzles and Agenda for Inquiry« *Comparative Political Studies* **29:**6 689-717
Amenta, Edwin 1998 *Bold Relief: Institutional Politics and the Origins of Modern American Social Policy* PUP
– & Theda Skocpol 1989 »Taking Exception. Explaining the Distinctiveness of American Public Policies in the Last Century« in: Francis G. Castles, Hg. *The Comparative History of Public Policy* Polity 292-333
Anderson, James E. & Leslie Young 2000 *Trade Implies Law: The Power of the Weak* NBER (WP 7702)
Anelauskas, Valdas 1999 *Discovering America As It Is* Atlanta, GA: Clarity Press
Aoki, Masahiko 1996 »An Evolutionary Parable of the Gains from International Organizational Diversity« in: Ralph Landau, Timothy Taylor & Gavin Wright, Hg. *The Mosaic of Economic Growth* SUP 247-263
Arendt, Hannah 2000 [1967] »Truth and Politics« in: Peter R. Baehr, Hg. *The Portable Hannah Arendt* New York u. a.: Penguin 545-575

Arrow, Kenneth J. 1994 »Methodological Individualism and Social Knowledge« *AERPP* **84:2** (Mai) 1-9
Atkinson, Anthony B. 1999 *The Economic Consequences of Rolling Back the Welfare State* MIT
Auer, Peter 2000 *Employment Revival in Europe. Labour Market Success in Austria, Denmark, Ireland and the Netherlands* Genf: ILO
Autor, David H. 2000 »Outsourcing at Will: Unjust Dismissal Doctrine and the Growth of Temporary Help Employment« NBER (WP 7557)
Avi-Yonah, Reuven S. 2000 »Globalization, Tax Competition, and the Fiscal Crisis of the Welfare State« *HarvLR* **119:7** (Mai) 1573-1676
Axelrod, Robert & Robert O. Keohane 1985 »Achieving Cooperation under Anarchy: Strategies and Institutions« in: Kenneth A. Oye, Hg. *Cooperation under Anarchy* PUP 226-254
Ayres, B. Drummond Jr. 2000 »High Gasoline Prices As a Campaign Issue« *NYT* April 9 *A*-24
Baack, Bennett D. & Edward John Ray 1985 »The Political Economy of the Origin and Development of the Federal Income Tax« in: Robert Higgs, Hg. *Emergence of the Modern Political Economy* Greenwich, CT u. a.: JAI Press (Research in Econ. History, Suppl. 4) 121-138
Backes-Gellner, Uschi, Edward P. Lazear & Birgitta Wolff 2001 *Personalökonomik. Fortgeschrittene Anwendungen für das Management* Stuttgart: Schäffer-Poeschel
Badura, Peter 1999 »Arbeitsrecht und Verfassungsrecht« *Recht der Arbeit* **52:1/2** 8-13
Bäcker, Gerhard, Reinhard Bispinck, Klaus Hofemann & Gerhard Nägele 2000[3] *Sozialpolitik und soziale Lage in Deutschland* Westdeutscher, 2 Bde. (1989[1])
Bagehot, Walter 1928 [1867/1872] *The English Constitution* OUP
Baier, Horst 1999 »Gesundheit als organisiertes Staatsziel oder persönliches Lebensschicksal? Zur Sozialgeschichte und Soziologie des Wohlfahrtsstaates« in: Heinz Häfner, Hg. *Gesundheit – unser höchstes Gut?* Berlin u. a.: Springer 31-59
Bairoch, Paul 1989 »European Trade Policy, 1815-1914« in: Peter Mathias & Sidney Pollard, Hg. *The Cambridge Economic History of Europe* Bd. 8, CUP 1-160
– 1993 *Economics and World History. Myth and Paradoxes* UChiP
– 1999 »Brief History of the Social Clauses in Trade Policy« in: Mathias Dewatripont, André Sapir & Khalid Sekkat, Hg. *Trade and Jobs in Europe. Much Ado about Nothing?* OUP 161-171
Bak-Boychuk, Laura H. 1999 »Internet Gambling: Is Avoiding Prosecution in the United States as Easy as Moving the Business Operations Offshore?« *Southwestern Journal of Law and Trade in the Americas* **6:2** (Herbst) 363-383

Baldwin, Robert E. 1985a *The Political Economy of U.S. Import Policy* MIT

– 1985b »Ineffectiveness of Protection in Promoting Social Goals« *WE* **8**:2 (Juni) 109-118

– & Christopher S. Magee 2000 »Congressional Trade Votes: From NAFTA Approval to Fast Track Defeat« IIE (Policy Analysis in International Economics 59)

Baron, David P. 1997 »Integrated Strategy, Trade Policy, and Global Competition« *CalManRev* **39**:2 (Winter) 145-169

Barr, Nicholas A. 1993[2] *The Economics of the Welfare State* OUP (1998[3], 1987[1])

Bartlett, Will, Jennifer A. Roberts & Julian Le Grand 1998 *A Revolution in Social Policy. Quasi-Market Reforms in the 1990s* Bristol: Policy Press

Bates, Robert H. & Anne O. Krueger, Hg. 1993 *Political and Economic Interactions in Economic Policy Reform: Evidence from Eight Countries* Oxford u. a.: Blackwell

Bauman, Kurt J. 1999 *Extended Measures of Well-Being: Meeting Basic Needs* Washington, DC: U.S. Census Bureau (Current Population Reports, Household Economic Studies P70-67, Juni)

Baumol, William J., John C. Panzar & Robert D. Willig [u. a.] 1982 *Contestable Markets and the Theory of Industry Structure* New York u. a.: Harcourt Brace Jovanovich (rev. 1988)

Bebchuk, Lucian A. & Allen Ferrell 1999 »Federalism and Corporate Law: The Race to Protect Managers From Takeovers« *ColLawR* **99**:5 (Juni) 1168-1199

Beck, Ulrich 1997 *Was ist Globalisierung? Irrtümer des Globalismus – Antworten auf Globalisierung* Frankfurt/M.: Suhrkamp

– Hg. 1998 *Politik der Globalisierung* Frankfurt/M.: Suhrkamp

Beckerman, Wilfred 1979 *Poverty and the Impact of Income Maintenance Programs in Four Developed Countries: Case Studies of Australia, Belgium, Norway, and Great Britain* Genf, CH: ILO

Beisheim, Marianne, Sabine Dreher, Gregor Walter, Bernhard Zangl & Michael Zürn 1999 *Im Zeitalter der Globalisierung? Thesen und Daten zur gesellschaftlichen und politischen Denationalisierung* Baden-Baden: Nomos

Bello, Judith H[ippler] 1996 »The WTO Dispute Settlement Mechanism: Less is More« *AmJIL* **90**:3 (Juli) 416-418

Benedek, Wolfgang 1998a *Die Welthandelsorganisation (WTO). Alle Texte einschließlich GATT (1994), GATS und TRIPS* München: Beck

– 1998b *Die Rechtsordnung des GATT aus völkerrechtlicher Sicht. Mit einer Zusammenfassung in englischer Sprache* Berlin u. a.: Springer

Bennefield, Robert L. 1998 *Dynamics of Economic Well-Being: Health Insurance 1992-93. Who Loses Coverage and for How Long?* Washington,

DC: U.S. Census Bureau (Current Population Reports, Household Economic Studies P70-54, Mai)
Bensel, Richard Franklin 1984 *Sectionalism and American Political Development, 1880-1980* Madison, WI: University of Wisconsin Press
– 1991 *Yankee Leviathan: The Origins of Central State Authority in America, 1859-1877* CUP
– 2000 *The Political Economy of American Industrialization, 1877-1900* CUP
Bensen, Matthew 1999 »The All New (International) ›People's Court‹: The Future of the Direct Effect Clause After *Voest-Alpine Trading USA Corp.* v. *Bank of China*« *Minnesota Law Review* **83**:4 (April) 997-1026
Benvenisti, Eyal 1999 »Exit and Voice in the Age of Globalization« *Michigan Law Review* **98**:1 (Okt) 167-213
Bergeijk, Peter A. G. van & Nico W. Mensink 1997 »Measuring Globalization« *Journal of World Trade* **31**:3 159-168 (zuerst: The Hague: Ministerie van Economische Zachen 1997)
Berkey, Judson Osterhoudt 1998 »The European Court of Justice and Direct Effect for the GATT: A Question Worth Revisiting« Cambridge, MA: Harvard Law School Jean Monnet WP 3/98
Berlin, Isaiah 1998 »Nationalism. Past Neglect and Present Power« in: ders. *The Proper Study of Mankind. An Anthology of Essays* New York: Farrar, Straus und Giroux 581-604 (= London, UK: Chatto & Windhus 1997; *Der Nationalismus* Übers. Johannes Fritsche, Frankfurt/M.: Hain 1990)
Bernauer, Thomas 1999 *Staaten im Weltmarkt: Zur Handlungsfähigkeit von Staaten trotz wirtschaftlicher Globalisierung* L+B
Bernhard, Ludwig 1912 *Unerwünschte Folgen der deutschen Sozialpolitik* Berlin: Julius Springer (engl. 1914)
Bernstein, Jared 1999 *The Next Step: The New Minimum Wage Proposal and the Old Opposition* Washington, DC: Economic Policy Institute, 27. April (vgl. auch http://www.epinet.org unter *issue guides, minimum wage* etc.)
– & Chauna Brocht & Maggie Spade-Aguilar 2000 *How Much is Enough? Basic Family Budgets for Working Families* Washington, DC: Economic Policy Institute
Bernstein, Peter L. 1996 *Against the Gods: The Remarkable Story of Risk* New York: John Wiley & Sons
Berthold, Norbert 1997 *Der Sozialstaat im Zeitalter der Globalisierung* Mohr
Best, Michael H. 1990 *The New Competition: Institutions of Industrial Restructuring* Polity & HUP
– 2001 *The New Competitive Advantage: What Lies Behind the Renewal of American Industry* OUP
Bhagwati, Jagdish N. 1982 »Directly Unproductive, Profit-Seeking DUP Activities« *JPE* **90**:5 (Sep/Okt) 988-1002

– 1988 *Protectionism* MIT
– 1998 *A Stream of Windows. Unsettling Reflections on Trade, Immigration, and Democracy* MIT
– 2000 *The Wind of the Hundred Days: How Washington Mismanaged Globalization* MIT
– & Robert E. Hudec, Hg. 1996 *Fair Trade and Harmonization. Prerequisites for Free Trade?* Bd. I: *Economic Analyses*, Bd. II: *Legal Analysis* MIT
Bhala, Raj 2000 »Enter the Dragon: An Essay on China's WTO Accession Saga« *American University International Law Review* **15:6** 1469-1538
Bhandari, Jagdeen S. & Alan O. Sykes, Jr., Hg. 1997 *Economic Dimensions of International Law: Comparative and Empirical Perspectives* CUP
Blackhurst, Richard, Nicolas Marian & Jan Tumlir 1977 »Trade Liberalization, Protectionism and Interdependence« Genf: Sekretariat des GATT (GATT Studies in Intern. Trade 5; Nov)
Blanchflower, David G. & Richard B. Freeman, Hg. 2000 *Youth Employment and Joblessness in Advanced Countries* UChiP
Blank, Rebecca M. 1997 *It Takes a Nation: A New Agenda for Fighting Poverty* RSF/PUP
– 2000 »Fighting Poverty: Lessons from Recent U.S. History« *JEP* **14:2** (Frühjahr) 3-19
– & Ron Haskins, Hg. 2001 *The New World of Welfare Reform* Brookings (im Druck)
Blaug, Mark 1963 »The Myth of the Old Poor Law and the Making of the New« *JEH* **23:2** 151-184
BMA 2000 *Statistisches Taschenbuch 1999. Arbeits- und Sozialstatistik* Bonn: BMA
– & Bundesarchiv, Hg., 2001 ff. *Geschichte der Sozialpolitik in Deutschland seit 1945* Baden-Baden: Nomos, 12 Bde. (in Vorbereitung)
Böhm-Bawerk, Eugen von 1881 *Rechte und Verhältnisse vom Standpunkte der volkswirthschaftlichen Güterlehre. Kritische Studie von Dr....* Innsbruck: Wagner
Börsch-Supan, Axel 2000a »Rentabilitätsvergleiche im Umlage- und Kapitaldeckungsverfahren: Konzepte, empirische Ergebnisse, sozialpolitische Konsequenzen«, Mannheim: Institut für Volkswirtschaftslehre und Statistik« (AP 585-00)
– 2000b »Pension Reform in Germany: To Fund or Not to Fund« *World Economics* **1:1** 81-101
Bok, Derek 2001 *The Trouble with Government* HUP
Boltho, Andrea & Gianni Toniolo 1999 »The Assessment: The Twentieth Century – Achievements, Failures, Lessons« *Oxford Review of Economic Policy* **15:4** 1-17
Bonn, Moritz Julius 1912 »Das Wesen der Weltwirtschaft« *ASS* **35:3** 797-814

Bonoli, Giuliano 2000 *The Politics of Pension Reform: Institutions and Policy Change* CUP
– & Vic George & Peter Taylor-Gooby 2000 *European Welfare Futures: Towards a Theory of Retrenchment* Polity
Bonturi, Marcos & Kiichiro Fukasaku 1993 »Globalization and Intra-Firm Trade: An Empirical Note« *OECD Economic Studies* 20 (Frühjahr) 145-159
Borchert, Jens 1995 *Die konservative Transformation des Wohlfahrtsstaates. Großbritannien, Kanada, die USA und Deutschland im Vergleich* Campus
Bordo, Michael D., Barry J. Eichengreen & Douglas A. Irwin 1999 »Is Globalization Today Really Different from Globalization a Hundred Years Ago?« in: Susan M. Collins & Robert Z. Lawrence, Hg. *Brookings Trade Forum* 2. Bd. (Brookings) 1-72 (= NBER WP 7195)
– & Harold James 2000 »The International Monetary Fund: Its Present Role in Historical Perspective« NBER (WP 7724)
Borjas, George J. 1994 »The Economics of Immigration« *JEL* 32:4 (Dez). 1667-1717
– 1995 »The Economic Benefits from Immigration« *JEP* 9:2 (Frühjahr) 3-22
Borkenau, Franz 1942 *Socialism: National or International* London, UK u. a.: George Routledge & Sons
Bowman, Karlyn 1999 »Health Care Attitudes Today« AEI (Papers and Studies)
Boyd, Gavin & John H. Dunning, Hg. 1999 *Structural Change and Cooperation in the Global Economy* Elgar
Boyle, Francis Anthony 1985 *World Politics and International Law* DukeUP
– 1999 *Foundations of World Order: The Legalistic Approach to International Relations (1898-1922)* DukeUP
Braithwaite, John & Peter Drahos 2000 *Global Business Regulation* CUP
Brauner, Sarah & Pamela Loprest 1999 »Where Are They Now? What States' Studies of People Who Left Welfare Tell Us« Washington, DC: The Urban Institute (Series A, No. A-32, Assessing the New Federalism)
Brierly, James Leslie 1958 [1924] »The Shortcomings of International Law« in: ders. *The Basis of Obligation in International Law and Other Papers* ClarP 68-80
Brimmer, Andrew F. 1983 »Monetary Policy and Economic Activity: Benefits and Costs of Monetarism« *AERPP* 73:2 (Mai) 1-12
Brody, Evelyn 1996 »Agents Without Principals: The Economic Convergence of the Nonprofit and For-Profit Organizational Forms« *New York Law School Law Review* 40:3 4457-536
Brown, Benjamin H. 1943 *The Tariff Reform Movement in Great Britain, 1881-1895* ColUP

Brown, Charles C. & Wallace E. Oates 1987 »Assistance to the Poor in a Federal System« *JPuE* **32**:3 307-330
Brown, Drusilla K., Alan V. Deardorff & Robert M. Stern 1996 »International Labor Standards and Trade: A Theoretical Analysis« in: Bhagwati/Hudec, Bd. I: 227-280
Brown, H. Lowell 1999 »The Extraterritorial Reach of the U.S. Government's Campaign against International Bribery« *Hastings International and Comparative Law Review* **22**:3 (Frühjahr) 407-522
Brown, Murray 1966 *On the Theory and Measurement of Technological Change* CUP
Buchanan, James M. 1989 »The State of Economic Science« in: Werner Sichel, Hg. *The State of Economic Science: Views of Six Nobel Laureates* Kalamazoo, MI: W. E. Upjohn Institute for Employment Research 79-95
Büren, Herbert 1934 *Arbeitgeber und Sozialpolitik: Untersuchung über die grundsätzliche Haltung des deutschen Unternehmertums gegenüber der Sozialpolitik der Vorkriegs-, Kriegs- und Nachkriegszeit* Köln: May (Diss. Köln 1930)
Buffett, Warren E. 2000 »The Billionaire's Buyout Plan« *NYT* Sep 10 *WK*-17
Burckhardt, Jacob 1982 [1905] *Über das Studium der Geschichte*. Der Text der »Weltgeschichtlichen Betrachtungen« auf Grund der Vorarbeiten von Ernst Ziegler nach den Handschriften, Peter Ganz, Hg., München: Beck (= *Werke – Kritische Gesamtausgabe* Bd. 10: *Ästhetik der bildenden Kunst – Über das Studium der Geschichte* München: Beck 2000)
Burke, Vincent J. & Vee Burke 1974 *Nixon's Good Deed: Welfare Reform* ColUP
Burnett, Alan D. & Peter J. Taylor, Hg. 1981 *Political Studies from Spatial Perspectives. Anglo-American Essays on Political Geography* Chichester u. a.: John Wiley & Sons
Byers, Michael, Hg. 2000 *The Role of International Law in International Politics. Essays in International Relations and International Law* OUP
Cairnes, John E.[lliot] 1874 *Some Leading Principles of Political Economy Newly Expounded* London, UK und New York: Macmillan/Harper & Bros
Calhoun, Michael J. 1999 »Tension on the High Seas of Transnational Securities Fraud: Broadening the Scope of United States Jurisdiction« *Loyola University Chicago Law Journal* 30:4 (Sommer) 679-726
Came, Barry 2000 »Pumped on Anger« *Maclean's* 25. Sep, 30
Cameron, David 1978 »The Expansion of the Public Economy: A Comparative Analysis« *APSR* **72**:11 (Dez) 1243-1261
Cameron, Maxwell A. & Brian W. Tomlin 2000 *The Making of NAFTA. How the Deal was Done* CorUP
Campbell, Duncan 2000 »The Running Mate's Bottom Line« *The Guardian* 7. Okt, 17

Card, David E. & Rebecca M. Blank, Hg. 2000 *Finding Jobs: Work and Welfare Reform* RSF
Carr, Edward Hallett 1945 *Nationalism and After* New York & London, UK: Macmillan
Cary, William L. 1974 »Federalism and Corporate Law: Reflections Upon Delaware« *Yale Law Journal* **83**:4 (März) 663-705
Case, Anne C., Harvey S. Rosen & James R. Hines 1993 »Budget Spillovers and Fiscal Policy Interdependence. Evidence From the States« *JPuE* **52**:3 285-307
Cashin, Sheryll D. 1999 »Federalism, Welfare Reform, and the Minority Poor: Accounting for the Tyranny of State Majorities« *ColLawR* **99**:3 (April) 552-627
Chibundu, Maxwell O. 1999 »Making Customary International Law through Municipal Adjudication: A Structural Inquiry« *Virginia Journal of International Law* **39**:4 (Sommer) 1069-1149
Clark, Ian 1999 *Globalization and International Relations Theory* OUP
Claude, Inis L., Jr. 1958 »Multilateralism (Diplomatic and Otherwise« *IO* **12**:1 (Winter) 43-52
– 1981 »Casual Commitment in International Relations« *PoSciQ* **96**:3 (Herbst) 367-379
Clayton, Richard & Pontusson, Jonas 1998 »Welfare State Retrenchment Revisited: Entitlement Cuts, Public Sector Restructuring, and Inegalitarian Trends in Advanced Capitalist Societies« *WldP* **51**:1 (Okt) 67-98
Cline, William R. 1997 *Trade and Income Distribution* IIE
Clymer, Adam 2000 »The 2000 Campaign: The Republican Running Mate. Cheney More Generous by His Own Numbers« *NYT* Sep 6 *A*-22
Coase, R. H. [Ronald Harry] 1988 *The Firm, the Market, and the Law* UChiP
Cohen, Stephen D. 2000[5] *The Making of United States International Economic Policy. Principles, Problems, and Proposals for Reform* Westport, CT u. a.: Praeger (1977[1])
Cohn, Gustav 1889 »Income and Property Taxes in Switzerland« *PoSciQ* **4**:1 (März) 37-65
Coldwell, Daniel III & John Reid 1998 »An Inquiry into the Effects of U. S. Multinationals on U. S. Intraindustry Trade« *Journal of Global Marketing* **12**:1 81-104
Coleman, James S[amuel] 1982[1] *The Asymmetric Society* Syracuse, NY: Syracuse University Press (1992[3]; = *Die asymmetrische Gesellschaft. Vom Aufwachsen mit unpersönlichen Systemen* Weinheim: Beltz 1986)
Congressional Budget Office 1998, Antidumping Action in the United States and Around the World: An Analysis of International Data, Washington, DC (http://www.cbo. gov)
– 2000 Historical Budget Data, Washington, DC (http://www.cbo. gov)

Conybeare, John A. C. 1980 »International Organization and the Theory of Property Rights« *IO* 34:3 (Sommer) 307-334
– & Mark Zinkula 1996 »Who Voted Against the NAFTA? Trade Unions Versus Free Trade« *WE* 19:1 (Jan) 1-12
Corden, W[arner] Max 1997[2] [1974[1]] *Trade Policy and Economic Welfare* ClarP
Council of Economic Advisers, U. S. 1996 *Economic Report of the President transmitted to the Congress* USGPO
Cowles, Maria Green, James Caporaso & Thomas Risse, Hg. 2001 *Transforming Europe. Europeanization and Domestic Change* CorUP
Crafts, Nicholas F. R. 2000 »Globalization and Growth in the Twentieth Century« Washington, D. C.: IMF (WP 00-44)
Currie, Janet & Aaron Yelowitz 2000 »Health Insurance and Less Skilled Workers« in: Card/Blank 233-261
Dahrendorf, Ralf, 1999 *Ein neuer Dritter Weg? Reformpolitik am Ende des 20. Jahrhunderts* Mohr
Dalaker, Joseph 1999 *Poverty in the United States: 1998* Washington, DC: U. S. Census Bureau (Current Population Reports P60-207)
Dale, Reginald 1997 »Free Trade's Enemies Polish Their Act« *IHT* Nov 14, 13
Dam, Kenneth W. 1970 *The GATT. Law and International Economic Organization* UChiP
Davis, Steven J., John C. Haltiwanger & Scott Schuh 1996 *Job Creation and Destruction* MIT
Deacon, Bob, mit Michelle Hulse & Paul Stubbs 1997 *Global Social Policy. International Organizations and the Future of Welfare* London, UK u. a.: Sage
Deardorff, Alan V. 1987 »Safeguard Policy and the Conservative Welfare Function« in: Henryk Kierzkowksi, Hg. *Protection and Competition in International Trade. Essays in Honor of W. M. Corden* Oxford: Blackwell 22-40
– & Robert M. Stern, Hg. 1998 *Constituent Interests and U. S. Trade Policies* UMicP
– & Robert M. Stern, Hg. 2000 *Social Dimensions of U. S. Trade Policies* UMicP
Decker, Paul T. & Walter Corson 1995 »International Trade and Worker Displacement: Evaluation of the Trade Adjustment Assistance Program« *IndLabRelR* 48:4 (Juli) 758-774
De Long, J. Bradford 1996 »Keynesianism, Pennsylvania Avenue Style: Some Economic Consequences of the Employment Act of 1946« *JEP* 10:3 (Sommer) 41-53
De Nardi, Mariacristina, Liqian Ren & Chao Wei 2000 »On the Distribution of Income in Five Countries« Luxembourg: Luxembourg Income Study (WP 227)

Destler, I. M. 1986 *American Trade Politics: System Under Stress* IIE & New York: Twentieth Century Fund (fortges. als *American Trade Politics* ebd. 1995[3])
– 1997 *Renewing Fast-Track Legislation* IIE
– 1998 »Congress, Constituencies, and U.S. Trade Policy« in: Deardorff/Stern 93-108
– & John S. Odell, unter Mitarb. v. Kimberly Ann Elliott 1987 *Anti-Protection. Changing Forces in United States Trade Politics* IIE
Deutsch, Karl W. 1972 *Nationenbildung – Nationalstaat – Integration* Düsseldorf: Bertelsmann Universitätsverl. (zuerst engl. 1963)
– & Alexander Eckstein 1961 »National Industrialization and the Declining Share of the International Economic Sector, 1890-1959« *WldP* **13**:2 (Jan) 267-299
Diebold, William Jr. 1952 *The End of the I. T. O.* Princeton, NJ: Intern. Finance Sec., Dept. of Econ. and Social Institutions, Princeton Univ. (Essays in Intern. Fin. 16)
Dobbin, Frank, John R. Sutton, John W. Meyer & W. Richard Scott 1993 »Equal Opportunity Law and the Construction of Internal Labor Markets« *AJS* **99**:2 (Sep) 396-427
Dodd, Peter & Richard Leftwich 1980 »The Market for Corporate Charters: ›Unhealthy Competition‹ Versus Federal Regulation« *Journal of Business* **53**:3 (Juli, Teil I) 259-283
Döhler, Marian 1997 *Die Regulierung der Professionsgrenzen. Struktur und Entwicklungsdynamik von Gesundheitsberufen im internationalen Vergleich* Campus
Doremus, Paul N., William W. Keller, Louis W. Pauly & Simon Reich 1998 *The Myth of the Global Corporation* PUP
Dowty, Alan 1987 *Closed Borders. The Contemporary Assault on Freedom of Movement* YUP.
Drezner, Daniel W. 2000 »Bottom Feeders« *FP* 171 (Nov/Dez) 64-70
Dunning, John H. 1997a *Alliance Capitalism and Global Business* London, UK & New York: Routledge
– Hg. 1997b *Governments, Globalization, and International Business* OUP (pb. 1999)
– Hg. 1998 *Globalization, Trade, and Foreign Direct Investment* Amsterdam u. a.: Elsevier
Easterbrook, Frank H. 1984 »Managers' Discretion and Investors' Welfare: Theories and Evidence« *Delaware Journal of Corporate Law* **9**:3 540-571
Eaton, Jonathan & Gene H. Grossman 1985 »Tariffs as Insurance. Optimal Commercial Policy when Domestic Markets are Incomplete« *Canadian Journal of Economics* **18**:2 (Mai) 258-272
Ebbinghaus, Bernhard 2000 »Any Way Out of ›Exit from Work‹? Reversing the Entrenched Pathways of Early Retirement« in: Scharpf/Schmidt 411-553

– & Jelle Visser 2000 *Trade Unions in Western Europe since 1945* London, UK: MacMillan Reference; New York: Grove's Dictionaries
Eckes, Alfred E., Jr. 1995 *Opening America's Market: U. S. Foreign Trade Policy Since 1776* Chapel Hill, NC & London, UK: University of North Carolina Press
– Hg. 2000 *Revisiting U. S. Trade Policy: Decisions in Perspective* Athens, OH: Ohio University Press
Edwards, Richard C. 1970 »Economic Sophistication in Nineteenth Century Congressional Tariff Debates« *JEH* 30:4 (Dez) 802-838
Eichengreen, Barry J. 1996[1] a *Globalizing Capital. A History of the International Monetary System* PUP (überarb. Fassung unter Berücks. der asiatischen Finanzkrise in der Taschenbuchausgabe 1998[2]; = *Vom Goldstandard zum Euro. Die Geschichte des Internationalen Währungssystems* Berlin: Wagenbach 2000)
– 1996b »Institutions and Economic Growth after World War II« in: Nicholas Crafts & Gianni Toniolo, Hg. *Economic Growth in Europe since 1945* CUP 38-72
– 2001 »A Review of Robert Gilpin, The Challenge of Global Capitalism: The World Economy in the 21st Century« *JEL* (im Druck)
Eichenhofer, Eberhard 1990 *Recht der sozialen Sicherheit in den USA* Baden-Baden: Nomos
Elazar, Daniel J[udah] 1998 *Constitutionalizing Globalization. The Post Modern Revival of Confederal Arrangements* Lanham, NY & Oxford, UK: Rowman and Littlefield
Elliott, Kimberly Ann 2000 »Getting Beyond No...! Rights and Trade« in: Jeffrey J. Schott, Hg. *The WTO after Seattle* IIE 187-204
Ellwood, David T. 1988 *Poor Support. Poverty in the American Family* New York: Basic Books
– 2000 *A Working Nation: Workers, Work, and Government in the New Economy* RSF
Epping, Volker 1998 *Die Außenwirtschaftsfreiheit* Mohr
Epstein, Richard A[llen] 1985 *Takings: Private Property and the Power of the Eminent Domain* HUP
Esping-Andersen, Gøsta 1985 *Politics Against Markets. The Social Democratic Road to Power* PUP
– 1990 *The Three Worlds of Welfare Capitalism* PUP/Polity
– 1999 *Social Foundations of Postindustrial Economies* OUP
– & Marino Regini, Hg. 2000 *Why Deregulate Labour Markets?* OUP
Estevez-Abe, Margarita, Torben Iversen & David W. Soskice 2001 »Social Protection and the Formation of Skills: A Reinterpretation of the Welfare State« in: Hall/Soskice (im Druck)
Esty, Daniel C. 1998 »Non-Governmental Organizations at the World Trade Organization: Cooperation, Competition, or Exclusion« *JIEconL* 1:1 (März) 123-147

Etges, Andreas 1999 *Wirtschaftsnationalismus: USA und Deutschland im Vergleich (1815-1914)* Campus
Eulenburg, Franz 1929 *Außenhandel und Außenhandelspolitik (Die internationalen Wirtschaftsbeziehungen)* Mohr (Grundriß der Sozialökonomik ..., VIII. Abteilung)
EUROSTAT 1983 *National Accounts (Aggregates), 1960-1982* Luxembourg: OOPEU
– 1997 *Volkswirtschaftliche Gesamtrechnungen (Aggregate), 1970-1995* Luxembourg: OOPEU
– 1999 *Social Protection: Expenditure and Receipts 1980-1996* Luxembourg: OOPEU
Evans, John W. 1971 *The Kennedy Round in American Trade Policy: The Twilight of the GATT?* HUP
Falkner, Gerda 1998 *EU Social Policy in the 1990s: Towards a Corporatist Policy Community* London, UK u. a.: Routledge
– 2000 »EG-Sozialpolitik nach Verflechtungsfalle und Entscheidungslücke: Bewertungsmaßstäbe und Entwicklungstrends« *PVS* **41:2** 279-301
Farinelli, Franco 2000 »Friedrich Ratzel and the Nature of (Political) Geography« *Political Geography* **19:8** (Winter) 943-955
Feenstra, Robert C., Hg. 2000 *The Impact of International Trade on Wages* UChiP
Feher, Michel 2000 *Powerless by Design. The Age of the International Community* DukeUP
Feiler, Arthur 1937 »Current Tendencies in Commercial Policy« *AERPP* **27:1** (Suppl.) 29-42
Feinman, Jay M. 1976 »The Development of the Employment at Will Rule« *American Journal of Legal History* **20:2** 118-135
Feinstein, Charles H., Peter Termin & Gianni Tonioli 1997 *The European Economy Between the Wars* OUP
Feldman, Roger D., Hg. 2000 *American Health Care: Government, Market Processes, and the Public Interest* TransPu
Fernandez, Rachel & Dani Rodrik 1991 »Resistance to Reform: Status-quo Bias in the Presence of Individual-specific Uncertainty« *AER* **81:5** (Dez) 1146-1155
Feynman, Richard P. 1999 *The Pleasure of Finding Things Out. The Best Short Works of ...* Cambridge, MA: Perseus
Finger, J. Michael 1982 »Incorporating the Gains from Trade into Policy« *WE* **5:4** 367-378
– 1983 »The Political Economy of Trade Policy« *Cato Journal* **3:3** 743-750
– 1996 »Legalized Backsliding: Safeguard Provisions in GATT« in: Will Martin, Hg. *The Uruguay Round and Developing Countries* CUP 316-340
– & Keith Hall & Douglas R. Nelson 1982 »The Political Economy of Administered Protection« *AER* **72:3** (Juni) 452-466

Finlayson, John & Mark W. Zacher 1981 »The GATT and the Regulation of Trade Barriers: Regime Dynamics and Functions« *IO* 35:4 (Herbst) 561-602

Firebaugh, Glenn 1999 »Empirics of World Income Inequality« *AJS* 104:6 (Mai) 1597-1630

Fishlow, Albert & Karen Parker, Hg. 1999 *Growing Apart. The Causes and Consequences of Global Wage Inequality* New York: Council on Foreign Relations Press

Flora, Peter 1981 »Solution or Source of Crisis? The Welfare State in Historical Perspective« in: Wolfgang Mommsen, Hg. *The Emergence of the Welfare State in Britain and Germany 1850-1950* London, UK u. a.: Croom Helm 343-389 (= »Krisenbewältigung oder Krisenerzeugung? Der Wohlfahrtsstaat in historischer Perspektive« in: Wolfgang Mommsen in Zusammenarbeit mit Wolfgang Mock, Hg. *Die Entstehung des Wohlfahrtsstaates in Großbritannien und Deutschland 1850-1950* Stuttgart: Klett-Cotta 1982: 353-398)

– 1986-1987 *Growth to Limits. The Western European Welfare States since World War II* Bd. 1: *Sweden, Norway, Finland, Denmark* (1986); Bd. 2: *Germany, United Kingdom, Ireland, Italy* (1986); Bd. 4: *Appendix: Synopses, Bibliographies* (1987) Berlin: Walter de Gruyter

– 1989 »From Industrial to Postindustrial Welfare State?« *Annals of the Institute of Social Science* (Tokyo: Institute of Social Science; Schwerpunktheft *The Advanced Industrial Societies in Disarray: What Are the Available Choices?*) 149-162

– & Jens Alber 1981 »Modernization, Democratization and the Development of Welfare States in Western Europe« in: Flora/Heidenheimer 1981a: 27-80

– & Arnold J. Heidenheimer, Hg. 1981a *The Development of Welfare States in Europe and America* TransPu

– & Arnold J. Heidenheimer 1981b »The Historical Core and Changing Boundaries of the Welfare State« in: Flora/Heidenheimer 1981a: 17-34

Fogel, Robert William 2000 *The Fourth Great Awakening and the Future of Egalitarianism* UChiP

Foreign Policy 2000 »The FP Interview. Lori's War« *FP* 118 (Frühjahr) 29-55

Forsthoff, Ernst 1971 *Der Staat der Industriegesellschaft, dargestellt am Beispiel der Bundesrepublik Deutschland* München: Beck

Franck, Thomas M. 1999 *The Empowered Self. Law and Society in the Age of Individualism* OUP

– Hg. 2000 *Delegating State Powers: The Effect of Treaty Regimes on Democracy and Sovereignty* Ardsley, NY: Transnational Publ

– & Edward Weisband 1979 *Foreign Policy by Congress* OUP

Frank, Dana 1999 *Buy American. The Untold Story of Economic Nationalism* Boston, MA: Beacon Press.

Freeman, Richard B[arry] & Peter Gottschalk, Hg. 1998 *Generating Jobs. How to Increase Demand for Less-Skilled Workers* RSF
– & James L. Medoff 1984 *What Do Unions Do?* New York: Basic Books
– & Joel Rogers 1999 *What Workers Want* ILR Press at CorUP/RSF
Freudenheim, Milt 2000 »H. M. O. Costs Spur Employers to Shift Plans« *NYT* Sep 6 *A*-1, 22
Frey, Bruno S., Werner Pommerehne, Friedrich Schneider & Guy Gilbert 1984 »Consensus and Dissension Among Economists: An Empirical Inquiry« *AER* **74:5** (Dez) 986-994
Freytag, Andreas 1995 »Die strategische Handels- und Industriepolitik der EG. Eine politikökonomische Analyse« Köln: Institut für Wirtschaftspolitik an der Universität zu Köln
Fried, Charles 1984 »Individual and Collective Rights in Work Relations: Reflections on the Current State of Labor Law and its Prospects« *University of Chicago Law Review* **51:4** (Herbst) 1012-1040
Frieden, Jeffry A. & David A. Lake 2000[4] *International Political Economy: Perspectives on Global Power* Boston, MA: Bedford/St. Martin's
– & Ronald Rogowski 1996 »The Impact of the International Economy on National Policies: An Analytical Overview« in: Keohane/Milner 25-47
Friedman, Lawrence M. 1996 »Borders: On the Emerging Sociology of Transnational Law« *Stanford Journal of International Law* **32:1** (Winter) 65-90
Friedman, Milton 1982 »Monetary Policy: Theory and Practice« *Journal of Money, Credit and Banking* **14:1** (Feb) 98-118
Friedman, Thomas L. 1997 »Plotting Politics on the New Globalization Graph« *IHT* Nov 14, 8
– 1999 *The Lexus and the Olive Tree* New York: Farrar Straus and Giroux
Fröhlich, Hans-Peter 1994 »EU Trade Policy: Special Interests versus Social Welfare« in: Franz Waldenberger, Hg. *The Political Economy of Trade Conflicts. The Management of Trade Relations in the US-EU-Japan Triad* Berlin u. a.: Springer 17-31
Frost, Robert 1975 [1916] »Christmas Trees« in: ders. *The Poetry of Robert Frost. The Collected Poems, Complete and Unabridged* Edward Connery Lathem, Hg., New York: Henry Holt & Co 105-107
Gal-Or, Noemi 1998 »Labor Mobility Under NAFTA: Regulatory Policy Spearheading the Social Supplement to the International Trade Regime« *ArizJICL* **15:2** (Frühjahr) 365-414
Ganghof, Steffen 2000 »Adjusting National Tax Policy to Economic Internationalization: Strategies and Outcomes« in: Scharpf/Schmidt 597-645
Ganßmann, Heiner 2000 *Politische Ökonomie des Sozialstaats* Münster: Westfälisches Dampfboot
Gantz, David A. 2000 »Failed Efforts to Initiate the ›Millenium Round‹ in

Seattle: Lessons for Future Global Trade Negotiations« *ArizJICL* **17:2** (Frühjahr) 349-369

Garrett, Geoffrey M. 1997 *Partisan Politics in the Global Economy* CUP

– 1998 »Global Markets and National Politics: Collision Course or Virtuous Circle« *IO* **52:4** (Herbst) 787-824 (Auszug: Held/McGrew 2000: 301-318)

Gebhardt, Thomas 1997 »Ending Welfare as We Know It. Die US-amerikanische Sozialhilfereform 1993-1996« ZeS (AP 2/97)

– 1998 *Arbeit gegen Armut. Die Reform der Sozialhilfe in den USA* Westdeutscher

– 1999 »Von Welfare zu Workfare. Der Fall der Sozialhilfe in Deutschland und in den USA« *WeltTrends. Zeitschrift für internationale Politik und vergleichende Studien* 7,24 95-116

– & Herbert Jacobs 1997 »Amerikanische Verhältnisse? Sozialhilfe in den USA und Deutschland: Ein Vergleich aus historischer, institutioneller und rechtlicher Perspektive« *ZSR* **43:**8 (Aug) 597-633

Genschel, Philipp 2000 »Der Wohlfahrtsstaat im Steuerwettbewerb«, *Zeitschrift für internationale Beziehungen* **7:**2 267-296

Gentz, Manfred 1999 »Das Arbeitskampfrecht in Deutschland und der internationale Wettbewerb« in: Thomas Klebe, Peter Wedde & Martin Wolmerath, Hg. *Recht und soziale Arbeitswelt. Festschrift für Wolfgang Däubler zum 60. Geburtstag* Frankfurt a. M: Bund-Verlag 421-430

Gerloff, Wilhelm 1913 *Die Finanz- und Zollpolitik des Deutschen Reiches nebst ihren Beziehungen zu Landes- und Gemeindefinanzen von der Gründung des Norddeutschen Bundes bis zur Gegenwart* Jena: Gustav Fischer

Gerschenkron, Alexander 1943 *Bread and Democracy in Germany* UCalP (CorUP 1989, Vorw. Charles S. Maier)

Geyer, Robert R. 2000 *Exploring European Social Policy* Polity

Gilens, Martin 1999 *Why Americans Hate Welfare. Race, Media, and the Politics of Antipoverty Policy* UChiP

Gilpin, Robert 1975 *US Power and the Multinational Corporation: The Political Economy of Foreign Investment* New York: Basic Books

– 1977 »Economic Interdependence and National Security in Historical Perspective« in: Klaus E. Knorr & Frank N. Trager, Hg. *Economic Issues and National Security* Lawrence, KA: Allen Press (Publ. for the National Security Education Program by The Regents Press of Kansas) 19-66

– 1984 »The Richness of the Tradition of Political Realism« *IO* **38:2** (Frühjahr) 287-304

– unter Mitarbeit von Jean M. Gilpin 1987 *The Political Economy of International Relations* PUP

– unter ... 2000 *The Challenge of Global Capitalism: The World Economy in the 21st Century* PUP

– unter ... 2001 *Global Political Economy. Understanding the International Economic Order* PUP
Glassman, James K. 1997 »Know-Nothing Congress Can't Even Grasp a No-Brainer« *IHT* Nov 12, 8
Glazer, Nathan 1988 *The Limits of Social Policy* HUP
– 1998 »The American Welfare State: Exceptional No Longer?« in: Henry Cavanna, Hg. *Challenge to the Welfare State: Internal and External Dynamics for Change* Elgar 7-20
Goldin, Claudia 1994 »The Political Economy of Immigration Restriction in the United States, 1890 to 1921« in: Claudia Goldin & Gary D. Libecap, Hg. *The Regulated Economy: A Historical Approach to Political Economy* UChiP 223-257
– & Lawrence F. Katz 2000 »Decreasing (and then Increasing) Inequality in America: A Tale of Two Half Centuries« in: Finis Welch, Hg. *The Causes and Consequences of Increasing Inequality* UChiP 37-82
Goldman, Alvin I. 1999 *Knowledge in a Social World* ClarP
Goldstein, Judith L. 1988 »Ideas, Institutions, and American Trade Policy« *IO* **42**:1 (Winter) 179-217
– & Lisa L. Martin 2000 »Legalization, Trade Liberalization, and Domestic Politics: A Cautionary Note« *IO* **54**:3 (Sommer) 603-632 (= Goldstein u. a. 2001: 219-248)
– & Miles Kahler & Robert O. Keohane & Anne-Marie Slaughter, Hg. 2001 *Legalization and World Politics* MIT
Goodhart, Charles 1989 »The Conduct of Monetary Policy« *Economic Journal* **99**,396 (Juni) 293-346
Goodin, Robert E. 1985 *Protecting the Vulnerable. A Reanalysis of Our Social Responsibilities* UChiP
– & Bruce Heady & Ruud Muffels & Henk-Jan Dirven 1999 *The Real Worlds of Welfare Capitalism* CUP
– & Julian Le Grand, Hg. 1987 *Not Only the Poor. The Middle Classes and the Welfare State* London, UK u. a.: Allen & Unwin
Gordon, Michael E. & Lowell Turner, Hg. 2000 *Transnational Cooperation Among Labor Unions* ILR Press at CorUP
Gottschalk, Marie 2000 *The Shadow Welfare State: Labor, Business, and the Politics of Health Care in the United States* ILR Press at CorUP
Gourevitch, Peter Alexis 1977 »International Trade, Domestic Coalitions, and Liberty: Comparative Responses to the International Economic Crisis of 1873-1896« *Journal of Interdisciplinary History* **8**:2 281-313
– 1978 »The Second Image Reversed: The International Sources of Domestic Politics« *IO* **32**:4 (Herbst) 881-912
– 1986 *Politics in Hard Times. Comparative Responses to International Economic Crisis* CorUP
Goyder, Daniel G[eorge] 1993[2] *EC Competition Law* ClarP (1988[1], 1998[3])

Graebner, William 1977 »Federalism in the Progressive Era: A Structural Interpretation of Reform« *Journal of American History* **64:2** (Sep) 331-357
Grafers, Hans Wilfried 1999 *Einführung in die betriebliche Außenwirtschaft* Stuttgart: Schäffer-Poeschel
Graham, Carol 1994 *Safety Nets, Politics, and the Poor. Transition to Market Economies* Brookings
Graser, Bernd 2001 *Dezentrale Wohlfahrtsstaatlichkeit im föderalen Binnenmarkt? Eine verfassungs- und sozialrechtliche Untersuchung am Beispiel der Vereinigten Staaten von Amerika* D&H
Gray, John 1998 *False Dawn. The Delusions of Global Capitalism* New York: The New Press/Free Press; London, UK: Granta Books (Auszug: Held/McGrew 2000: 328-331)
Green Book 2000 usf. siehe House [of Representatives] 2000 usf.
Greider, William 1997 *One World, Ready or Not: The Manic Logic of Global Capitalism* New York u. a.: Simon & Schuster (= *Endstation Globalisierung. Der Kapitalismus frißt seine Kinder* München: Heyne 1998)
Grodzins, Morton 1966 *The American System. A New View of the Government in the United States* Daniel J. Elazar, Hg., Chicago, IL: Rand McNally
Grossman, Gene M. & Elhanan Helpman 1994 »Protection for Sale« *AER* **84:4** (Sep) 833-850
Grotius, Hugo 1950 [1625] *De jure belli ac pacis. Libri tres*, neuer deutscher Text & Einl. v. Walter Schätzel, Mohr
Gruber, Lloyd 2000 *Ruling the World. Power Politics and the Rise of Supranational Institutions* PUP
Gylfason, Thorvaldur 2000 »Growing Apart« *Journal of World Trade* **34:4** 37-62
Hacker, Jacob S. 1997 *The Road to Nowhere: The Genesis of President Clinton's Plan for Health Security* PUP
– 1998 »The Historical Logic of National Health Insurance: Structure and Sequence in the Development of British, Canadian and U. S. Medical Policy« *Studies in American Political Development* 12 (Frühjahr) 57-130
– 2001 »Boundary Wars: The Political Struggle over Public and Private Social Benefits in the United States« Ph. D. Yale University
Haggard, Stephan & Robert R. Kaufman 1995 *The Political Economy of Democratic Transitions* PUP
Halaby, Charles N. 1986 »Worker Attachment and Workplace Authority« *American Sociological Review* **51:5** (Okt) 634-649
Hall, Peter A. 1997 »The Political Economy of Adjustment in Germany« in: Frieder Naschold, David Soskice & Bob Hancke, Hg. *Ökonomische Leistungsfähigkeit und institutionelle Innovation. Das deutsche Produktions- und Politikregime im globalen Wettbewerb* Berlin: Sigma (WZB Jahrbuch) 293-317

– & David Soskice, Hg. 2001 *Varieties of Capitalism: The Institutional Foundations of Comparative Advantage* OUP
Hallstein, Walter 1962 *United Europe: Challenge and Opportunity* HUP
Hamilton, Alexander 1817 *The Soundness of the policy of protecting domestic manufactures: fully established by Alexander Hamilton in his report to Congress on the subject, and by Thomas Jefferson, in his letter to Benjamin Austin: to which were added, Extracts from the address of the American Society for Promoting Domestic Manufactures, established in New York* Philadelphia, PA: Printed by J. R. A. Skerrett for the Philadelphia Society for the Promotion of American Manufactures
– 1928 *Industrial and Commercial Correspondence of Alexander Hamilton, anticipating his report on manufactures* Arthur Harrison Cole, Hg., Chicago, IL: A. W. Shaw
– & James Madison & John Jay 1993 [1787/88] *Die Federalist Papers* Übers., Einl. & Anm. Barbara Zehnpfennig, Darmstadt: Wissenschaftliche Buchges.
Hansen, Alvin H. & Jacob Viner 1947 »Two Discussions of the Employment Act of 1946 and Its Early Operation« *Review of Economic Statistics* **29**:2 (Mai) 69-79
Hansen, John Mark 1990 »Taxation and the Political Economy of the Tariff« *IO* **44**:4 (Herbst) 527-551
Hardt, Michael & Antonio Negri 2000 *Empire* HUP
Harrison, J. Richard & James G. March 1984 »Decision-Making and Postdecision Surprises« *Administrative Science Quarterly* **29**:1 (März) 26-42
Hatton, Timothy J. & Jeffrey G. Williamson 1994 *Migration and the International Labor Market 1850-1939* London, UK u. a.: Routledge
– & Jeffrey G. Williamson 1998 *The Age of Mass Migration: Causes and Economic Impact* OUP
Haveman, Robert H. & Barbara L. Wolfe 1998 »Welfare to Work in the U. S.: A Model for Other Nations?« Madison, WI: Institute for Research on Poverty (Discussion Paper 1158-98)
Haverkate, Görg & Stefan Huster 1999 *Europäisches Sozialrecht* Baden-Baden: Nomos
Heckscher, Eli F[ilip] 1935[1] *Mercantilism* London, UK u. a.: George Allen & Unwin, 2 Bde. (London, UK u. a.: Routledge 1994[rev.]; = *Der Merkantilismus* Übers. Gerhard Mackenrodt, Jena: Fischer 1931)
Heclo, Hugh 1994 »Poverty Politics« in: Sheldon H. Danziger, Gary D. Sandefur & Daniel H. Weinberg, Hg. *Confronting Poverty. Prescriptions for Change* RSF/HUP 396-436
– 1995 »The Social Question« in: Katherine McFate, Roger Lawson & William Julius Wilson, Hg. *Poverty, Inequality, and the Future of Social Policy* RSF 665-691
– 1998 »A Political Science Perspective on Social Security Reform« in: R. Douglas Arnold, Michael Graetz & Alicia H. Munnell, Hg. *Framing the*

Social Security Debate. Values, Politics and Economics Brookings 65-89
– 2001 »The Politics of the New Welfare System« in: Blank/Haskins (im Druck)
Heidenheimer, Arnold J. 1981 »Education and Social Security Entitlements in Europe and America« in: Flora/Heidenheimer 1981a: 269-306
Heinemann, Frederick Henry 1948 »Truths of Reason and Truths of Fact« *The Philosophical Review* 57:5 (Sep) 458-480
Heinz, Walter R. Hg. 1991 *Theoretical Advances in Life Course Research* Weinheim: Deutscher Studien Verl.
Heinze, Meinhard 1984 *Möglichkeiten der Fortentwicklung des Rechts der Sozialen Sicherheit zwischen Anpassungszwang und Bestandsschutz* München: Beck (Gutachten E zum 55. Deutschen Juristentag)
Held, David & Anthony McGrew, Hg. 2000[1] *The Global Transformation Reader* Polity
– & Anthony McGrew & David Goldblatt & Jonathan Perraton 1999 *Global Transformations: Politics, Economics and Culture* Polity/SUP
Helleiner, Eric 1994 *States and the Reemergence of Global Finance. From Bretton Woods to the 1990s* CorUP
Heller, Hermann 1983[6. rev.] [1934[1]] *Staatslehre* Mohr (Leiden: Sijthoff 1934[1]; s. a. ders. *Gesammelte Schriften* Bd. 3: *Staatslehre als politische Wissenschaft* ebd. 1971)
Hennis, Wilhelm 2000 [1963] *Politik und praktische Philosophie. Eine Studie zur Rekonstruktion der politischen Wissenschaft* Neuwied: Luchterhand (jetzt in: ders. *Politikwissenschaft und politisches Denken. Politikwissenschaftliche Abhandlungen* Bd. 2, Mohr 2000: 1-126)
Herren, Madeleine 1993 *Internationale Sozialpolitik vor dem ersten Weltkrieg: Die Anfänge europäischer Kooperation aus der Sicht Frankreichs* D&H
– 2000 *Hintertüren zur Macht. Internationalismus und modernisierungsorientierte Außenpolitik in Belgien, der Schweiz und den USA 1865-1914* München: Oldenbourg
Herz, Elicia J., Evelyne Parizek Baumrucker & Jennifer Gillespie 2000 »Reaching Low-Income, Uninsured Children: Are Medicaid and SCHIP Doing the Job« Washington, DC: Congressional Research Service, Mai 1 (Order Code RL 30556)
Hicks, Alexander M. 1999 *Social Democracy and Welfare Capitalism. A Century of Income Security Politics* CorUP
Higgott, Richard & Anthony Payne, Hg. 2000 *The New Political Economy of Globalisation* 2 Bde., Elgar
Higgs, Robert 1987 *Crisis and Leviathan. Critical Episodes in the Growth of American Government* OUP
Hilf, Meinhard & Ernst-Ulrich Petersmann, Hg. 1993 *National Constitu-*

tions and International Economic Law Deventer, NL & Boston, MA: Kluwer Law and Taxation Publishers

Hillman, Arye L. 1982 »Declining Industries and Political-Support. Protectionist Motives« *AER* **72:5** (Dez) 1180-1187

1989 *The Political Economy of Protection* Chur, CH: Harwood Academic Publ.

Hinrichs, Karl »Elephants on the Move: Patterns of Public Pension Reform in OECD Countries« in: Leibfried 77-102

Hirschman, Albert O. 1970 *Exit, Voice, and Loyality. Responses to Decline in Firms, Organizations, and States* HUP (= *Abwanderung und Widerspruch. Reaktionen auf Leistungsabfall bei Unternehmungen, Organisationen und Staaten* Übers. Leonhard Walentik, Mohr 1974)

– 1980[2] [1945[1]] *National Power and the Structure of Foreign Trade* UCalP

Hizon, Ernesto M. 1994 »The Safeguard Measure/VER Dilemma: The Jekyll and Hyde of Trade Protection« *Northwestern Journal of International Law & Business* **15:1** (Herbst) 105-138

Hobson, John A. 1907 *The Fruit of American Protection. The Effects of the Dingley Tariff upon the Industries of the Country, and Especially upon the Well-being of the People* London, UK: Cassell (vorher New York: Reform Club Committee on Tariff Reform 1906)

Hockerts, Hans Günter 1980 *Sozialpolitische Entscheidungen im Nachkriegsdeutschland. Alliierte und deutsche Sozialversicherungspolitik 1945 bis 1959* Stuttgart: Klett-Cotta

Hody, Cynthia A. 1996 *The Politics of Trade. American Political Development and Foreign Economic Policy* Hanover, NH & London, UK: University Press of New England

Hoffmann, Walther, unter Mitarb. v. Franz Grumbach & Helmut Hesse 1965 *Das Wachstum der deutschen Wirtschaft seit der Mitte des 19. Jahrhunderts* Berlin: Springer

Hofstadter, Richard 1955[1] *The Age of Reform: From Bryan to F. D. R.* New York: Knopf/Vintage Books (1972[2])

Homann, Karl & Ingo Pies 1996 »Sozialpolitik für den Markt. Theoretische Perspektiven konstitutioneller Ökonomik« in: Ingo Pies & Martin Leschke, Hg. *James Buchanans konstitutionelle Ökonomie* Mohr 203-223

Hoover, Calvin B[ryce] 1945 *International Trade and Domestic Employment* New York u. a.: McGraw-Hill

House of Commons 1999 »Millenium Trade Talks and the ›Battle in Seattle‹« London, UK: House of Commons Library (Research Paper 99/107)

House [of Representatives] 2000 [& früher], Committe on Ways and Means *The 1998 Green Book. Background Material and Data on Programs within the Jurisdiction of the Committee on Ways and Means* Washington, DC (vorherige Fassung 1998) (http://www.access.gpo. gov/congress/wm001.html)

Howard, Christopher 1993 »The Hidden Side of the American Welfare State« *PSQ* **108:3** (Herbst) 403-436
– 1997 *The Hidden Welfare State: Tax Expenditures and Social Policy in the United States* PUP
Howenstine, Ned G. & Rosaria Troia 2000 »Foreign Direct Investment in the United States: New Investments in 1999« *SCB* **80:6** 55-63
Huber, Evelyne & John D. Stephens 2001 *Political Choice in Global Markets: Development and Crisis of Advanced Welfare States* UChiP
Huber, Max 1910 »Beiträge zur Kenntnis der soziologischen Grundlagen des Völkerrechts und der Staatengesellschaft« *Jahrbuch des öffentlichen Rechts* **4** 56-134
Hudec, Robert E 1987 »›Transcending the Ostensible‹: Some Reflections on the Nature of Litigation between Governments« *Minnesota Law Review* **72:2** (Dez) 211-226
– 1996 »International Economic Law: The Political Theatre Dimension« *University of Pennsylvania Journal of International Economic Law* **17:1** (Frühjahr) 9-15
– 1999 *Essays on the Nature of International Trade Law* London, UK: Cameron May
Hüther, Michael 1997 »Umbau der Sozialen Sicherungssysteme im Zeichen der Globalisierung?« *Zeitschrift für Wirtschaftspolitik* **46:2** 193-214
Hufbauer, Gary C[lyde] & Kimberly A. Elliott 1994 *Measuring the Costs of Protection in the United States* IIE
Hull, Cordell 1948 *The Memoirs of Cordell Hull* 2 Bde., New York: Macmillan
Hume, David 1912 [1788] *Essays Moral, Political, and Literary* Bd. I, London, UK: Longmans, Green
– 1912a [1788] »Of Commerce« in: Hume 1912: 287-299
– 1912b [1788] »Of the Jealousie of Trade« in: Hume 1912: 345-348
Hunger, Uwe 2001 »Globalisierung auf dem Bau« *Leviathan* **29:1** (März) 70-82
Huston, James L. 1983 »A Political Response to Industrialism: The Republican Embrace of Protectionist Labor Doctrines« *Journal of American History* **70:1** (Juni) 35-57
IMF 1994 *World Economic Outlook* Okt.
– 1997 *International Financial Statistics* Washington, DC: IMF (monatl.)
– 1999a *International Financial Statistics Yearbook* Washington, DC: IMF (1979ff. jährl.)
– 1999b *Government Finance Statistics Yearbook* Washington, DC: IMF (1977ff. jährl.)
Inman, Robert P. & Daniel L. Rubinfeld 1997a »The Political Economy of Federalism« in: David Mueller, Hg. *Perspectives on Public Choice: A Handbook* CUP 73-105

– 1997b »Rethinking Federalism« *JEP* **11:4** (Herbst) 43-64
International Labour Office [Internationales Arbeitsamt] 1997 *World Labour Report 1997-98* Genf: ILO (1984ff. zweijährl.)
ILO 2001 *World Employment Report 2001* Genf: ILO Publications
Irwin, Douglas A. 1994 *Managed Trade. The Case Against Import Targets* AEI
– 1996a *Against the Tide. An Intellectual History of Free Trade* PUP
– 1996b »The United States in a New Global Economy? A Century's Perspective« *AERPP* **86:2** (Mai) 41-46
– & Randall S. Kroszner 1999 »Interests, Institutions, and Ideology in Securing Policy Change: The Republican Conversion to Trade Liberalization after Smoot Hawley« *The Journal of Law & Economics* **42:2** (Herbst) 643-673
Iversen, Torben 2001 »The Dynamics of Welfare State Expansion: Trade Openness, De-Industrialization, and Partisan Politics« in: Pierson 45-79
– & Thomas R. Cusack 2000 »The Causes of Welfare State Expansion: Deindustrialization or Globalization?« *WldP* **52:3** (Sommer) 313-349
Jackson, John H[oward] 1989¹ *The World Trading System. Law and Policy of International Economic Organization* MIT
– 1992 »Status of Treaties in Domestic Legal Systems: A Policy Analysis« *AmJIL* **86:2** (April) 310-340.
– 1997²a *The World Trading System. Law and Policy of International Economic Relations* MIT (s. Jackson 1989¹)
– 1997b »The Great 1994 Sovereignty Debate: United States Acceptance and Implementation of the Uruguay Round Results« *Columbia Journal of Transnational Law* **36:1/2** 157-188
– 2000a *The Jurisprudence of GATT and the WTO: Insights on Treaty Law and Economic Relations* CUP
– 2000b »International Economic Law in Times That are Interesting« *JIEconL* **3:1** (März) 3-14
– & William J. Davey & Alan O. Sykes, Jr. 1995³ *Legal Problems of International Economic Relations: Cases, Materials, and Texts on the National and International Regulation of Transnational Economic Relations* St. Paul, MN: West Publ. (1977¹, 1986²)
– & Alan O. Sykes, Jr. 1997 *Implementing the Uruguay Round* The Clarendon Press at OUP
Jackson, Vicki C. 1998 »Federalism and the Uses and Limits of Law: Printz and Principle?« *HarvLR* **111:8** (Juni) 2180-2259
– 2000 »Seductions of Coherence, State Sovereign Immunity, and the Denationalization of Federal Law« *Rutgers Law Journal* **31:3** (Frühjahr) 691-739
Jacoby, Sanford M. 1995 *The Workers of Nations: Industrial Relations in a Global Economy* OUP
– 1997 »The Cold War of Industrial Relations. Welfare Capitalism and

Unionism in the 1950s and After« in: ders. *Modern Manors. Welfare Capitalism since the New Deal* PUP 236-266, 325-332
Jänicke, Martin 1986 *Staatsversagen. Die Ohnmacht der Politik in der Industriegesellschaft* München u. a.: Piper
James, Harold 1996 *International Monetary Cooperation Since Bretton Woods* Washington, DC: IMF/OUP.
Janowitz, Morris 1976 *Social Control of the Welfare State* New York u. a.: Elsevier
Jay, Peter 2000 *The Wealth of Man* New York: Public Affairs
Jenks, C[larence] Wilfred 1963 *Law, Freedom and Welfare* New York & London, UK: Oceana/Stevens
Jensen, Michael C. & William H. Meckling 1976 »Theory of the Firm: Managerial Behavior, Agency Costs and Ownership Structure« *Journal of Financial Economics* **3**:4 305-360
Jerger, Jürgen & Alexander Spermann 1998 »Alternative Subsidies for Low-Wage Employment« in: Addison/Welfens 49-68
Johnson, Nicholas & Ed Lazere 1998 Rising Number of States Offer Earned Income Tax Credit, Washington, DC: Center on Budget and Social Priorities (http://www.cbpp.org/9-14-98sfp.htm)
Jones, Maldwyn Allen 1992² *American Immigration* UChiP (1960¹)
Jordan, Lisa & Peter von Tuijl 2000 »Political Responsibility in Transnational NGO Advocacy« *World Development* **28**:12 2051-2065
Josey, Stan 2000 »Truckers Threaten to Park Rigs« *Toronto Star* Nov 21, 1
Kahler, Miles 1985 »European Protectionism in Theory and Practice« *WldP* **37**:4 (Juli) 475-502
– 2000 »Conclusion: The Causes and Consequences of Legalization« *IO* **54**:3 (Sommer) 661-683 (= Goldstein u. a. 2001: 277-299)
Kahneman, David & Amos Tversky 1979 »Prospect Theory: An Analysis of Decisions under Risk« *Econometrica* **47**:2 (März) 263-291
Kamerman, Sheila B. & Alfred J. Kahn, Hg. 1997 »Confronting the New Politics of Child and Family Policy in the United States, Report VI – Final Report: P. L. 104-193: Challenges and Opportunities« New York: Cross-National Studies Research Program, Columbia University School of Social Work
Kang, C. S. Eliot 1997 »U. S. Politics and Greater Regulation of Inward Foreign Direct Investment« *IO* **51**:2 (Frühjahr) 301-333
Kapstein, Ethan B. 1994 *Governing the Global Economy: International Finance and the State* HUP
– 1998 »A Global Third Way: Social Justice and the World Economy« *World Policy Journal* **15**:4 23-34
– 1999 *Sharing the Wealth: Workers and the World Economy* New York u. a.: W. W. Norton
– 2000 »Winners and Losers in the Global Economy« *IO* **54**:2 (Frühjahr) 359-384

Katz, Michael B. 1983 *Poverty and Policy in American History* New York: Academic Press
Katzenstein, Peter J., Hg. 1978 *Between Power and Plenty: Foreign Economic Policies of Advanced Industrial States* Madison, WI: University of Wisconsin Press
– 1980 »Capitalism in one Country? Switzerland in the International Economy« *IO* **34**:4 (Herbst) 507-540
– 1984 *Corporatism and Change. Austria, Switzerland, and the Politics of Industry* CorUP
– 1985 *Small States in World Markets: Industrial Policy in Europe* CorUP
– & Robert O. Keohane & Stephen D. Krasner, Hg. 1999 *Exploration and Contestation in the Study of World Politics* MIT
Katznelson, Ira & Margaret Weir 1985 *Schooling for All: Class, Race and the Decline of the Democratic Ideal* New York: Basic Books
Kauffman, Stuart 2000 *Investigations* OUP
Kaufmann, Franz-Xaver 1997a *Herausforderungen des Sozialstaates* Frankfurt/M.: Suhrkamp
– 1997b: »Verschwindet die integrative Funktion des Sozialstaates?« *Berliner Journal für Soziologie* **7**:1 5-22
2000 »Der deutsche Sozialstaat als Standortbelastung? Vergleichende Perspektiven« in: Leibfried/Wagschal 171-198
– 2001a »Towards a Theory of the Welfare State« in: Leibfried 15-36
– 2001b »Der Begriff Sozialpolitik und seine wissenschaftliche Deutung« in: BMA/Bundesarchiv 2001, Bd. 1 (im Druck)
Keck, Margaret E. & Kathryn Sikkin 1998 *Activists Beyond Borders: Advocacy Networks in International Politics* CorUP
Keller, Bruce P. 1999 »The Game's the Same: Why Gambling in Cyberspace Violates Federal Law« *Yale Law Journal* **108**:7 (Mai) 1569-1609
Kennedy, David M. 1999 *Freedom From Fear: The American People in Depression and War, 1929-1945* OUP
Kennedy, Paul M[ichael] 1980 *The Rise of the Anglo-German Antagonism, 1860-1914* London, UK u. a.: Allen & Unwin
Keohane, Robert O[wen] 1982 »The Demand for International Regimes« *IO* **36**:2 (Frühjahr) 325-355
– & Helen V. Milner, Hg. 1996 *Internationalization and Domestic Politics* CUP
– & Joseph S. Nye, Jr. 1974 »Transgovernmental Relations and International Organizations« *WldP* **27**:1 (Okt) 39-62
– & Joseph S. Nye, Jr. 1989$^{2. \text{ rev.}}$ *Power and Interdependence* New York: Harper Collins (1977^1, 2000^3)
– & Joseph S. Nye, Jr. 2000 »Globalization: What's New? What's Not? (And So What?)« *FP* 118 (Frühjahr) 104-119
Kessie, Edwini 2000 »Enhancing Security and Predictability for Private

Business Operators under the Dispute Settlement System of the WTO« *Journal of World Trade* **34**:6 1-17
Keynes, John Maynard 1982 [1933] »National Self-Sufficiency« in: Donald Moggridge, Hg. *The Collected Writings of John Maynard Keynes* Bd. XXI: *Activities 1931-1939. World Crises and Policies in Britain and North America* CUP 233-246
Keyssar, Alexander 2000 *The Right to Vote: The Contested History of Democracy in the United States* New York: Basic Books
Kieserman, Brad J. 1999 »Profits and Principles: Promoting Multinational Corporate Responsibility by Amending the Alien Tort Claims Act« *Catholic University Law Review* **48**:3 (Frühjahr) 881-937
Kim, Hwanjoon 2000 »Anti-Poverty Effectiveness of Taxes and Income Transfers in Welfare States« Luxembourg: LIS (WP 228)
Kindleberger, Charles P. 1951 »Group Behavior and International Trade« *JPE* **59**:1 (Feb) 30-47
– 1975 »The Rise of Free Trade in Western Europe, 1820-1875« *JEH* **35**:1 (März) 20-55
– 1986 »International Public Goods without International Government« *AER* **76**:1 (März) 1-13
– 1996 *World Economic Primacy 1500-1990* OUP
– 2000 *Comparative Political Economy: A Retrospective* MIT
Kinsley, Michael 2000 »Lies the Press Likes« *The Washington Post* Okt 10, A25
Kirsch, Guy Hg., 1977 *Föderalismus* Stuttgart u. a.: Fischer (Wirtschaftswiss. Seminar 5)
Kitschelt, Herbert, Peter M. Lange, Gary W. Marks & John D. Stephens, Hg. 1999 *Continuity and Change in Contemporary Capitalism* CUP
Knight, Frank H. 1951 »The Role of Principles in Economics and Politics« *AER* **41**:1 (März) 1-29
– 1972 »Social Science« *Ethics* **83**:1 (Okt) 1-12
Knorr, Klaus E[ugen] 1947a »The Bretton Woods Institutions in Transition« *IO* **2**:1 (Feb) 19-38
– 1947b »Economics and International Relations: A Problem in Teaching« *PSQ* **62**:4 (Dez) 552-568
– 1951a »The European Welfare State in the Atlantic System« *WldP* **3**:4 (Juli) 417-449
– 1951b »Welfare State Measures and the Free Market in International Trade« *AERPP* **41**:2 (Mai) 431-444
Koch-Baumgarten, Sigrid 1999 *Gewerkschaftsinternationalismus und die Herausforderung der Globalisierung: Das Beispiel der Internationalen Transportarbeiterföderation (ITF)* Campus
Köcher, Renate 1999 »Vaterlandslose Gesellen. Die Deutschen trauen den Unternehmen wenig Interesse am Gemeinwohl zu« *FAZ* Okt 13, 5

Kohler-Koch, Beate, Hg. 1989 *Regime in den internationalen Beziehungen* Baden-Baden: Nomos
– 1995 »Politische Unverträglichkeiten von Globalisierung«, in: Ulrich Steger, Hg. *Globalisierung der Wirtschaft (Konsequenzen für Arbeit, Technik und Umwelt* Bonn/Berlin: J. H. W. Dietz 83-114
– 2000 »Ordnungsdenken in einer globalisierten Welt« in: Dieter S. Lutz, Hg. *Weltpolitik zwischen Nationalstaatlichkeit und Globalisierung. Festschrift für Wilfried Röhrich* Baden-Baden: Nomos 189-225
Kohli, Martin 2000 »Arbeit im Lebenslauf: Alte und neue Paradoxien« in: Jürgen Kocka & Claus Offe, unter Mitarb. v. Beate Redslob, Hg. *Geschichte und Zukunft der Arbeit* Campus 362-382
Kornai, Janos, Stephan Haggard & Robert R. Kaufman, Hg. 2000 *Reforming the State: Fiscal and Welfare Reform in Post-Socialist Countries* CUP
Kostel, Mary E. 1993 »A Public Choice Perspective on the Debate over Federal Versus State Corporate Law« *Virginia Law Review* **79**:8 (Nov) 2129-2154
Kramer, Larry D. 2000 »Putting the Politics Back into the Political Safeguards of Federalism« *ColLawR* **100**:1 (Jan) 215-293
Krasner, Stephen D., Hg. 1983 *International Regimes* CorUP
– 1999 »Globalization and Sovereignty« in: David Smith, Dorothy Solinger & Steven Topik, Hg. *States and Sovereignty in the Global Economy* New York u. a.: Routledge 34-52
– 2001 »Abiding Sovereignty« *International Political Science Review* **22** (im Druck)
Krauss, Melvyn B. 1997 *How Nations Grow Rich: The Case for Free Trade* OUP
Kreider, Carl 1940 »International Affairs: Democratic Processes in the Trade Agreements Program« *APSR* **34**:2 (April) 317-332
– 1943 *The Anglo-American Trade Agreement. A Study of British and American Commercial Policies, 1934-1939* PUP
Kristof, Nicholas D. & Sheryl WuDunn 2000 *Thunder from the East: Portrait of a Rising Asia* New York: Alfred A. Knopf
Krueger, Alan B. 1991 »The Evolution of Unjust Dismissal Legislation in the United States« *IndLabRelsR* **44**:4 (Juli) 644-660
Krueger, Anne O. 1974 »The Political Economy of the Rent-Seeking Society« *AER* **64**:3 (Juni) 291-303
– 1997 »Trade Policy and Economic Development: How we Learn« *AER* **87**:1 (März) 1-22
– unter Mitarb. v. Chouira Aturupane, Hg. 1998 *The WTO as an International Organization* UChiP
Krugman, Paul R. 1987 »Is Free Trade Passé?« *JEP* **1**:2 (Herbst) 131-144
– 1990 *Rethinking International Trade* MIT
– 1993 »The Narrow and the Broad Arguments for Free Trade« *AERPP* **83**:2 (Mai) 362-366

– 1995 »Growing World Trade: Causes and Consequences« *Brookings Papers on Economic Activity* Bd. I: 327-377
– 1996 *Pop Internationalism* MIT (= *Der Mythos vom globalen Wirtschaftskrieg: Eine Abrechnung mit den Pop-Ökonomen* Übers. Herbert Allgeier, Campus 1999)
– 1997 »What Should Trade Negotiators Negotiate About?« *JEL* **35**:1 (März) 113-120
– 2001 »Going Fiscal« *NYT* Jan 10 *A*-23
– & Robert Z. Lawrence 1994 »Trade, Jobs, and Wages« *Scientific American* **270**:4 44-49 (= Langfassung NBER 1993 WP 4478)
– & Maurice Obstfeld 2000[5] *International Economics: Theory and Policy* Reading, MA: Addison-Wesley (1988[1])
Kruse, Jürgen 1997 *Das Krankenversicherungssystem der USA. Ursachen seiner Krise und Reformversuche* Baden-Baden: Nomos
Kuhnle, Stein, Hg. 2000 *Survival of the European Welfare State* London, UK u. a.: Routledge
Kuijs, Louis 2000 »The Impact of Ethnic Heterogeneity on the Quantity and Quality of Public Spending« Washington, DC: IMF (WP 00/49)
Kwakwa, Edward 2000 »Regulating the International Economy. What Role for the State?« in: Byers 227-246
Lake, David A. 1988 a »The State and American Trade Strategy in the Pre-Hegemonic Era« *IO* **42**:1 (Winter) 33-58
– 1988 b *Power, Protection, and Free Trade. International Sources of U. S. Commercial Strategy, 1887-1939* CorUP
Lampert, Heinz 1994[3] *Lehrbuch der Sozialpolitik* Berlin: Springer (1998[5], 1985[1])
– 1995 »Voraussetzungen einer Sozialstaatsreform – Kritische Anmerkungen zur aktuellen Diskussion über den Umbau des Sozialstaates« *JbbNSt* **214**:5 513-531
– 1999 »Der Sozialstaat: Auslaufmodell oder Leitbild der Zukunft?«' in: Gerhard Kleinhenz, Hg. *Mehr Beschäftigung für Deutschland: Ordnungs- und wirtschaftspolitische Ansätze* Nürnberg: Institut für Arbeitsmarkt- und Berufsforschung der Bundesanstalt für Arbeit (Beiträge zur Arbeitsmarkt- und Berufsforschung 224) 11-42
Langille, Brian Alexander 1996 »General Reflections on the Relationship of Trade and Labor (Or: Fair Trade is Free Trade's Destiny)« in: Bhagwati/Hudec, Bd. II: 231-266
Larkin, John Day 1937 »The Trade Agreement Act in Court and in Congress« *ASR* **31**:3 (Juni) 498-507
Lastra, Rosa Maria 2000 »The International Monetary Fund in Historical Perspective« *JIEconL* **3**:3 (Sep) 507-523
Lawrence, Robert Z. 1997 »Current Economic Policies: Social Implications over the Long Term« in: OECD 27-38

Lazear, Edward P. 1990 »Job Security Provisions and Employment« *Quarterly Journal of Economics* **105:3** (Aug) 699-726
Leamer, Edward E. 2000 »Foreigners and Robots: Assistants of Some, Competitors of Others« in: Deardorff/Stern 19-58
Leary, Virginia A. 1996 »Workers' Rights and International Trade: The Social Clause (GATT, ILO; NAFTA, U. S. Laws)« in: Bhagwati/Hudec, Bd. II: 177-230
Le Grand, Julian 1997 »Knights, Knaves or Pawns? Human Behaviour and Social Policy« *Journal of Social Policy* **26:2** 149-169
Leibfried, Stephan Hg. 2001 *Welfare State Futures* CUP
– & Lutz Leisering, Petra Buhr, Monika Ludwig, Eva Mädje, Thomas Olk, Wolfgang Voges und Michael Zwick 1995 *Zeit der Armut. Lebensläufe im Sozialstaat* Frankfurt/M.: Suhrkamp (vgl. a. Leisering/Leibfried 1999)
– & Rainer Müller & Winfried Schmähl & Manfred G. Schmidt 1998 »Thesen zu Sozialpolitik in Deutschland« *ZSR* **44:8** (Aug) 525-569 (zuerst als ZeS AP 5/98)
– & Herbert Obinger 2001 »Welfare State Futures. An Introduction« in: Leibfried 2001: 1-13 = *European Review* 2000 **8:3** (Juli) 277-289
– & Paul Pierson, Hg. 1998 *Standort Europa. Europäische Sozialpolitik* Frankfurt/M.: Suhrkamp (zuerst & umfassender engl. 1995)
– & Paul Pierson 2000 »Social Policy. Left to Courts and Markets?« in: Wallace/Wallace[4] 267-292
– & Uwe Wagschal, Hg. 2000 *Der deutsche Sozialstaat. Bilanzen – Reformen – Perspektiven* Campus
Leisering, Lutz 1992 *Sozialstaat und demographischer Wandel. Wechselwirkungen, Generationenverhältnisse, politisch-institutionelle Steuerung* Campus
– 1995 »Grenzen des Sozialversicherungsstaats? Sozialer Wandel als Herausforderung staatlicher Einkommenssicherung« *ZSR* **41:11/12** (Nov/Dez) 860-880
– 2000a »Kontinuitätssemantiken: Die evolutionäre Transformation des Sozialstaates im Nachkriegsdeutschland« in: Leibfried/Wagschal 91-114
– 2000b »›Regeneration‹ des Sozialstaats? Die Legitimationskrise der Gesetzlichen Rentenversicherung im Wechsel ›sozialstaatlicher Generationen‹« *Deutsche Rentenversicherung* **2000:9** (Sep) 608-621
– & Stephan Leibfried 1999 *Time and Poverty in Western Welfare States. United Germany in Perspective* CUP (pb. 2001; vgl. a. Leibfried u. a. 1995)
– & Robert Walker, Hg. 1998 *The Dynamics of Modern Society. Poverty, Policy and Welfare* Bristol: The Policy Press
Lempp, Hans-Volkhard 1995 *Sozialdumping – eine ›unangemessene‹ Handelspraktik? Extraterritoriale Arbeitnehmerrechte im Recht der Verei-*

nigten Staaten. Eine Untersuchung im Lichte des GATT 1994 und des Völkergewohnheitsrechts Baden-Baden: Nomos
Lenski, Gerhard E. 1977 [1966] *Macht und Privileg. Eine Theorie sozialer Schichtung* Frankfurt/M.: Suhrkamp (zuerst engl. 1966)
Lepsius, M. Rainer 1979 »Soziale Ungleichheit und Klassenstruktur in der Bundesrepublik Deutschland« in: Hans-Ulrich Wehler, Hg. *Klassen in der europäischen Sozialgeschichte* Göttingen: Vandenhoeck & Ruprecht 166-209
Lerman, Robert I. 1999 »Retreat of Reform? New US Strategies for Dealing with Poverty?« *Social Policy Review* 11 224-243
Lessenich, Stephan & Ilona Ostner, Hg. 1998 *Welten des Wohlfahrtskapitalismus. Der Sozialstaat in vergleichender Perspektive* Campus
Levy, Frank 1998 *The New Dollars and Dreams. American Incomes and Economic Change* RSF
Levy, Hermann 1905 »Die Entwicklungsgeschichte einer amerikanischen Industrie. Studien über den Einfluß der Zolltarife und Trusts auf die Weissblechindustrie der Vereinigten Staaten« *JbbNSt* **84** (NF III **29**) 145-181
Lewin, Tamara 2000 »Suit Asks Coverage for the Pill. Company's Insurance Plan is Called Sexually Biased« *IHT* Juli 21, 3
Lewis, Verne B. 1952 »Toward a Theory of Budgeting« *PAR* **12**:1 (Winter) 42-54
Lichtblau, Eric 2000 »Cheney's Standard of Living Soars in Private Sector« *Los Angeles Times* Okt 19, A22
Liebschutz, Sarah F., Hg. 2000 *Managing Welfare Reform in Five States. The Challenge of Devolution*, Albany, NY: Rockefeller Institute Press
Liefmann, Robert 1897 *Die Unternehmerverbände (Konventionen, Kartelle), ihr Wesen und ihre Bedeutung* Mohr
Lindbeck, Assar & Dennis J. Snower 1996 »Reorganization of Firms and Labor-Market Inequality« *AERPP* **86**:2 (Mai) 315-321
Lindblom, Charles E[dward] 1959 »The Science of ›Muddling Through‹« *PAR* **19**:2 (Frühling) 79-88
– 2001 *The Market System: What It Is, How It Works, and What To Make of It* YUP
Lindert, Peter H. & Jeffrey G. Williamson 2002 »Does Globalization Make the World More Unequal?« in: Michael D. Bordo, Alan Taylor & Jeffrey G. Williamson, Hg. *Globalization in Historical Perspective* UChiP (in Vorbereitung)
List, Friedrich 1930 [1841[1]] *Das nationale System der politischen Ökonomie* Berlin: Hobbing (Stuttgart u. a.: Cotta 1841[1])
Little, Steven R. 1999 »Corporate Welfare Wars: The Insufficiency of Current Constraints on State Action and the Desirability of a Federal Legislative Response« *Hamline Law Review* **22**:3 (Frühjahr) 849-896

Lødemel, Ivar, mit Heather Trickey, Hg. 2001 *›An Offer You Can't Refuse‹. Workfare in International Perspective* Bristol: Policy Press
Long, William J. 1989 *U. S. Export Control Policy: Executive Autonomy vs. Congressional Reform* ColUP
Lotz, Walther 1902 »Wirkung der gegenwärtigen und Ziele der zukünftigen Handelspolitik, insbesondere in socialpolitischer Hinsicht« in: *Schriften des Vereins für Socialpolitik*, Bd. XCVIII (Verhandlungen der Generalversammlung des Vereins für Socialpolitik über die Wohnungsfrage und die Handelspolitik in München, 23., 24. & 25. Sep 1901), Leipzig: D&H 121-152
Lovett, William A[nthony] 1999 »Rebalancing U. S. Trade«, in: ders., Alfred E. Eckes, Jr. & Richard L. Brinkman, Hg. *U. S. Trade Policy: History, Theory, and the WTO* Armonk, NY u. a.: M. E. Sharpe 136-182
Luck, Edward C. 1999 *Mixed Messages. American Politics and International Organization 1919-1999* Brookings
Lukes, Steven 1971 »The Meaning of ›Individualism‹« *Journal of the History of Ideas* **32**:1 (Jan/März) 45-66
– 1973 *Individualism* New York & Oxford,UK: Harper & Row/Blackwell
Lusztig, Michael 1996 *Risking Free Trade. The Politics of Trade in Britain, Canada, Mexiko, and the United States* Pittsburgh, PA: University of Pittsburgh Press
MacLeod, W. Bentley 1995 »Incentives in Organizations: An Overview of Some of the Evidence and Theory« in: Horst Siebert, Hg. *Trends in Business Organization: Do Participation and Cooperation Increase Competitiveness?* Mohr (Ifw) 3-42
Maddison, Angus 1991 *Dynamic Forces in Capitalist Development. A Long-run Comparative View* OUP.
– 1995 *Monitoring the World Economy, 1820-1992* Paris: OECD
Magee, Stephen P., William A. Brock & Leslie Young 1989 *Black Hole Tariffs and Endogenous Policy Theory: Political Economy in General Equilibrium* CUP
– & Leslie Young 1987 »Endogenous Protection in the United States, 1900-1984« in: Robert M[itchell] Stern, Hg. *U. S. Trade Policies in a Changing World Economy* MIT 145-195
Magnusson, Lars 1994 *Mercantilism. The Shaping of an Economic Language* London,UK u. a.: Routledge
Maier, Harold G. 1982 »Extraterritorial Jurisdiction at a Crossroads: An Intersection between Public and Private Interest International Law« *AJIL* **76**:2 (Apr) 280-320
Manne, Henry G. 1965 »Mergers and the Market for Corporate Control« *JPE* **73**:2 (April) 110-120
Manow, Philip & Thomas Plümper 1998 »Die Erkenntnisgrenzen der Dis-

kursanalyse. Ein Kommentar zu Elmar Rieger & Stephan Leibfried« *PVS* **39:3** 590-601
– & Eric Seils 2000 »Adjusting Badly: The German Welfare State, Structural Change, and the Open Economy« in: Scharpf/Schmidt 264-307
Margulis-Ohnuma, Zachary 1999 »The Unavoidable Correlative: Extraterritorial Power and the United States Constitution« *New York University Journal of International Law and Politics* **32:1** (Herbst) 147-203
Marin, Bernd, Daniele Meulders & Dennis J. Snower, Hg. 2000 *Innovative Employment Initiatives* Aldershot, Hants., UK und Brookfield, VT: Ashgate
Markusen, James R. 1995 »The Boundaries of Multinational Enterprises and the Theory of International Trade« *JEP* **9:2** (Frühjahr) 169-189
Marmor, Theodore R. 2000[2. rev.] *Politics of Medicare* New York u. a.: de Gruyter (London, UK u. a.: Routledge & Kegan Paul 1970[1])
– & Jerry L. Mashaw & Philip L. Harvey 1990 *America's Misunderstood Welfare State. Persistent Myths, Enduring Realities* New York: Basic Books
Marshall, Thomas H. 1964[1] [1945] »Work and Wealth« in: ders., *Class, Citizenship, and Social Development. Essays* Garden City, NY: Doubleday 209-225 (dann: UChiP 1977; zunächst London, UK 1963 als *Sociology at the Crossroads*)
– 1975[4] *Social Policy* London, UK: Hutchinson (1965[1], 1985[5])
– 1992 *Bürgerrechte und soziale Klassen. Zur Soziologie des Wohlfahrtsstaates* Elmar Rieger, Hg., Campus.
– 1992a [1950] »Staatsbürgerrechte und soziale Klassen« in: ders. 1992: 33-94 (1949 schon als Marshall Lecture, Cambridge University)
– 1992b [1965] »Das Recht auf Wohlfahrt« in: ders. 1992: 95-108
– 1992c [1972] »Wertprobleme des Wohlfahrtskapitalismus« in: ders. 1992: 109-130
– 1992d [1981] »Nachgedanken zu Wertproblemen des Wohlfahrtskapitalismus: Die ›Bindestrich-Gesellschaft‹« in: ders. 1992: 131-146
– 1992e [1961] »Der Wohlfahrtsstaat: Eine vergleichende Analyse« in: ders. 1992: 169-188
Marx, Karl 1959 [1848] »Rede über die Frage des Freihandels« in: ders. & Friedrich Engels *Werke* Bd. 4, Berlin: Dietz 444-458
– 1987 [1890[4]/1867[1]] *Das Kapital* 1. Bd., Berlin: Dietz (1987 zugrundegel. 1890[4])
– & Friedrich Engels 1959 [1848] »Manifest der Kommunistischen Partei«, in: dies. *Werke* Bd. 4, Berlin: Dietz 459-493
Maskus, Keith E. 2000 »Regulatory Standards in the WTO. Comparing Intellectual Property Rights with Competition Policy, Environmental Protection and Core Labor Standards« IIE (WP 00-1)
Mason, Alpheus Thomas 1925 *Organized Labor and the Law, with Espe-*

cial Reference to the Sherman and Clayton Acts DukeUP (Nachdruck New York: Arno 1969)

Mataloni, Raymond J., Jr. 2000 »An Examination of the Low Rates of Return of Foreign-Owned U. S.-Companies« *SCB* **80:3** 55-73

Matthews, Jessica T[uchman] 1997 »Power Shift« *FA* **76:1** (Jan/Feb) 50-66

Mayer, Karl-Ulrich, Hg. 2001 *Die beste aller Welten? Marktliberalismus versus Wohlfahrtsstaat. Eine Kontroverse* Campus (im Druck)

– & Walter Müller 1986 »The State and the Structure of the Life Course« in: Aage B. Sørensen, Franz E. Weinert & Lonnie R. Sherrod, Hg. *Human Development and the Life Course: Multidisciplinary Perspectives* Hillsdale, NJ: Erlbaum 217-245

– & Walter Müller 1989 »Lebensverläufe im Wohlfahrtsstaat« in: Ansgar Weymann, Hg. *Handlungsspielräume. Untersuchungen zur Individualisierung und Institutionalisierung von Lebensverläufen in der Moderne* Stuttgart: Enke 41-60

McClure, Matthew Thompson 1918 »Pragmatism and Democracy« *The Journal of Philosophy* **15:18** (29. Aug) 481-488

McCulloch, Rachel 1993 »The Optimality of Free Trade: Science or Religion?« *AERPP* **83:2** (Mai) 367-371

McGinnis, John O. & Mark L. Movsesian 2000 »The World Trade Constitution« *HarvLRev* **114:2** (Dez) 512-605

McGuiness, Michael Joseph 2000 »The Politics of Labor Regulation in North America: A Reconsideration of Labor Law Enforcement in Mexico« *University of Pennsylvania Journal of International Economic Law* **21:1** (Frühjahr) 1-40

McKay, David 1999 *Federalism and the European Union: A Political Economy Perspective* OUP

McKeown, Timothy J. 1984 »Firms and Tariff Regime Change: Explaining the Demand for Protection« *WldP* **36:2** (Jan) 215-233

Meier, Christian 1980 *Die Entstehung des Politischen bei den Griechen* Frankfurt/M.: Suhrkamp

Meyer, Bruce D. & Dan T. Rosenbaum 1999 »Welfare, the Earned Income Tax Credit, and the Labor Supply of Single Mothers« NBER (WP 7363)

Miegel, Meinhard 1983 *Die verkannte Revolution (I)* Stuttgart: Verlag Bonn Aktuell

Miles, Thomas J. 2000 »Common Law Exceptions to Employment at Will and U. S. Labor Markets« *Journal of Law, Economics, and Organization* **16:1** (April) 74-101

Milgrom, Paul & John Roberts 1990 »The Economics of Modern Manufacturing: Technology, Strategy, and Organization« *AER* **80:3** (Juni) 511-528

Milner, Helen V. 1988 *Resisting Protectionism: Global Industries and the Politics of International Trade* PUP

Mishel, Lawrence, Jared Bernstein & John Schmitt 1999 *The State of Work-*

ing America 1998-99 ILR Press at CorUP (jüngste Ausgabe 2000: *The State of Working America 2000-2001*)
Mitchell, Brian R. 1992[3] *International Historical Statistics: Europe 1750-1988* New York u. a.: Stockton (Basingstoke u. a.: Macmillan 1998[4])
– 1993[2] *International Historical Statistics: The Americas 1750-1988* Basingstoke u. a.: Macmillan
– 1995[2. rev.] *International Historical Statistics: Africa, Asia and Oceania 1750-1988* New York u. a.: Stockton
Mock, Wolfgang 1982 *Imperiale Herrschaft und nationales Interesse: ›Constructive Imperialism‹ oder Freihandel in Großbritannien vor dem ersten Weltkrieg* Stuttgart: Klett-Cotta
Moffat, James E. 1928 »Nationalism and Economic Theory« *JPE* **36:4** (Aug) 417-446
Moffit, Robert 1992 »Incentive Effects of the U. S. Welfare System: A Review« *JEL* **30:1** (März) 1-61
Molyneux, Candido Tomas Garcia 2001 *Domestic Structures and International Trade. The Unfair Trade Instruments of the United States and the European Union* Oxford, UK & Portland, OR: Hart Publ.
Montgomery, David 1987 *The Fall of the House of Labor: The Workplace, the State, and American Labor Activism, 1865-1925* CUP
Moravcsik, Andrew M. 1993 »Preferences and Power in the European Community: A Liberal Intergovernmentalist Approach« *Journal of Common Market Studies* **31:4** (Dez) 473-524
– 1998 *The Choice for Europe. Social Purpose and State Power from Messina to Maastricht* CorUP
– & Kalypso Nicolaïdis 1998 »Federal Ideals and Constitutional Realities in the Treaty of Amsterdam« *Journal of Common Market Studies. Annual Review* **36** 13-38
– & Kalypso Nicolaïdis 1999 »Explaining the Treaty of Amsterdam: Interests, Influence, Institutions« *Journal of Common Market Studies* **37:1** (März) 59-85
Moreno, Sara 2000 Steel Needs to Get Real (http://www.dismal.com/todaysecon/te1 102 002.asp – Nov 3)
Morgenson, Gretchen 2000 »Why a Soft Landing Could be Worse This Time« *NYT* Sep 10 *3*-1
Morton, Peter 2000 »Clinton Promises Relief From High Fuel Prices: Truckers Want Tax Lifted: Administration Worries Prices Will Trigger Inflation« *Financial Post* März 17, C-10
Moynihan, Daniel P. 1973 *The Politics of a Guaranteed Income: The Nixon Administration and the Family Assistance Plan* New York: Random House
Mullainathan, Sendhil & Richard H. Thaler 2000 »Behavioral Economics« NBER (WP 7948)

Murray, Charles A. 1984[1] *Loosing Ground. American Social Policy, 1950-1980* New York: Basic Books (1994[2])
– 1999 »The Underclass Revisited« AEI Papers and Studies (http://www.aei.org/ps/psmurray.htm – Feb 4)
Mussa, Michael L. 1993 »Making the Practical Case for Freer Trade« *AERPP* **83**:2 (Mai) 372-376
Mussler, Werner 1998 *Die Wirtschaftsverfassung der Europäischen Gemeinschaft im Wandel: Von Rom nach Maastricht* Baden-Baden: Nomos
Myles, John & Paul Pierson, 1997 »Friedman's Revenge: The Reform of ›Liberal‹ Welfare States in Canada and the United States« *Politics & Society* **25**:4 (Sep) 443-472
Myrdal, Gunnar 1957 »Economic Nationalism and Internationalism« *Australian Outlook* **11**:1 3-50
Naifeh, Mary 1998 *Dynamics of Economic Well-Being, Poverty 1993-94: Trap Door? Revolving Door? Or Both?* Washington, DC: U.S. Census Bureau (Current Population Reports, Household Economic Studies P70-63, Juli)
Nathan, Richard P. & Thomas L. Gais 1999 »Implementing the Personal Responsibility Act of 1996: A First Look« Albany, NY: Nelson A. Rokkefeller Institute of Government
Nelson, Joan M. 1990 *Economic Crisis and Political Choice: The Politics of Adjustment in the Third World* PUP
Neumann, Franz L[eopold] 1984 [1963[1]] *Behemoth. Struktur und Praxis des Nationalsozialismus 1933-1944* Frankfurt/M.: Fischer (1977[1] – nach New York: Octagon 1963[3. rev.]; engl. 1942[1])
Neumann, John von & Oskar Morgenstern 1944[1] *Theory of Games and Economic Behavior* (1957[2], 1990[3]) PUP (dt. Ausgabe: *Spieltheorie und wirtschaftliches Verhalten* Würzburg: Physica-Verl. 1961)
Neumann, Sigmund 1949 »The International Civil War« *WldP* **1**:3 (April) 333-350
Newhouse, Joseph P. 1996 »Policy Watch: Medicare« *JEP* **10**:3 (Sommer) 159-167
Nickell, Stephen J. 1998 »The Collapse in the Demand for the Unskilled: What Can be Done?« in: Freeman/Gottschalk 297-319
Nivola, Pietro S. 1997 »American Social Regulation Meets the Global Economy« in: ders., Hg. *Comparative Disadvantages. Social Regulations and the Global Economy* Brookings 16-65
Noble, Charles 1997 *Welfare As We Knew It: A Political History of the American Welfare State* OUP
Noelle-Neumann, Elisabeth 1998 »Ein Riß teilt das Land. Abschied vom sozialen Klima der Nachkriegszeit« *FAZ* 18. Nov, 5
Noland, Marcus 1997 »Chasing Phantoms: The Political Economy of USTR« IIE (WP 97-1)

Nullmeier, Frank & Friedbert W. Rüb 1993 *Die Transformation der Sozialpolitik. Vom Sozialstaat zum Sicherungsstaat* Campus
Nunnenkamp, Peter, Erich Gundlach & Jamuna P. Agarwal 1994 *Globalisation of Production and Markets* Mohr (Kieler Studien 262)
Nye, Joseph S., Jr. & John D. Donahue, Hg. 2000 *Governance in a Globalizing World* Brookings
Oates, Wallace E. 1999 »An Essay on Fiscal Federalism« *JEL* **37:3** (Sep) 1120-1149
Obinger, Herbert & Uwe Wagschal, Hg. 2000 *Der gezügelte Wohlfahrtsstaat: Sozialpolitik in reichen Industrienationen* Campus
Obstfeld, Maurice & Kenneth Rogoff 2000 »The Six Major Puzzles in International Macroeconomics: Is There a Common Cause?« NBER (WP 7777)
Odell, John S. 1990 »Understanding International Trade Policies: An Emerging Synthesis« *WldP* **43:1** (Okt) 139-167
– 2000 *Negotiating the World Economy* CorUP
OECD 1983 *National Accounts: Main Aggregates 1952-1981* Paris: OECD
– 1995 *National Accounts: Main Aggregates 1960-1993* Paris: OECD
– Hg. 1997 *Societal Cohesion and the Globalising Economy. What Does the Future Hold* Paris: OECD
– 1999a *Historical Statistics 1960-1997* Paris: OECD
– 1999b *OECD Health Data* Paris: OECD, CD-Rom
2000 *Private Pension Systems and Policy Issues* Brookings
Offe, Claus 1997 »Towards a New Equilibrium of Citizen's Rights and Economic Resources?« in: OECD 1997: 81-108
O'Halloran, Sharyn 1994 *Politics, Process, and American Trade Policy* UMicP
Ohmae, Kenichi 1995 *The End of the Nation State. The Rise of Regional Economies* New York u. a.: The Free Press (= *Der neue Weltmarkt* Hamburg: Hoffmann & Campe 1996)
– 2000 *The Invisible Continent: Four Strategic Interpretations of the New Economy* New York: HarperBusiness (dt.: *Der unsichtbare Kontinent. Vier strategische Imperative für die New Economy* Wien u. a.: Überreuter Wirtschaftsverl. 2001)
O'Leary, Christopher J. O. & Stephen A. Wandner, Hg. 1997 *Unemployment Insurance in the United States. Analysis of Policy Issues* Kalamazoo, MI: W. E. Upjohn Institute for Employment Research
Olson, Mancur, Jr. 1963 »Rapid Growth as a Destabilizing Force« *JEconHis* **23:4** (Dez) 529-552
– 1965[1] *The Logic of Collective Action: Public Goods and the Theory of Groups* HUP (1971[2. rev.]; = *Die Logik des kollektiven Handelns: Kollektivgüter und die Theorie der Gruppen* Mohr 1998)
– 1982 *The Rise and Decline of Nations. Economic Growth, Stagflation,*

and Social Rigidities YUP (= *Aufstieg und Niedergang von Nationen: Ökonomisches Wachstum, Stagflation und soziale Starrheit* Übers. Gerd Fleischmann, Mohr 1985)
– 1987 »Economic Nationalism and Economic Progress« *WE* **10:3** 241-264
– 2000 *Power and Prosperity: Outgrowing Communist and Capitalist Dictatorships* New York: Basic Books
O'Rourke, Kevin H. & Jeffrey G. Williamson, Hg. 1999 *Globalization and History: The Evolution of a 19th Century Atlantic Economy* MIT
Osberg, Lars 2000 »Long Run Trends in Economic Inequality in Five Countries (A Birth Cohort View« Luxembourg: LIS (WP 222)
Osborne, David E. 1988[1] *Laboratories of Democracy* Boston, MA: Harvard Business School Press (1990[2])
Osterloh, Margit & Antoinette Weibel 1996 »Handlungsspielräume eines multinationalen Unternehmens – Das Beispiel ABB« in: Pamela Meil, Hg. *Globalisierung industrieller Produktion. Strategien und Strukturen. Ergebnisse des Expertenkreises »Zukunftsstrategien«* Band II, Campus 123-148
Paqué, Karl-Heinz 1998 »Structural Unemployment in Europe: A Bird's Eye View« in: Addison/Welfens 17-43
– 1999a »Beschäftigung für Arbeitskräfte mit geringer Produktivität: Ein Beitrag zum Umbau des Sozialstaats« *JbbNSt* **219:1/2** 194-215
– 1999b *Structural Employment and Real Wage Rigidity in Germany* Mohr
Parker, Geoffrey 2000 »Ratzel, the French School and the Birth of Alternative Geopolitics« *Political Geography* **19:8** 957-969
Patterson, James T. 1994 *America's Struggle Against Poverty, 1900-1994* HUP
– 1996[1] *Grand Expectations: The United States, 1945-1974* OUP (2000[2])
Paul, Joel R. 1998 »The Geopolitical Constitution: Executive Expediency and Executive Agreements« *California Law Review* **86:4** (Juli) 671-773
Pauly, Mark V. 1997 *Health Benefits at Work. An Economic and Political Analysis of Employment-Based Health Insurance* UMicP
Pear, Robert 2000 »Number of Insured Americans Up for the First Time Since '87« *NYT* Sep 29 *A*-15
Peng, Shin-yi 2000 »The WTO Legalistic Approach and East Asia: From the Legal Culture Perspective« *Asian-Pacific Law & Policy Journal* **1:2** Artikel 13, 35 S. (http://www.hawaii-edu/aplpj).
Penner, Rudolph G., Isabel V. Sawhill & Timothy Taylor, Hg. 2000 *Updating America's Social Contract: Economic Growth and Opportunity in the New Century* New York: Norton
Perrez, Franz-Xaver 1998 »The Efficiency of Cooperation: A Functional Analysis of Sovereignty« *ArizJICL* **15:2** (Frühjahr) 515-582
Peterson, Paul E. 1995 *The Price of Federalism* Brookings

– & Mark Rom 1989 »American Federalism, Welfare Policy, and Residential Choices« *APSR* **83:3** (Sep) 711-728
Pfaff, William 1997 »Don't Forget That Globalization Creates Losers, Too« *IHT* Nov 13, 8
Phelps, Edmund S. 1994 »Low-wage Employment Subsidies versus the Welfare State« *AERPP* **84:2** (Mai) 54-58
Picot, Arnold & Ralf Reichwald 1994 »Auflösung der Unternehmung? Vom Einfluß der IuK-Technik auf Organisationsstrukturen und Kooperationsformen« *ZfB* **64:5** (Mai) 547-570
– & Tanja Ripperger & Birgitta Wolff 1996 »The Fading Boundaries of the Firm: The Role of Information and Communication Technology« *Journal of Institutional and Theoretical Economics* **152:1** 65-79
Pierson, Paul 1993 »When Effect Becomes Cause: Policy Feedback and Political Change« *WlP* **45:4** (Juli) 595-628
– 1994 *Dismantling the Welfare State? Reagan, Thatcher and the Politics of Retrenchment* CUP
– 1995 »Fragmented Welfare States: Federal Institutions and the Development of Social Policy« *Governance* **8:4** 449-478
– 1996 »The New Politics of the Welfare State« *WldP* **48:2** (Jan) 143-179
– 1998 »Irresistible Forces, Immovable Objects: Post-Industrial Welfare States Confront Permanent Austerity« *JEPP* **5:4** (Dez) 539-560
– Hg. 2001 *The New Politics of the Welfare State* OUP
Pincus, Jonathan J. 1977 *Pressure Groups and Politics in Antebellum Tariffs* ColUP
Polanyi, Karl 1978[1] [1944[1]] *The Great Transformation. Politische und ökonomische Ursprünge von Gesellschaften und Wirtschaftssystemen* Frankfurt/M.: Suhrkamp (1997[4]; engl. 1944[1])
Polanyi, Michael 1945[1] *Full Employment and Free Trade* CUP (1948[2])
Power, Paul E. 1968 »American Employer Behavior in the International Labor Organization« *Midwest Journal of Political Science* **12:2** 259-278
Prasad, Eswar S. 2000 »The Unbearable Stability of the German Wage Structure: Evidence and Interpretation« Washington, DC: IMF (WP 00/22)
Prechal, Sacha 2000 »Does Direct Effect Still Matter?« *Common Market Law Review* **37:5** (Okt) 1047-1069
Preeg, Ernest H. 1995 *Traders in a Brave New World. The Uruguay Round and the Future of the International Trading System* UChiP
Proff, Heike 1997 »Bedeutung der zunehmenden Regionalisierung der Weltwirtschaft für die Gesamtunternehmensstrategien international diversifizierter Unternehmen« *ZfB* **67:5/6** (Mai/Juni) 601-625
– & Harald V. Proff 1996 »Bedeutung der zunehmenden Regionalisierung der Weltwirtschaft für die Wettbewerbsstrategien international tätiger Unternehmen« *ZfB* **66:4** (April) 437-457
Pryor, Frederic L. & David L. Schaffer 1999 *Who's Not Working and Why?*

Employment, Cognitive Skills, Wages, and the Changing U.S. Labor Market CUP

Przeworski, Adam & John Sprague 1986 *Paper Stones. A History of Electoral Socialism* UnivChicPress

Puurunen, Tapio 2000 »The Legislative Jurisdiction of States over Transactions in International Electronic Commerce« *John Marshall Journal of Computer & Information Law* **18:3** (Frühjahr) 689-753

Quadagno, Jill S. 1994 *The Color of Welfare. How Racism Undermined the War on Poverty* OUP

Quian, Yingyi & Barry R. Weingast 1997 »Federalism as a Commitment to Preserving Market Incentives« *JEP* **11:4** (Herbst) 83-92

Rainwater, Lee 1974 *What Money Buys: Inequality and the Social Meanings of Income* New York: Basic Books

Ramaswamy, Ramana 1994 »The Structural Crisis in the Swedish Economy« *IMF Staff Papers* **41:2** 367-379

Ratzel, Friedrich 1923[3. rev.] *Politische Geographie*, durchges. & erg. v. Eugen Oberhummer, München & Berlin: Oldenbourg (1897[1], 1903[2. rev.]; 1974 Neudruck[3])

– 1940 »Raumverhältnisse und Raumbewältigung« in: ders. *Erdenmacht und Völkerschicksal* Stuttgart: Kröner 137-148

Reagan, Michael D. 1999 *The Accidental System: Health Care Policy in America* Boulder, CO: Westview

Reich, Charles A. 1975 »Das neue Eigentum« *ZSR* **21:5** 257-278 (I); :6 321-346 (II); :7 396-419 (III) (Einleitung Stephan Leibfried & Florian Tennstedt **21:5** 257-262)

Reinicke, Wolfgang J. 1998 *Global Public Policy: Governing Without Government?* Brookings

Renzsch, Wolfgang 1997 »Einheitlichkeit der Lebensverhältnisse oder Wettbewerb der Regionen?« *Staatswissenschaften und Staatspraxis* **8:1** 87-109

Reuß, Mathias 1999 *Menschenrechte durch Handelssanktionen. Die Durchsetzung sozialer Standards im Rahmen der WTO* Baden-Baden: Nomos (Veröffentl. aus dem Institut für intern. Angelegenheiten der Univ. Hamburg 24)

Reynolds, Glenn Harlan 1995 »Is Democracy Like Sex?« *Vanderbilt Law Review* **48:6** (Nov) 1635-1661

Ricardo, David 1973 [1817] *Principles of Political Economy and Taxation* London, UK und Dent, VE: Dutton (Everyman's Library)

Ricci, David M[orgenstein] 1970 »Democracy Attenuated: Schumpeter, the Process Theory, and American Democratic Thought« *Journal of Politics* **32:2** (Mai) 239-267

Rieger, Elmar 1995a »The Common Agricultural Policy« in: Wallace/Wallace[3] 194-230

– 1995b »Protective Shelter or Straitjacket: An Institutional Analysis of

the Common Agricultural Policy of the European Community« in: Leibfried/Pierson 194-230 (= »Schutzschild oder Zwangsjacke: Zur institutionellen Struktur der Gemeinsamen Agrarpolitik« in: Leibfried/Pierson 1998: 240-280)
– 1997 »Amerikanische Sozialpolitik und die Theorie des Wohlfahrtsstaates (Besprechungsessay)« *KZfSS* **49**:2 327-334
– 1998a »Soziologische Theorie und Sozialpolitik im entwickelten Wohlfahrtsstaat« in: Stephan Lessenich & Ilona Ostner, Hg. *Welten des Wohlfahrtskapitalismus. Der Sozialstaat in vergleichender Perspektive* Campus 59-90
– 1998b »Wohlfahrtsstaat und Globalisierung. Antikritisches zu Erklärungsproblemen und Interpretationsversuchen« *PVS* **39**:4 819-828
– 1999a »Global Capitalism and the Politics of Social Policy Reform in Germany and in the United States« in: Carl Lankowski, Hg. *Responses to Globalization in Germany and in the United States. Seven Sectors Compared* AICGS (Research Report 10) 101-129
– 1999b *Auf dem Holzweg. Die Gemeinsame Agrarpolitik der Europäischen Union in institutionentheoretischer Perspektive* Universität Mannheim, Fakultät für Sozialwissenschaften: Habilitationsschrift
– 2000 »The Common Agricultural Policy« in: Wallace/Wallace[4] 179-210
Rieger, Elmar & Stephan Leibfried 1995 »Globalization and the Western Welfare State, An Annotated Bibliography« Bremen, Mannheim, Berlin, New York: GAAC/SSRC/Wissenschaftskolleg zu Berlin mit ZeS und Mannheimer Zentrum für Europäische Sozialforschung (ZeS AP 1/95) (http://www.zes.uni-bremen.de/D_arbeitspapiere1995.html)
– 1996a »Fundamente des Freihandels. Im Zeitalter der Globalisierung ist ein starker Wohlfahrtsstaat das beste Mittel gegen den wachsenden Hang zum Protektionismus« *DIE ZEIT* Feb 2, Nr. 6, 24
– 1996b »Wohlfahrtsstaat und Globalisierung. Standort Deutschland: Oder vom Einstieg in den Ausstieg aus der Weltwirtschaft?« *Neue Gesellschaft/Frankfurter Hefte* **43** (März) 217-221
– 1997 »Die sozialpolitischen Grenzen der Globalisierung« *PVS* **38**:4 771-796
– 1998a »Welfare State Limits to Globalization« *Politics & Society* **26**:4 (Sep) 363-390 (Auszug: Held/McGrew 2000: 332-337)
– 1998b »Wirtschaftliche Globalisierung und Sozialpolitik (Zur Analyse einer Wechselbeziehung am Beispiel der USA« *sfb 186-report* 7 Juli 1-10 (= in: Holger Backhaus-Maul, Hg. *Von der Sozialhilfe in die Erwerbsarbeit: Die Welfare Reform in den USA* Frankfurt/M.: Eigenverlag des Deutschen Vereins für öffentl. und priv. Fürsorge 1999: 232-252)
– 1999 »Wohlfahrtsstaat und Sozialpolitik in Ostasien. Der Einfluß von Religion im Kulturvergleich« in: Gert Schmidt & Rainer Trinczek, Hg. *Globalisierung. Ökonomische und soziale Herausforderungen am Ende*

des 20. Jahrhunderts Baden-Baden: Nomos (Sonderbd. 13 *Soziale Welt*) 407-493
– 2000 »Wohlfahrtsmerkantilismus. Wechselwirkungen zwischen demokratischer Sozialpolitik und Welthandelsordnung« *Aus Politik und Zeitgeschichte* B 48 (Nov 24) 12-22
Rifkin, Jeremy 1995 *The End of Work: The Decline of the Global Labor Force and the Dawn of the Post-Market Era* New York: G. P. Putnam (= *Das Ende der Arbeit und ihre Zukunft* Übers. Thomas Steiner, Campus 1995[1]; Frankfurt/M.: Fischer 1999[5])
Riley, Trish & Elicia J. Herz 2000 »Reaching Uninsured Children: Are Medicaid and SCHIP Doing the Job?« Proceedings of a CRS Seminar, Washington, DC: Congressional Research Service, Juli 25 (Order Code RL 30632)
Rimlinger, Gaston V. 1977 »Labor and the Government: A Comparative Historical Perspective« *JEH* **37:1** (März) 210-225
Ringlstetter, Max & Peter Skrobarczyk 1994 »Die Entwicklung internationaler Strategien. Ein integrierter Bezugsrahmen« *ZfB* **64:3** (März) 333-357
Riphahn, Regina T., Dennis J. Snower & Klaus F. Zimmermann, Hg. 2001 *Employment Policy in Transition: The Lessons of German Integration for the Labor Market* Berlin u. a.: Springer
Rittberger, Volker, unter Mitarbeit von Bernhard Zangl 1995[2] *Internationale Organisationen. Politik und Geschichte: Europäische und weltweite zwischenstaatliche Zusammenschlüsse* Opladen: Leske & Budrich (1994[1])
Ritter, Gerhard A. 1989[1] *Der Sozialstaat – Entstehung und Entwicklung im internationalen Vergleich* München: Oldenbourg (1991[2. rev.])
– 1991 *Soziale Frage und Sozialpolitik in Deutschland seit Beginn des 19. Jahrhunderts* L+B
Ritter, Lennart, W. David Braun & Francis Rawlinson 2000 *EC Competition Law: A Practioner's Guide* Den Haag & Boston, MA: Kluwer Law International
Ritzer, George 1997 *Die McDonaldisierung der Gesellschaft* Frankfurt/M.: Fischer (zuerst engl. 1995; überarb. 2000)
Robbins, Lionel C. 1937 *Economic Planning and International Order* London, UK u. a.: Macmillan
Rodgers, Daniel T. 1998 *Atlantic Crossings: Social Politics in a Progressive Age* The Belknap Press of HUP
Rodrik, Dani 1995 »Political Economy of Trade Policy« in: Gene M. Grossman & Kenneth Rogoff, Hg. *Handbook of International Economics* Bd. 3, Oxford: North Holland 1457-1494
– 1996 »Why do More Open Economies Have Bigger Governments?« NBER (WP 5537)
– 1997 »Has Globalization Gone Too Far?« *CalManRev* **39:3** (Frühjahr) 29-53

– 1998 *Has Globalization Gone Too Far?* IIE (= *Grenzen der Globalisierung. Ökonomische Integration and soziale Desintegration* Campus 2000 & Auszug: Held/McGrew 2000: 323-327)
– 2000a »How Far Will International Economic Integration Go?« *JEP* **14:1** (Winter) 177-186
– 2000b »Governance of Economic Globalization« in: Nye/Donahue 347-365
– 2001 »Trading in Illusions« *FP* März/April 55-62
Röpke, Wilhelm Theodor 1942 *International Economic Disintegration with an Appendix by Alexander Rüstow* London, UK: William Hodge (US-Reprint Philadelphia, PA: Porcupine Press 1978)
Rogers, Joel 1990 »Divide and Conquer: Further ›Reflections on the Distinctive Character of American Labor Laws‹« *Wisconsin Law Review* **1990:1** (Jan/Feb) 1-147
Rogowski, Ronald 1987 »Political Cleavages and Changing Exposure to Trade« *APSR* **81:4** (Dez) 1121-1137
– 1989 *Commerce and Coalitions: How Trade Affects Domestic Political Alignments* PUP
Roller, Edeltraut 1992 *Einstellungen der Bürger zum Wohlfahrtsstaat der Bundesrepublik Deutschland* Westdeutscher
Romano, Roberta 1987 »The State Competition Debate in Corporate Law« *Cardozo Law Review* **8:4** 709-757 (in Auszügen auch in dies., Hg. *Foundations of Corporate Law* OUP 1993: 87-93)
Romero, Alicia Cebada 1999 »Antidumping, Countervailing Duties, and Safeguard Measures: Comparison Between the Agreements of the European Community and Eastern European Countries and NAFTA« *ArizJICL* **16:2** (Frühjahr) 437-479
Rose-Ackerman, Susan 1981 »Does Federalism Matter? Political Choice in a Federal Republic« *JPE* **89:1** (Feb) 152-165
Rosenberg, Hans 1976 [1967[1]] *Große Depression und Bismarckzeit. Wirtschaftsablauf, Gesellschaft und Politik in Mitteleuropa* Frankfurt/M. u. a.: Ullstein (Berlin u. a.: Walter de Gruyter 1967[1])
Rosencranz, Armin & Richard Campbell 1999 »Foreign Environmental and Human Rights Suits Against U.S. Corporations in U.S. Courts« *Stanford Environmental Law Journal* **18:2** 145-208
Ross, Jan 1999 »Die Rückkehr der Gleichheit« *DIE ZEIT* Jan 14, Nr. 3, 3
Rothfels, Hans 1927 *Theodor Lohmann und die Kampfjahre der staatlichen Sozialpolitik, 1871-1905* Berlin: C. S. Mittler
Rothgang, Heinz 1997 *Ziele und Wirkungen der Pflegeversicherung. Eine ökonomische Analyse* Campus
Rothschild, Kurt W. 1947 »Price Theory and Oligopoly« *Economic Journal* 57,227 (Sep) 299-320
Rüthers, Bernd 1996 *Beschäftigungskrise und Arbeitsrecht: Zur Arbeits-*

marktpolitik der Arbeitsgerichtsbarkeit Bad Homburg: Frankfurter Institut – Stiftung Marktwirtschaft und Politik
– 1998 »Arbeitsrecht und ideologische Kontinuitäten?« *Neue Juristische Wochenschrift* **51**:20 1433-1440
– 2000 *Die Arbeitsgesellschaft im Umbruch (Krise auf Zeit oder Zerfall eines Leitbildes?* Köln: Wirtschaftsverlag Bachem
Ruggie, John Gerald 1982 »International Regimes, Transactions, and Change: Embedded Liberalism in the Postwar Economic Order« *IO* **36**:2 (Frühjahr) 379-415
– 1994 »Trade, Protectionism and the Future of Welfare Capitalism« *Journal of International Affairs* **48**:1 (Sommer) 1-11
Rugman, Alan M. & Andrew D. M. Anderson 1987 *Administered Protection in America* London, UK u. a.: Croom Helm
Russell, Brian R. 1999 »How Long Can You Tread Water? The Anti-Economics of Trade Remedy Law« in: Miguel Rodríguez Mendoza, Patrick Low & Barbara Kotschwar, Hg. *Trade Rules in the Making. Challenges in Regional and Multilateral Negotiations* Washington, DC: Organization of American States/Brookings 322-340
Sachverständigenrat zur Begutachtung der gesamtwirtschaftlichen Entwicklung 1998 *Vor weitreichenden Entscheidungen. Jahresgutachten 1998/99* Stuttgart: Metzler-Poeschel
– 1999 *Wirtschaftspolitik unter Reformdruck. Jahresgutachten 1999/2000* Stuttgart: Metzler-Poeschel
Salvatore, Dominick, Hg. 1993 *Protectionism and World Welfare* CUP
Sandefur, Gary D. & Marta Tienda, Hg. 1988 *Divided Opportunities. Minorities, Poverty, and Social Policy* New York: Plenum Press
Sanger, David 2000 »Making the World Safe for Motorola in Japan and General Motors in China« *NYT* Okt 29 4-1
Sawhill, Isabel V. 1995 »The Economist vs. Madmen in Authority« *JEP* **9**:3 (Sommer) 3-13
Schaefer, Matthew 1998 »Sovereignty Revisited: The ›Grey Areas‹ and ›Yellow Zones‹ of Split Sovereignty Exposed by Globalization: Choosing among Strategies of Avoidance, Cooperation, and Intrusion to Escape an Era of Misguided ›New Federalism‹« *Canada-United States Law Journal* **24** 35-72
Schanz, Kai-Uwe 1995 *Export, Lizenzvergabe oder Direktinvestition? Eine wirtschaftstheoretische Analyse unternehmerischer Internationalisierungsstrategien vor dem Hintergrund der neuen WTO-Welthandelsordnung* Chur und Zürich, CH: Rüegger
Scharpf, Fritz W. 1995 »Subventionierte Niedriglohnbeschäftigung statt bezahlter Arbeitslosigkeit?« *ZSR* **41**:2 (Feb) 65-82
– 1997 »Economic Integration, Democracy and the Welfare State« *JEPP* **4**:1 (März) 18-36
2000a »The Viability of Advanced Welfare States in the International

Economy: Vulnerabilities and Options« *JEPP* 7:2 (Juni) 190-228 (= Leibfried 2001: 123-150)
– 2000b »Economic Changes, Vulnerabilities, and Institutional Capabilities« in: Scharpf/Schmidt 2000: 21-124
– & Vivian A. Schmidt, Hg. 2000 *From Vulnerability to Competitiveness: Welfare and Work in the Open Economy* OUP, 2 Bde.
Schattschneider, Elmer E. 1935 *Politics, Pressures and the Tariff: A Study of Free Enterprise in Pressure Politics, as Shown in the 1929-1930 Revision of the Tariff* New York: Prentice-Hall (Neuaufl. University Microfilms 1975)
– 1975² [1960¹] *The Semisovereign People. A Realist's View of Democracy in America* Hinsdale, IL: Dryden Press
Schelkle, Waltraud 1999 »Welfare Reform in the United States: Lessons for a Future Social Federation of the EMU« AICGS (Policy Paper 9)
Schindler, Dietrich 1948 [1944] »Gedanken zum Wiederaufbau des Völkerrechts« in: ders. *Recht – Staat – Völkergemeinschaft. Ausgewählte Schriften aus dem Nachlaß* Zürich, CH: Schulthess & Co. 233-261
Schmähl, Winfried 1999 »Grundlegende Entscheidungen für Reformen im Bereich der Alterssicherung« *ZSR* 45:3 (März) 189-198
– 2000 »Alterssicherung in Deutschland: Weichenstellungen für die Zukunft – Konzeptionen, Maßnahmen und Wirkungen« in: Leibfried/Wagschal 381-417
Schmid, Günter, Bernd Reissert & Gert Bruche 1992 *Unemployment Insurance and Active Labor Market Policy. An International Comparison of Financing Systems* Detroit, MI: Wayne State University Press
Schmidt, Manfred G. 1998² *Sozialpolitik in Deutschland. Historische Entwicklung und internationaler Vergleich* L+B (1988¹)
– Hg. 2001a *Wohlfahrtsstaatliche Politik – Institutionen – Prozesse – Leistungsprofil* L+B
– 2001b »Sozialpolitik in der Ära Kohl. Die Jahre von 1982 bis 1989/90. Finanzielle Konsolidierung und institutionelle Reform in: BMA/Bundesarchiv 2001ff. (Bd. 7, in Vorbereitung)
Schmoller, Gustav [F. v.] 1884 »Das Merkantilsystem in seiner historischen Bedeutung: Städtische, territoriale und staatliche Wirtschaftspolitik« *Jahrbuch für Gesetzgebung, Verwaltung und Volkswirtschaft im Deutschen Reich* 8 15-61
Schoeni, Robert F. & Rebecca M. Blank 2000 »The Effects of Welfare Reform and Welfare Waivers on Welfare Participation, Employment, Income, Poverty, and Family Structure« NBER (WP 7627)
Schoepfle, Gregory K. 2000 »U.S. Trade Adjustment Assistance Policies for Workers« in: Deardorff/Stern 95-122
Schreyer, Söhnke 2000 »Die Sozial- und Gesundheitspolitik der Clinton-Administration« *Aus Politik und Zeitgeschichte* B 44 (Okt 27) 15-22
Schroeder, Wolfgang 2000 *Das Modell Deutschland auf dem Prüfstand.*

Zur Entwicklung der industriellen Beziehungen in Ostdeutschland Westdeutscher

Schröter, Harm G. 1996 »Cartelization and Decartelization in Europe, 1870-1995: Rise and Decline of an Economic Institution« *Journal of European Economic History* **25**:1 129-153

Schultze, Charles L. 1996 »The CEA: An Inside Voice for Mainstream Economics« *JEP* 10:3 (Sommer) 23-39

Schumpeter, Joseph A. 1946 Besprechung von Friedrich A. Hayek, *The Road to Serfdom*, *JPE* 54:3 (Juni) 269-270

– 1950[3] *Capitalism, Socialism and Democracy* New York: Harper and Row (1942[1]; zuletzt: London, UK u. a.: Routledge 1996 Vorw. Richard Swedberg; = *Kapitalismus, Sozialismus und Demokratie* Bern, CH: Francke 1946[1]; ebd. & München: Lehnen 1950[2. erw.]; Tübingen u. a.: Francke 1993[7. erw.])

– 1952 [1927] »Die goldene Bremse an der Kreditmaschine. Die Goldwährung und der Bankkredit« in: ders. *Aufsätze zur ökonomischen Theorie* Mohr 158-184

– 1991 [1940] »The Influence of Protective Tariffs on the Industrial Development of the United States« in: ders. *Essays: On Entrepreneurs, Innovations, Business Cycles, and the Evolution of Capitalism* TransPu 169-174

Schuster, Thomas 2000 »Die Entwicklung von Sozialstandards am Beispiel des Mutterschaftsurlaubes und Mutterschaftsgeldes: Ein europäischer Vergleich« in: Hilmar Schneider, Hg. *Europas Zukunft als Sozialstaat: Herausforderungen der Integration* Baden-Baden: Nomos 125-145

Scott, Robert E. 1997 »Pay Attention to Workers Before Taking the Fast Track« *IHT* Nov 5, 8

Seeleib-Kaiser, Martin 1996 »Sozialpolitik nach dem Ende des Ost-West-Konflikts« in: Herbert Dittgen & Michael Minkenberg, Hg. *Das amerikanische Dilemma. Die Vereinigten Staaten nach dem Ende des Ost-West-Konflikts* Paderborn: Schöningh 239-268

Senti, Richard 1986 *GATT: Allgemeines Zoll- und Handelsabkommen als System der Welthandelsordnung* Zürich, CH: Schulthess

– 1994 *GATT-WTO. Die neue Welthandelsordnung nach der Uruguay-Runde* Zürich, CH: Institut für Wirtschaftsforschung der ETH Zürich

– 2000 *WTO – System und Funktionsweise der Welthandelsordnung* Zürich, CH: Schulthess; Wien, A: Verlag Österreich

Shanks, Cheryl, Harald K. Jacobson & Jeffrey H. Kaplan 1996 »Inertia and Change in the Constellation of International Governmental Organizations, 1981-1992« *IO* 50:4 (Herbst) 593-629

Sheingate, Adam D. 2000 *The Rise of the Agricultural Welfare State. Institutions and Interest Group Power in the United States, France, and Japan* PUP

Sherwin, Richard K. 2000 *When Law Goes Pop. The Vanishing Line Between Law and Popular Culture* UChiP
Shlaes, Amity 1994 »Germany's Chained Economy« *FA* 73:5 109-124
Siebert, Horst 1996a »On the Concept of Locational Competition« Ifw (WP 731)
– Hg. 1996b *Sozialpolitik auf dem Prüfstand: Leitlinien für Reformen* Mohr
– 1999a *The World Economy* London, UK u. a.: Routledge
– Hg. 1999b *Globalization and Labor* Mohr
– 2000a »What Does Globalization Mean for the World Trade System?« in: The WTO Secretariate, Hg. *From GATT to the WTO: The Multilateral Trading System in the New Millenium* The Hague, NL: Kluwer Law International 137-165
– 2000b *Zum Paradigma des Standortwettbewerbs* Mohr
– 2000c »The Paradigm of Locational Competition« Ifw (Kieler Diskussionsbeiträge 367)
Siegel, Nico 2001 »Jenseits der Expansion? Sozialpolitik in westlichen Demokratien 1975-1995« in: Schmidt 2001a: 54-89
Simmel, Georg 1992 [1908[1]] *Soziologie. Untersuchungen über die Formen der Vergesellschaftung* Frankfurt/M.: Suhrkamp (= Gesamtausgabe Bd. 11) (zuerst Leipzig: D&H 1908)
Sinn, Hans-Werner 1995 »A Theory of the Welfare State« *Scandinavian Journal of Economics* 97:4 495-526
– 1996 »Social Insurance Incentives and Risk Taking« München: Center for Economic Studies (WP 102)
– 2000a »Eine Quarantäne-Station auf dem Weg in die Union. Die Osterweiterung wird für den westlichen Sozialstaat zur Zerreißprobe. Für eine zumindest temporäre Einführung des Heimatlandprinzips im Sozialwesen« *FAZ* Aug 12, 13
– 2000b »Die Osterweiterung der EU und die Zukunft des Sozialstaates« in: Leibfried/Wagschal 474-489
Sinn, Stefan 1992 »The Taming of Leviathan: Competition Among Governments« *Constitutional Political Economy* 3:2 177-196
Skocpol, Theda 1991 »Targeting within Universalism: Politically Viable Policies to Combat Poverty in the United States« in: Christopher Jencks & Paul E. Peterson, Hg. *The Urban Underclass* Brookings 411-436 (= Skocpol 1995: 250-274)
– 1995 *Social Policy in the United States. Future Possibilities in Historical Perspective* PUP
– 1997 *Boomerang: Health Care Reform and the Turn against Government* New York: W. W. Norton
– & Morris P. Fiorina, Hg. 1999 *Civic Engagement in American Democracy* Brookings/RSF
– & John Ikenberry 1983 »The Political Formation of the American Wel-

fare State in Historical and Comparative Perspective« *Comparative Social Research* **6** 87-148 [= in: Richard F. Thomasson, Hg. *The Welfare State, 1883-1983* Greenwich, CT u. a.: JAI Press]
Slaughter, Anne-Marie 2000a »Virtual Visibility. Secretive Global Technocrats Become Accountable on the World Wide Web« *FP* 121 (Nov/Dez) 84-85
– 2000b »Governing the Global Economy through Government Networks« in: Byers 177-205
– 2000c »A Liberal Theory of International Law« *Proceedings of 94th Annual Meeting of the International Law Society* 240-249
Small, Albion W. 1900 »The Scope of Sociology. II.: The Development of Sociological Method« *AJS* 5:5 (März) 617-647
Smart, Barry, Hg. 1999 *Resisting McDonaldization* London, UK u. a.: Sage
Smith, Adam 1937 [1776] *An Inquiry Into the Nature and Causes of the Wealth of Nations* New York: The Modern Library
Snower, Dennis J. 1994 »Converting Unemployment Benefits into Employment Subsidies« *AERPP* **84**:2 (Mai) 65-70
– 1997 »Challenges to Social Cohesion and Approaches to Policy Reform« in: OECD 1997: 39-60
Social Security Administration [Office of Research, Evaluation and Statistics] 1999 *Social Security Throughout the World* USGPO (SSA Publ. 13-11 805) (http://www.ssa.gov/statistics/ores_home.html)
Somary, Felix 1929 *Wandlungen der Weltwirtschaft seit dem Kriege* Mohr
Sombart, Werner 1906 *Warum gibt es in den Vereinigten Staaten keinen Sozialismus?* Mohr
Sørenson, Max 1952 »Federal States and the International Protection of Human Rights« *AmJIL* **46**:2 (April) 195-218
Soros, George 1998 *The Crisis of Global Capitalism: Open Society Endangered* London, UK: Little, Brown (= *Die Krise des globalen Kapitalismus: Offene Gesellschaft in Gefahr* Berlin: Fest 1998)
– 2001 *Die offene Gesellschaft. Für eine Reform des globalen Kapitalismus* Berlin: Fest
Soskice, David 1990 »Reinterpreting Corporatism and Explaining Unemployment: Co-ordinated and Non-co-ordinated Market Economies« in: Renato Brunetta & Carlo Dell'Aringa, Hg. *Labour Relations and Economic Performance* London, UK u. a.: Macmillan in association with the International Economic Association 170-211
– 1999 »Divergent Production Regimes: Coordinated and Uncoordinated Market Economies in the 1980s and 1990s« in: Kitschelt u. a. 101-134
Soto, Hernando de 2000 *The Mystery of Capitalism. Why Capitalism Triumphs in the West and Fails Everywhere Else* New York: Basic Books
Sowell, Thomas 2000 *Basic Economics. A Citizen's Guide to the Economy* New York: Basic Books

Spengel, Christoph & Frank Schmidt 1997 *Betriebliche Altersversorgung, Besteuerung und Kapitalmarkt. Ein Vergleich der Verhältnisse in Deutschland, Großbritannien, den Niederlanden und den USA* Baden-Baden: Nomos

Staderman, Hans-Joachim 1995 *Arbeitslosigkeit im Wohlfahrtsstaat. Eine Bestimmung ihres Ausmaßes und ihrer Ursachen illustriert mit Daten aus dem deutschen Arbeitsmarkt* Mohr

Statistisches Amt der Europäischen Gemeinschaften 1968 *Volkswirtschaftliche Gesamtrechnungen 1958-1967* Luxembourg: OOPEU

Statistisches Bundesamt 2000 [& früher] *Statistisches Jahrbuch für die Bundesrepublik Deutschland 1999* Stuttgart: Metzler-Poeschel

Stege, Dieter 1999 »Arbeitsrecht am Standort Deutschland – Kritische Anmerkungen eines Praktikers aus Anlaß einer wissenschaftlichen Auseinandersetzung«, in: Udo Isenhardt & Ulrich Preis in Verbindung mit dem Deutschen Arbeitsgerichtsverband e.V., Hg. *Arbeitsrecht und Sozialpartnerschaft. Festschrift für Peter Hanau* Köln: OUS Verlag Dr. Otto Schmidt 107-135

Steger, Ulrich, Hg. 1999 *Facetten der Globalisierung. Ökonomische, soziale und politische Aspekte* Berlin u. a.: Springer

Stephens, John D., Evelyne Huber & Leonard Ray 1999 »The Welfare State in Hard Times« in: Kitschelt u. a. 164-193

Stern, Brigitte 2000 »How to Regulate Globalization?« in: Byers 247-268

Stevens, Beth 1988 »Blurring the Boundaries: How the Federal Government Has Influenced Welfare Benefits in the Private Sector« in: Margaret Weir, Ann Shola Orloff & Theda Skocpol, Hg. *The Politics of Social Policy in the United States* PUP 123-148

Stevenson, Richard W. 2000 »Veto of Estate-Tax Repeal Survives Vote in the House« *NYT* Sep 8 *A*-14

Streeck, Wolfgang 1999 *Korporatismus in Deutschland: Zwischen Nationalstaat und Europäischer Union* Campus

Sunstein, Cass R. 1990 *After the Rights Evolution: Reconceiving the Regulatory State* HUP

Sutton, John R[aymond], Frank Dobbin, John W. Meyer & W. Richard Scott 1994 »The Legalization of the Workplace« *AJS* **99**:4 (Jan) 944-971

Swoboda, Frank 2000 »Big 3 Carmakers Give Health Benefits to Gay Partners« *IHT* Juni 10/11, 3

Sykes, Alan O., Jr. 1998 »Comparative Advantage and the Normative Economics of International Trade Policy« *Journal of International Economics* **1**:1 49-82

– 1999 »Regulatory Protectionism and the Law of International Trade« *University of Chicago Law Review* **66**:1 (Winter) 1-46

Sykes, Robert, Bruno Palier & Pauline Prior, Hg. 2000 *Globalization and European Welfare States: Challenges and Changes* London, UK: Macmillan

Tandy, David W. 1997 *Warriors into Traders. The Power of the Market in Early Greece* UCalP
Tanzi, Vito 2000 »Globalization and the Future of the Welfare State« Washington, DC: IMF (WP 00/12)
Taussig, Frank W. 1888 »The Early Protective Movement and the Tariff of 1828« *PSQ* **3**:1 (März) 17-45
– 1966 [1931[8]] *The Tariff History of the United States* New York: Johnson Reprint Corp. (Nachdruck v. New York u. a.: G. P. Putnam 1931[8. rev.])
Taylor, Alan & Jeffrey G. Williamson 1997 »Convergence in the Age of Mass Migration« *European Review of Economic History* **1**:1 (April) 27-63 (= NBER 4711)
Taylor, Peter J[ames], Hg. 1993 *Political Geography of the Twentieth Century. A Global Analysis* London, UK & New York: Belhaven Press/Halstad Press
Teixeira, Ruy A. & Joel Rogers 2000 *America's Forgotten Majority: Why the Working Class Still Matters* New York: Basic Books
Teles, Steven M. 1996 *Whose Welfare? AFDC and Elite Politics* Lawrence, KA: University of Kansas Press (mit Nachwort 1998[2])
Terrill, Tom E. 1969 »David A. Wells, the Democracy, and Tariff Reduction, 1877-1894« *Journal of American History* **56**:3 (Dez) 540-555
Thibout, Charles M. 1956 »A Pure Theory of Local Expenditures« *JPE* **64**:5 (Okt) 416-424
Thomasius, Christian 1950 [1707] »Vorrede« in: Grotius 1-28
Thomson, Janice E. & Stephen D. Krasner 1989 »Global Transactions and the Consolidation of Sovereignty« in: Ernst-Otto Czempiel & James N. Rosenau, Hg. *Global Changes and Theoretical Challenges. Approaches to World Politics for the 1990s* Lexington, MA: Lexington Books 195-219
Thurow, Lester C. 1992 *Head to Head: The Coming Economic Battle among Japan, Europe and America* New York: Morrow (= *Kopf an Kopf. Wer siegt im Wirtschaftskrieg zwischen Europa, Japan und den USA* Übers. Bernd Rüttner, Düsseldorf: Econ Verlag 1993; vgl. a.: *Die Zukunft des Kapitalismus. Leben im 21. Jahrhundert* Regensburg: Metropolitan 1996)
Tiefenbrunner, Susan 2000 »Free Trade and Protectionism: The Semiotics of Seattle« *ArizJICL* **7**:2 (Frühjahr) 257-282
Tilly, Richard & Paul J. J. Welfens, Hg. 1999 *Economic Globalization, International Organizations and Crisis Management. Contemporary and Historical Perspectives on Growth, Impact and Evolution of Major Organizations in an Interdependent World* Heidelberg u. a.: Springer
Timmer, Ashley S. & Jeffrey G. Williamson 1998 »Immigration Policy Prior to the 1930s: Labor Markets, Policy Interaction, and Globalization Backlash« *Population and Development Review* **24**:4 (Dez) 739-771

Tocqueville, Alexis de 1966 [1848] *Democracy in America* Übers. George Lawrence; Jacob Peter Mayer, Hg., New York: Harper & Row (= *Über die Demokratie in Amerika* Übers. Hans Linden, Zürich, CH: Manesse 1987)
Tönnies, Ferdinand 1926 *Die Entwicklung der sozialen Frage bis zum Weltkriege* Berlin & Leipzig: de Gruyter
Tonelson, Alan 1994 »Beating Back Predatory Trade« *FA* 73:4 123-135
Toner, Robin 2001 »Before Leaving Health Agency, Shalala Offers a Little Advice on a Big Job« *NYT* Jan 16 *A*-16
Torres, Raymond 2000 *Towards a Socially Sustainable World Economy. An Analysis of the Social Pillars of Globalization* Genf, CH: ILO
Tschierschky, Siegfried 1924 *Wirtschaftsverfassung* Breslau: F. Hirt
Tullock, Gordon 1988 *Wealth, Poverty, and Politics* Oxford, UK u. a.: Blackwell
Tversky, Amos & Daniel Kahneman 1981 »The Framing of Decisions and the Psychology of Choice« *Science* **211**,4481 453-458
UNCTAD 2000 *World Investment Report 2000: Cross-border Mergers and Acquisitions and Development* New York: United Nations
UNDP 1999 *Human Development Report 1999* New York: UNDP
U. S. Census Bureau, U. S. Department of Commerce 1976 *The Statistical History of the United States. From Colonial Times to the Present* New York: Basic Books
– 2000 [120] [& früher] *Statistical Abstract of the United States. The National Data Book* USGPO (http://www.census.gov/statab/www)
U. S. Department of Health and Human Services (DHHS), National Center for Health Statistics (NCHS) 2000 *Health United States, 2000. With Adolescent Health Chart Book* Hyattsville, MD: NCHS (http://www.cdc-gov/nchs/data/hus00.pdf)
U. S. International Trade Commision 2000 *Value of U. S. Imports for Consumption, Duties Collected, and Ratio of Duties to Values 1891-1999* Washington, DC: USITC, Statistical and Editorial Services Division
VDR (Verband Deutscher Rentenversicherungsträger) 2000 *Rentenversicherung in Zeitreihen, VDR-Statistik Aktiv Versicherte* Frankfurt/M.: VDR
Verhovek, Sam Howe 2000 »Frustration Grows With Cost of Health Insurance« *NYT* Sep 18 *A*-1, 20
Vernon, Raymond 1971 *Sovereignty at Bay: The Multinational Spread of U. S. Enterprises* New York: Basic Books
– 1977 *Storm Over the Multinationals: The Real Issues* HUP
Viner, Jacob 1949 »Power versus Plenty as Objectives of Foreign Policy in the Seventeenth and Eighteenth Centuries« *WldP* **1**:1 (Okt) 1-29
Visser, Jelle & Anton Hemerijck 1997 *A Dutch Miracle. Job Growth, Welfare Reform and Corporatism in the Netherlands* Amsterdam: Amsterdam University Press (= *Ein holländisches Wunder? Reform des Sozial-*

staates und Beschäftigungswachstum in den Niederlanden Campus 1998)
– 2000 »Die pragmatische Anpassung des niederländischen Sozialstaates – ein Lehrstück?« in: Leibfried/Wagschal 452-473
Voigt, Stefan 1992 *Die Welthandelsordnung zwischen Konflikt und Stabilität. Konfliktpotentiale und Konfliktlösungsmechanismen* Freiburg i. Br.: R. Haufe
Volkert, Jürgen 1998 *Existenzsicherung in der marktwirtschaftlichen Demokratie. Normativer Anspruch, ökonomische Rationalität und sozialpolitische Realität* Heidelberg: Physica-Verl.
Walker, Robert & Michael Wiseman 1997 »The Possibilities of a British Earned Income Tax Credit« *Fiscal Studies* **18**:4 401-425
Wallace, Helen S. & William Wallace, Hg. 2000[4] *Policy-Making in the European Union* OUP (1995[3], 1977[1])
Wallace, Michael & J. David Singer 1970 »Intergovernmental Organization in the Global System, 1815-1964: A Quantitative Description« *IO* **24**:2 (Frühjahr) 239-287
Wallerstein, Michael 1987 »Unemployment, Collective Bargaining, and the Demand for Protection« *APSR* **31**:4 (Nov) 729-752
Wallis, John Joseph 1984 »The Birth of the Old Federalism: Financing the New Deal, 1932-1940« *JEH* **44**:1 (März) 139-159
Walter, Gregor, Sabine Dreher & Marianne Beisheim 1999 »Globalization Processes in the OECD World« *Global Society* **13**:3 229-250
Waltz, Kenneth N. 1962 »Kant, Liberalism, and War« *APSR* **56**:2 (Juni) 331-340
– 1970 »The Myth of National Interdependence« in: Charles P. Kindleberger, Hg. *The International Corporation. A Symposium* MIT 205-223
Weaver, R. Kent 1988 *Automatic Government. The Politics of Indexation* Brookings
– 1997 »Ending Welfare as We Know it: Policy Making for Low Income Families in the Clinton/Gingrich Era« in: Weir 361-416
– 2000 *Ending Welfare as We Know it* Brookings
Weber, Alfred 1913 »Neuorientierung in der Sozialpolitik?« *ASS* **36**:1 1-13
Weber, Max 1908 »Die Grenznutzenlehre und das ›psychophysische Grundgesetz‹« *ASS* **27**:2 546-558
– 1924 [1909] »Agrarverhältnisse im Altertum« in: ders. *Gesammelte Aufsätze zur Sozial- und Wirtschaftsgeschichte* Mohr 1-288
– 1956[2. erg.]a *Soziologie – Weltgeschichtliche Analysen – Politik* Eduard Baumgarten, Einl.; Johannes Winckelmann, Hg. & Erläuterer, Stuttgart: Kröner (als *Soziologie – Universalgeschichtliche Analysen – Politik* 1992[6])
– 1956b [1904] »Die ›Objektivität‹ sozialwissenschaftlicher Erkenntnis« in: ders. 1956a: 186-262
– 1958[3. erg.] [1923[1]] *Wirtschaftsgeschichte. Abriß der universalen Sozial- und Wirtschaftsgeschichte*, Johannes Winckelmann, Hg., D&H

– 1972 [1921] *Wirtschaft und Gesellschaft. Grundriß der verstehenden Soziologie* Mohr
– 1980a *Gesammelte Politische Schriften* Mohr
– 1980b [1895] »Der Nationalstaat und die Volkswirtschaftspolitik« in: ders. 1980a: 1-25 (Akademische Antrittsrede)
– 1980c [1917] »Wahlrecht und Demokratie in Deutschland« in: ders. 1980a: 245-291
– 1980d [1918] »Parlament und Regierung im neugeordneten Deutschland« in: ders. 1980a: 306-443
– 1993 [1894] »Argentinische Kolonistenwirthschaften« in: ders. *Landarbeiterfrage, Nationalstaat und Volkswirtschaftspolitik. Schriften und Reden 1892-1899* Mohr (MWG I/4-I [1. Halbband]) 286-303
– 1996 [1906] »Zur Lage der bürgerlichen Demokratie in Rußland« in: ders. *Zur Russischen Revolution von 1905 (Schriften und Reden 1905-1912),* Wolfgang J. Mommsen mit Dittmar Dahlmann, Hg., Mohr (= MWG I/10) 1-104
– 2000 [1922] *Wirtschaft und Gesellschaft. Die Wirtschaft und die gesellschaftlichen Ordnungen und Mächte* Teilband 5: *Die Stadt* Wilfried Nippel, Hg., Mohr (MGW I/22-5 [Teilband 5])
Weber, Steven 1997 »The End of the Business Cycle?« *FA* **76:**4 (Juli/Aug) 65-82
Weide, Ursula 1998 »A Comparison of American and German Cost Containment in Health Care: Tort Liability of U. S. Managed Care Organizations vs. German Health Care Reform Legislation« *The Tulane European and Civil Law Forum* **13** (Winter) 47-110
Weigert, Hans W[erner] 1941 *German Geopolitics* OUP
– 1942 *Generals and Geographers: The Twilight of Geopolitics* OUP
Weiler, Joseph H.H. 1999 *The Constitution of Europe: »Do the New Clothes Have an Emperor?« and Other Essays on European Integration* CUP
Weiner, Tim & Graham Gori 2000 »Can Mexico's New Leader Really Work Wonders?« *NYT* Okt 29 *3*-1, 12
Weingast, Barry R. 1995 »The Economic Role of Political Institutions: Market-Preserving Federalism and Economic Development« *Journal of Law, Economics, and Organization* **11:**1 (April) 1-31
Weir, Margaret 1992 *Politics and Jobs. The Boundaries of Employment Policy in the United States* PUP
– Hg. 1997 *The Social Divide. Political Parties and the Future of Activist Government* Brookings/RSF
Weisbrod, Carol 1999/2000 »Insurance and the Utopian World« *Connecticut Insurance Law Journal* **6:**2 381-422
Weizsäcker, Carl Christian von 1999 *Logik der Globalisierung* Göttingen: Vandenhoeck & Ruprecht
Welch, Lawrence S[tephenson] 1993 »Outward Foreign Licensing by Aus-

tralian Companies« in: Peter J. Buckley & Pervez N. Ghauri, Hg. *The Internationalisation of the Firm. A Reader*[1] London, UK u. a.: Academic Press 64-90 (1999[2. erw.])
Wellisch, Dietmar & Uwe Walz 1998 »Why Do Rich Countries Prefer Free Trade Over Free Migration? The Role of the Welfare State« *European Economic Review* **42**:8 1595-1612
Western, Bruce 1997 *Between Class and Market. Postwar Unionization in the Capitalist Democracies* PUP
Wiebe, Robert H. 1967 *The Search for Order 1877-1920* New York: Hill and Wang
Wilkins, Mira & Harm G. Schroeter, Hg. 1998 *The Free Standing Company in the World Economy, 1830-1996* OUP
Williamson, Jeffrey G. 1964 *American Growth and the Balance of Payments, 1820-1913. A Study of the Long Swing* Chapel Hill, NC: University of North Carolina Press
– 1974 *Late Nineteenth Century American Development: A General Equilibrium History* CUP
– 1995 »The Evolution of Global Labor Markets Since 1830: Background Evidence and Hypothesis« *Explorations in Economic History* **32**:2 (April) 141-196
– 1996 »Globalization, Convergence, and History« *JEH* **56**:2 (Juni) 1-30
– 1997 »Globalization and Inequality. Past and Present« *World Bank Research Observer* **12**:2 (Aug) 117-135
– 1998a »Globalization and the Labor Market: Using History to Inform Policy« in: Aghion/Williamson 103-200
– 1998b »Globalization, Labor Markets and Policy Backlash in the Past« *JEP* **12**:4 (Herbst) 51-72
Williamson, Oliver E. 1990 [1985] *Die ökonomischen Institutionen des Kapitalismus. Unternehmen, Märkte, Kooperationen* Mohr (zuerst engl. 1985)
Wilson, Woodrow 1925[1911] »Inaugural Adress as Governor of New Jersey« in: ders., *The Public Papers of Woodrow Wilson* Bd. 2, New York: Harper & Row 270-282
Winham, Gilbert R. 1986 *International Trade and the Tokyo Round Negotiation* PUP
Wiseman, Michael 1997 »Welfare Reform in the United States: A Background Paper« *Housing Policy Debate* **7**:3 1-54
Wolff, Birgitta 1996 »Incentive-Compatible Change Management in a Welfare State: Asking the Right Questions in the German Standort-Debate« Cambridge, MA: Harvard University, Center for European Studies (WP Series 6.4)
– & Edward P. Lazear 2001 *Einführung in die Personalökonomik* Stuttgart: Schäffer-Poeschel

Wollheim, Richard 1958 »Democracy« *Journal of the History of Ideas* **19:2** (April) 225-242
Woo, Wing Thye, Jeffrey D. Sachs & Klaus Schwab, Hg. 2000 *The Asian Financial Crisis. Lessons for a Resilient Asia* MIT
Wood, Adrian 1995 *North-South Trade, Employment and Inequality. Changing Fortunes in a Skill-Driven World* ClarP
– 1997 »Openness and Wage Inequality in Developing Countries: The Latin American Challenge to East Asian Conventional Wisdom« *World Bank Economic Review* **11:1** (Jan) 33-57
– 1998 »Globalization and the Rise in Labour Market Inequalities« *Economic Journal* **108** Sep 1463-1482
Wood, Diane P. 1989 »International Jurisdiction in National Legal Systems: The Case of Antitrust« *Northwestern Journal of International Law & Business* **10:1** (Frühjahr) 56-74
– 1994 »United States Antitrust Law in the Global Market« *Indiana Journal of Global Legal Studies* **1:2** (Frühjahr) 409-429
– 1996 »Regulation in the Single Global Market: From Anarchy to World Federalism« *Ohio Northern University Law Review* **23:2** 297-307
– 1999 »International Law and Federalism: What is the Reach of Regulation?« *Harvard Journal of Law & Public Policy* **23:1** (Herbst) 97-110
– 2000 »Diffusion and Focus in International Law Scholarship (What's Wrong with International Law Scholarship?)« *Chicago Journal of International Law* **1:1** (Frühjahr) 141-148
Wood, Stewart 2001 »Labour Market Regimes Under Threat? Sources of Continuity in Germany, Britain and Sweden« in: Pierson 368-407
Woolcock, Stephen 2000 »European Trade Policy. Global Pressures and Domestic Constraints« in: Wallace/Wallace[4] 373-399
World Bank 1998 *World Development Indicators* Washington, DC: World Bank, CD ROM
Wright, Gordon 1964 *Rural Revolution in France. The Peasantry in the Twentieth Century* SUP & OUP
Wright, Quincy 1944 »The United States and International Agreements« *AmJIL* **38:3** (Juli) 341-355
Zebel, Sydney H. 1940 »Fair Trade: An English Reaction to the Breakdown of the Cobden Treaty System« *Journal of Modern History* **12:2** (Juni) 161-185
Zeile, William J. 1997 »U. S. Intrafirm Trade in Goods« *SCB* Feb 23-38
– 2000 »US. Affililates of Foreign Companies Operations in 1998« *SCB* Aug 141-158
Zilsel, Edgar 1942 »The Genesis of the Concept of Physical Law« *Philosophical Review* **51:3** (Mai) 245-279
Zöllner, Wolfgang & Karl-Georg Loritz 1998[5] *Arbeitsrecht* München: Beck (1977[1])

Zolo, Danilo 1997 *Die demokratische Fürstenherrschaft. Für eine realistische Theorie der Politik* Göttingen: Steidl (ital. 1987[1]; engl. 1992[1])

Zürn, Michael 1992 »Jenseits der Staatlichkeit. Über die Folgen der ungleichzeitigen Denationalisierung« *Leviathan* **20**:4 490-513

– 1998 *Regieren jenseits des Nationalstaates. Globalisierung und Denationalisierung als Chance* Frankfurt a. M: Suhrkamp

Zukunftskommission der Friedrich-Ebert-Stiftung 1998 *Wirtschaftliche Leistungsfähigkeit, sozialer Zusammenhalt, ökologische Nachhaltigkeit. Drei Ziele – ein Weg* Bonn: Dietz Verlag

Zwiedineck-Südenhorst, Otto von 1911[1] *Sozialpolitik* Leipzig u. a.: Teubner (1912[2])

– 1924 »Zum Schicksal der Sozialpolitik in Deutschland« *Schmollers Jahrbuch* **47** 77-142

– 1925 *Macht und ökonomisches Gesetz* München: Haeber

Verzeichnis der Tabellen, Abbildungen und Übersichten

Liste der verwendeten Abkürzungen samt Hinweisen auf Webadressen

ADC	Aid to Dependent Children von 1935; http://www.aflcio. org/home.htm
AFDC	Aid to Families with Dependent Children von 1962
AFL-CIO	American Federation of Labor – Congress of Industrial Organizations (Dachverband der US-Gewerkschaften)
BIS	Bank for International Settlement, Basel (Bank für Internationalen Zahlungsausgleich, BIZ; 1930ff.); http://www.bis.org
BVerfGE	Entscheidungen des Bundesverfassungsgerichtes. Amtliche Sammlung; http://www.bverfg.de
CFDA	Catalog of Federal Domestic Assistance
EA	Energy Assistance for Needy Families
EITC	Earned Income Tax Credit (1974ff.)
EWU	Europäische Wirtschafts- und Währungsunion im Rahmen der Europäischen Gemeinschaft (EG; 1999 bzw. 2001ff.)
FDI	Foreign Direct Investment
GATT	General Agreement on Trade and Tariffs (Allgemeines Zoll- und Handelsabkommen) von 1947 (gültig ab 1. 1. 1948); http://www.gatt.org
GKV	Gesetzliche Krankenversicherung; http://www.g-k-v.com; http://www.bmgesundheit.de
G 7 (8ff.)	»Group of 7«; »Gipfel« der größten und wichtigsten Industrieländer
Hermes	Durch die Hermes Kreditversicherung-AG (Hamburg) abgewickelte staatliche Ausfuhrgarantien und -bürgschaften für deutsche Exporte; http://www.hermes-kredit.com
ILO	International Labour Organisation (Internationale Arbeiterorganisation), Genf, CH, 1919ff. (1. UN-Unterorganisation 1946); http://www.ilo. org
IMF	International Monetary Fund (Internationaler Währungsfonds, IWF; beschlossen 1944 auf der Währungs- und Finanzkonferenz der UN in Bretton Woods); http://www.imf.org
IRS	Internal Revenue Service (zentralstaatliche Steuerbehörde der USA)
ISSA	International Social Security Association (Internatio-

	nale Vereinigung für soziale Sicherheit, IVSS; 1927ff.); http://www.issa.int
ITC	International Trade Commission; http://www.usitc.gov
ITO	International Trade Organization (geplant in der Havanna Charta, 1947)
JOBS	Job Opportunities and Basic Skills Development
NAFTA	North American Free Trade Agreement (USA, Kanada, Mexiko; 1992ff.); Nordamerikanische Freihandelsvereinbarung); http://www.nafta.net
NGO	Non-Governmental Organization
OECD	Organization for Economic Development (Paris; 1961ff.); Nachfolgeorganisation der Organisation für Europäische Wirtschaftliche Zusammenarbeit (1948ff.) bzw. davor der Marshallplan-Organisation (ERP); http://www.oecd.org
PFI	Portfolioinvestitionen
PKV	Private Krankenversicherung; http://www.pkv.verband.de
PRWORA	Personal Responsibility and Work Reconciliation Act von 1996 (»Clinton's Sozialhilfereform«)
ROA	Return on Assets
RTAA	Reciprocal Trade Agreement Act von 1934
SIPP	Survey of Income and Program Participation (USA); http://www.sipp.census.gov/sipp
TAA	Trade Adjustment Act von 1962
TAA	Trade Adjustment Assistance, Handelssozialhilfe
TANF	Temporary Assistance to Needy Families von 1996 (Nachfolgeprogramm zum AFDC)
UNCTAD	United Nations Conference on Trade and Development (Handels- und Entwicklungskonferenz der Vereinten Nationen, 1964ff.); http://www.unctad.org
UNDP	United Nations Development Program (Entwicklungsprogramm der Vereinten Nationen, 1965ff., aus einer Fusion hervorgegangen); http://www.undp.org
WTO	World Trade Organization, Welthandelsorganisation (1993 vereinbart, ab 1995 eingerichtet); http://www.wto. org
Ø	Durchschnitt
σ	Standardabweichung

Geschichte und Politik
in der edition suhrkamp
Eine Auswahl

Hannah Arendt revisited. »Eichmann in Jerusalem« und die Folgen. Herausgegeben von Gary Smith. es 2135. 320 Seiten

Stephen Bronner. Augenblicke der Entscheidung. Übersetzt von Petra Willim. es 1981. 247 Seiten

Marie-Janine Calic. Der Krieg in Bosnien-Hercegovina. Ursachen – Konfliktstrukturen – Internationale Lösungsversuche. es 1943. 256 Seiten

Lorraine Daston. Vom Nutzen und Nachteil der Historie für die Wissenschaften. es 2199. 80 Seiten

Kurt Eisner. Zwischen Kapitalismus und Kommunismus. Herausgegeben und mit einer biographischen Einführung versehen von Freya Eisner. Mit Abbildungen. es 1982. 311 Seiten

Europa im Krieg. Die Debatte über den Krieg im ehemaligen Jugoslawien. es 1809. 157 Seiten

Richard J. Evans. Im Schatten Hitlers? Historikerstreit und Vergangenheitsbewältigung in der Bundesrepublik. Übersetzt von Jürgen Blasius. es 1637. 283 Seiten

Fluchtpunkt Europa. Migration und Multikultur. Herausgegeben von Martina Fischer. es 2062. 248 Seiten

NF 315/1/11.00

Juan Goytisolo
- Ein algerisches Tagebuch. Übersetzt von Thomas Brovot. Mit Abbidungen. es 1941. 120 Seiten
- Landschaften eines Krieges: Tschetschenien. Übersetzt von Thomas Brovot. es 1768. 110 Seiten
- Notizen aus Sarajewo. Mit zahlreichen Abbildungen. Übersetzt von Maralde Meyer-Minnemann. es 1899. 140 Seiten
- Weder Krieg noch Frieden. Palästina und Israel heute. Übersetzt von Thomas Brovot. Mit Fotos. es 1966. 108 Seiten

Ludolf Herbst. Das nationalsozialistische Deutschland. Herausgegeben von Hans-Ulrich Wehler. 1933-1945. Die Entfesselung der Gewalt: Rassismus und Krieg. NHB. es 1285. 495 Seiten

Alfred Herzka. Kuba. Abschied vom Kommandanten? es 2061. 258 Seiten

Die Hexen der Neuzeit. Studien zur Sozialgeschichte eines kulturellen Deutungsmusters. Herausgegeben von Claudia Honegger. Mit 15 Abbildungen. es 743. 393 Seiten

Wolfgang Hoffmann-Riem
- Kriminalpolitik ist Gesellschaftspolitik, es 2154. 240 Seiten
- Modernisierung von Recht und Justiz. Eine Herausforderung des Gewährleistungsstaates. es 2188. 368 Seiten

Dick Howard. Die Grundlegung der amerikanischen Demokratie. Übersetzt von Ulrich Rödel. es 2148. 450 Seiten

Konrad H. Jarausch. Die unverhoffte Einheit. 1989-1990. es 1877. 416 Seiten

NF 315/2/11.00

Judentum im deutschen Sprachraum. Herausgegeben von Karl E. Grözinger. es 1613. 435 Seiten

Ketzer, Zauberer, Hexen. Die Anfänge der europäischen Hexenverfolgungen. Herausgegeben von Andreas Blauert. es 1577. 285 Seiten

Ekkehardt Krippendorf. Kritik der Außenpolitik. es 2139. 240 Seiten

Kritisches Wörterbuch der Französischen Revolution. Herausgegeben von François Furet und Mona Ozouf. Zwei Bände. es 1522. 1712 Seiten

André Leroi-Gourhan. Die Religionen der Vorgeschichte. Paläolithikum. Übersetzt von Michael Bischoff. Mit Abbildungen. es 1073. 171 Seiten

Christian Meier. Die Ohnmacht des allmächtigen Diktators Caesar. Drei biographische Skizzen. es 1038. 287 Seiten

Oskar Negt/Alexander Kluge. Geschichte und Eigensinn. Drei Bände. Mit zahlreichen Abbildungen. es 1700. 1249 Seiten

»Niemand zeugt für den Zeugen«. Erinnerungskultur und historische Verantwortung nach der Shoa. Herausgegeben von Ulrich Baer. es 2141. 278 Seiten

Frank Niess. Die europäische Idee – aus dem Geist des Widerstands. es 2160. 260 Seiten

Ostdeutsche Biographien. Lebenswelt im Umbruch. Herausgegeben von Rainer Zoll unter Mitarbeit von Thomas Rausch. es 2078. 416 Seiten

NF 315/3/11.00

Politik ohne Projekt? Nachdenken über Deutschland. Herausgegeben von Siegfried Unseld. es 1812. 494 Seiten

Schattenseiten der Globalisierung. Rechtsradikalismus, Rechtspopulismus und separatistischer Regionalismus in westlichen Demokratien. Herausgegeben von Dietmar Loch und Wilhelm Heitmeyer. es 2093. 544 Seiten

Bernhard Schlink. Heimat als Utopie. es-Sonderdruck. 48 Seiten

Alessandro Silij. Verbrechen, Politik, Demokratie in Italien. Übersetzt von Ulrich Hausmann. es 1911. 389 Seiten

Der Spanische Bürgerkrieg. Eine Bestandsaufnahme von Manuel Tuñón de Lara, Julio Aróstegui, Angel Viñas, Gabriel Cardona, Joseph M. Bricall. es 1401. 708 Seiten

Standort Europa. Europäische Sozialpolitik. Herausgegeben von Stephan Leibfried und Paul Pierson. es 2021. 400 Seiten

Dietrich Staritz. Geschichte der DDR. 1949-1989. Aktualisierte Neuausgabe. NHB. es 1260. 350 Seiten

Hans-Peter Ullmann. Das Deutsche Kaiserreich 1871-1918. NHB. es 1546. 308 Seiten

Paul Veyne. Foucault: Die Revolutionierung der Geschichte. Übersetzt von Gustav Roßler. es 1702. 84 Seiten

Vom Ewigen Frieden und vom Wohlstand der Nationen. Dieter Senghaas zum 60. Geburtstag. Herausgegeben von Ulrich Menzel. es 2173. 640 Seiten

NF 315/4/11.00

Von der Risikogesellschaft zur Chancengesellschaft. Herausgegeben von Erwin Teufel. es 2209. 300 Seiten

Was hält die moderne Gesellschaft zusammen? Herausgegeben von Erwin Teufel. es 1977. 340 Seiten

Der Zusammenbruch der DDR. Soziologische Analysen. Herausgegeben von Hans Joas und Martin Kohli. es 1777. 325 Seiten

Eine kleine Geschichte ...

Eine kleine Geschichte Brasiliens. Von Walther L. Bernecker, Horst Pietschmann und Rüdiger Zoller. es 2150. 368 Seiten

Kleine Geschichte Haitis. Von Walther L. Bernecker. Unter Mitarbeit von Sören Brinkmann und Patrick Ernst. Mit Abbildungen. es 1994. 220 Seiten

Eine kleine Geschichte Polens. Von Rudolf Jaworski, Christian Lübke. Michael G. Müller. es 2179. 384 Seiten

Eine kleine Geschichte der Schweiz. Der Bundesstaat und seine Traditionen. Von Manfred Hettling, Mario König, Martin Schaffner, Andreas Suter, Jakob Tanner. es 2079. 322 Seiten

Eine kleine Geschichte Ungarns. Von Holger Fischer und Konrad Gündisch. es 2114. 302 Seiten

NF 315/5/11.00